KB233038

인격주의
생명윤리학

인격주의 생명윤리학

홍 석 영

서 문

국내에서 생명윤리관련 연구와 논의가 활발히 이루어진 시기는 그리 길지 않다. 일례로 '한국생명윤리학회'가 1998년 2월에, '한국의료윤리교육학회'가 1997년 11월에 창립되었다. 그러나 그 길지 않은 기간에 국내에서 생명윤리 논의는 매우 긴박하게 진행되었다. 국가 수준에서 생명과학기술에 대한 투자를 늘리면서 생명윤리에 대한 관심과 논의는 급속도로 증가하였고, 2004년 1월에는 '생명윤리 및 안전에 관한 법률'이 공포되기에 이르렀다. 이제는 생명윤리가 응용윤리학의 주요한 한 분야로 널리 인정받고 있다.

그런데 생명윤리에 대한 논의는 연구자가 어떤 방법으로 해당 주제에 접근하느냐에 상이한 결론에 도달한다. 그간 국내에서 생명윤리에 접근하는 방법으로는 크게 원리에 기초한 방법, 의무론에 기초한 방법, 공리주의에 기초한 방법, 사례에 기초한 방법, 덕 윤리에 기초한 방법, 배려에 기초한 방법 등이 소개되고 적용되었다. 그런데 이런 접근법들은 특히 인간 생명과 관련된 문제에서는 인간 생명의 존엄성을 충분히 실현하지 못하는 면이 있다. 이에 연구자는 인간학과 인격주의에 관심을 갖고, 인간학과 인격주의가 생명윤리에 주는 해법을 연구해 보았다. 그리고 이번에 그 연구물 중 일부를 모아 책으로 엮었다.

1부는 서울대학교 대학원 박사학위논문(2003년 2월)을 토대로 하여, 일부 사실 관련 내용을 보완하고, 중복, 오·탈자, 비문(非文) 등을 바로 잡았다. 2부는 박사학위논문을 준비하는 과정과 박사학위를 수여받은 이후에 관련 학회지에 게재했던 논문들을 수정 보완하여 실었다. 그간의 연구논문을 한 권의 책으로 모으고 보니 부족함과 미진함이 선명하게 드러남을 느꼈다. 앞으로 더욱 더 치밀하고 진지하게 공부하겠다는 다짐으로 이 부족함과 미진함에 대한 양해를 청한다.

지금까지 공부하는 동안 많은 분들의 가르침과 격려, 보살핌이 있었다. 1986년 '현대윤리학입문'과 '철학적 인간학' 수업 이후로 20여 년 동안 학문의 길과 학자의 길을 몸소 보여주시면서 부족한 제자를 항상 사랑으로 감싸주시고 지도해주시는 서울대학교 국민윤리교육과의 진교훈 명예교수님께 깊은 감사를 드린다. 박사과정 재학 시 장학금을 주시어 공부에 더욱 매진할 수 있게 해 주신 천주교 인천교구 사제수요모임 신부님들께도 감사드린다. 박사학위를 받자마자 가톨릭대학교 가톨릭생명윤리연구소 연구위원으로 위촉해 주시어 관련 연구를 계속할 수 있는 기회를 마련해 주신 가톨릭대학교 의과대학 김중호 신부님, 인문학의 범위를 넘어서 의학 및 생명과학의 현장과 만날 수 있는 기회를 폭넓게 마련해 주신 이화여자대학교 의과대학 권복규 교수님, 조선대학교 사범대학 조은희 교수님, 가톨릭대학교 의과대학 구인회 교수님과 이동익 신부님, 울산대학교 의과대학 구영모 교수님께도 감사드린다. 그 외에도 일일이 이름을 열거할 수는 없지만 많은 분들이 공부하는 과정에서 용기와 격려와 자극을 주셨다. 그분들께도 모두 감사를 드린다. 아울러 대학 재학시절부터 함께 공부하고 격려하며 도와주고 있는 아내 최수현과 학문의 길을 가는 아들을 사랑과 신뢰의 눈으로 지켜봐 주시는 부모님께 감사드린다. 끝으로 어려운 출판계의 여건을 무릅쓰고 부족한 책을 흔쾌히 출간해 주신 한국학술정보(주)에 감사드린다.

2006년 11월
홍석영

[목 차]

2 부

인격주의
생명윤리학
연구

인격주의에 기초한 생명윤리연구

I. 서 론

1. 연구 목적

생명기술은 인류의 역사와 더불어 시작되었다고 말해도 과언이 아닐 것이다. 전통적 생명기술은 동물 사육, 즉 목축 내지 축산과 또 식물 재배를 비롯하여 술, 빵, 유가공품, 저장 식품 등을 생산하기 위하여 미생물이나 화공 약품 등을 이용하는 일에 이르기까지 적용 범위가 매우 넓었다. 그러나 농업, 수산업, 축산업과 특히 의학과 수의학 등을 망라한 생명과 관련된 연구를 하는 전통적인 생명과학은 대체로 인간의 생명과 존엄성을 위협하거나 훼손시키지 않았다. 따라서 전통적인 생명과학은 심각한 윤리 문제를 야기하지 않았다.[1]

그러나 최근 급속도로 발달한 유전 공학(genetic engineering)이 주축이 되고 있고, 또 최근에는 생명공학(biotechnology)이라고 불리기도 하는 현대의 생명과학은 전통적인 생명과학과는 근본적으로 다른 양상을 띠고 있다. 현대의 생명과학은 우선 그 연구 범위가 거의 무한하며, 특히 의학과 농업 및 식품 산업 등의 분야에서, 생명 조작 기술은 예견조차 할 수 없을 정도로

---

[1] 진교훈, "생명과학에 대한 윤리학적 성찰", 호남신학대학교 해석학연구소 편, 『생명과학과 인류의 미래』(한들출판사, 2001), p.230.

급속도로 발전하고 있다. 이것은 인류에게 이로운 면뿐만 아니라 현세적, 잠재적 해악도 엄청날 것으로 예상되고 있다. 특히 유전 공학의 어떤 측면은 생명의 존엄성과 인간의 존엄성, 인류의 미래 등에 깊은 암영을 던지고 있다.[2] 그러므로 이제 생명과학에 대한 윤리학적 성찰이 요청되고 있다.

생명과학에 대한 윤리학적 성찰을 하기 위해서, 먼저 현대 생명과학의 현황에 대하여 간략히 살펴보자. 현대 생명과학의 발달은 매우 괄목할 만하다. 1950년에 이르러 유전 물질의 본체가 DNA로 확인되고, 1953년 왓슨(J. Waston)과 크릭(F. Crick)이 그 구조를 밝힘으로써 생명의 근원인 유전 인자를 분자 수준에서 탐구하는 분자 생물학으로서의 유전학이 새로이 모습을 나타내었다. 1960년대부터 세균이나 바이러스 등 미생물을 대상으로 생화학적 방법을 써서 생명 현상의 오묘한 메커니즘을 해명하기 시작한 분자 생물학은 이제 인류를 비롯한 고등 동물의 특유 현상, 예를 들면 개체 발생과 분화, 노화 현상, 암, 면역, 나아가서 중추 신경의 작용 등을 분자 수준에서 규명하려는 방향으로 흐르고 있다.[3]

1970년대 초반에 유전자 재조합 기술이라는 유전 연구 방법이 개발되어 생명의 본체를 파악할 수 있는 길이 열렸다. 2001년 2월 미국과 영국 등 6개국의 공공 자금 지원에 의해 결성된 국제 컨소시엄인 『인간 게놈 프로젝트』와 미국의 생명공학 업체인 『셀레라 제노믹社』는 동시에 인간 게놈 지도가 완성되었다고 공표했다. 이로써 무엇이 어떻게 유전되는가를 해명하려는 수동적인 유전학 연구가 이제는 마음대로 무엇을 유전하도록 할 수 있는가 하는 능동적인 방향으로 옮아가서 바야흐로 생사까지 제어할 수 있는 수준에 이르게 된 셈이다. 이처럼 물질과학의 무한한 발달과 더불어 생명과학의 경이적인 발전은 '생명기술(biotechnology)', '생명공학(bioengineering)' 또는 '유전 공학(genetic engineering)' 등과 같은 말들을 만들어 내고 있다.

---

2) *Ibid.*, p.231.
3) 생명과학의 발달 과정 및 현황에 대해서는 다음의 홈페이지를 참고하였음. (인용 일자: 2002-09-30), 이용 가능 정보원<URL:http://www.dnai.co.kr/sangsik/cont_sang_05_20.htm>

이렇게 급속도로 발달하고 있는 생명과학 기술이 인간 생명과 관련하여 어떻게 전개되고 있는지 살펴보자. 먼저 시험관 수정의 연구를 살펴보면, 수정이 생체 내(in vivo)에서 이루지지 않고 생체 외, 즉 시험관 내(in vitro)에서 이루어지는 것에 대한 연구는 1930년대에 포유류, 특히 토끼를 대상으로 시작하여, 1960년대부터는 사람에 대하여 본격적인 연구가 진행되었고, 드디어 1978년 7월 25일 영국에서 루이스 브라운(Louis Brown)이라는 여자 아기가 세계 최초의 시험관 아기로 태어났다. 그 후 세계 여러 나라에서 많은 시험관 아기가 태어났고, 태어나고 있다. 우리나라의 경우 1985년 10월 서울대학교병원 산부인과에서 처음으로 체외 수정을 통한 임신 및 분만이 이루어졌고, 현재는 원형 정자만으로도 임신이 가능한 '난자 세포질 내 정자 직접 주입술' (intracytoplasmic sperm injection; ICSI)에 이르기까지 그 영역이 확대되고 있으며, 이러한 미세 조작 기술을 응용하여 수정란에서의 '착상 전 유전 진단'(preimplantational genetic diagnosis; PGD)도 가능하게 되었다.

또한 생명 복제는 유전 기술 중에서도 가장 두드러진 분야로서 동일한 유전자를 가진 개체를 수없이 만들어낼 수 있는 기술이다. 생명 복제는 1960년대에 개구리에서 처음으로 성공한 이후 1981년 1월에 스위스와 미국 유전학자들의 공동 연구에 의하여 포유류에서는 처음으로 생쥐 세포의 복제에 성공하였다. 현재 축산계에서는 이미 소와 돼지의 생식 세포에 의한 복제가 일반화되어 있으며 전 세계적으로 이에 대한 아무런 법적 규제도 없는 상황이다.[4]

1997년 2월 영국 스코틀랜드 로스린 연구소의 윌머트(I. Wilmut) 박사팀은 지금까지 생물학계에서 불가능하다고 여겨온 성장한 포유 동물[양]의 체세포를 가지고 세계에서 최초로 체세포 복제 양('돌리')을 복제하는 데 성공하였다. 이로써 포유동물인 인간의 복제도 이론적으로 그리고 기술적으로 가능하게 되었다. 우리나라에서도 1998년 12월 경희대의료원 불임클리닉 이보연 교수팀이 체세포 복제술을 이용하여 인간 복제의 바로 전 단계인 4세

---

4) 진교훈, 『환경윤리』(서울: 민음사, 1998), p.241.

포기 배아를 만드는 데 성공하였다. 이 실험은 세계 최초의 인간 배아 복제 실험으로 매우 격렬한 생명윤리 논쟁을 불러일으켰다. 또한 1999년 2월 서울대학교 수의과대학의 황우석 교수팀은 체세포 복제술을 이용하여 복제 송아지['영롱이']를 탄생시키는 데 성공하였고 최근에는 복제 돼지도 탄생[5]시켰다. 급기야 2002년 12월 26일 미국의 유사 종교 단체인 『라엘리안』은 복제 인간의 탄생을 발표하기에 이르렀다. 그러나 이는 아직 과학적으로 검증되지 않은 상태이다.

배아줄기세포는 1981년 에반스(Evans), 카프만(Kaufman), 마틴(Martin)에 의해 생쥐에서 처음으로 시험관 내에서 정상적인 이배체 핵형을 지닌 미분화 상태로 배양되었으며, 면역 결핍 생쥐에 주입하여 다능성도 확인되었다.[6] 그 이후 배아줄기세포에 대한 연구는 활발히 진행되어 왔으나, 줄기 세포의 추출은 주로 생쥐 등 동물 실험에만 그 성공이 국한되어왔다. 그러던 중 1998년 11월, 생명공학 회사 제론(Geron)社로부터 연구 자금을 지원 받아, 위스콘신대학 영장류연구센터의 수의학자 제임스 톰슨(J. Thomson) 교수와 존스 홉킨스대학의 산부인과 존 기어하트(J. Gearhart) 교수는 세계 최초로 인간의 배아줄기세포 배양에 각각 성공하였다. 톰슨 교수는 체외 수정 클리닉에서 얻어 온 잉여 수정란으로부터, 기어하트는 낙태된 태아의 생식선 세포로부터 배아줄기세포를 추출 배양하는 데 성공했다. 1999년 12월 세계적인 과학 권위지 『사이언스』(Science)는 1999년 과학계의 10대 업적을 선정하면서 줄기 세포를 이용해 인간의 장기와 조직을 만들어 내는 연구를 최대 업적으로 선정했다. 이로써 수많은 생명공학 벤처 기업들도 새로운 경제적 이윤을 얻기 위해 줄기 세포 연구에 뛰어 들고 있다.[7]

---

5) 디지털 조선일보, "'세계 네 번째' 유전 형질 바꾼 복제 돼지 16시간 만에 죽어", 2002. 08. 07, 이용 가능 정보원<URL:http://srch.chosun.com/cgi-bin/ www/search?did=1035049&OP=5& word=황우석%20&name=조선일보/IT&dtc=20020807>

6) 김철근, "배아줄기세포 연구의 과학적, 의학적 가능성과 한계", 한국생명윤리학회 2002년 봄철 학술 대회, 『줄기 세포 연구와 생명윤리』, 2002. 6. 15, p.24.

7) 박희주, "한국의 생명 복제 논쟁", 한국생명윤리학회, 『생명윤리』, 제3권 제1호,

현대 생명과학의 이러한 급속한 발달은 인간의 질병 퇴치와 생명 연장 등에 크게 기여하고 있으며, 앞으로 생명과학의 가능성과 그 혜택은 매우 많을 것으로 전망되고 있다. 특히 유전병이나 난치병 등으로 고생하고 있는 많은 사람들이 생명과학의 발달에 거는 기대는 매우 크다.

그러나 현대 생명과학은 과학 기술에 대한 몰가치론(沒價値論)을 내세우는 이른바 과학주의(scientism)에 경도하면서 특히 인간학 및 윤리학과 단절되면서 오히려 인간을 소외시키고 인간의 존엄성을 위협하는 부작용을 초래하고 있기도 하다.8) 특히 현대 생명과학의 기술들이 인간에게까지 적용되기 시작하면서, 인간 생명의 존엄성조차도 위협하고 있는 상황이 일어나고 있다. 그러므로 현대 생명과학의 발달이 가져온 역기능으로부터 인간 생명의 존엄성을 보호하기 위한 생명윤리가 시급히 요청된다.

생명윤리(Bioethics)라는 말은 미국 위스콘신대학의 종양학자였던 포터(Van R. Potter)가 처음으로 사용하였다. 그는 "생물학의 지식과 인간의 가치 체계에 관한 지식을 결합하는 새로운 학문 분야"라고 생명윤리를 정의하였다.9) 레이(Warren T. Reich)는 그가 편집한 『생명윤리 백과사전』(Encyclopedia of Bioethics)에서 생명윤리는 "생명(bios)과 윤리(ēthikē)의 합성어로, 생명과학과 건강관리의 도덕적 차원에 관한 체계적 연구로서, 도덕적 비전, 결정, 행위, 정책 등을 포함하며, 학제적 구조 속에서 다양한 윤리학적 방법론을 사용한다"고 이야기하고 있다.10)

이태리의 테타만치(D. Tettamanzi)는 생명윤리의 개념 정의를 내린 여러 학자들의 견해를 종합, 정리하여 다음과 같이 요약하였다: "생명윤리는 생물

2002년 6월, p.58.

8) 진교훈, 『환경윤리』, p.252.

9) Van Resselaer Potter, "Bioethics, the Science of Survival", in *Biology and Medicine* 14(1970), 및 그의 저서, *Bioethics. Bridge to the Future* (New York: Engelwood Cliffs / New Jersey: Prentice-Hall Biological Science Series, 1971).

10) Warren T. Reich(ed.), *Encyclopedia of Bioethics*(New York: Simon & Schuster Macmillan, 1995, Revised Edition, 1995), Vol.1, p. xxi

학 및 의학의 연구와 치료에 관한 최근의 발전과 그 가능성에 의거하여, 출생과 삶 및 죽음에 관한 윤리적 문제에 관심을 기울인다. 생명윤리는 무엇보다 먼저 낙태, 불임 시술, 산아 조절, 유전자 조작, 안락사 및 인체 실험에 대한 윤리적 문제를 연구한다."11)

코프(Wilhelm Korff)는 그가 편집한 『생명윤리 사전』(Lexikon der Bioethik)에서 생명윤리를 "인간이 생명을 책임 있게 다루는 것에 대한 윤리학적 숙고"라고 정의하였다. 이때 생명이란 모든 생명을 의미하며 따라서 인간 생명과 인간 이외의 생명이 모두 포함된다. 그는 인간 생명과 관련해서는 고전적 의미의 의사의 직업윤리, 근대의 의료 윤리, 현대의 인간 생태론 등이, 인간 이외의 생명과 관련해서는 근대의 생명공학, 자연 보호와 동물 보호의 문제, 현재의 환경 윤리 등이 생명윤리의 대상 영역이라고 밝히고 있다. 그러면서 그는 생명윤리에 대한 포괄적 이해와 개별 학문의 경계를 넘어서는 학제적 대화를 요청한다.12)

오늘날 인간의 생명과 관련하여 가장 논란이 되고 있는 분야는 인간 배아 줄기세포 연구 영역이다. 생명과학자들, 생명공학자들, 그리고 생명공학 관련 기업가들은 인간 배아줄기세포 연구의 유용성과 혜택을 강조하면서 이 연구의 허용을 강력히 요청하고 있다. 반면에 생명윤리학자들과 종교계, 시민 단체 등은 인간 배아는 이미 인격 지위를 갖는 인간이므로 배아의 파괴를 가져오는 배아 연구는 곧 살인과 다름없다고 반대하고 있다. 인간의 수정란, 배아는 어떤 지위를 가지는가? 결국 배아의 파괴를 가져오는, 배아를 대상으로 하는 연구는 허용될 수 있는가? 인간의 배아를 연구 목적으로 복제하는 것은 허용가능한가? 이러한 논의의 핵심에는 인격 개념이 놓여 있다.

인격을 보호하고 존중해야 한다는 데는 누구나 동의하고 있다. 문제는 인

---

11) D. Tettamanzi, Bioethica (Casale Monferrato, 1991), pp.28~29; 진교훈, "생명과학에 대한 윤리학적 성찰", p.243.

12) Wilhelm Korff, Lutwin Beck, und Paul Mikat (Hrsg.), *Lexikon der Bioethik* (Gütersloh: Gütersloher Verlaghaus, 1998), Band 1, SS.7~8.

격이란 무엇이며, 인간은 언제부터 인격 지위를 갖는가에 대해 의견의 불일치가 있다는 것이다. 인간의 인격 지위는 언제부터 부여되는가? 인간 존재와 인격 존재는 분리 가능한가 분리 불가능한가? 결국 이 문제는 인간학의 문제이며, 따라서 인간 생명과 관련된 생명윤리 논의는 인간학의 기반 위에서 진행될 수밖에 없다.

이와 관련하여 크게 두 전통이 큰 역할을 하고 있다.13) 하나는 보에티우스와 토마스 아퀴나스에게로 거슬러 올라가는 전통이다. 보에티우스는 인격을 "이성적 본성의 개별적 실체"14)로 정의한다. 토마스 아퀴나스는 이 정의를 재검토하여 "이성적 본성의 모든 개별체가 인격이다"15)라고 말한다. 이 전통은 존재론적으로 인격을 이해한다. 인격은 인간의 해석(Erläuterung)이며, 인간의 실존 방식과 밀접히 연결되어 있다. 즉 인간은 곧 인격이다. 왜냐하면 인간은 자유 존재로서 존엄을 가지며, 그에 상응하게 행위를 하기 때문이다. 인간의 실존은 특정한 속성이나 상태가 아니며, 오히려 도덕적 의무 지움의 근거이다. 이 전통에 따르면 인간으로 존재함은 이미 인격으로 존재함을 의미한다. 인간 존재와 인격 존재는 둘로 나뉘어 질 수 없는 하나이다. 이러한 전통을 인격주의라고 부른다.

다른 하나의 전통은 로크에게로 거슬러 올라가는 전통이다. 로크에 따르면 "인격은 생각하는 지적 존재로서, 이성과 반성 능력을 가지며 상이한 시간과 장소에서 스스로를 동일한 것으로 간주할 수 있는 존재이다."16) 이 전통에 따르면 인격은 어떤 속성의 표시이다. 즉 인격은 자아의식과 책임 능

---

13) Günther Pöltner, "Menschen-Personen. Ontologische Implikationen der Debatte um den Personbegriff", *Daseinsananlyse*, Sonderheft zu Band 15, 1999, S.224.

14) "Persona est naturae rationalis individua substantia.", *De Deabus naturis et una persona Christi*, c.3, in Migne, P.L., 64, col.1345; 정의채, 『형이상학』(서울: 성바오로출판사, 1988, 8판), p.221.

15) "Omne individuum rationalis naturae dicitur persona." *Summa Theologica*, Ⅰ, q. 29, a. 3, ad 2; 정의채, *op. cit.*, p.222.

16) J. Locke, *An Essay Concerning Human Understanding* (Oxford: Clarendon Press, 1975), Ⅱ, 9, 29.

력의 소유를 의미한다. 그래서 피터 싱어는 "나는 항상 인격을 이성적이고 자아 의식적 존재의 의미에서 사용할 것을 제안한다"[17]고 말한다. 그런데 모든 인간 개개인들이 이 속성을 소유하는 것이 아니다. 심각한 뇌 손상자, 인간의 초기 생명체(인간 배아) 등은 이 속성을 갖고 있지 않은 것으로 간주되며, 따라서 인격 지위를 갖지 못한다. 또한 이 속성은 인간에게로 국한되지 않는다. 오히려 이 속성은 이 전통에 따르면 고등 유기체 동물(유인원)에게도 부여된다. 결국 인간 존재와 인격 존재는 분리되고 만다. 이러한 전통을 전자와 구별해서 '비인격주의'라고 부를 수 있다.

이러한 두 전통 중 어느 전통이 인간 생명의 존엄성을 생명의 모든 단계에서 보장해 줄 수 있을까? 이 물음에 답해 보는 것이 이 논문의 주된 관심사이다. 생명윤리의 필요성과 중요성에 대해서 의문을 제기하는 사람들은 이제 거의 없다. 생명과학의 진보에 대한 절대적인 믿음이 이제 사라지고 있으며, 기술 연구와 적용에 대해 어떤 제한이 필요하다는 생각이 널리 수용되고 있다. 그리하여 다양한 철학적 배경을 가진 생명윤리가 등장하고 있다. 문제는 이제 과연 어떤 철학적 배경을 가진 생명윤리가 인간 생명의 존엄성을 인간 삶의 전 과정에서 보장해 줄 수 있는가 이다.

구체적으로 이 논문이 밝히고자 하는 것을 다음과 같이 정리할 수 있다. 첫째, 생명윤리의 기초 이론으로서의 인격주의의 전통을 명료히 한다. 둘째, 현대 생명과학의 발달이 가져오고 있는 역기능으로서 인간 생명의 존엄성의 위기 현상을 진단한다. 셋째, 이러한 인간 생명의 존엄성 위기 현상을 극복하기보다는 오히려 철학적, 윤리학적으로 방조하고 있는 비인격주의의 인간관에 관해 비판적으로 고찰한다. 넷째, 인격주의에 기초한 생명윤리의 인간관과 생명윤리 원칙을 살펴보고, 이를 실제 문제에 적용해 본다. 이러한 연구를 통해 인간 생명의 존엄성 실현에 기여하고자 한다.

---

17) Peter Singer, *Pracatical Ethics*; Second Edition(Cambridge; Cambridge University Press, 1993), p.87.

2. 연구 범위와 구성

이 논문에서 다루고자 하는 연구 범위를 생명과학 및 생명윤리의 전체 영역과 관련지어서 살펴보자. 생명과학의 연구 범위는 매우 넓다. 일단 그 연구의 대상 영역이 매우 넓어, 동물, 식물, 인간 등 모든 생명체를 연구 대상으로 한다. 이 광범위한 연구 대상 영역을 다 다룬다는 것은 그리 간단한 일이 아니다. 따라서 이 논문은 생명과학의 연구 대상 영역 중 인간을 대상을 하는 연구들로 그 논의의 범위를 제한한다.

또한 생명윤리의 연구 범위도 앞서 살펴본 바와 같이 매우 광범위하다. 그러나 이 광범위한 생명윤리의 연구 범위를 동시에 다 다루기는 그리 쉬운 일이 아니다. 따라서 이 논문에서 다루려고 하는 생명윤리의 범위는 인간 생명과 관련된 내용으로 제한한다. 정리해보면, 이 논문에서 다루려고 하는 논의의 범위는 인간의 생명과 관련된 생명윤리로서, 인간 생명과 관련되는 현대의 생명과학에 대한 윤리적 숙고이다.

이 논문은 인간 생명의 존엄성을 보장해 주는 생명윤리의 철학적 기초를 탐구하는 것이 목적이다. 이를 위해 이 논문은 연역적으로 논의를 전개한다. 먼저 인격주의의 전통을 사적(史的) 고찰을 통해 그 의미를 명료화 한 후, 비인격주의에 기초한 생명윤리의 인간관의 한계를 지적한다. 이어서 인격주의에 기초한 생명윤리의 인간관을 살펴보고, 인격주의에 기초해서 생명윤리 원칙을 도출해 보겠다. 그리고 끝으로 인간 배아의 인격 지위에 관해 인격주의의 관점에서 살펴보겠다.

이 논문에서 이루어질 논의의 구성을 다음과 같이 개략적으로 표시해 볼 수 있다.

〈인격주의에 기초한 생명윤리 연구의 구성〉

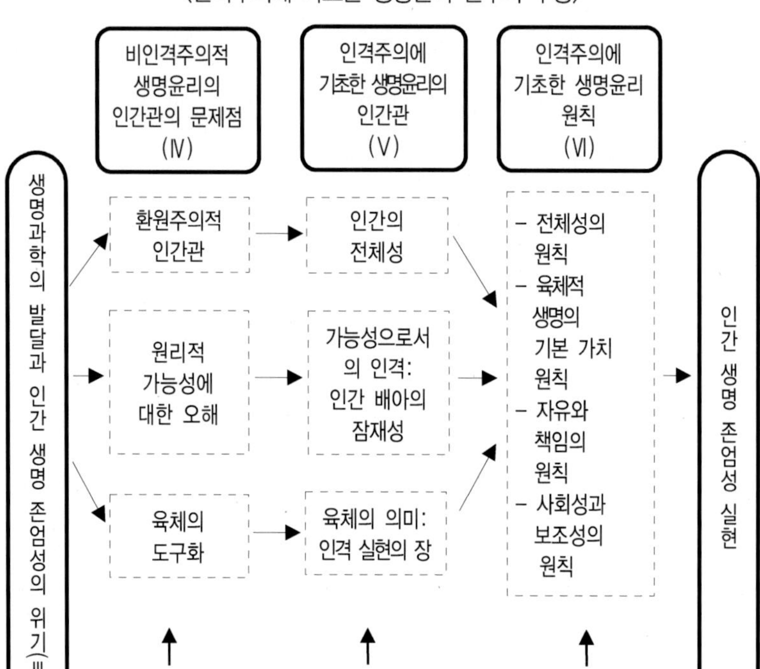

이 논문에서는 먼저 생명윤리의 이론적 배경으로 인격주의에 관하여 살펴
볼 것이다(Ⅱ). 인격주의의 전통을 사적으로 고찰하면서, 인격주의가 생명윤
리의 기초 이론으로서 가지는 의미에 대하여 살펴보겠다. 인격주의는 그 사
상의 근원을 보에티우스와 토마스 아퀴나스까지 거슬러 올라간다. 한편 현
대의 인격주의는 매우 다양한 양상을 보이고 있다. 이 장에서는 인격주의의
전통을 보에티우스와 토마스 아퀴나스를 중심으로 하는 전통적 의미의 인격
주의와 셸러, 구아르디니, 슈페만을 중심으로 하는 현대적 의미의 인격주의
로 나누어 살펴보겠다.

이어서 현대 생명과학의 발달이 가져오고 있는 인간 생명 존엄성의 위기 현상을 진단해 보겠다(Ⅲ). 오늘날 생명과학의 인간 존엄성 훼손 현상은 매우 심하다고 할 수 있다. 여기에서는 인간 생식과 관련된 신기술의 문제점, 태내 진단 기술의 우생학적 사용의 문제점, 인간 복제의 문제점, 인간 배아 줄기 세포 연구의 문제점 등을 살펴보았다. 이러한 인간의 생명 존엄성의 위기 현상은 생명윤리의 정립을 요청하고 있다. 그러나 참된 인간학적 기초가 없는 생명윤리는 인간 생명의 위기 현상을 제대로 진단하고 치유할 수 없다. 따라서 생명윤리의 문제는 근본적으로 인간학의 문제이다.

이어서 비인격주의적 생명윤리의 인간관에 대하여 비판적으로 살펴보겠다(Ⅳ). 비인격주의적 생명윤리의 전통을 따르는 학자들은 인간을 환원론적으로 이해하고, 인간 존재와 인격 존재의 동일성을 부인하며, 인간의 육체를 영혼과 분리된 사물로 간주한다. 이들의 인간관은 환원론적 인간관이며, 원리적 가능성과 사실적 가능성을 오해했고, 인간과 동물간의 종차(種差)를 속성의 차이로 오해했다. 결국 이러한 비인격주의적 인간관에 기초한 생명윤리는 인간 생명의 존엄성을 생명의 모든 과정에서 보장해 주지 못하고, 인간의 육체 나아가 인간의 생명을 도구화한다. 특히 연속적인 생명 과정의 초기와 끝에 위치한 인간 생명의 가치를 부인하는 결과를 낳고 만다.

이어서 인격주의에 기초한 생명윤리의 인간관에 관하여 살펴보겠다(Ⅴ). 인격주의에 기초한 생명윤리에 따르면, 인간은 영혼과 육체가 하나를 이루는 전체이다. 그리고 인간은 존재론적으로 곧 인격 존재이다. 즉 인간 존재와 인격 존재는 결코 분리될 수 없다. 그러므로 인간의 육체는 인격 실현의 장이며, 인간 생명은 인격 실현을 위한 존재 조건이라 할 수 있다.

끝으로 인격주의에 기초한 생명윤리의 원칙을 살펴보고 이를 구체적인 생명윤리 문제에 적용해 보겠다(Ⅵ). 인격주의에 기초한 생명윤리의 원칙으로 전체성의 원칙, 육체적 생명의 기본 가치 원칙, 자유와 책임의 원칙, 사회성과 보조성의 원칙을 살펴보겠다. 그리고 현재 가장 논란이 되고 있는 인간 배아의 인격 지위에 관해 인격주의에 기초한 생명윤리의 관점에서 살펴보겠다.

현대 생명과학의 발달에 따른 인간 생명 존엄성의 위기 현상을 진단하고, 이를 극복하기 위한 생명윤리의 기초 이론과 여기에서 추론되는 생명윤리 원칙을 제시하는데 이 논문의 의의를 둘 수 있다. 이 논문은 인간 생명의 존엄성을 철학적으로 기초 지어 줄 뿐만 아니라, 구체적인 생명윤리의 원칙을 제시함으로써 현실 문제에의 적용 가능성을 제공하고 있다고 할 수 있다.

II. 이론적 배경

Ⅱ. 이론적 배경

이 장에서는 이 논문의 이론적 배경을 이루고 있는 인격주의에 관해 살펴보겠다. 인격주의는 그 사상의 근원을 보에티우스와 토마스 아퀴나스까지 거슬러 올라간다.[1] 한편 현대의 인격주의는 매우 다양한 양상을 보이고 있다. 프랑스어권의 경우 르노비어(Ch. Renouvier), 블롱델(M. Blondel), 마르셀(G. Marcel), 무니어(E. Mounier), 란즈베르그(B. L. Landsberg), 라크루아(J. Lacroix), 르 센느(R. Le Senne) 등이, 독일어권의 경우 코헨(H. Cohen), 로젠츠바이크(Rosenzweig), 셸러(M. Scheler), 슈테른(W. Stern), 부버(M. Buber), 에브너(F. Ebner), 그리제바흐(E. Grisebach), 고가르텐(G. Gogarten), 브루너(E. Brunner), 하임(K. Heim), 부스트(P. Wust), 리트(Th. Litt), 뢰비트(K. Löwith), 야스퍼스(K. Jaspers), 헤커(Th. Haecker), 슈타인뷔켈(Th. Steinbüchel), 구아르디니(R. Guardini), 슈페만(R. Spaemann) 등이 인격주의를 대표하고 있다.[2] 이 장에서는 인격주의를 보에티우스와 토마스 아퀴나스를 중심으로 하는 전통적 의미의 인격주의와 셸러, 구아르디니, 슈페만을 중심으로 하는 현대적 의미의 인격주의로 나누어 살펴보겠다.

---

1) Laura Palazzani, "Personalism and Bioethics", Ethics & Medicine, Vol.10, No.1, 1994, p.8 참조.
2) 한스 롯터 지음, 안명옥 옮김, 『인격과 윤리』(서울: 성바오로, 1993), p.21.

희랍어 단어 프로소폰(πρόσωπον) 그리고 라틴어 페르소나(persona)는 원래 가면을 지칭하고 아울러 배우의 역할을 지칭한다. 인격(person)이란 단어가 페르소나레(personare: 울려 퍼지다)로부터 유래한다는 견해는 별다른 공감을 얻지 못한다. 이와 달리 인격이라는 단어가 역시 2인의 가면극에서 가면 또는 배우를 의미하는 페르수(persu)에서 유래한다는 견해는 공감을 얻고 있다. 희랍 시대의 배우의 가면을 포함한 연극이 로마로 전수되었기 때문에 에투리아어 페르수는 희랍어 프로소폰에서 파생되었다고 추정된다. 심지어 인격이라는 개념은 '허식, 가장, 위장, 변장, 기만' 등과 유사한 의미를 지니고, 가끔 이러한 의미로 사용되기도 했다. 예를 들어 세네카(Lucius Annaeus Seneca, 기원 원년~65)3)는 "아무도 위선의 가면을 오랫동안 쓰고 있을 수 없다. 왜냐하면 위선은 곧 폭로되는 것을 본질로 하고 있기 때문이다."(Nemo …… potest personam diu ferre; ficta cito in naturam suam recidunt)라고 진술한 바 있다.4) 또한 인격이라는 개념은 사회적 역할 또는 개인의 특성으로도 이해되고 있다.

테르툴리아누스(Tertullianus, 160~220)는 삼위일체의 하느님과 그리스도를 통한 하느님의 인간화에 대한 이론을 정확하게 제시하기 위해 인격이라는 개념을 그리스도교의 신학에 도입했다. 그는 인간을 관계의 특성을 지닌 정신적 주체로 이해했고, 성부, 성자, 성령은 본질적으로 서로를 향해 질서 지워져 있다고 이해했다. 그리스도의 위격(位格)은 자신의 신적인 본성과 인간적인 본성을 통합시키는 단일성을 드러내고 있다고 했다.5) 당시 법률 용어인 '페르소나'는 법정에 출정하지 않은 피고를 대리하여 재판장 앞에서 대신 판결을 받는 인물을 지칭하는 말이었다. 테르툴리아누스는 이것을 유비

---

3) 로마의 스토아적인 도덕 철학자이며 비극 작가.

4) M. Fuhrmann, "Person Ⅰ. Von der Antike bis zum Mittelalter", J. Ritter, K. Gründer (Hrsg.), Historisches Wörterbuch der Philosophie, Band 7(Basel: Schwabe & Co. AG. Verlag, 1989), SS.269~270. Battista Modin, Philosophical Anthropology(Rome: Urbaniana University Press, 1985), p.243.

5) Adv. Prax. 6, 1; 8; 18, 2; 한스 롯터, op. cit., p.17.

적으로 적용하여 역사 속에서 당신 자신을 각각 다르게 드러내는 하느님의 신비를 규명하는 데 적절하다고 생각한 듯하다. 그래서 그는 하느님이 "하나의 실체이면서 세 페르소나"(una substantia-tres personae)라는 유명한 정식을 남겼다.6)

인격 개념에 대한 최초의 심오한 검토는 아우구스티누스(Aurelius Augustinus, 354~430)에 의해 이루어졌다. 그의 목표는 한편으로는 성부, 성자, 성령, 이 셋을 3개의 신으로 만드는 위험에 빠지지 않으면서, 또 다른 한편으로는 이 셋의 개별성을 해치는 위험에 빠지지 않으면서, 이들에게 결정적으로 적용시킬 수 있는 어휘를 발견하는 것이었다. 그는 '본질'(essence), '실체'(substance) 등의 어휘가 이러한 두 측면을 다 가지지 못한다고 생각했다. 왜냐하면 그 용어들은 삼위(三位)의 세 격 모두에게 공통적인 면을 언급하고 있기 때문이다. 그는 휘포스타시스(ὑπόστασις), 라틴어로는 페르소나가 이 특성들을 잘 나타내 준다고 생각하였다. 이 말은 "어떤 종(species)을 의미하지 않고 단일하고 개별적인 것을 의미한다."7) 이 말은 신 외에 인간에게도 유비적8)으로 적용된다: "모든 개별 인간은 …… 하나의 인격이다."(singulis quisque homo …… una persona est) 9)

아우구스티누스에게 있어서 인격은 개인 또는 개별자를 의미한다. 4세기에 이르러 인격이란 말은 비그리스도교 라틴 문화에서 가졌던 의미와는 다른 심오한 의미를 가지게 되었다. 이 말은 더 이상 가면을 의미하지 않으며,

---

6) 심상태, 『인간—신학적 인간학 입문』(서울: 서광사, 1989), p.111.

7) Augustine, *De Trinitate* Ⅶ, 6, 11; Battista Modin, *op. cit.*, p.246.

8) 類比, Analogie: '인식되어야 할 것'이 그 자체 안에서(그 본질 안에서)가 아니라, 이미 알려져 있는 다른 것과의 관련 속에서 인식될 때, 이런 인식은 유비적이다. 또 개념 안에서 말해지는 것이 일의적이고 확실하고 정의 내려질 수 있는 그런 것을 말하지 않고, 연관에 따라서 그 의미가 변화할 때, 이런 개념은 유비적이다. 아리스토텔레스가 존재 즉 '있다고 하는 말'의 유비를 철학적인 학설로 만든 첫 번째 사람이다. 막스 뮐러·알로이스 할더 지음, 강성위 옮김, 『철학소사전』(대구: 이문출판사, 1988), p.239 참조.

9) Augustine, *De Trinitate* XV, 6, 11; Battista Modin, *op. cit.*, p.246.

인간, 한 개인을 의미한다. 그러나 아우구스티누스에게는 아직 인격에 대한 정의가 없다.[10] 보다 엄밀히 말해, 보에티우스나 토마스 아퀴나스에게서 찾아 볼 수 있는 것과 같은 엄밀하고 완전한 정의가 아직 없다. 그러나 생략될 수 없는 기본 개념 즉 단일성(singularity)과 개별성(individuality)의 요소를 포함하고 있다. 인격은 무엇보다도 개별적이고 독특하고 반복될 수 없는 실체이다.[11]

1. 전통적 의미의 인격주의

1) 보에티우스(Anicius Manlius Severinus Boethius, 약 480~524)

철학적, 신학적 의미로 인격을 최초로 정의한 사람은 보에티우스이다. 그는 인격을 "이성적 본성의 개별적 실체"(rationalis naturae individua substantia)[12]로 정의한다. 여기서 '이성적 본성'이라는 말은 정신의 본성이나 정신적 본질을 의미하며, '개별적 실체'라는 말은 개별 실체뿐만 아니라 그것의 궁극적이고 대치될 수도 없고 나눌 수도 없는 자립을 의미한다.[13] 보에티우스의 이 정의는 전통적으로 일반화되어 사용되었다. 빅토르(Richard von Viktor, 약 1110~1173)는 보에티우스의 정의를 이어받아 인격을 "정신적 본성의 직접적인 실체"로 정의했다.[14]

---

10) A. Trapé, *Introduction to Augustine, De Trinitate*, trans. it., Città Nuova, Rome, 1973, p. xxxvi; Battista Modin, *op. cit.*, p.246.

11) Battista Modin, *op. cit.*, p.246.

12) Boethius, *De duab. naturis et una persona Christ*, C3. 또는 *Contra Eutychen* III 5; Martin Brasser(Hrsg.), *Person: Philosophische Texte von der Antike bis zur Gegenwart* (Stuttgart: Philipp Reclam jun., 1999), S.50.

13) 에머리히 코레트, op. cit., pp.198~199.

14) 한스 롯터, *op. cit.*, p.17.

보에티우스의 정의에서 인격은 개인적 개별성, 단순한 본성, 단순한 실체를 의미하지 않는다.[15] 그는 기본적으로 우연을 배제하기 위해 실체라는 낱말을 사용한다.[16] 사실, 개인적 개별성은 우연에 속할 수도 있다. 모든 구체적인 우연은 개별화될 수 있다.[17] 보에티우스는 "우리는 우연이 인격을 구성해 주지 못 한다는 것을 안다"[18]고 이야기한다.

보에티우스가 이해한 실체라는 낱말은 두 가지 의미로 사용될 수 있다. 그 한 가지 의미는 개인 안에 존재하는 구체적 실체를 언급하는 것으로서 제1실체라고 하며, 다른 또 하나의 의미는 생물의 종이나 속에 존재하는 추상적으로 이해되는 실체로서 제2실체라고 부른다. 보에티우스가 인격의 정의에서 이 두 의미 중 어떤 의미를 사용했는지는 논쟁의 여지가 있다. 아마 그는 제1실체와 제2실체로부터 기술적 의미를 떼어낸 후, 제1 실체와 동등한 의미를 그의 정의에 주기 위해 '개별자'라는 수식어를 사용한 듯 하다. 따라서 개별자는 단순히 그 자체로 나누어지지 않는 것을 의미한다. 개별자는 종(種)이나 속(屬)처럼 더 이상 나누어질 수 없다.

보에티우스의 정의에서 가장 중요한 부분은 '이성적 본성'이란 표현이다. 이것은 인격을 지성적 존재로만 단언함을 의미한다. 개별적으로 존재하는 모든 실체를 일컫는 일반적인 낱말은 '자체적 존재'(supposit; subsistence)이다. 자체적 존재는 이성적이든 비이성적이든, 살아 있든 살아 있지 않던 모든 개별자에게 동일하게 적용된다. 보에티우스의 정의에 따르면, 인격은 자체적 존재의 특별한 유형, 즉 이성적 본성을 가진 자체적 존재라는 것이다.[19]

인격은 본성이나 실체로도 충분하지 못하다. 왜냐하면 그것들은 일반적 요소를 가질 수 있기 때문이다. 개별성, 본성, 실체 등의 총합이 인격을 이

---

15) Battista Modin, op. cit., p.247.
16) L. W. Geddes & W. A. Wallace, "Person(in Philosophy)", *New Catholic Encyclopedia*, Vol.XI (New York: McGraw-Hill Book Company, 1967), p.166.
17) Battista Modin, op. cit., p.247.
18) L. W. Geddes & W. A. Wallace, op. cit., p.166.
19) *Ibid.*, p.166.

루지는 못한다. 이 기본적인 것들이 돌이나 고양이에 속할 때 그것은 인격이 되지 못한다. 아리스토텔레스가 인간에 대해 일찍이 정의내린 바와 같이 이성이 반드시 첨가되어야 한다. 그리하여 우리는 보에티우스의 정의 "이성적 본성의 개별적 실체"에 정확히 도달하게 된다.[20]

2) 토마스 아퀴나스(Thomas Aquinas, 1225~1274)

보에티우스의 정의는 완전히 만족스럽지는 못하다. 왜냐하면 그 단어는 문자 그대로 인간의 이성적 영혼과 그리스도의 인성에 모두 적용될 수 있기 때문이다. 토마스 아퀴나스는 그럼에도 불구하고 이것을 수용했다. 왜냐하면 그의 시대에는 이미 보에티우스의 정의가 전통적인 정의가 되어 있었기 때문이다. 그러나 그 단어는 토마스 아퀴나스에 이르러 실천적으로 새로운 정의에 이른다.[21]

토마스 아퀴나스는 "인격을 이성의 본성 안에서 다른 것과 분별되는 자주체"[22]라고 표현하였다. 여기서 '분별되는 자주체'는 개별 실체의 궁극적 자립을 의미한다. 나중에 스콜라 철학은 인격을 '이성적 자주체'(suppositum)라고 대체로 정의했다. 다시 말해서 인격은 궁극적 자주체를 자기 자신 안에 소유하고 있는 정신적 완전 실체이다. 본성적으로 인간적인 우리의 경험 영역에서는 확실히 모든 인간은 인격이다.

토마스 아퀴나스의 자주체란 개념은 보에티우스의 개별적, 본성, 실체 등의 세 낱말을 대체한다. 왜냐하면 자주체는 개별체 속에 이미 고정되어 있는 실체와 본성일 수 없기 때문이다. 그러나 자주체는 그 자체로는 아직 식물에게나 동물에게가 아니라 오직 이성적 존재에게만 적용되는 인격 개념을 구성하

---

20) Battista Modin, op. cit., p.247.

21) L. W. Geddes & W. A. Wallace, op. cit., p.166.

22) Thoma von Aquin, *Summa Theologiae* I, 29, 3C; "Persona significat ····· subsistens in rationali natura"; 4C. 또는 *Summa Theologiae* I, 29, 3 ad 2.

지 못한다. 이런 이유로 우리는 자주체에 이성을 첨가해야만 한다고 토마스 아퀴나스는 이야기한다. "인격은 모든 본성 중에서 가장 완전한 것을 특징으로 한다. 즉 인격은 이성적 본성 안에 자존(自存)한다."23) "이성적 지성적 본성 안에 자존하는 모든 것이 인격이다."24) 그에게 있어서 개별적 실체는 완전하고 그 홀로 존재하며 다른 것들과 분별되어 있는 실체가 되었다.25)

이제 여기에 보에티우스가 내린 정의의 나머지 것들이 더해지면, 인격을 형성하는 다섯 가지 요점이 나타난다. 1) 실체(substance) – 이것은 우연을 배제한다. 2) 완전한(complete) – 인격은 완전한 본성을 가져야만 한다. 따라서 본성의 단순한 일부분이 되는 것은 정의를 만족시키지 못 한다. 3) 그 스스로 존재하는(subsistent by itself) – 인격은 그 자체로 그리고 자기 힘으로 존재하며, 그의 본성과 본성의 모든 활동의 궁극적인 소유자이며, 따라서 그의 모든 속성을 단언하는 궁극적인 주체이다. 4) 다른 것들과 분별되는(separated from others) – 이것은 제2실체의 보편적 개념을 배제한다. 5) 이성적 본성의(of a rational nature) – 이것은 이성을 결여한 모든 자체적 존재들을 배제한다.26)

토마스 아퀴나스에 따르면, 전체와 부분의 차이와 같은 차이가 인격과 본성간에 존재한다. 인격은 모든 구체성과 독특성과 비반복성 안에서 개별적이고 구체적인 인간이다. 반면에 인간 본성은 비록 그것이 기본적이고 실질적인 부분일지라도 인격의 부분에 불과하다. 개별적 존재의 전체성처럼, 인격은 물질, 실질적 형식(영혼), 우연적 형식들, 그리고 존재의 활동(actus essendi) 등을 포함한다. 인격의 형식적 구성은 이 마지막 요소에 의해 주어진다. 왜냐하면 존재의 활동은 최대의 완전성이며 실체와 실체의 모든 결정 인자들에게 활동성을 부여하는 것이기 때문이다. 그러므로 "인격은 스스로 존재하는 한 필연적으로 실재의 존엄성과 완전성에 속한다. 이 존엄성과 완

---

23) Summa Theologiae, Ⅰ, 23, 3; Battista Modin, op. *cit.*, pp.247~248.
24) C. Gent., Ⅳ, 35, 1; Battista Modin, op. cit., p.248.
25) *Summa Theologiae*, 3a, 16. 12 ad 2.
26) L. W. Geddes & W. A. Wallace, op. *cit.*, pp.166~167 참조.

전성은 인격이란 이름에서 이해되는 그것이다."27)

토마스 아퀴나스의 인간 이해에 대해서 살펴보자. 토마스 아퀴나스는 아리스토텔레스의 인간에 관한 학설을 체계화하면서 육체와 영혼, 정신과 신체의 통일에 관해서 논한다. 그는 영혼과 육체에 대한 이원론을 다음과 같이 두 가지로 나누어 고찰하고 있다: 하나는 영혼과 육체의 통일에 관한 문제이며, 다른 하나는 영혼 자체의 통일에 관한 문제이다.

토마스 아퀴나스는 철학적인 사변을 하기 전에 이미 가지고 있었던 자기 체험을 근거로 인간이 영혼과 육체의 일원성을 가지고 있다고 보고 이를 문제 삼았다. 그 다음에 그는 영혼과 육체를 원리로 파악하고 규정하는 것을 철학의 과제로 삼았다. 그에 의하면 영혼은 육체의 형상이며, 육체는 질료인을 이룬다. 이러한 영혼 규정은 아리스토텔레스를 따르는 것이며 연역적인 추리의 형태로 주어진다. 이 추리에서 중개하는 개념은 현실태, 현실, 실재의 개념이다. 그것이 바로 영혼이다. 다시 말해서 영혼은 현실태로서, 삶의 현실태로서의 원리이다. 반면에 육체 속에는 삶이 될 수 있는 가능태만이 놓여 있다. 현실태와 가능태는 모든 존재자 안에 있는 두 가지 계기이다. 형이상학적으로 볼 때 이것은 형상인과 질료인에 해당한다. 그러므로 육체의 삶의 현실태로서의 영혼은 또한 삶의 형상인이다.28) 다시 말해 영혼은 육체로 하여금 살게 하여 주는 것이며, 육체의 형상이다.

육체와 영혼은 인간의 구성 원리이며, 육체 자체는 가능성으로 살아 있는 질료의 원리이다. 이 질료의 원리는 영혼에 의하여 비로소 인간의 육체로 형태를 갖게 되며 생명을 부여받게 된다. 육체와 영혼은 질료인과 형상인으로서 인간의 '실체적 통일'로 구성한다.

토마스 아퀴나스가 그의 인간에 관한 성찰에서 맨 처음 거론한 것은 인간의 자기 체험에 관한 것이다 그는 "지성적으로 활동하는 자는 누구든지 그가 자신임을 체험한다"29)고 말하고 있다. 토마스 아퀴나스의 인간에 관한

---

27) *Summa Theologiae*, Ⅲ, 2, 2, ad 2.
28) *Summa Theologiae* Ⅰ, q. 75. a. lc. q. 76. a. lc.

사상의 흐름은 그 자신의 인간 존재에 관한 내면세계의 성찰 속에서 이루어졌다. 그러므로 토마스 아퀴나스의 인간에 관한 사상을 올바로 이해하기 위해서는 토마스 아퀴나스와 같은 방식으로 내성(內省)을 해야만 한다.

토마스 아퀴나스에 의하면, 존재 일반의 보다 더 근본적인 체험이 인간적인 존재의 자기 체험 속에 포함되어 있다. 따라서 그의 인간학은 형이상학적인 전제에 근거한다. 처음에는 인간의 자기 체험이 보편적·형이상학적·존재론적 존재 체험으로 되었다가, 나중에는 존재론적 존재 체험이 인간의 자기 체험에 영향을 미칠 수 있게 된다.

토마스 아퀴나스는 육체의 형상으로서의 영혼의 규정과 함께, 육체와 영혼의 일치뿐만 아니라, 영혼 그 자체의 통일에 관한 문제를 매우 중요시하고 있다. 그에 의하면 인간의 영혼은 상이한 능력이 복합된 것이다. 인간의 영혼은 다음과 같은 세 가지 능력을 갖추고 있다. 첫째, 식물 및 동물과 함께 공유하고 있는 영양을 섭취하는 섭생 능력, 둘째, 동물하고만 공유하고 있는 감각 능력, 셋째, 인간에게만 고유한 지성적·합리적 이성 능력이다.

따라서 인간의 영혼은 한편으로는 여러 가지 상이한 서로 모순되는 능력을 보여주고 있지만, 다른 한편으로는 육체와 형상인으로서의 영혼의 규정에 따르면, 하나의 영혼 하나의 실체적인 형상일 수밖에 없다. 이 사실은 형이상학적인 관점으로부터 생기는 필연적인 결과이다. 따라서 인간은 단 하나의 존재를 가질 뿐이다.

토마스 아퀴나스는 "인간이 인간인 한, 인간의 고유한 활동은 지성적인 활동이다"라고 말한다. 따라서 지성적인 영혼으로서의 인간이 영혼은 육체의 실체적인 형상이라는 사실이 남게 된다. 그는 인간의 영혼은 지성적이며 합리적이라고 설명한다.[30]

그런데 이 지성적 영혼은 처음부터 그의 모든 능력을 발휘할 수 있는 것이 아니라, 처음에는 보다 낮은 동물적인 능력으로, 나중에야 특수한 인간적

---

29) *Summa Theologiae* Ⅰ, q. 76. a. 1.
30) *Summa Theologiae* Ⅰ, q. 75. a. 2; q. 76. a. 4.

인 지성적인 능력으로 활동할 수도 있는 것이다. 토마스 아퀴나스도 인간의 영혼이 처음부터 이성적으로 활동할 수 없고, 본질적으로는 달라진 것이 전혀 없지만, 그의 능력과 동일시할 수는 없다고 말하기도 한다. 그래서 그는 인간의 영혼이 처음부터 지성적 기능을 발휘하는 것이 아니라, 동물적 기능을 발휘하며, 처음에는 아주 불완전한 영혼의 도구인 육체에 따라 활동하다가 완성의 여러 단계를 거쳐 발전한다고 한다.[31]

이 통찰은 인간이 되어가는 존재, 가능성의 존재임을 시사하는 것이다.[32] 따라서 인간은 지금 현재의 능력이나 속성으로 환원될 수 없다. 인간은 가능성의 존재이며, 이러한 가능성은 인간 생명의 시작 즉 수정 순간부터 존재한다고 할 수 있다. 따라서 우리는 이러한 가능성에 근거해서 인간의 초기 생명에 대한 보호를 주장하고 요청할 수 있다.

이상에서 살펴본 바와 같이 보에티우스와 토마스 아퀴나스로 대표되는 전통적 의미의 인격주의는 인간 인격에 대해 존재론적으로 탐구하고 정의를 내렸다. 이들이 내린 인격에 대한 존재론적 정의와 인간 영혼과 신체의 실체적 통일에 관한 이론은 현대의 인격주의에서 널리 수용되고 있다.

2. 현대에서의 인격주의

1) 막스 셸러(Max Scheler, 1874~1928)

① 정신적 존재로서의 인간

막스 셸러 철학의 중심 주제는 인간이다. 그래서 그는 "유사 이래 현대처럼 인간 자신이 문제시된 시대가 없다"[33]고 말하고 있다. 그러나 그에게 있

---

31) *Summa Theologiae* Ⅰ, q. 77. a. 7; q. 76. a. 5.
32) 진교훈, 『철학적 인간학 연구(Ⅰ)』(서울: 경문사, 1984), pp.107~116 참조.
33) 막스 셸러 지음, 진교훈 옮김, 『우주에서 인간의 지위』, p.18.

어서 인간은 '합리적 동물' 또는 '도구적 존재'와 같이 단일한 의미로 정의 내려질 수 있는 존재가 아니다. 인간은 한마디로 정의 내리기에는 너무나 다채롭고 다양한 존재이다.[34]

인간이라는 낱말과 개념은 짓궂게도 이미 두 가지 뜻을 가지고 있다.[35] 우리는 이 두 가지 뜻을 간파하지 않고서는 인간의 특수한 지위의 문제를 파악할 수 없다. 이 낱말은 첫째로 형태학적으로는 척추동물과 포유동물에 속하는 인간의 특별한 특징을 제시한다. 이러한 개념 형성의 결과가 항상 보여주듯이 인간으로 표현된 생물이 동물의 개념에 종속될 뿐만 아니라 비교적 동물계의 매우 작은 모퉁이를 차지한다는 것은 자명하다. 우리가 린네 (C. v. Linne, 1707~1778)처럼 인간을 척추동물과 포유동물의 첨단이라고 부를 때, 이 첨단도 어떤 사태의 모든 첨단처럼 여전히 그 사태에 속한다. 따라서 인간도 여전히 그 사태에 즉 동물로 남아 있는 것이다.

그러나 '인간'이라는 낱말은 일상 언어에서 그리고 모든 문화 민족에서 아주 달리 사용되고 있다. 우리는 '동물 일반'이라는 개념에 아주 예리하게 대립하며, 따라서 모든 척추동물, 포유동물에도 대립하는 총괄 개념(Inbegriff)을 표시해야 할 것이다. 이 두 번째의 인간이라는 개념이 첫 번째 개념의 인간과는 전혀 다른 어떤 근원을 가져야 한다는 것은 명백하다. 셸러는 첫 번째의 자연 체계적인 개념에 대립하여 이 두 번째 개념을 인간의 본질 개념이라고 부른다.

그렇다면 이 두 번째 개념 즉 인간의 본질 개념은 무엇인가? 이에 대해 셸러는 그것은 정신이라고 대답한다. 정신이라는 말은 아마도 '이성'이라는 개념도 포괄하며, '이념 사유'와 함께 또한 특정한 종류의 '직관'도 포괄한다. 이 말은 근원 현상들 또는 본질 내용들의 직관, 더 나아가서 선의, 사랑, 후회, 경외, 정신적 경탄, 축복과 절망, 자유로운 결단을 포괄하는 특정한 종류의 의지적이고 정서적인 활동을 포괄한다. 셸러는 정신이 유한한 존재 영

---

34) Max Scheler, *Zur Idee des Menschen, in Vom Umsturz der Werte*, S.175.
35) 막스 셸러 지음, 진교훈 옮김, 『우주에서 인간의 지위』, p.19.

역의 내부에서 나타나고 있는 활동 중심체를 '인격'으로 표현한다.36)

막스 셸러는 인간 정신의 근본 특성으로 세계 개방성과 활동을 지적한다. 정신적 존재는 충동과 환경의 구속을 받지 않으며 '환경으로부터 자유롭다'. 즉 정신적 존재에게는 '세계가 열려 있다'(weltoffen). 정신적 존재는 생동적인 충동 체계를 통해, 또한 이 충동 체계 앞에 놓여 있는 감각 기능과 감관 기관을 통해 대상 세계의 소여성을 경험하는 제약을 받지 않는다. 그렇기 때문에 정신은 사태성(Sachlichkeit), 즉 사태의 본질 자체에 의해서 규정될 수 있는 것이다. 사태성을 완성할 수 있는 생명체만이 정신을 가진다.37)

정신적 존재로서 인간은 "자기 자신과 자신의 삶 그리고 모든 삶을 초월"38)하는 존재이다. 정신적 존재로서 인간은 육체와 환경의 시간적, 공간적 경계를 뛰어 넘을 수 있고 능가할 수 있다. 따라서 인간은 자연과 신 사이의 고정된 위치에 존재하는 것이 아니라, 이 두 영역 사이의 '다리'이며 '통로'이며 '움직임'이다.39)

자기 자신과 모든 삶에 대한 이러한 초월에서, 인간은 모든 자연과 본성적으로 확실히 구별되며 모든 삶을 뛰어넘고 "파악된 활동의 대상으로서 어느 존재의 여기 이 순간의 현존재(Dasein)와 무관하게 타인들에게 자명한"40) 내용 및 맥락과 접촉한다. 막스 셸러는 정신에 있어서 본질적인 것은 객관적인 세계에 대한 몰두 즉 "사물, 가치, 인격의 순수한 내용에 대한 몰두"41) 속에 있다고 한다. 인간의 정신은 초감각적이고 객관적인 가치의 본질과 사태의 본질에 의해서 내면적으로 규정된다.

이상적인 본질은 경험적인 세계의 우연적이고 변하기 쉬운 현존재와 달리 절대적이고 지속적인 것이다.42) 최종적인 정신, 모든 삶을 초월하는 가능성

---

36) *Ibid.*, pp.63~64 참조.

37) *Ibid.*, pp.64~65 참조.

38) Max Scheler, *Der Formalismus in der Ethik und die materiale Wertethik*, S.293.

39) Max Scheler, *Zur Idee des Menschen*, in *Vom Umsturz der Werte*, S.186, S.195.

40) Max Scheler, *Vom Ewigen im Menschen*, S.180.

41) *Ibid.*, S.39.

은 가치와 존재의 객관적인 불변에 의해서만 주어지며, 따라서 그 자신의 존재 참여에 대한 인식, 어떤 다른 존재자의 본질(Sosein)에 대한 참여, '실재하는 존재'에 대한 "직접적인 합일"[43]을 의미한다.

정신은 "유기체나 생명체로부터의 실존적인 해방"[44]을 본질적인 특성으로 가지고 있기 때문에 선험적인 본질에 참여하는 능력을 가지며, 세계 개방성 즉 가치 존재의 수준에서 경계의 확장을 가진다. 인간은 본질에 대한 지식을 가지고 시간을 초월한 진리와 가치의 절대적 영역에 참여할 뿐만 아니라 그의 '지금-여기에-그렇게 있음'의 울타리를, 그의 환경의 좁은 형식을 돌파한다. 반면에 동물은 이 좁은 환경 형식에 완전히 얽매이고 제한된다. 동물의 환경 고정성과 생리적 소여성은 결코 부수어질 수 없다. 따라서 세계 개방성으로 인하여 인간과 동물은 구별된다. 동물의 행동은 '동물↔환경'의 형식을 취하지만, 인간의 행동은 '인간↔세계→→ ……'[45)의 형식을 취한다.

이런 맥락에서 막스 셸러는 다음과 같이 말한다. "따라서 인간의 선험적인 통찰, 즉 본질 인식을 부인하는 자는 부지불식간에 그 자신을 동물로 만드는 것이다."[46] 인간은 동물 즉 변종된 동물로 존재할 것인지, 아니면 신적인 것을 향하여 정신적인 것을 창조하는 개척자로서 문화와 은혜의 개척자로서 가장 가치 있는 현세의 존재로 그 자신을 향상시킬 것인지를 결정해야 하는 위치에 있다. 그러나 인간은 '신을 찾는 자'이면서 동시에 생물적 존재이므로, 막스 셸러는 시종 일관되게 인간을 "감각적-생리적-정신적 층의 통일체"[47]로 표시하며, 어떤 실체적인 통일이 있는 것이 아니라, 단지 "정신과 삶, 인격과 생활 중심 사이의 역동적이고 인과적인 통일"[48]이 존재하는

---

42) *Ibid.*, SS.97~98.

43) *Ibid.*, S.86.

44) Max Scheler, *Die Stellung des Menscheh im Kosmos* (1949), S.39.

45) 막스 셸러 지음, 진교훈 옮김, 『우주에서 인간의 지위』, pp.66~67 참조.

46) Max Scheler, *Philosophische Weltanschaunng* (1954), S.30.

47) Max Scheler, *Der Formalismus in der Ethik und die materiale Wertethik*, S.503, S.529.

48) Max Scheler, *Wesen und Formen der Sympathie* (1948, 5. Auflage), S.83.

것이라고 이야기한다.

세계 개방성 즉 초월의식과 매우 밀접히 관련된 정신의 두 번째 특징은 활동(Akt)이다. 왜냐하면 세계 개방성은 활동 안에서만 그리고 활동을 통해서만(nur *in* Akten und *durch* Akte) 존재하기 때문이다.

막스 셸러는 활동과 기능(Funktion)을 구별한다. 기능은 심리적이며, 의식적이고, 대상화될 수 있고, 시간과 공간의 제약을 받고, 측정 가능하다. 반면에 활동은 정신적이며, 심리적인 것이 아니며, 초의식적(überbewußt) 이며, 대상화될 수 없으며, 측정할 수 없고, 실행(im Vollzug) 속에만 존재한다.[49] 기능은 현상적인 시간 영역 안에 있는 사실이며 측정할 수 있다. 반면에 활동은 현상적인 시간 영역으로 뛰어 들기 때문에 초시간적이다.[50] 예를 들어 '듣는 것'(Hören)은 활동 속에서 내적인 지각으로 대상화 할 수 있는 생리 기능이며, 이에 반해 '어떤 것을 들으려고 하는 것'(Hören auf etwas)은 수행 중에만 인식 가능하며 대상화될 수 없는 지향적(志向的)인 활동이다.[51]

활동의 본질은 '지향성'이며 '무엇에 대한 의식'이며 '수행'에 수반되는 존재 본질이다. 이런 의미에서 막스 셸러는 다음과 같이 말한다. "활동, 지향성, 감각을 완성하는 것에서 나온 모든 것은, 그것이 어디에서 발견될지라도, 정신이다."[52] "따라서 정신은 사태성(Sachlichkeit), 즉 사태의 본질(Sosein) 자체에 의해서 규정될 수 있는 것이다. 사태성을 완성할 수 있는 생명체만이 정신을 가지고 있다."[53]

막스 셸러는 느끼는 것, 선호하는 것, 사랑하는 것, 미워하는 것, 원하는 것 등을 활동의 예로 들고 있다. 그렇다면 무엇에 의해 이것들이 나의 활동

---

49) 진교훈, "철학적 인간학에서 본 정신 건강의 의미", 『가톨릭대학 논문집』, 제9집 (서울: 1983), pp.107~108.
50) Max Scheler, *Der Formalismus in der Ethik und die materiale Wertethik* (1954), S.398.
51) *Ibid.*, S.397.
52) *Ibid.*, SS.399~400.
53) 막스 셸러 지음, 진교훈 옮김, 『우주에서 인간의 지위』, p.65.

이 되는가? 이 물음에 대해 셸러는 인격에 의해 그렇게 된다고 대답한다. 따라서 인간에 대한 막스 셸러의 물음은 동물과는 단지 등급으로만 구별되는 자연적인 인간을 뛰어 넘어, 동물과 대조를 이루는 인간의 세계 개방성과 활동에 의해, 인격에 대한 물음으로 이끌어진다.[54] 막스 셸러에 있어서 인격은 구체적인 정신의 드러나는 유일한 실존 형식이며, 활동이 수행될 때만 존재한다.

② 정신 활동의 수행자로서의 인격

막스 셸러에게서 인격은 "정신이 유한한 존재 영역의 내부에서 나타나고 있는 활동 중심체(Aktzentrum)"이다.[55] 정신이라는 개념은 단지 정신적 작용만을 가질 것이다. 그래서 실체적 실제로서의 정신적 존재가 존재하는 것이 아니라 실재적 자기완성으로서의 정신적 활동만이 존재한다. 그러나 정신적 작용은 개별 작용들이 나온 중심처로 되돌아가며, 이 중심처는 개별 작용들의 통일을 나의 작용으로 제약을 가한다. 셸러는 이러한 '나-중심처'를 인격이라고 명명했다. 인격은 본질적으로 대상화될 수 없으며, 또 사변으로 획득할 수도 없다. 인격은 정신적 삶의 전체가 연원하며 모든 것이 합류하는 중심점이다.[56]

막스 셸러에게는 인간의 정신 개념과 함께 인격의 개념이 본질적으로 반드시 주어진다. 그에 의하면, 인격은 정신 활동의 구체적 수행자이다. 구체적인 정신과 인격은 상호 관련된 개념이다. 따라서 "인격은 본질적으로 중요하고 유일한 정신의 실존 형식(Existenzform)이며, 구체적인 정신을 문제 삼는다."[57] 인격은 개념 정의를 할 수 없다. "인격은 활동과 대상, 활동 형식과 활동 방향, 활동 양상과 그것과 관련된 대상 영역 사이에 존재하는 관

---

54) Chin Kyo-hun, "Über das Verhältnis von Person und Liebe bei Max Scheler", (Wien, 1972), SS.6~11; 진교훈, "철학적 인간학에서 본 정신 건강의 의미", pp.106~108.
55) 막스 셸러 지음, 진교훈 옮김, 『우주에서 인간의 지위』, p.64.
56) 에머리히 코레트 지음, 진교훈 옮김, 『철학적 인간학』, p.200.
57) Max Scheler, *Der Formalismus in der Ethik und die materiale Wertethik*, S.389.

련으로부터 나오는 것이 아니며, 나(Ichheit)와 개인적 나(individuelles Ich)에 의하여 존재하는 것도 아니며, 더욱이 영혼(Seele)에 의하여 존재하는 것도 아니다."58) "인격은 오로지 인격 활동의 공수행(Mitvollzug)에 의해서만 나에게 주어진다."59)

우리는 인간에게서 인격의 본질을 발견할 수 있다. "인간으로서 인간은 느낄 수 있는 가치, 활동, 활동 법칙 등에 의해 나타나는 것을 위한 장소이며 기회이다."60) 그리하여 셸러는 인격을 다음과 같이 설명한다. 인격이란 "직접적으로 함께 체험되는 체험의 통일체"(unmittelbare miterlebte Einheit des Erlebens)61)이며, "인격은 구체적이고 스스로 실재하는 다양한 본질 활동의 존재 통일"62)이며, "인격은 알 수 없는, 지식으로는 결코 접근할 수 없는 개인적으로 체험되는 통일 실체이며, 본질이 수행되는 모든 활동의 통일 실체이며 따라서 결코 대상이거나 사물이 아니다."63)

인격은 그 자체로 사물이 아니며, 또한 그 자체로 사물에 부착되어 있는 본질을 수행하지도 않는다. 인격은 모든 가능한 활동들의 구체적인 통일이며, 가능한 대상의 심리적, 물리적 형식의 전 영역에 대립한다. "인격은 단지 자신의 활동을 수행할 때만 실존한다."64) 인격은 활동을 수행하는 본질일 때 스스로를 체험한다. 인격은 사물도 아니며, 실체도 아니고, 인격 활동들의 결합이나 총합도 아니다. 따라서 인격과 인격의 활동들은 '의식을 넘어선 존재'로 표현되어야만 한다.

심리학은 정신 활동이 아니라 물리적 기능을, 정신적 인격이 아니라 단지 심리적인 것만을 대상으로 한다. 모든 심리학적인 대상화는 필연적으로 인

---

58) *Ibid.*, SS.379~380.
59) *Ibid.*, S.51.
60) *Ibid.*, S.285.
61) *Ibid.*, S.371.
62) *Ibid.*, S.382.
63) Max Scheler, *Wesen und Formen der Sympathie*, S.168.
64) Max Scheler, *Der Formalismus in der Ethik und die materiale Wertethik*, SS.50~51.

격이 없어진 존재로 향한다. 따라서 심리적인 것은 인격 존재와 무관하게 존재한다. "인격은 어떠한 경우든 수행되는 지향적 활동, 의미의 통일을 통해 결합되는 활동의 수행자로서 주어진다."[65]

전체적 인격은 개별 활동이나 그 활동들의 총합에 열중하지 않고 각각의 활동 속에서 존재하고 체험되므로, 그것의 수행이 인격의 존재 내용 자체로 변화하지 않는 활동이 없고, 그것의 인격 가치를 증가시키거나 감소시키거나, 고상하게 하거나 저급하게 하거나, 적극적이든 소극적이든 계속 규정하지 않는 응답이 없다. 또한 인격 존재는 사물처럼 시간에 따라 스스로 변화하는 것도 아니다. 인격의 정체성은 오로지 그것의 순수한 변화의 질적인 방향에 놓인다. 그러므로 다음과 같이 말할 수 있다; "인격은 시간 안에 존재하지만, 그리고 인격은 시간 안에서 서로 다른 자신의 활동을 수행하지만, 현상적인 시간의 내부에는 존재하지 않는다."[66] 인격은 시간의 흐름 안에 포함되어 있는 우리의 정신적 활동의 구체적인 중심이다.

통일적이고 나누어질 수 없는 인격 활동은 영혼적인 사건들과 육체적인 사건들 간의 가능한 모든 결합을 중재한다. 인격의 통일적인 모든 행동에는 관찰의 두 가지 형식 즉 외적인 관찰 형식과 내적인 관찰 형식이 존재한다고 할 수 있다. 인격은 서로 다른 활동들의 구체적이고 그 자체로 실재하는 존재 통일이며, 이 존재 통일은 모든 실재하는 활동 분화(Aktdifferenzen)에 선행한다. 외적-내적 인지, 외적-내적 의지, 느낌, 사랑, 증오 등이 그러한 활동 분화들이다.[67] 인격의 본질 속에서 내적인 인지와 외적인 인지 간의 대립이 사라진다. 즉 순수한 인격 활동의 본질과 마찬가지로, 인격의 본질은 심리-물리적으로 비활성이다.[68]

활동이 인격에 속하는 것처럼, 사물은 인격의 사물 상대 개념인 세계에 속

---

65) *Ibid.*, S.484.
66) *Ibid.*, S.397.
67) *Ibid.*, SS.393~394.
68) *Ibid.*, S.392.

한다. 인격은 결코 '부분'이 아니라 항상 세계의 상대 개념이다. 즉 인격은 세계 안에서 스스로를 체험한다.[69] 모든 사물과 모든 본성적으로 상이하고 환원될 수 없는 사물 영역의 최종적 통일로서 세계는 인격에 대립하여 존재하므로, 세계의 통일에 관한 문제는 인격의 문제와 아주 정확하게 상응한다.

인격과 세계는 상호 관련되어 있는 개념이다. 이 둘은 대체로 두 개의 절대적인 존재 본질이다. 인격은 우선 가능한 체험을 체험하면서, 자신의 실존을 수행한다. 인격 존재는 따라서 "활동 속에서 자신의 현존재를 끊임없이 스스로 수행하는 것"[70]이며, 항상 새롭게 "스스로가 스스로를 창조하는 것"이며, 나아가 헌신 안에 순수한 가치 존재와 사물의 사물 존재에 근거하여 체험되는 활동 수행 안에 존재하는 것이다.[71]

정신 활동의 수행자로서의 인격은 충동이나 환경에 제약됨이 없이 오히려 '환경적 요인으로부터 해방된', 좀 더 적극적으로 표현하면 세계 개방성을 지니고 있다. 따라서 그는 환경 속에서 생활하는 것이 아니라 세계를 스스로 소유한다. 인간은 세계에 대해 무한히 완전한 개방적 자세를 취할 수 있는 수수께끼와 같은 존재이다. 인간은 자기의 대상으로 주어져 있는 세계, 즉 단순한 환경적 여건으로부터 스스로를 방어하기 위하여 자기 스스로의 심리적 상태, 더 나아가서 개별자로서 자기가 겪는 심리적 체험 사실까지도 스스로 대상으로 삼을 수 있는 능력을 지니고 있다.[72]

③ 인식론적 측면에서 본 인격

인식론적인 측면에서 인격은 개념 정의를 할 수 없고[73], 소극적인 표현을

---

69) *Ibid.*, S.403.

70) Max Scheler, *Vom Ewigen im Menschen*, S.331.

71) *Ibid.*, S.389.

72) H. J. 슈퇴릭히 지음, 임석진 역, 『세계철학사(하)』 (왜관: 분도출판사, 1978), pp.417~418.

73) Max Scheler, *Der Formalismus in der Ethik und die materiale Wertethik*, S.391, S.512.

통해서 간접적으로 그 의미를 추측하고 이해할 수밖에 없다. 인격이 어떤
힘과 가능성을 가질지라도 그것은 결코 사물이나 대상이 아니다. "인격은
어떤 능력을 가진 사물이나 대상이 아니다."[74] 인격은 관찰, 기술, 설명으로
파악될 수 없다. 눈앞에 나타나는 개별적인 사물들을 인격 존재는 즉각 초
월한다. 인격은 직접적으로 함께 체험되어지는 활동의 통일 실체이며, 인격
활동의 공수행을 통해서만 나에게 주어질 수 있다.[75]

인격의 유일한 소여 양식은 활동 수행이다. 이 활동 수행 안에서 인격이
동시에 생생하게 체험된다. 상상하기, 인지하기, 회상하기, 기대하기, 느끼기,
선호하기, 의지하기, 사랑하기, 판단하기 등과 같은 정신 활동들은 인격에
의해 수행된다. 이러한 인격의 활동들은 심리적-물리적(psycho-physisch)인
것과는 무관하다. 인격의 활동은 대상화할 수 없고, 대상화하여서도 안 된다.
정신 활동은 지각되거나 관찰될 수 없고, 오로지 체험될 뿐이다.

그러나 인격은 정신 활동들의 공허한 출발점도 아니며 또한 상이한 정신
활동들의 총합도 아니다. 인격은 서로 다른 방식의 활동들의 구체적이고 본
질적인 존재 통일(Seinseinheit)이다. 인격은 모든 상이한 활동들을 설립한다.
모든 정신 활동 속에 전(全)인격이 깃들어 있다.

인격 그 자체는 모든 인격 활동 속에 살아 있으면서 모든 활동마다 그 인격
의 고유한 방식으로 꿰뚫고 들어간다. 다시 말해서 어떤 사람의 구체적인 인격
에 몰입되지 아니하고서는 인격의 활동은 주어지지 않는다고 말할 수 있다.[76]

④ 윤리적 가치의 담지자로서의 인격

'자아'(Ich)는 언어의 모든 의미에서 여전히 대상이다. 이와 반대로, 활동
은 결코 대상이 아니며 활동 수행 중에 체험되는 인격도 결코 대상이 아니
다. 유일하고 최종적인 인격의 소여 양식은 오로지 활동 수행 그 자체이

---

74) Max Scheler, *Wesen und Formen der Sympathie*, S.180.
75) Max Scheler, *Der Formalismus in der Ethik und die materiale Wertethik*, S.51.
76) 진교훈, "철학적 인간학에서 본 정신 건강의 의미", pp.108~109 참조.

다.[77] 인격과 인격 활동은 물리학과 심리학을 완전히 초월한다.[78] 인격은 현존재와 본질에 따르면 자발적이지 않으며, 자유로운 동의가 없으면 알 수 없다.[79] 왜냐하면, 인격 자체가 자발적으로 추리되지 않는다면, 정신 활동의 추후 수행 속에서 이해되는 '인격체'들을 인식할 수 없기 때문이다.[80]

항상 개인으로 주어지는 곳, 바로 거기가 최종적인 것으로 주어지는 것이며, 그것은 결코 특징, 고유한 성질, 활동 등으로 이루어질 수 있는 것이 아니다. 왜냐하면, 인격은 체험되는 것이기 때문이다. 우리는 구체적인 인격과 삶에서의 그것의 표출과 행동을 그것에 내재한 가치 지향 즉 그것에 고유한 이상적 가치 본질과 비교할 수 있다.[81] 내가 인격 활동을 '공수행'(mitvo-llziehen)할 때, 즉 인식론적으로는 그것을 '이해하고'(verstehen) '그것에 따라 생활하며'(nachleben) 그리고 윤리적으로는 '그것에 따를 때'(gefolgschaft), 비로소 인격이 나에게 주어진다. "내가 일단 어떤 인격이 어떤 체험을 체험하는 것에 속하는 것인가를 알기만 한다면, 나는 이러한 체험을 완전하게 이해할 수 있다."[82]

인격 가치의 본질은 결코 귀납을 통해서는 도달될 수 없다. 개별 인격은 사랑의 활동을 통해서만 그리고 그 활동 안에서만 소여성에 도달한다. '사랑의 대상'인 구체성은 오로지 인격이 실존하는 장소이다.[83] 인격 자체에 대한 사랑으로 매개된 인격의 가장 중심적인 원천에 대한 이해는 우리를 인격의 이상적이고 개별적인 가치 본질과 매개시켜 준다.[84] 정신적 인격의 본질 조건은 자발적 인간애의 본질적인 결과인 인간에 대한 순수한 사랑이다.[85]

---

77) Max Scheler, *Der Formalismus in der Ethik und die materiale Wertethik*, S.386.

78) *Ibid.*, S.386.

79) Max Scheler, *Vom Ewigen im Menschen*, S.129.

80) Max Scheler, *Wesen und Formen der Sympathie*(1948, 5. Auflage), S.111.

81) Max Scheler, *Der Formalismus in der Ethik und die materiale Wertethik*, S.480.

82) *Ibid.*, S.481.

83) Max Scheler, *Wesen und Formen der Sympathie*, S.168.

84) Max Scheler, *Der Formalismus in der Ethik und die materiale Wertethik*, S.480.

85) Max Scheler, *Wesen und Formen der Sympathie*(1948, 5. Auflage), S.111.

"인격의 이상적·개체적 가치 본질을 우리로 하여금 직관하게 해주는 것은 무엇보다도 인격 그 자체에 대한 사랑에 의해 매개된 인격의 가장 중심적인 원천인 이해이다. 이해하는 사랑"[86]은 행동 즉 표현 몸짓으로부터 인격의 가치 본질을 관찰하고 수행할 수 있다.

셸러는 인격의 자율성을 다음과 같이 설명한다. "모든 참된 자율은 먼저 이성의 술어와 이성적 법칙성에 관여하는 X로서만 인격에 관여하는 것이 아니라, 무엇보다도 먼저 인격 그 자체의 술어이다. …… 도덕적으로 중요한 존재와 의욕 일반의 가치를 소유할 수 있는 것은 오직 자율적 인격과 이 인격의 활동뿐이다. 자율적 인격은 결코 그 자체가 이미 선한 인격이 아니다. 다만 자율성은 인격의 윤리적 중요성의 전제이며, 인격 활동이 이 동일한 인격에 귀속될 때 이점에 있어서 인격 활동의 전제이다."[87] 객관적으로 윤리적 가치가 충만한 모든 것은 실제로 '자율적'인 인격 활동과 결합한다.[88] 따라서 인격 존재 그 자체는 윤리적 가치의 담지자이다.[89] 행동의 자율성은 그것의 인격에로 선한 행동을 가산해 주는 것을 촉진할 뿐만 아니라 행동의 윤리적 상관성도 촉진한다.[90] 윤리적으로 가치 충만한 모든 존재와 자율적인 관계의 자율적인 통찰력 원리는 권위, 전통, 본받음(Nachfolge) 등을 통하여 중개된다.[91]

셸러는 금욕(Askese)에서 정신적 인격성의 해방을 본다. 진정한 금욕은 정신적 인격성을 해방시키려는 헌신 안에 존재한다.[92] 그것은 적극적인 금욕이며, 저급한 충동자동주의(Triebautomatismus)를 억제하여 최고의 인격성의 힘으로 본질적인 주의를 기울이는 것이다.[93] 모든 행동들은 '나무에서 과실

---

86) Max Scheler, *Der Formalismus in der Ethik und die materiale Wertethik*, S.480.
87) *Ibid.*, S.486.
88) *Ibid.*, S.488.
89) *Ibid.*, S.505.
90) *Ibid.*, SS.486~487.
91) *Ibid.*, S.492.
92) Max Scheler, "Das Ressentiment im Aufbau der Moralen", in *Vom Umsturz der Werte*, S.113.
93) *Ibid.*, S.114.

이 나오는 것'처럼 인격에서 유기적으로 나와야 한다.[94]

⑤ 인간 존엄성의 기반으로서의 인격

"우리는 유일한 행동으로부터, 다시 말하면 인격의 개별성에서 나오는 임의의 모든 표현 현상으로부터 인격 활동을 이해할 수 있으며, 인격 활동을 인격 그 자체의 이상적인 지향과 윤리적으로 비교할 수 있다."[95] 인격체들은 절대적인 개별자들이다.[96] 모든 최종적인 인격은 인격 그 자체로서 개별자이며 따라서 자기 자신을 통해서 인격이 된다.[97]

진정한 개별화 원리는 이미 인격 중심의 실제적 근거 안에 이미 인간과 나란히 놓여 있다. 정신적 인격으로서 인격은 그 자체로 개별적인 모든 인간 안에 있다.[98] 막스 셸러는 개별 인격체인 인격은 "자립적이고 정신적이며 개별적"[99]이라고 수차 강조한다. 인격은 "알 수 없고, 개별적으로 체험되는 모든 활동의 통일 실체이다."[100] 이러한 관점에서 인격체들은 "결국 스스로 개별화하는 자립적 현존재의 고유한 경우이다."[101] 인격은 시 · 공간적으로 규정된 육체성과 결합 또는 그쪽으로 향함을 통해 개별화될 뿐만 아니라 그것의 고유한 본질(Sosein)에 의해 항상 이미 개별자이다.[102] 우선 개별적인 인격 존재로부터 때때로 활동의 개별적 차이가 생겨난다. 이 개별적 차이는 인격의 일회성에 의해 각인되어 그러한 활동의 이해하고 사랑하는

---

94) *Ibid.*, S.85.

95) Max Scheler, *Der Formalismus in der Ethik und die materiale Wertethik,* S.490.

96) Max Scheler, *Wesen und Formen der Sympathie*(1948, 5. Auflage), S.71.

97) Max Scheler, *Der Formalismus in der Ethik und die materiale Wertethik* (1954, 4. Auflage) S.382.

98) Max Scheler, *Wesen und Formen der Sympathie*(1948, 5. Auflage), S.136. Vgl. Max Scheler, *Der Formalismus in der Ethik und die materiale Wertethik*(1954, 4. Auflage), S.71.

99) Max Scheler, *Der Formalismus in der Ethik und die materiale Wertethik,*(1954, 4. Auflage), S.536.

100) Max Scheler, *Wesen und Formen der Sympathie*(1948, 5. Auflage), S.180.

101) *Ibid.*, S.71.

102) *Ibid.*, S.35.

공수행(Mitvollzug)과 추수행(追遂行; Nachvollzug) 속에서 인격의 일회성과 뒤바뀔 수 없음(Unverwechselbarkeit)이 이해될 정도이다.[103] 이러한 개별적 인격 존재에 실로 인간의 최고 품위가 놓인다.

도처에서 개별적이고 그 안에서 획일적이지 않고 획일 가치가 아닌 자유로운 정신적 인격체들의 왕국의 일원으로서 인격은 국가와 법을 뛰어 넘는 모든 관점 안에 존재한다. 전체주의적 국가에 의한 인간의 품위 저하는 개인의 노예화를 가져오며, 그는 이제 사물이며 기계이다. 그리하여 개인의 자유로운 정신적 인격은 부정된다.

최종적으로 완성된 모든 인격은 두 가지 영역 즉 친밀한 영역과 사회 영역을 가진다. 총체 인격은 이 두 영역을 모두 가진다.[104] 모든 인격은 사회 인격과 그리고 친밀한 인격과 근원적으로 매우 동일하게 스스로를 체험한다.[105] 모든 인간은 그가 순수 인격이 되는 동시에 바로 그와 동일한 방식으로 존재하며, 개별적이고 따라서 다른 모든 것들과 구별되는 유일회적 (einmalig) 존재가 되며, 따라서 그의 가치는 유일회적 가치이다.[106]

막스 셸러는 인격의 본질을 인간 정신의 중심으로 결론짓는다. 인격은 활동 속에서 체험되어지고, 사랑의 질서의 유일회적인 기본 방향 속에서 세상에서의 그의 유일회적인 지위를 가지며, 뒤바뀌어질 수 없는 것이며, 교환될 수 없는 것이며, 자립적인 것이며, 개별적인 것이다. 따라서 인격은 인간 존엄성을 기반을 이룬다.

2) 구아르디니(Romano Guardini, 1885~1968)

구아르디니는 오랜 기간 인격 개념을 연구하였으며, 오랜 연구 끝에 『세

---

103) *Ibid.*, S.134.
104) Max Scheler, *Der Formalismus in der Ethik und die materiale Wertethik*, S.549.
105) *Ibid.*, S.552.
106) *Ibid.*, S.513.

계와 인격』(*Welt und Person*, 1939)이라는 책을 출판하였다. 구아르디니는 전통적인 인격 개념을 수용하고, 그것을 현대의 철학자들의 사유와 연결지었으며, 특히 실존 철학, 대화 철학, 현상학의 관점에서 연구하였다. 여기서는 그의 인간관과 인격론에 관하여 살펴보고자 한다.

① 인간의 육체―영혼적 전체성

구아르디니는 인간은 육체―영혼적 전체성(leibseelische Ganzheit)[107]을 이룬다고 본다. 육체와 정신은 인간 안에서 근원적으로 서로 통일을 이루며, 인간은 오로지 그러한 통일로서만 존재할 수 있다. 인간 안에서 우리들은 단순한 육체만을 또는 단순한 정신만을 만나는 것이 아니라, 오히려 항상 인간을 즉 '인간다움'(Menschliche)을 만난다.[108] 즉 우리가 일상생활에서 만나는 인간은 정신만의 인간도, 육체만의 인간도 아니다. 우리는 일상생활에서 정신과 육체가 전체로서 하나를 이루고 있는 그런 인간을 만나는 것이다.

구아르디니는 아리스토텔레스와 토마스 아퀴나스의 학설 속에서 인간 본질의 통일을 파악하고 있다. 아리스토텔레스는 육체와 영혼이라는 플라톤의 이원론을 극복하려고 했으며, 인간 본질의 통일을 파악하려고 했다. 질료와 형상을 사물의 내재적 본질 원칙으로 보는 아리스토텔레스는 영혼을 육체의 형상으로 이해한다.[109] 다시 말해서 영혼이란 물질을 인간의 육체로 형성하고, 육체에 영혼을 불어넣어 주고, 생명을 부여하고, 살아 있는 인간의 육체로까지 만들어 주고, 내적으로 형상을 만들어 주면서 본질을 규정하는 원칙이다. 반면에 물질은 잠세적(潛勢的)인 매개체이다. 이것은 한편으로는 본질

---

107) 구아르디니는 그의 책 *Ethik*(Aus dem Nachlaß, Hrsg. von Hans Mercker unter Mitarb. von Martin Marschall, Paderborn: Schöningh, 1993)에서 '정신―육체적 전체성'(die geistig-körperliche Ganzheit: S.214)란 표현을 사용하고 있다. 그런데 인격주의의 전통에 따르면, 정신은 육체와 대립하는 개념이 아니다. 구아르디니도 정신을 육체와 대립되는 개념으로 사용하지는 않는다. 오히려 그가 사용하는 정신(Geist)은 영혼(Seele)을 의미하는 경우가 더 많다.

108) Romano Guardini, *Ethik*, Band 1 (Mainz, Paderborn: Schöningh, 1993), S.184.

109) *De Anima* Ⅱ, 1과 2, 412a~414b.

형상에 의하여 규정을 받아들이지만, 다른 한편으로는 유일한 시간과 공간의 제약을 받는 개별체에 이르는 개체화를 본질 현상으로 부여받는다. 이러한 아리스토텔레스의 인간에 관한 학설 - 고전적 표현으로는 '영혼은 육체의 형상'(anima forma corporis)이며, 인간은 영혼과 육체의 '실체적 결합'(unio substantialis)이다 - 은 특히 중세의 아리스토텔레스적인 스콜라 학자들에 의하여 그리스도교 사상에 깊은 영향을 미쳤다.110)

토마스 아퀴나스는 아리스토텔레스의 인간에 관한 학설을 받아들인다. 정신적인 영혼은 동시에 내면적으로 형상을 주는 육체의 원칙이며, 육체와 영혼은 구별되는 두 실체가 아니다. 육체와 영혼은 실체적으로 하나로 되어 있어, 하나이자 전체인 인간의 완전 실체를 형성하는 두 개의 구성 원칙이다.111) 인간은 영혼과 육체라는 두 개의 실체로 구성되어 있는 것이 아니다. 인간은 하나의 실체이며, 인간 안에서 두 가지의 구성 요소를 구별할 수 있다. 우리들이 무엇을 느낄 때에 느끼는 것은 인간 전체이지, 영혼뿐이거나 육체만도 아니다. 또한 우리들이 무엇을 이해할 때에 우리들은 영혼 없이는 이해 활동을 할 수 없지만, 이해하는 것은 인간 전체이다. 영혼과 육체가 합쳐져서 하나의 실체, 즉 인간을 형성하는 것이다.

영혼과 육체의 본질적인 결합은 중세 이후로 점점 더 완화되기 시작한다. 구아르디니는 이러한 상황이 금욕에 기인하는 것은 아니라고 말한다. 왜냐하면, 참된 금욕은 결코 육체를 파괴하거나 육체로부터 영혼을 멀리하는 것이 아니라 끊임없이 육체를 영혼의 형상력(Formkraft)으로 가지고 오는 것이기 때문이다. 금욕은 육체와 영혼의 올바른 관계를 인간 안에 세울 수 있으며, 따라서 지속적으로 육체를 정신화 할 수 있다.112)

그런데 근대에는 완전히 달랐다. 근대는 '순수한' 정신 - 본질만을 추구했으며, 그로 인하여 추상화가 이루어졌다. 영혼의 육체화가 부정되었고 따라

---

110) 에머리히 코레트 지음, 진교훈 옮김, 『철학적 인간학』, pp.22~23.
111) *Ibid.*, p.29.
112) Romano Guardini, *Liturgie und liturgische Bildung*, S.39.

서 상징도 부정되었다. 이로써 '정신적인 것'의 자리에 추상적인 것 즉 개념이 자리하게 되었다. 생명을 의미하는 육체와 영혼의 통일은 파괴되었다. "정신적인 것이 곧 육체적인 것을 이야기하던 세계의 자리에…… 이른바 '정신적인' 세계가 자리하게 되었다."[113]

그러나 이러한 세계는 완전히 비정신적인 세계였다. 그 세계는 개념의 세계요, 형식의 세계요, 기구와 기계와 조직의 세계였다. 사람들이 실제로 추구했던 정신은 사라졌고, 자신의 형상으로부터 떠난 육체는 단지 생물학적으로만 이해되었다.[114]

구아르디니는 이러한 근대의 인간관을 유심론적이며 동시에 감각론적인 것이라고 말한다. 육체를 절대화하는 것과 마찬가지로 일방적으로 정신성을 주장하는 것은 양자 모두 고유하고 진정한 인간적인 것을 잃게 한다고 그는 이야기한다.[115]

구아르디니는 "인간으로 존재하는 것은 육체화된 정신이요, 영혼에 의한 육체"[116]라고 말한다. 육체와 영혼은 단순히 서로 분리될 수 없다. 육체는 정신영혼(Geistseele)에 의해 지속적으로 자신의 모습을 유지한다. 육체라 불리는 그것은 "자신의 존립을 위한 모든 자리와 모든 활동에서 영혼과 함께 한다."[117] 영혼을 완전히 제거한다면, 육체도 결코 남아있지 못할 것이다. 그 경우 남는 것은 단지 생물학적인 구성물, 보다 엄격히 말하면 분해 되는 화학적 결합물일 뿐이다. 또한 영혼은 육체 안에서 그리고 육체를 통해 활동한다. 그러므로 "우리들은 인간의 현 존재 안에서 도대체 '순전히 정신적인' 활동이 존재할 수 있는지, 아니면 오히려 모든 것은 정신-육체적인 것이 아닌지 즉 인간적인 것이 아닌지에 관해 물어야 한다."[118]고 구아르디니는 말한다.[119]

---

113) *Ibid.*, S.39.

114) *Ibid.*, SS.39~40.

115) Romano Guardini, *Die Sinne und die religiöse Erkenntnis*, (Würzburg, 1957, 2. Auflage), S.47.

116) Romano Guardini, *Liturgie und liturgische Bildung*, (Würzburg, 1966), S.35.

117) Romano Guardini, *Die letzten Dinge*, 1 (Mainz: Taschenbuchauflage, 1989), S.76.

지금까지 살펴본 바에 의하면, 구아르디니는 아리스토텔레스, 토마스 아퀴나스의 인간 이해의 전통 안에서, 인간을 육체와 영혼이 통일을 이루는 전체로 보고 있음을 알 수 있다.

② 존재론적 인격론

구아르디니는 형상(Gestalt), 개체(Individualität), 인격성(Persönlichkeit)으로 이루어진 층모델(Schichtenmodell)을 이용하여 인격을 설명한다. 이 층모델에 의하면 인격은 서로 분리되어 존재할 수 없는 상이한 층으로 이루어진다. 이 층은 그들 본질의 순서에 따라 낮은 단계로부터 형상, 개체, 인격성의 순으로 묘사된다. 이러한 단계적 구분을 통해 인간은 최종적으로 진정한 의미에서의 인격으로 설명된다.[120]

구아르디니는 인격은 세계와 대립한다고 이야기한다. "주어진 전체로서 세계는 인간, 정확히 말해 나와 대립한다. …… 인간은 자신이 단지 살아 있는 것의 자기주장을 통해서 또는 보통이 아닌 힘을 통해서 이 대립의 자격을 갖추는 것이 아니라, 어떤 특수한 감각상(Sinnverhalt)을 통해서 이 자격을 갖춘다는 것을 알고 있다. …… 이 감각상을 우리는 인격이라 부른다."[121]

인격은 순수한 자기 목적성의 의미에서 자기 자신과의 관련성을 나타낸다. "인격은 …… 형상적이며, 내적이고, 정신적으로 독창적인 본질이다. 그러는 한에 있어서 그 본질은 자립하며 자기 뜻대로 한다. 인격은 내가 다른 심급(Instanz)에 의해 나의 자기 존재 안에 위치할 수 있음을 의미하는 것이 아니라 내가 내 자신에 속한다는 것을 의미하는 것이다."[122] "인격은 모든

---

118) R. Guardini, *Welt und Person*, S.110.

119) Lee Kyung-Won, "Grundaspekte des Mensch-Seins bei Romano Guardini: Eine anthropologisch-religionsphilosophische Untersuchung", Regensburg, 1996, SS.73~75 참조.

120) 층모델에 따른 인격에 대한 설명은 이경원, "로마노 구아르디니의 인간학－인격으로서의 인간", 진교훈 외, 『오늘의 철학적 인간학』(서울: 경문사, 1997), pp.79~83을 참조할 것.

121) Romano Guardini, *Welt und Person*, S.109.

122) *Ibid.*, S.121.

인간에게 스스로 존재함을 의미한다."[123]

구아르디니가 말하는 인격은 '형상적이며, 내적이며 그리고 정신적으로 독창적인 본질로서' 다른 무엇에 의존함이 없이 자기 자체로 있으며 자기 자신에 대해 자유로움을 의미한다.[124] "인격은 …… 나 자신과의 관계에서 나 혼자 있는 것을 말하며, 다른 사람에 의해 대변될 수 없는 나를 위해 있는 것을 말한다. 그리고 다른 어느 누구에 의해 대치될 수 없는 유일함을 의미한다."[125]

인격은 언어적으로 파악할 수 없다. "…… 인격의 고유한 파악불가능성. 그것은 내용 진술에서 벗어난다. '무엇이 너의 인격이냐'는 질문에 대해 나는 '나의 육체, 나의 영혼, 나의 오성, 나의 의지, 나의 자유, 나의 정신'이라고 대답할 수 없다. 이 모든 것은 아직 인격이 아니며, 말하자면 인격의 재료(Stoff)일 뿐이다. 인격 그 자체는 자기 귀속의 형식 안에 존립하는 사태이다."[126]

"인격 개념은 다른 특성을 가진다. 그것은 물론 인격성의 특성에도 포함되어 있다. 그렇지 않으면, 인격은 인간 개인이 아니라 단순히 높은 가치를 지닌 살아 있는 개체를 의미하게 된다. 인간 인격성의 질(Qualität)이 고상한 말(馬)의 그것과 구별되는 것이 바로 인격이다. 그러나 인격 개념은 이것을 넘어서서 많은 기초적인 것을 의미한다. 인격 개념은 존재론적 개념이며, 결코 문화 철학적 또는 교육학적 개념이 아니다. 인격 개념은 그 자체로서의 인간에게로 향하며, 인간의 재능이나 업적으로 향하지 않는다. 인간 그 자체가 인격이다; 설사 그가 아직 그런 재능이 없고, 아직 그렇게 형성되지 않았고, 아직 그런 특색이 없을지라도."[127]

"따라서 인격은 정언적인 것(das Kategorische)이다. 인격은 인간의 정신적 -육체적 전체성이 지금 존재하는 방식이며, 마찬가지로, 인격이 행동하는

---

123) *Ibid.*, S.127.
124) *Ibid.*, S.121.
125) *Ibid.*, S.122.
126) *Ibid.*, S.128.
127) Romano Guardini, *Ethik*, S.207.

방식이고, 인격이 자기 자신의 고유한 인격 – 존재에 위치하는 방식이다.”128)

따라서 인간은 근본적으로 인격체이다. 인간은 인격에 어울리지 않거나 인격적이지 못한 삶을 살아갈 수도 있다. 인간은 인격이 유효하지 못할 정도로 인격을 억압할 수도 있다. “그 경우에 인간은 무가치하며 파멸적인 인간으로 된다. 그렇더라도 인간은 인격체로서 존재할 수밖에 없다.”129) 이러한 의미에서 구아르디니는 존재론적으로 인격 개념을 파악한다. “비록 인간이 저능하고 무식할지라도 그 자체로 인간은 인격체이다.”130)

“인격은 다음과 같은 사실들을 의미한다. 첫째, 나는 다른 어떤 것에 의해 살게 되는 것이 아니라 나 자신과의 관계 안에서 나 홀로 존재할 수 있다. 둘째, 다른 어떤 것에 의해 대리될 수 있는 것이 아니라 내 스스로 서 있는 것이다. 셋째, 다른 어떤 것에 의해 대치될 수 있는 것이 아니라 유일한 것이다. …… 인격은 내가 다른 어떤 것에 의해 사용될 수 없으며 그 자체 목적임을 의미한다.”131)

자신의 인격 – 존재를 위해서가 아니라 이러한 인격 – 존재의 활성화(Aktuierung)를 위해 인격은 다른 인격을 필요로 한다.132) “인격은 역동적일 뿐만 아니라 또한 존재이다. 인격은 활동일 뿐만 아니라 형상(Gestalt)이다. 만남 속에서 인격이 발생하는 것이 아니라 인격이 단지 만남 안에서 활성화되는 것이다. 인격은 일반적으로 다른 인격체가 존재한다는 사실에 의존한다.”133)

나 – 너 관계는 인격에 속한다. 그러므로 인격은 고독 속에 있지 않다. “인격은 근본적으로 혼자 있지 않다”134) 인격은 나 – 너 관계 속에서 자기 자신

---

128) *Ibid.*, S.214.

129) Romano Guardini, ˝Über Sozialwissenschaft und Ordnung unter Personen˝, S.41; *Die Existenz des Christen*, SS.468~469; *Ethik* 1, SS.207~209, S.214.

130) Romano Guardini, *Die Existenz des Christen*, S.207.

131) Romano Guardini, *Welt und Person*, S.122.

132) Martin Brasser(Hrsg.), *Person: Philosophische Texte von der Antike bis zur Gegenwart*, S.160.

133) Romano Guardini, *Welt und Person*, S.137.

134) *Ibid.*, S.137.

을 완성하고 그 관계 속에서 활동한다. 인간 현존재로서 나는 너를 만남으로써 성장한다. 내가 너를 많이 체험하면 할수록 그리고 너와 함께 하면 할수록 인간 의식은 그의 자아를 더 많이 실현한다. 그리하여 너와의 관계가 없는 나는 있을 수 없다.[135)]

인격 존재는 본질적으로 만남을 향해 있는 존재이다. 이때의 만남은 주관과 객관으로서의 만남이 아니라, 인격으로서의 만남이다. 인격으로서의 만남은 내가 타자를 바로 '너'로 경험하는 사랑에서 체험된다. 여기에서는 서로가 서로의 입장에 서서 상대방을 받아들이는 참된 만남, 즉 나와 너의 관계가 이루어진다. "인격은 본질적으로 너의 나가 되도록 규정되었으며, 그래서 근본적으로 단독의 인격은 없다."[136)]

최종적인 것은 결국 신의 창조적인 부름(Anruf)으로부터 인격으로 된다. "인격은 그러므로 일반적으로 다른 인격체가 존재한다는 사실에 의존한다. 이런 저런 또는 가장 의미 있거나 때에 따라 가장 중요한 것이 있는 것이 아니라 인격체 일반이 있는 것이다. 그것은 절대적 인격성 즉 신과 함께 있는 것이다. 신이 없다면, 최종적인 인격도 존재할 수 없다. 신이 나를 창조했고 내가 결국 신 안에서 오로지 내 삶의 의미를 발견할 수 있기 때문일 뿐만 아니라 내가 신에 근거하여 존재하기 때문이다."[137)] "사물은 신의 명령으로 생겨난다. 반면에 인격은 신의 부름으로부터 생겨난다."[138)]

인격의 본질은 신과의 관계 속에 있다. 신의 창조적인 부름에 의해 내가 인격이 되는 것이다. "인격의 사실 그 자체는 신에게서 주어진 것이다."[139)] "인간다움의 결정적인 사실들은 어디에 있는가? 바로 인격으로 존재함에 있다. 신에 의해 불리어짐, 따라서 자기 스스로 응답할 수 있고 내적인 시작의 힘으로부터 실제 속으로 들어 갈 수 있음, 이러한 사실이 감각의 인간을 고

---

135) Romano Guardini, *Die Existenz des Christen*, S.28; *Ethik 1*, S.228.
136) Romano Guardini, *Welt und Person*, S.142.
137) *Ibid.* S.143.
138) *Ibid.*, S.144.
139) *Ibid.*, S.161.

유하게 만든다."[140]

이로부터 인격의 존엄이 파생한다. 인격이 현실화될 때만 인격의 의미가 실현된다. "진리의 실현 속에서 비로소 인격은 자신의 의미에 도달한다. 왜냐하면, 인격은 참으로 진리와 관련되기 때문이다. …… 진리가 존재할 때, 그때만 인격이 존재할 수 있다."[141]

구아르디니는 인격의 고유한 특징을 인격의 절대적인 자기 귀속성 (Selbstgehörigkeit)에서 보았다. 이 절대적인 자기 귀속성은 어떤 다른 것의 개입을 금한다.[142] "인격이란 내가 나의 존재에 있어서 어떤 다른 사람에 의해서도 결코 침해받지 않고 오직 나 자신과의 관계에 있어서 나는 나 자신과만 존재한다는 것을 의미한다. 나는 어떤 다른 사람에 의해서도 대리될 수 없고 나 자신에 대해서만 보장되어 있다. 나는 어떤 다른 사람에 의해서도 대치될 수 없다. 나는 유일하다. 이러한 나는 비록 나의 영역이 어떤 침해 행위나 어떤 수술 작용에 의해 중대하게 손상되었을 때에도 여전히 보존된다."[143]

삶과 지식과 행위와 그밖에 정신적 창조의 내면성 등 "이 모든 것들은 아직도 인격이 아니다. 인격은 이 모든 것들에 있어서 인간이 그 자신 안에 머물러 있다는 것을 의미한다. …… 그리고 이것은 그 자신 안에 존재할 수 있고 또 존재하여야 한다는 사실을 의미한다."[144]

구아르디니는 인격을 의식 존재의 활동으로 환원하는 것에 반대한다. 인격성은 이 생명체 즉 인간이 자신의 정신 능력을 어느 정도 사용할 수 있는가에 의존하지 않으며, 또한 인간이 자신의 정신 존재를 반성적으로 의식하는가, 못 하는가에 의존하지도 않는다.[145]

---

140) Romano Guardini, *Das Ende der Neuzeit*, S.55.

141) Romano Guardini, *Ethik*, S.203.

142) K. Lehmann, "Romano Guardinis Erbe für die Kirche der Gegenwart", 1998. 10. 14, 이용 가능 정보원<URL:http://www.kath.de/bistum/mainz/bischof/ Lehmann/leh-guard.htm>

143) Romano Guardini, *Welt und Person*, SS.122~123.

144) *Ibid.*, SS.128~129.

이러한 인격의 자체적 존재 개념은 보에티우스와 토마스 아퀴나스의 존재론적 인격 정의의 실체(substantia) 개념과 통한다. 따라서 구아르디니는 보에티우스 이래로 지속되어온 존재론적 인격 이해의 전통을 따르고 있음을 알수 있다. 인간은 자신의 모든 특징 안에서 항상 단일자요 유일자이다. 인간은 자신의 육체－영혼적 전체성을 결코 교환할 수 없다. 이것은 생명의 시작과 끝에 있는 인간을 이해하는 데 큰 의미를 가진다. 인간의 인격 존엄성은 그의 의식 상태에 의존하지 않는다.

3) 슈페만(Robert Spaemann, 1927~)

슈페만은 독일어의 일상 언어에서 ‘인격’이라는 말이 사용되는 것을 관찰하면서 인격 개념에 대한 탐구를 시작한다. ‘X 인격’, ‘Y 인격’ 식으로 열거할 때, ‘인격’이라는 말은 순전히 사실적인 의미만을 가진다. 그러나 ‘X는 인격이다’ 식으로 귀속할 때는 가치 함유적인 의미를 가진다. 우리는 일반적으로 인간을 인격으로 생각한다. “우리는 오늘 여덟 인격의 저녁 식사를 예상하고 있다.”(Wir rechnen heute mit acht Personen zum Abendessen.)라는 문장에서 “인격”은 결코 강조된 표현이 아니다. 오히려 그 반대이다. “우리는 여덟 인간들을 기다린다”(Wir erwarten acht Menschen.)는 품위 있게 그리고 다소 엄숙하게 들린다. ‘여덟 인격’은 반대로 추상적이고 비인격적으로 들린다.

순전히 수적인 것을 제거한다면, 인격에 관해 말하는 것이다. 누군가가 “인격의 특징” 대신에 “인간의 특징”이라고 말한다면, 그것은 멸시적이기보다는 오히려 부풀린 것으로 보인다. 그리고 우리가 “이 인격”(diese Person)이라고 말한다면 그것은 다시 비인격적이다. 그것은 공적인 언어 사용이 아니라면 경멸적인 언어 사용이다

그러나 다른 맥락에서는 정확히 반대다. ‘인격’이란 단어가 처방적으로 사용

---

145) K. Lehmann, *op. cit.*

될 때, 그리하여 이미 다른 방식으로 확인된 존재에 관해 '그것이 인격이다'라고 말할 때 그러하다. '인권'(Menschenrechte)이란 말을 '인격권'(Personenrechte)이란 말로 대체하자는 제안이 성립된다면, 언어 사용에 근거하여 특정한 성질을 통해 특징지어지는 그런 인간에게만 제한적으로 인격라는 단어가 연결된다. 반면에 '모든 인간은 인격이다'라고 주장하는 자는 '인격'을 존엄성의 이름(nomen dignitatis)으로 사용한다. 누군가가 인격 지위에 등록될 뿐만 아니라 명백히 '인격 존재'로 귀속된다는 것은 그에게 어떤 특정한 방식으로 다가갈 것을 요구함을 인정하는 것이다.146)

일단 우리가 누군가에게 인격 존재의 지위를 부여하면, 우리는(어떤 것으로서의 어떤 것의) 동일화를 완수하는 것도 또 속성의 단순한 부가도 아니다. 그 말을 빈사로 사용할 때 즉 그러므로 "이 본질은 '인격'이다"라고 말할 때, 우리가 항상 관계하는 '인격'이란 단어의 의미에 관해서 살펴보아야 한다.

'인격'이란 단어는 우리가 무엇인가를 어떤 것으로서 표현하고 확인할 수 있는 그런 종류를 나타내는 표현이 결코 아니다. "이것은 무엇인가?"라는 물음에 우리는 "그것은 인격이다"라고 대답하지 않고, "그것은 사람이다" 또는 "그것은 램프이다"라고 대답한다. 그것이 인격인지 아닌지에 관해서 알 수 있기 위해서 우리는 오히려 먼저 그것이 인간인지 아니면 램프인지에 관해 알아야만 한다. 인격 개념은 어떤 것을 어떤 것으로서 확인하는 데 기여하는 것이 아니라, 이미 어떤 것으로서 규정된 것에 관해 진술하는 것이다. 이미 자신의 방식으로 특성화된 것에 어떤 특정한 부가적인 속성을 결부하는 그런 빈사(Prädikat)가 문제되는 것이 아니다. '인격 존재'라고 칭해질 속성은 존재하지 않는다. 오히려 우리가 이미 확인한 특정한 속성에 근거하여 본질에 관해 '그것은 인격이다'라고 말하는 것이다.147) 그러므로 슈페만에 의하

---

146) Robert Spaemann, *Personen: Versuche über den Unterschied zwischen ,etwas' und ,jemand'* (Stuttgart: Klett-Cotta, 1998, Zweite Auflage), SS.13~14.
147) *Ibid.*, S.14.

면, 인격 존재는 인간 존재의 본질을 표시하는 것이다.

우리는 오히려 '인격'의 귀속을 가지고 어떤 것이 '존재하는' 방식을 표시한다. 따라서 그 말은 존재론을 지시한다. '인격'이 무엇을 의미하는가의 물음에 대한 대답은 우리가 이미 발견한 것, 즉 그 단어의 사용의 고유성에서 드러난다. 한편으로 우리는 그 단어에 특별한 존엄을 부가한다. 다른 한편으로 그 단어는 순전히 수적인 관계 즉 모든 추가적인 규정과 무관한 관계를 나타낸다. 한편으로 그 단어는 결코 종류를 나타내는, 어떤 것을 어떤 것으로서 그 방식에 따라 확인할 수 있는 표현이 아니다. 다른 한편으로 그 단어는 결코 속성이 아니다. 그 단어는 오히려 특정한 속성의 담지자를 나타낸다. 우리가 이제 이러한 언어 사용을 단순한 양면성으로 여기지 않고 그것의 관련성을 존중한다면, 우리는 이미 첫 번째 암시에서 우리가 추구해야 할 방향을 취하게 된다. 인격은 다른 사물이나 생물이 존재하는 방식과는 다른 방식으로 존재하는 그런 것이다. 그렇다면 이 다른 방식이란 무엇인가?[148]

누군가는 단순히 (거기에) 있는 것이 아니라 존재하는 자신의 존재를 가지며, 따라서 '인격'으로 존재할 수 있는 차이 안에 스스로 서 있는 그런 방식으로 '존재한다'. 인간 각자의 내적 차이의 제시는 인격에 관한 우리의 말이 근거하고 있는 그의 고유한 본질(Sosein)에 근거한다.

이러한 차이는 '반성'의 제목하에서 우리에게 익숙하다. 그러나 반성은 이 차이의 드러난 형식일 뿐이다. 이 차이는, 설사 우리가 반성하지 않는다 할지라도, 우리의 현존재를 규정한다. 이 차이는 반성을 가능하게 하지만, 반성에서 기원하는 것은 아니다. 반성은 '자신 안으로 들어감'(In-Sich- Gehen)이다. 그러나 차이는 '자신 밖으로 나옴'(Aus-sich-Heraustreten), 또는 플레스너(Helmut Plessner, 1892~1985)가 이야기 한 것처럼 '탈중심적 위치'로 표현할 수 있다. 이 위치란 '내가 말하는 것'(das Ich-Sagen)을 표현하는 것이 아니라, 오히려 제3자의 입장에서 자신에 관해 말하는 것이다. 어린 아이는

---

148) *Ibid.*, SS.14~15.

처음부터 자기 자신에 관해서 말하는 데 이것이 '바로 내가 말하는 것'이다. 자기 자신에 관해 제3자의 위치에서 말하는 것은, 모든 자연 생명이 자신의 환경과의 관계에서 차지하는 중심 밖으로 인간이 나오는 것이며, 세상 내 현상으로서 다른 사람의 시선으로 자기 자신을 보는 것이다. 이렇게 보기 위해서 그는 자기 밖의 관점 즉 자신의 유기적 중심 밖의 관점을 수용해야만 한다. 도덕성은 이러한 자기 객관화와 그에 따른 자기 상대화의 능력에 근거해서만 가능하다. 그리고 이럴 때만 언어가 가능하다.[149]

이러한 차이는 자기 근원성(Selbstursprünglichkeit)만큼 적극적이다. 어떤 종의 동물은 다른 종의 동물이 도망치는 곳에서, 자신의 본성 때문에 공격적으로 반응한다. 본성은 종 고유의 반응 원리이다. 인격 개념 안에서 개인이라는 근원적이고 고유한 근원 존재가 숙고된다. 그러한 개인들은 본성을 가지지 않는가? 그리고 그들의 본성에 관해 자유롭게 결정해야만 하는가? 아니다. 그러나 각 개인들은 이러한 자신의 본성과 일단 관계할 수 있다. 각 개인들은 그들의 본질 법칙에 따라 자유로이 스스로를 만들 수 있거나 그 법칙을 위반할 수 있고 그리고 '그 종에서 나올 수 있다'. 사유하는 본질로서 각 개인들은 그러므로 그들의 종에 속한 것으로 칭해질 수 있을 뿐만 아니라 '그러한 본성 안에 실존하는' 개체로서도 칭해질 수 있다. 즉, 각 개인은 인격으로서 실존한다.[150]

따라서 우리는 고유의 활동 속에서 원칙적으로 나타날 수 없다가 이해된다. 실제로 인격에 있어서, 인격은 상이한 그리고 서로 분명히 분리된 활동 양상들의 주체라는 점이 특징적이다. 특별히 나의 활동들 즉 인간에게 있어서 선취와 의욕의 활동들이 그때그때 서로 독립적인 변수들이다. 이것이 아마도 인격의 고유한 특징일 것이다. …… 그러나 동시에 이 독립성이 인격을 지속적인 활동의 중심으로 이야기할 수 있는 근거이다. 활동들의 한 가지 종류만의 주체는 이 활동들의 기능일 뿐이다. 활동이 의식 존재의 흐름의 계속

---

149) *Ibid.*, S.23.
150) *Ibid.*, S.42.

성 안에 위치한다면 주체는, 기억과 예측이 가능할 때, 또한 흐름의 계속적인 주체로서 간주되어야만 할 것이다. '주체'는 물론 자유롭고 자율적인 시작과 원리의 의미에서가 아니라 통합 기능의 의미에서 그러하다. 왜냐하면, 자유로운 시작이기 위해서 주체는 우리가 이러한 사유 실험에서 점차 결론 내리는 그 무엇인가로부터 존재해야만 하고 또 그 무엇인가를 의욕해야만 한다. 그러나 거꾸로 주체가 단지, 이론적 숙고나 이론적 의도 없이 의욕 된다면, 그것은 쇼펜하우어(Arthur Schopenhauer, 1788~1860)의 의지처럼 맹목적 충동일 것이고 자유로운 자율성이 결코 아닐 것이다. 만약 그것이 이러한 주체라면, 즉 생각하고 의욕하며 이론적이고 실천적인 동기(의도)와 이런 것에 앞서 사랑을 그러므로 선취와 후치의 동기의 능력이 있는 주체라면, 이 주체는 이러한 활동에 대해 자립성을 가져야만 한다. 주체는 자발적 시작으로서 그리고 자기 존재로서 이해되어야만 한다. 그것은 우선 자기 활동을 통해 접근할 수 있고, 그러나 그것과 단순히 일치하는 것은 아니다. 왜냐하면 어떤 종류의 활동의 도움으로 다른 사람과 관련될 수 있기 때문에, 매우 특수한 의미와는 거리가 있다.[151]

인격은 생물학적 종으로서의 인간에게 특징적인 생명의 종의 구조이다. 비인격의 생명으로부터 인격의 생명은 우리가 그것을 '생활 방식'으로서 기술할 수 없다는 점에서 구분된다. 인격이 존재하며 동시에 인격은 어떤 방식으로서 존재하는 본성(예를 들면 인간 본성)을 갖는다. 인격은 마이스터 엑크하르트(Meister Eckhardt, 약 1260~1328)가 신성을 표현할 때 사용한 그런 것 즉 "방식을 상실한 존재"가 아니다. 인격은 그러한 방식이 아니며, 스스로와 관계하며 스스로를 수용하고 완수하며 또는 스스로를 거부한다. 인격은 무엇인가가 아니라 누구인가라고 말할 때 우리가 생각하는 것이 바로 이것이다. 그것은 인격 대명사 "나"의 고유성에 속한다. 어느 누구도 그것을 가지고 상상적인 개인을 관계 지울 수 없다. 대명사는 항상 준거자이다. 그

---

151) *Ibid.*, SS.67~69.

리고 인격의 이러한 실재 존재는 항상 생명이다.[152]

지금까지 살펴본 바와 같이, 인격은 이성 능력을 가진 개인 즉 살아있는 본질이며 부가적으로 자신의 생명에서 시작되는 이성의 속성을 가진 그런 본질을 의미한다. 이성은 오히려 우리의 살아 있음의 '형식'이다. 우리의 생명은 다른 생명과 달리 그 자체가 중심이 아니다. 우리 생명은 자기 보존과 종 보존의 경향으로 정의되지 않는다. 우리 생명의 본질적이고 고유한 특징은 자기 초월이며 그것의 가장 최고 형식이 사랑이다.[153]

인간의 인격은 그의 동물성의 저편에 있는 어떤 것이 아니다. 인간의 동물성은 오히려 처음부터 단순한 동물성이 아니라 인격 실현의 매개체이다. 인간이 서 있는 원근 관계는 그러므로 인격적인 즉 윤리적인 관련이다.[154]

따라서 직접적으로 (최소한) 모든 인간은 인격이다. 인격은 종개념(Artbegriff)이 아니라 '인간' 종의 개인들이 존재하는 방식이다. 개인들은 인격으로 인해, 우리들이 '인류'라고 부르는 인격 공동체 안에서 뒤섞일 수 없는 고유한 자리를 차지하며, 이러한 자리의 소유자로서만 개인들은 스스로 그러한 자리를 차지한 사람들에 의해 인격으로서 인지될 수 있다. 만약 우리가 특정한 질적인 조건의 완성에 의존하여 그러한 자리를 인정한다면, 우리는 요구의 무조건성을 이미 파괴하는 것이다. 이러한 자리를 차지한 자는 그를 탄생과 함께 인류의 구성원으로 수용한다. 인격권은 상실되거나 인정되는 것이 아니라, 누구나 동등한 권리로서 당연히 요구하는 것이다. 이때 '누구나'란 모든 인간을 의미한다.[155]

'인격'인 자는 절대로 계산될 수 없다. 인격의 인간적인 용모와 함께 …… '계량할 수 없음'(Inkommensurable)이 우리 삶 속으로 도입된다. 어떤 맥락에서 항상 우리는 타인과 관계하고, 다양한 방식으로 타인을 우리 목적의 수

---

152) *Ibid.*, S.81.
153) *Ibid.*, S.124.
154) *Ibid.*, S.256.
155) *Ibid.*, S.263.

단으로 사용한다. 그러나 칸트가 말한 것처럼, 우리는 그들의 '인간성'을 결코 수단으로서만 사용해서는 안 된다. 즉, 타자는 그 자체로서 본질적으로 모든 맥락 저편에 즉 '체험의 가능성의 조건의 저편'에 존재한다.[156)

'인격 존재'는 개별적으로 존재함을 칭한다. 우리는 인간들을 인격이라고 부른다. 왜냐하면, 인격은 다른 생명체들과는 다른 방식으로 존재하기 때문이다. 인격이란 무엇인가는 그들이 다른 생명체와 공유하고 있는 속성들로부터 전제된다. 이러한 속성들의 개별적 결합은 참으로 항상 유일무이하다. 인격을 인격으로 만드는 것은 그들의 유일성(Einzigartigkeit)이 아니라 그들의 개별성(Einzigkeit)이다. 개별성은 유일성의 단순한 결과가 아니라 공간-시간-위치의 수용을 통하여 단지 지표적으로만 규정된다. 인격은 오히려 거기로부터 오로지 공간 위치와 시간 위치가 확인 가능한 그런 아르키메데스적 지점이다. 왜냐하면 그것을 통해서만 '여기' 그리고 '지금'이 규정 가능하기 때문이다. 여기 그리고 지금은 인격에게만 있다. 인격은 한편으로 하나의 관점이 나오는 생명의 중심을 형성할 수 있으나 다른 한편으로 이러한 관점에 관해 알 수 있는 따라서 이 중심의 상대성에 관해 알 수 있는 그러므로 '여기'를 '다른 곳'과 구별해서 그리고 '지금'을 '이전' 또는 '후'와 구별해서 말할 수 있는 그런 생명체이다.[157)

이러한 개별성의 중요한 특징은 양심이다. 양심을 가지고 있다는 점은 인격의 명백한 신호이다. 양심은 인간을 근본적으로 개별화하며, 동시에 인간을 이기적인 개인주의로부터 벗어나게 한다. 양심은 개별화한다. 왜냐하면 양심은 모든 조건과 의무, 모든 책임성과 연대성을 자기 자신의 책임하에 놓기 때문이다.[158)

인격 존재의 이념적 특징에 관해 상론한 후, 슈페만은 "X는 인격이다"라고 귀속하는 내용은 무엇이며 어떻게 귀속되는가에 관해 묻는다. 이미 진지]

---

156) *Ibid.*, S.136.
157) *Ibid.*, S.175.
158) *Ibid.*, S.178.

하게 고려된 귀속 활동에서, 공통적인 것('X')을 그렇게 불리는 것('인격')으로 인정하라는 요구가 실현된다. 말하자면 이와 함께 인정 공동체(Anerkenn-ungsgemeinschaft)의 문이 열린다. 그러므로 인격 존재는 사법적으로 인정되는 그런 것이 아니다. 그것은 오히려 일반적으로 인정 활동 속에서만 제시된다. 그리고 이 인정은 다른 생명체의 고통에서 자신의 고통에 관해 결론 내리는 것과 같은 유비 결론이 아니다. 오히려 우리 자신의 인격 존재는 타인의 인격 존재보다 먼저 우리에게 제시되지 않는다. 우리는 우리 자신이 어떤 말을 이해했는가를, 다른 사람들이 그 말을 이해했는가를 알기 전까지는 알 수 없다. 인격 존재는, 다른 인격이 그들의 위치를 갖는 그런 공간 없이는 결코 존재하지 않는 그런 위치를 수용한다. 이러한 위치의 수용은, 이미 우리보다 앞서 현존했던 타인을 통한 지시에서 기원하지 않는다. 모든 인간은 이러한 위치를 탄생한 구성원으로서 자신의 권리에 힘입어 수용한다. 그러나 그는 이러한 위치에서 경험적으로 발견되는 것이 아니라 오히려 이러한 공간이 일반적으로 인정의 방식에서 단지 인정되는 것이다. 그러므로 어떤 인간을 인격이라고 부르는 문장은 왕을 존경하는 것보다 더 적게 인격을 존경하라고 말하는 문장이 아니다. 인격 지위의 부여는 오히려 이미, 인격이 각기 제시되는 특정한 방식에 대한 존경의 표시'이다'. 여기에 역설이 있다. 존중, 인정은 활동의 방식들이다. 인격을 인격으로 인지하는 감수성이 전제될 수밖에 없다. 특히 자기 존재의 인지가 문제될 때, 인지는 순전히 수용적으로만 관계할 수밖에 없다. 그러나 그것은 그 경우가 아니며, 통찰 가능한 근거로부터 나오는 것도 아니다. 왜냐하면 자기 존재는 정의상(定義上) 현상으로 제시될 수 없는 것이기 때문이다.[159]

인격으로서 X는, 변호사가 타인의 이익을 인지하는 것처럼 인지하는 것을 말한다. '인지하다'(Wahrnehmen)란 단어의 두 의미가 여기에서 제기된다. 우리가 그 이익을 우리 것으로 여기고 제3자를 변호할 때, 우리는 어떤 사람

---

159) *Ibid.*, S.192.

의 이익을 '인지한다'라고 말한다. 이런 의미에서만 인격은 '인지'된다. 모든 당위는 그러한 인지에 근거한다.[160]

호어스터(N. Hoerster)처럼 인권 개념을 포기하고 인격권 개념으로 대치하자는 제안을 생각해 볼 수 있다.[161] 철학에서는 정초 의무, 증명의 부담이 있다. 인권을 인격권으로 대체하려 하고 인간 가족의 상당 부분을 인격 존재에서 제외하는 테제는 커다란 증명의 부담을 가진다. 왜냐하면 그것은 유럽의 전체 전통뿐만 아니라 인간성 윤리학(Menschheitsethik)의 전체 전통과 모순되기 때문이다. 그것의 정확한 전제는 우리 인간은 인간 가족의 일반적인 구성원으로서 자기의식, 자기 존중 등과 같은 특정한 속성을 임의로 처리하기 때문에, 그러므로 인격 존엄성을 인정받는다는 것이다. 여기에서 이러한 속성을 실제로 임의 처리하는 그런 구성원만이 존중에의 요구를 갖는다는 결론이 나오기도 한다.

만약 이렇다면, 실제로 우리가 존중하는 것은 속성과 경우들이지 그것의 담지자가 아닐 것이다. 이러한 급진적인 경험주의 이론의 주요한 주창자인 파피트(Derek Parfit)는 주장하기를, 잠에서 깨어난 인간은 그가 잠들 때와는 다른 인간이다.[162] 왜냐하면, 잠자는 동안 인격은 실존하지 않기 때문이다. 이것은 실로 결과적이며, 그러나 극단적으로 반직관적인 결론은 전제의 불합리함을 드러낸다.

우리가 배고프다는 사실을 의식하게 되면, 배고픔은 그 의식됨에서 비로소 시작하는 것이 아니라, 처음에는 의식되지 않았고 나중에 의식된 배고픔이 되는 그 배고픔이다. 누군가 우리에 관해 말한다. "나는 이러이러한 때에 임신되었고 이러이러한 때에 출산되었다." 그리고 아이가 자신의 어머니에게 묻기를 "내가 엄마 뱃속에 있을 때 어땠나요?" 인칭 대명사 '나'는, 우리 중

---

160) *Ibid.*, S.194.

161) Robert Spaemann, "Gezeugt, nicht gemacht", *Die Zeit*, 2001. 04. (인용 일자: 2002-07-18), 이용 가능 정보원 <URL:http//www.zeit.de/2001/04/ Kultur/200104_klon.html>

162) Derek Parfit, *Reason and Persons*(Oxford: Clarendon Press, 1984)

그 누구도 한번도 가지지 못한 나-의식과 관련되지 않고, 스스로 '나'를 말할 수 있기 전에 더욱이 다른 인간이 그에게 이미 '너'를 말하기 때문에 비로소 나중에 '나'를 말하는 것을 배우기 시작하는 생명체인 인간과 관련된다. 그리고 이러한 존재가 장애 때문에 한번도 '나'를 말하는 것을 배우지 못한다 할지라도, 그 존재는 아들·딸로서, 형제·자매로서 인간 가족에 속하며, 인격 공동체인 인간성 가족에 속한다. 인간 인격의 허용 가능한 기준은 오로지 인간 가족에 생물학적으로 속함일 뿐이다.

위긴스(D. Wiggins)의 다음 주장은 복잡하게 들리기는 하지만, 많은 사람들의 직관을 정확하게 표현하고 있다: "인격은 어떤 종에 속하는 모든 생명체인데, 그 종의 전형적인 구성원은 이성과 반성을 부여받은 지적 존재이며 그리고 또한 자신의 신체를 통하여 전형적으로 자기 스스로를 상이한 시간과 장소에서 동일하게 생각하는 개체로서 간주할 수 있다."163)

만약 사실이 이렇다면, 인격의 시간적 시작에 관한 스콜라적인 숙고는 쓸모없다. 토마스 아퀴나스는 3개월째에 최초의 식물적 영혼이 신이 창조한 정신적이고 불사의 영혼으로 치환된다고 믿었다. 영국 의회는 15일째라고 믿고 있다. 이러한 숙고는 모두 쓸모가 없다. 수정란은 완전한 DNA 프로그램을 함유하고 있다. 우리는 그것의 시작을 알 수 없다. 인간이 임신되는 그 순간에 완전한 인간 모습으로 자동적으로 발달할 것이 제시된다. 이것은 '누군가'로 간주되지, '어떤 것'으로 간주되지 않는다. 예를 들면, 타인을 위한 장기 보관소가 아니며, 또한 매우 고통스럽게 도살당하는 것이 허용되는 그런 것이 아니다. 또한 나치의 강제 수용소에서 냉각 실험이 다른 고통 받는 자들을 위하여 이루어졌다는 사실은 널리 알려져 있다.

인간 배아 실험과 관련하여, 우리가 그것을 하지 않는다면, 바로 다른 사람들이 그 돈벌이가 되는 일을 한다는 주장이 있다. 이러한 논증은 모든 도덕의 종말을 나타낸다. 자연 안에서 인간은 죽음에 이른다. 인간 모두는 결

---

163) D. Wiggins, *Sameness and Substance*(Oxford, 1980)

국 죽어야만 한다. 그러나 그렇다고 해서 인간이 살해되어야만 하거나 인간에 대한 살해가 허용되는가? 어느 누구도 일어나는 모든 것에 책임을 지지 않는다. 그러나 우리가 행한 것에 대해서는 우리가 책임져야 한다.

이상에서 살펴본 바와 같이 슈페만은, 인격주의의 전통을 따라, 인간 존재와 인격 존재를 동일시하고 있으며, 인격 존재로서의 인간 존재에게 절대적인 존엄을 부여하고 있다. 인격의 시작은 인간으로 실존하기 시작하면서부터이고, 인간으로의 실존은 임신 순간부터 시작한다고 주장한다. 그러므로 그는 인간 배아에 대한 실험은 인간의 인격을 훼손하는 것이므로 반대한다.

Ⅲ. 생명과학의 발달과 인간 생명 존엄성 위기

　이 장에서는 현대 생명과학의 발달이 가져오고 있는 역기능으로서 인간 생명 존엄성의 위기 현상에 관하여 살펴보겠다. 논의에 앞서 먼저 생명과학의 개념 정의의 문제에 관해 살펴볼 필요가 있겠다. 생명과학(life science)은 생명 현상이나 생물의 여러 가지 기능을 밝히고 그 성과를 의료, 농업, 환경 보존 등에 응용하려는 종합 과학으로서 최근에 새롭게 논의되고 있는 생명공학, 분자 생물학, 유전 공학 등을 망라한 명칭이다.[1] 세포 증식을 다루는 세포 공학, 유전자 재조합의 기술을 다루는 유전 공학, 생명 현상을 분자 수준에서 연구하려고 하는 분자 생물학 등은 학문적 분류 및 정의에서 혼란을 일으키고 있다. 생명과학을 생명공학이라고 부르는 사람들도 있다. 생명공학이란 응용 생물학으로서 생물체 혹은 세포 구성 요소를 이용하는 공학으로 생물학, 화학, 유전학, 면역학, 발생학, 생화학적 지식에 공학 기술을 접목한 것이라고 할 수 있다. 생명과학 내지 생명공학과 분자 생물학과 유전 공학 등은 그 연구 내용에서 중첩되고 있다. 유전 공학은 생명공학의 일부분이라고 할 수 있

---

1) "생명과학", 『두산 세계대백과사전』(1996), 14권, p.488; *Enzyklopädie Philosophie und Wissenschafttheorie* 2 (1984), pp.549~550.

다. 반면에 생명과학을 자연 과학적인 생명공학에만 기반을 두는 것에 반대하여 철학, 윤리학, 종교까지도 포함시켜 생명을 정점으로 하는 새로운 종합 과학으로 아주 넓은 의미로 사용하기를 주장하는 사람들도 있다. 따라서 생명과학의 개념 정의는 일의적(一義的)이지 못하다.[2]

1. 인간 생식과 관련된 신기술의 문제점

생식과 관련된 신기술의 발달은 자연스러운 방법으로는 아이를 잉태 또는 임신할 수 없는 여인들로 하여금 실제로 임신을 할 수 있게 하여 주며 또 이성 배우자 없이도 임신할 수 있게 하여 준다. 예컨대 인체 또는 시험관 내 인공수정을 통한 아기 출산 방법이 개발되어 시술되고 있다.

그러면 이것은 단순히 새로운 생명기술의 이용이 가능해졌기 때문에 생긴 것이라고 할 수 있겠는가? 새로운 기술은 새로운 가능성을 제시하여 주고 새로운 여러 가지 문제들을 초래하기도 하지만, 애당초 비정상적인 방법을 사용해서라도 아기를 갖기를 원하고 또 새로운 기술을 연구하고 이를 이행하려는 집단이 존재하지 않았다면, 사람들은 인공수정이라는 새로운 기술을 만들어 내지는 않았을 것이다. 다시 말해서 인공수정은 어떤 수단을 동원해서라도 아기를 갖기를 원하는 사람이 있기 때문에 생긴 현상이다.

1978년 7월 25일, 영국의 올드햄에서 세계 최초로 어머니 몸 밖에서 수정된 루이스 브라운이 태어났다.[3] 우리나라에서는 1985년 서울대 병원에서 국내 첫 시험관 아기가 태어났고, 이와 함께 우리나라에서도 인공수정 시대가 시작되었다. 의료계의 일반적인 윤리적 불감증과 불성실로 인하여 정자 제공자의 AIDS 및 성병 등 악성 질환의 감염 여부를 검사하지 않고 동일한

---

2) 진교훈, 『환경 윤리』, pp.148~149 참조.
3) 김중호, 『의학 윤리란 무엇인가?』(서울: 바오로딸, 2002), p.58.

사람의 정자를 수많은 여인들에게 수정시키고 정자를 돈을 주고 사는 비윤리적 행위가 벌어지기도 했다. 우리나라의 대부분의 종합 병원에서는 '불임 클리닉', '불임 시술 센터'가 있으며 윤리 부재의 무분별한 인공수정 시술이 행해지고 있다.[4]

부부이외의 비배우자간의 인공수정 자체를 부정하는 사람들은 이러한 사태를 의료 기술을 통한 '기계적 간통'이라고 단정하고 혼인의 본질을 부정하는 비인간적인 행위라고 규탄한다. 자녀의 출생은 원래 부모와 자녀 모두의 인격적 존엄성에 원칙을 두고 혼인 안에서 부부의 성관계에서만 이루어져야 한다. 따라서 신원을 확인할 수 없는 정자 기증자는 정자 판매자인 동시에 수많은 아기들의 익명의 생물학적 아버지가 되며 심지어는 동일한 정자 판매자의 직계 후손들 간에 혼인할 수 있는 경우도 발생할 수 있다. 만일 법적 아버지가 자기 아닌 다른 남자와의 인공수정을 동의했다고 하더라도 정자 판매자에 의해 생겨난 아기의 어머니와 법적 아버지 사이에 나타나게 되는 관계는 인륜을 파괴하는 행위가 될 것이다.

첨단 의료 기술의 발달은 인공수정뿐만 아니라 체외 수정(시험관 아기), 대리모에 의한 출산 등을 점차 확산시키고 있다. 인공적 기술에 의한 수태와 출산에는 인간의 방자함과 그릇된 욕구가 작용할 위험이 너무나 많고 크다. 따라서 우리는 시술하는 의사와 인공수정을 요구하는 사람들의 윤리 의식을 문제 삼지 않을 수 없다. 1993년 1월 31일 경희대 의료원을 비롯한 전국 40여 개 병원에서 무분별한 인공수정 시술을 하면서 심지어 정자 제공자의 각종 질병의 유무도 검사하지 않고 수태 시술을 했다는 신문 기사는 단순한 우발적인 사건이라고 하기 어렵다. 경희대 의료원의 자체 조사에서도 650여 건의 시술을 하면서 정자를 몇몇 한정된 사람으로 1건당 15만 원씩 돈을 주고 매수했고 전혀 아무런 검사도 하지 않았다고 한다. 이것은 한국

---

4) 보건복지부의 발표(2006. 5. 22)에 의하면, 2005년 한 해 동안 우리나라에서 실시된 체외수정시술은 총 2만 1154건이며, 이 중 971건은 배우자 외 제3자의 생식세포를 사용했다고 한다.

의 천박한 의사들의 그릇된 인간관과 윤리 수준이 그대로 반영된 것이긴 하나 이런 사태가 발생할 수 있는 배경은 근본적으로 현대 서양 의학의 기조5)에서 파생된 것이다.

여기서 우리는 지엽적인 인공수정의 시술 과정보다는 근본적으로 인공수정 자체에 대하여 검토해 보아야 할 것이다. 우리는 인공수정은 근본적으로 자연법을 거스르고 있음을 문제 삼아야 한다. 인공수정은 정상적인 부부간의 성행위에 의해 남편의 정자가 아내의 자궁 안에 주입되는 것이 아니다. 따라서 인공수정은 엄연히 혼인 행위의 본질에 위배된다. 혼인 행위는 사랑의 촉진, 자녀 출산, 성적 욕구의 충족 등을 성취할 목적을 가지며 이러한 목적 중에서 어느 한 가지라도 떼어내려 한다면 이것은 혼인의 숭고한 목적과 사람다움의 본질을 파괴하는 것이 되며 비윤리적임은 물론이다.

우리는 비배우자 간의 인공수정을 다음과 같은 이유로 금지시켜야 한다. 첫째, 부부가 혼인 계약 안에서 성교할 수 있는 권리는 그 두 사람만의 독점적 권리이다. 이 권리는 오직 자녀를 낳아야만 하는 권리가 아니라 오히려 자녀를 출산하게 되는 자연적 행위에 있다. 이 권리는 제3자에게 양도될 수 없는 것이므로 제3자에 의한 자녀 출산은 일종의 간음 행위가 될 것이며 혼인 권리를 침해하는 것이다.

둘째, 인간의 성기능은 해부학적으로 보나 생리학적으로 보나 분명히 성교를 위한 것이다. 그러므로 자녀의 출생이 부부의 성교 행위에 의한 것임은 자연법에 의한 것이다. 따라서 성교가 아닌 어떤 인공적인 수단 방법에 의해 출산하려는 것은 자연법을 거스르는 것이며, 비윤리적이다.

셋째, 실제로 비배우자간의 인공수정은 실행하는 과정에서 부조리를 가져오게 된다. 우선 수태를 위해 제3자의 생식세포를 받아들인다는 것은 부부 간에 맺어진 혼인 계약의 신성 불가침적 관계를 침범하는 것이 된다. 또 이

---

5) 현대 서양 의학의 기조는 실증주의이다. 분석 실험에 의거하는 현대 서양 의학은 치료 면에서는 눈부신 발전을 하고 있으나, 인간 실존의 문제로부터는 이탈되어 가고 있다. 진교훈, 『의학적 인간학』, pp.4~5 참조.

러한 방법으로 태어난 자녀에게 그러한 비밀을 끝까지 유지할 수 있느냐는 의문과 만일 이 비밀이 알려질 때 그 자녀가 충격을 감당할 수 있겠느냐는 의문이 생기며, 또 부부간에 부모와 자식간에 생길 심리적 갈등을 어떻게 해소시킬 수 있겠느냐는 난문이 생긴다.[6]

2. 태내 진단 기술의 우생학적 사용의 문제점

양수 검사, 융모막 융모 샘플링(CVS: chorionic villus sampling), 수정관 치료법 등 태내 진단 기술을 더 이상 무간섭 상태로 방치할 수 없다. 이러한 기술은 처음부터 필요하다고 생각되는 사람들 모두를 위한 인도적인 목적으로 의도된 것이 아니라 무분별한 의사들의 지적 호기심 충족과 남아 선호 사상 등 여성에 대한 편견을 가진 부유한 사람들을 위하여 개발되었다.

태내에서의 유전 관련 검사와 신진 대사 검사가 제한 없이 증가하는 추세에 있다. 양수 및 양막 검사는 자궁을 통하여 임신한 여성의 복부 내벽에 바늘을 꽂는 과정을 거치는데, 이 과정에서 산모와 태아는 병균에 감염되기 쉽고 특히 태아의 생명을 위태롭게 하기도 한다. 특히 양막 검사로 인해 유산되는 확률이 높다. 그럼에도 불구하고 의사는 교묘하게 무지한 임신 여인에게 테스트를 받도록 압력을 가한다. 문제는 태내 진단을 할 것인가 말 것인가를 누가 어떤 방식으로 '선택'하느냐는 것이다. 다시 말해서 임신 여인이 실제로 태내 진단과 위험한 수정란 치료에 대하여, 자발적 선택을 할 수 있어야 하며, 또, 의사가 윤리적인 책임 의식을 가지고 이에 임하여야 한다는 것이다. 이 문제와 관련하여 우리는 우리나라에서 요즈음 불필요한 제왕 절개 시술이 병원 당국의 경제적 이윤 추구와 비윤리적인 의사와 무지한 임신 여인의 공모에 의해서 공공연히 자행되고 있는 것에 대해 유념할 필요가 있다.[7]

---

6) 진교훈, 『환경 윤리』, pp.267~269 참조.

우리는 태내 진단에 있어서 태아의 권리를 고려하지 않을 수 없다. 다시 말해서 각종 검사에서 태아는 생존권과 침해받지 않을 권리를 보장받아야 한다는 것이다. 임신부는 수태를 하였으면 유산하지 않도록 조심해야 하며 하나의 생명을 가능한 한 최상의 건강한 상태로 이 세상에 태어나도록 하는 의무를 지닌다. 따라서 모체는 태아에 위해를 초래할 행동이나 태만한 행동을 하지 아니하여야 할 의무가 있다.[8]

3. 인간 복제의 문제점

1997년 7월 5일, 영국 스코틀랜드 로스린 연구소의 윌머트 박사는 양의 유선 세포(체세포)를 가지고 277번의 시도 끝에 양을 복제하는 데 성공했고 이를 '돌리'라고 명명했다. 복제양 돌리가 공개되고 나서 약 1주일 후에 미국 오리건주 보건 과학 연구소의 돈 월프 박사 연구팀이 1996년 8월에 탄생시킨 복제 원숭이 한 쌍을 공개했다. 생물학적으로 인간과 가장 가까운 동물인 원숭이의 복제에 최초로 성공한 것이다. 월프 박사 팀이 사용한 복제 기술은 복제 양 돌리의 경우와 유사한데, 돌리의 경우 성숙한 암양의 유선

---

7) 디지털 조선일보, "[2001 실태] 산모 10명 중 4명 제왕 절개 '세계 최고'" (2002. 07.09). 9일 국민 건강 보험 공단이 공개한 '2001년 제왕 절개 분만 실태'에 따르면 지난해 국내 산모 53만 8783명 가운데 21만 3217명이 제왕 절개 수술을 받아 신생아를 분만했다. 국내 제왕 절개율은 지난 1999년 43%로 세계 1위를 기록한 뒤 지난 2000년 출산 문화 개선 운동이 확산되면서 38.6%로 크게 감소했으나 1년 만에 다시 39.6%로 늘어났다. 이에 따라 한국의 제왕 절개 분만율은 세계 보건 기구(WHO)의 권고치 10%를 4배, 미국(23%)·일본(20%)·유럽연합(EU·20%) 평균을 2배 이상 웃도는 세계 최고치를 기록하고 있다. 국민 건강 보험 공단은 "지난해 건당 진료비가 정상 분만의 경우 39만 1000원이었으나 제왕 절개는 88만 1000원으로 배 이상 많았다"며 "제왕 절개율을 낮추기 위해 정상 분만과 제왕 절개 간 진료비 격차를 줄이는 정책을 계속 추진하겠다"고 말했다. (인용 일자: 2002-07-09), 이용 가능 정보원<URL:http://srch.chosun.com/cgi-bin/www/search?did=1016789&OP=5&word=제왕%20절개%20&name=조선일보/사회&dtc=20020709>

8) 진교훈, 『환경 윤리』, pp.270~271 참조.

세포를 떼어 내 복제에 성공한 반면, 복제 원숭이는 원숭이 태아에서 세포를 떼어 내 복제한 것이다.[9)

돌리의 유선 세포 핵치환 성공은 인간 복제의 길을 터놓은 것이 되었다. 인간 복제의 기술이 밝혀진 것이다. 그리하여 결국 인간 복제를 시도해 온 유사 종교 단체 '라엘리언'의 생명공학 회사인 클로네이드사는 2002년 12월 26일 '이브'라고 이름 붙여진 사상 최초의 복제 아기가 태어났다고 발표하기에 이르렀다. 그러나 이 아기가 실제로 체세포 핵이식에 의한 복제로 탄생되었는지에 대해서는 검증되지 않았다. 그러나 복제양 돌리의 출현 이후 생식학자들은 인간 복제가 기술적으로 가능하다고 예견해 왔기 때문에 언젠가 인간 복제는 시도될 가능성이 매우 높다.

인간 복제는 천부적 인권 파괴, 인간의 종말이라는 인간의 위기의식을 불러일으켰다. 이미 소와 돼지의 복제는 일반화되고 있는데, 인간 복제는 왜 그토록 반대가 심한가? 우리는 그 이유를 다음과 같은 점에서 찾아볼 수 있다.

첫째, 인간 복제는 인간의 존엄성을 훼손한다. 복제 인간은 기술자나 복제를 원하는 다른 인간에 의해 자의적으로 만들어진다. 이렇게 만들어진 복제 인간은 만든 사람의 의도에 따라 조종되는 존재가 될 수밖에 없다. 인간이 존엄성을 가지고 '태어나는 존재'가 아니라, 기술적으로 '만들어지는 존재'로 전락함에 따라 인간의 도구화와 수단화가 가속화될 수 있다. 복제 인간은 필요 또는 소망에 따라 만들어지는 상품으로 전락할 가능성이 매우 크다.

둘째, 인간 복제는 인간의 상호 의존성을 파괴한다. 인간은 남녀 두 사람의 상호 의존에 의하여, 즉 성교에 의하여 출산되는 것이다. 그런데 한 사람의 체세포로부터 많은 복제 인간이 태어난다면 인간의 상호 의존성은 파괴되고 만다. 인간의 상호 의존성이 파괴되면 결국 인간 사회는 와해되고 말 것이다.

---

9) "복제 양 돌리로부터 불거진 인간 복제 이야기", (인용 일자: 2002-07-09), 이용 가능 정보원 <URL:http://211.114.61.61/kwang/037.htm> 돌리는 2003년 2월 조기 노화에 따른 폐질환으로 안락사됐다.

셋째, 인간 복제는 인간의 유일회성을 파괴한다. 아기는 부와 모, 두 사람으로부터 각기 다른 유전 형질을 물려받기 때문에 부와 모의 유전 형질과 다른 유일한 유전 형질을 갖게 되어 있다. 이로써 아기의 이 세상의 그 누구와도 같지 않은 유일회성과 정체성, 대치 불가능성을 갖는다. 그러나 인간 복제는 인간의 이러한 유일회성과 정체성을 파괴하며, 인간을 언제든지 대치 가능한 존재로 만들 수 있다.

넷째, 인간 복제는 결혼 제도와 가족 제도를 파괴하고 인간의 기본적 관계, 즉 인륜을 뒤바꾸어 놓음으로써 사회 질서 전반에 혼란을 야기할 수 있다. 인간 복제에 의해 단성 생식이 가능하게 되면, 아이로부터 아이가 생기고 남자로부터 아이가 생긴다. 그렇게 되면 인간은 남녀 구별이 없게 된다. 또 복제된 아기는 누구의 아이인지도 매우 복잡한 문제가 될 것이다. 복제용 체세포 제공자의 아이인지, 아니면 핵치환 될 난자를 제공한 여성의 아이인지, 아니면 임신 및 출산 과정을 행한 산모의 아이인지를 어떻게 판단할 것인가의 문제가 제기될 수 있다. 이로써 결혼 및 가족 제도는 파괴되고 사회 질서는 큰 혼란을 겪을 것이다.

다섯째, 기술적으로도 현재의 복제 기술은 아직 문제가 많다. 현재 동물 복제의 성공률은 1.2~17.3 %에 불과하며, 복제 포유동물이 태어나더라도 뇌의 절반이 없거나, 심장에 구멍이 뚫려 있거나, 간이 정상보다 5배나 크거나 척추 신경이 아예 없는 동물들이 태어나고 있다. 이렇게 불완전한 기술을 인간에게 사용하는 것은 생명을 파괴하는 것이며, 이는 생명 경시 현상을 야기할 것이다.

여섯째 복제 기술은 여성의 인권을 유린한다. 복제 기술은 다량의 난자를 필요로 한다. 정상의 성인 여성이 보통 한 달에 한 개의 난자를 배란하는데, 복제에 필요한 난자를 획득하기 위해서는 과배란을 유도할 수밖에 없다. 이 과정에서 여성은 인간으로, 인격으로 대우받는 것이 아니라 난자 채취 장소로 취급될 것이다.

결국 인간 복제는 인간의 유일회성, 상호의존성 등을 파괴할 것이고, 결국에 가서는 결혼 제도와 가정 제도를 파괴하고 그리하여 인간의 존엄성을 파괴하는 비윤리적인 극악한 행위가 될 것이다.[10]

4. 인간 배아줄기세포 연구의 문제점

줄기 세포로 알려진 인간 세포 유형에 관한 연구를 실행하고 싶어 하는 연구자들이 오늘날 많이 있다. 그들은, 이 연구가 지금까지 치료가 어렵거나 불가능하다고 여겨진 광범위한 인간 질병의 치료를 위해 이식 가능한 조직을 개발할 수도 있다는 점에서 큰 이익을 가져올 것이라고 주장한다. 그러나 그들이 특별히 관심을 갖고 있는 줄기 세포는 인간 배아로부터 추출되며, 이는 다음과 같은 물음을 제기한다. "치료 연구를 위해 실험실에서 줄기 세포를 배양하고 연구하기 위해 자궁 착상 이전의 인간 배아로부터 세포를 유도하는 것이 윤리적으로 허용될 수 있는가?[11]

1) 인간 배아줄기세포 정의와 특성

줄기 세포란 아직 분화되지 않은 미성숙 상태의 세포로 체외 배양에서도 미분화 상태를 유지하면서 무한정으로 스스로 분열, 복제할 수 있으며, 개체의 발달 시기와 위치하는 장소 등에 따라 생물체를 이루는 많은 종류의 서로 다른 세포로 분화되어 나갈 수 있는 세포들을 총칭한다. 이러한 줄기 세

---

10) 진교훈, 『환경 윤리』, pp.272~273; 진교훈, "인간 복제 어떻게 볼 것인가?", 인터넷 한겨레, 2002. 12. 29; "『복제 아기』 국내 전문가 4인 토론", 디지털 조선일보, 2002. 12. 29.

11) International Bioethics Committee, UNESCO, "The Use of Embryonic Stem Cells In Therapeutic Research-Report of the IBC on the ethical aspects of human embryonic stem cell research", 6 April 2001, p.1, (인용 알자: 2002-07-10), 이용 가능 정보원 <URL:http://www.unesco.org/ibc/en/ reports/embryonic_ibc_report.pdf>참조.

포는 그 분화능력에 따라 크게 세 가지로 분류할 수 있다.[12)]

첫째, 만능 세포(totipotent cell)는 하나의 완전한 개체로 발생해 나갈 수 있는 만능의 성질을 가지는 세포로 난자와 정자의 수정 이후 8세포기까지의 세포가 이러한 성질을 갖는다. 이 시기의 세포를 각각 분리, 자궁에 이식하면 하나의 완전한 개체로 발생해 나갈 수 있다. 일란성 쌍둥이에서 이러한 예를 볼 수 있다.

둘째, 전분화능 세포(pluripotent cell)는 외배엽, 중배엽, 내배엽층 유래의 다양한 세포와 조직으로 발생할 수 있는 세포로, 수정 4, 5일 후 나타나는 배반포(blastocyst)의 안쪽에 위치한 내세포괴(inner cell mass)에서 유래한다. 이 세포가 배아줄기세포이며, 다양한 다른 조직 세포로 분화되나 새로운 생명체를 형성하지는 못한다. 전분화능을 지니는 줄기 세포는 내세포괴 외에도 태아의 생식 융기(gonadal ridge) 부위에서 발생하는 원시 생식 세포(primodial germ cell)로부터도 유래할 수 있다. 이 세포를 배아 생식 세포(embryonic germ cell)라 하며 배아줄기세포와 비교할 때 조금 약한 분화능과 분열능을 지닌다.

마지막으로 다능성 세포(multipotent cell)는 이 세포가 포함되어 있는 조직 및 기관에 특이적인 세포로만 분화할 수 있는 줄기 세포로서, 태아기, 신생아기 및 성체기의 각 조직 및 장기의 성장과 발달은 물론 성체 조직의 항상성 유지와 조직 손상 시 재생을 유도하는 기능에 관여하고 있다. 이러한 조직 특이적 다능성 세포들을 총칭하여 성체 줄기 세포라고도 한다. 예를 들면, 혈액 줄기 세포(조혈 모세포)는 적혈구, 백혈구, 혈소판 등을 만들 수 있고, 피부 줄기 세포는 여러 종류의 피부 세포를 만들 수 있다.[13)]

---

12) 김철근, "배아줄기세포 연구의 과학적, 의학적 가능성과 한계", 한국생명윤리학회 2002년 봄철 학술 대회,『줄기 세포 연구와 생명윤리』, 2002. 6. 15. pp.23~24 참조.

13) 성체 줄기 세포의 분화능에 대한 최근의 연구 성과들은 성체 줄기 세포의 다양한 분화 능력을 입증해 주고 있다. 그래서 윤리적 문제가 있는 배아줄기세포 연구보다는 성체 줄기 세포 연구에 더 많은 관심을 가져야 한다는 주장이 늘고 있다. 오일환, "성체 줄기 세포와 미래 의학", 한국생명윤리학회 2002년 봄철 학술 대회,『줄기 세포 연구와 생명윤리』, 2002. 6. 15, pp.3~20과, 강경선, "생명윤리 논쟁 극

배아줄기세포는 1981년 생쥐에서 처음으로 시험관내에서 정상적인 이배체 핵형을 지닌 미분화 상태로 배양되었으며, 면역 결핍 생쥐에 주입하여 전능성도 확인되었다. 한편, 다른 생쥐에서 채취한 배반포의 내부에 배양 중인 생쥐 배아줄기세포를 주입한 후 대리모 생쥐의 자궁에 착상시킬 경우 배아줄기세포는 생체의 전 조직 세포를 구성할 수 있었다. 모든 세포나 조직으로 분화가 가능하면서 실험실에서 무한대로 증식이 가능한 배아줄기세포는 그동안 유전자 재조합이나 유전자 적중 기술을 이용한 형질 전환 동물 생산에 적용됨으로써 생체 내 유전자의 기능 연구 및 사람의 특정 질환 모델 동물 생산 등의 큰 업적을 남기고 있다. 한편 1998년 11월 미국의 톰슨(Thomson)과 기어하트(Gearhart) 연구팀은 각각 사람의 배아줄기세포와 배아생식세포가 미분화 상태로 배양 가능하며 전능성을 나타낸다고 최초로 보고함으로써 사람의 줄기 세포가 미래 의학의 핵심 연구 주제로 주목받게 되었다.

2) 인간 배아줄기세포 연구의 예상되는 의학적, 과학적 이점

사람의 배아줄기세포는 이론적으로 전능성을 지닌 세포이기 때문에 인체를 구성하는 모든 세포로 분화 가능하다. 따라서 배아줄기세포의 분화를 조절할 수 있는 방법만 규명된다면 난치병 환자 치료에 필요한 정상 세포를 무한정 생산할 수 있으며, 특히 줄기 세포를 이용한 세포 치료 기술은 조직 공학과의 연계를 통하여 다양하게 응용될 것이며 필요한 장기도 대량 생산할 수 있을 것으로 예상되고 있다.

이러한 치료 가능한 구체적인 예로는 ① 제1형의 당뇨병은 랑게르한스섬이라 불리는 췌장 세포에서 인슐린을 생산하지 못하기 때문에 혈당량 조절

복을 위한 대안: 성인 줄기 세포의 다양한 분화 능력과 그 한계", 한국생명윤리학회 2002년 봄철 학술 대회, 『줄기 세포 연구와 생명윤리』, 2002. 6. 15, pp.36~40 참조. 한편 2003년 2월 가톨릭대학교 가톨릭 의과학 연구원은 제1회 『국제 성체 줄기 세포 치료』심포지엄을 개최하였다.

이 안 되는 질환이다. 이런 환자에게 췌장 세포 또는 랑게르한스섬 세포를 이식한 결과, 인슐린 주사의 필요성을 현저히 감소시켰다고 한다. 따라서 배아줄기세포로부터 랑게르한스섬 세포를 유도한다면 더 이상 인슐린을 주사하지 않고도 당뇨병을 치료할 수 있게 된다.

② 신경 세포의 소실에 의하여 많은 신경계 질환이 발병하며, 분화된 신경 세포는 더 이상 분열하지 않으므로 한번 소실된 신경 세포는 대체될 수 없다. 파킨슨병은 도파민을 생성하는 세포가 죽은 것이고 치매는 신경 전달 물질을 생산하는 세포가 죽어서 유발된다. 근위축 측삭 경화증은 근육을 활성화시키는 운동 신경 세포가 죽은 경우이다. 척추 손상이나 뇌 손상에 의해서도 많은 종류의 신경 세포가 소실될 수 있다. 이러한 질환의 경우 유일한 희망은 줄기 세포로부터 새로운 신경 세포를 분화시켜 이식해 주는 것이다. 파킨슨병에 걸린 환자에게 태아에서 추출한 신경 세포를 이식한 결과 증상이 호전된 실험 결과는 줄기 세포를 이용하여 도파민을 생성하는 세포로 분화시켜 이식하는 치료 가능성을 뒷받침해 준다.

③ 줄기 세포는 선천성 면역 결핍증의 치료에도 이용될 수 있다. 현재 약 70여 종의 선천적이고 유전적인 면역계 결함들이 밝혀졌다. 이들 질환을 가진 사람들은 일반적으로 감염이 잘 되고 종종 빈혈, 관절염, 설사, 종양 등을 동반한다. 이 경우 정상적인 유전자를 가지는 줄기 세포로부터 유래한 면역 세포를 이식하여 면역 기능을 다시 구축할 수 있다.

④ 뼈나 연골에 결함이 있는 경우 줄기 세포로부터 분화된 세포를 손상된 부위로 이식하여 손상 받은 연골을 회복시켜 관절염을 치료할 수 있다.

⑤ 만성 심장병을 앓는 환자는 심장 박동이 비정상이다. 이 경우 줄기 세포로부터 심장 근육 세포를 유도 이식하면 증세를 호전시킬 수 있다.

⑥ 현재 암세포뿐 아니라 면역 세포까지 죽이는 강력한 화학 요법을 받는 경우, 면역 기능을 되살리기 위해 골수 줄기 세포가 사용될 수 있다. 그러나 이 방법은 불완전하여 면역 기능을 완벽하게 되살릴 수 없다. 이 경우 덜 분화된 줄기 세포를 이용하여 면역 기능을 완벽하게 되살릴 수 있다면, 독성이 좀더

강하지만 효과가 훨씬 좋은 화학 요법을 도입하여 치료를 수행할 수 있다.

⑦ 피부 화상의 경우, 현재는 다른 부위에서 조직을 이식하여 치료한다. 이 경우 다른 부위에도 흉터가 남고 충분한 조직을 구할 수 없어 문제가 되는데, 줄기 세포를 이용하여 피부 세포로 분화시킨 후 화상 부위에 이식하면 이런 문제를 쉽게 해결할 수 있다. 대머리의 경우도 줄기 세포로부터 모낭 세포를 분화시켜 대머리 환자에 이식시켜 주면 된다. 유방 절제술을 받은 여성 환자도 유방 세포를 분화 유도시킨 후 이를 이식하면 문제를 해결 할 수 있다.

⑧ 배아줄기세포는 암세포 조직 등의 인체 조직의 특정 부위에 유전자를 전달하는 매개체로도 이용될 수 있다.

배아줄기세포는 이러한 세포 이식 치료의 유용성 외에도 다른 많은 이용 가능성을 갖는다. 예를 들어, ① 인간의 배아줄기세포는 인간의 초기 발생 과정을 연구하는 데 이용될 수 있다. 아직 설명되지 않는 발생 초기의 문제로 인하여 자연 유산을 일으키는 선천적인 결함과 태반 이상이 나타날 수 있는데, 배아줄기세포를 연구함으로써 이러한 문제를 야기하는 유전적, 분자적, 세포적 원인을 밝힐 수 있고 이를 방지하는 방법도 알아낼 수 있다. 또한 줄기 세포는 초기 발생 시기의 염색체 이상이 태아에 미치는 영향을 관찰하는 데 이용될 수 있으며, 배아 기원의 유아암 발생 과정도 이해할 수 있다. 그리고 배아줄기세포가 분화되는 과정을 연구함으로서 개체의 발생에서 어떻게 세포가 분화되어 가는지에 대한 이해를 도울 수도 있다.

② 배아줄기세포는 신약 개발에도 도움을 준다. 현재까지는 새로운 약이 개발되었을 때 이를 테스트하기 위해서 동물 모델들을 이용하였다. 쥐의 세포를 이용하여 체외 실험을 행하거나 약물을 동물 체내에 직접 주입하여 그 안전성을 조사하였다. 이러한 결과는 약물이 인체에 미치는 효과를 직접적으로 보여주는 것은 아니다. 이러한 이유로 종종 인간의 세포를 배양하여 수행하였으나, 이러한 인간 세포주들은 대개 오랜 기간동안 체외에서 유지되어 온 것으로 체내 세포와는 다른 특성을 보이기도 한다. 그러므로 만약 인간 배아줄기세포가 특정 세포 타입으로 분화된다면 이는 약물에 대해 체

내 세포와 비슷한 반응을 보일 것이므로 인체에 미치는 약물의 영향을 조사하는 데 있어 보다 중요한 모델이 될 수 있을 것이다.

③ 배아줄기세포는 독성 조사에도 사용될 수 있다. 이는 줄기 세포가 약물 조사에 이용되는 것과 같은 이유 때문이다. 독성 물질은 서로 다른 동물종에서 상이한 효과를 보일 수 있으므로 이것이 인체에 미치는 영향을 조사하는 데 있어 줄기 세포가 가장 좋은 체외 실험 모델이 될 수 있다.[14]

3) 배아줄기세포의 획득 방법과 현황

배아줄기세포는 크게 세 가지 경로를 통해서 얻을 수 있다. 우선 불임 치료를 위해 획득된 배아를 이용하는 경로이다. 불임 치료를 위해 체외 수정을 시행할 경우, 여성의 난자를 체외로 꺼내야 하는데 이 과정은 복잡한 수술을 필요로 하며 환자에게 스트레스를 주게 된다. 또한 시험관 아기 시술의 임신 성공률은 30 % 정도이므로 한번에 다수의 난자를 채취한다. 일반적으로 호르몬을 주입하여 환자의 난소를 자극해서 과배란을 유도한 후 수술을 통해 약 10개 정도의 난자를 채취한다. 이렇게 채취된 난자는 체외에서 정자와 수정된다. 수정된 난자, 즉 배아를 여성의 자궁과 같은 조건에서 3~5일간 배양을 한 후, 다태 임신을 방지하기 위해 오직 2~3개의 배아만 선택해 환자의 자궁에 이식해 주고, 이식하지 않고 남은 배아는 임신에 실패할 경우나 다음 아기를 위해 -196℃의 액체 질소 안에 보관한다. 이렇게 남은 배아를 잔여 배아라 한다. 이 잔여 배아는 폐기되거나 불임 부부 또는 정자와 난자 제공자의 동의 아래 실험용으로 사용될 수 있다.

배아줄기세포는 이 잔여 배아를 배반포까지 발생시켜 그 안쪽에 위치한 내세포괴로부터 유도될 수 있다. 수정 후 4~5일 정도 지나면 1백~2백 개의 세포로 이루어진 배반포기 상태가 된다. 안쪽 윗부분에 세포 덩어리인

---

14) 김철근, "배아줄기세포 연구의 과학적, 의학적 가능성과 한계", pp.24~26 참조; International Bioethics Committee, UNESCO, op. cit., pp.2~3 참조.

내세포괴가 있고, 아랫부분은 비어 있는 형태다. 세포 덩어리를 둘러싼 영양 배아층은 나중에 태반으로 분화되며, 내세포괴로부터 장차 태아의 모든 부분들이 발생한다. 내세포괴를 분리하여 특수한 배양액에 넣어 분열만 거듭하는 미분화 상태를 유지하면서, 일부를 다시 새로운 배양액에 넣어 계대(繼代) 배양하면 무한정의 미분화 상태 배아줄기세포를 얻을 수 있다.

〈포유류의 초기 발생 과정〉[197]

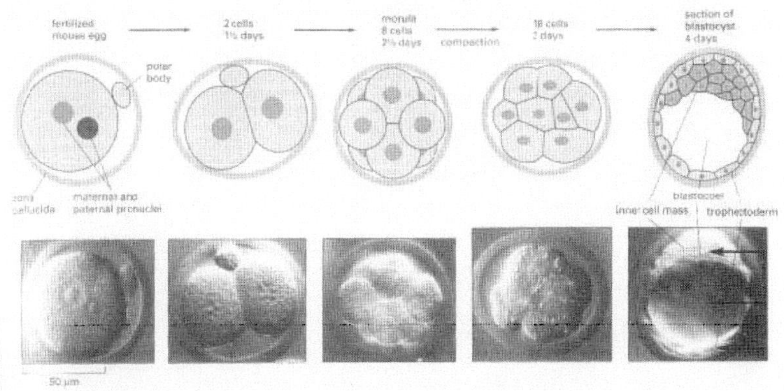

이 방법으로 1998년 미국 위스콘신대학의 톰슨 박사는 세계 최초로 인간의 배아줄기세포를 배양하는 데 성공하였다. 2001년 미국 국립 보건원이 현재까지 공식 확인한 인간 배아줄기세포주는 미국, 스웨덴, 인도, 이스라엘, 호주에 소재한 10개 연구 기관에 총 74개인 것으로 알려지고 있다. 그러나 이중 상당수는 아직 정확한 검증이 이루어지지 않았으며, 연구용으로 준비되지 않아 실제 연구 활동에 사용할 수 없는 것으로 알려졌다.

두 번째 방법으로는 유산된 태아로부터 유도하는 경우이다. 자궁 외 임신의 경우처럼 모체를 위해 유산을 택할 수밖에 없는 경우, 태아는 임신 8~12

---

15) "복제양 돌리", (인용 일자: 2002-07-10), 이용 가능 정보원 <URL:http://bioneer. kaist.ac.kr/
  ~sclee/bs110/chap06/6.html>

주 정도가 지난 상태이다. 이 시기는 이미 발생 과정이 상당히 진행되어 대부분의 생체 기관이 형성된 상태이지만, 이 중에서 원시 생식 세포를 분리하여 배양할 경우 배아 생식 세포를 획득할 수 있다.

마지막으로 1997년 복제양 돌리를 생산한 것과 같은 체세포 복제를 이용하는 방법으로, 배아 복제(또는 치료적 복제)가 바로 이 방법이다. 환자에게서 체세포를 분리한 후 여기에서 핵만을 분리해내고 이를 핵이 제거된 난자에 직접 주입하거나 융합 방법을 통해 새로운 배아를 만들어 낸다. 이 배아는 잉여 배아와 동일한 방법으로 배반포까지 발생시키고 내세포괴로부터 줄기 세포를 유도한다.

〈체세포 핵이식을 이용한 인간 배아줄기세포 복제 과정〉[198]

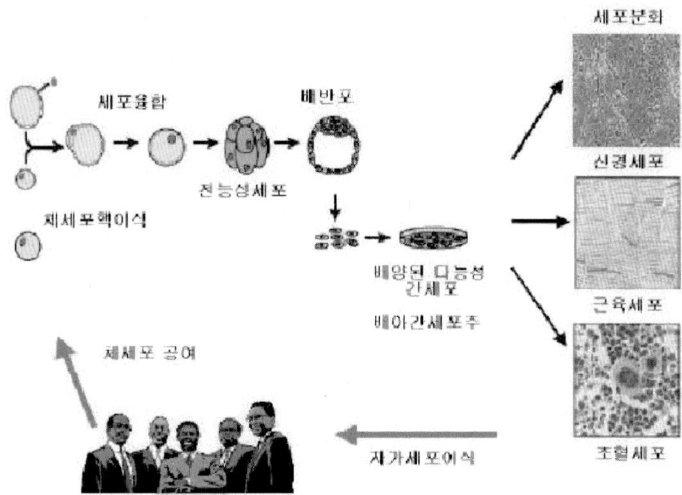

체세포 핵이식 기술을 이용한 생명 복제 기술을 인간에게 시행하는 것을 인간 복제라고 한다. 인간 복제를 그 결과에 따라 배아 복제와 개체 복제로 구분하기도 한다. 배아 복제는 초기 배아(pre-embryo), 즉 임신 시작에서부터 원시선(primitive streak)이 출현하는 수정 후 14일까지의 착상 이전의 배아

복제를 의미한다. 개체 복제는 이러한 배아를 자궁에 착상시켜 하나의 완전한 개체로 발생시키는 것을 의미한다. 또한 복제의 목적에 따라 생식 복제 (reproductive cloning)와 치료 복제(therapeutic cloning)로 구분하기도 한다. 생식 복제는 새로운 개체를 출산시키려는 목적으로 행해지는 인간 복제를 의미한다. 반면 치료 복제는 질병을 치료하기 위해 배아 복제를 시행하여 배아줄기세포를 얻는 것을 말한다.

배아 복제가 진행되려면 환자의 세포로부터 얻은 핵을 난자의 핵과 치환하는 핵치환 기술이 필수적으로 요구된다. 이러한 배아 복제 연구는 1902년 스페만(Spemann)이 도룡뇽에서 2세포기 배아의 할구를 분리하여 동일한 2개의 개체를 생산한 이후, 1952년 브릭스(Briggs)와 킹(King)이 개구리에서 할구 세포의 핵을 난자의 세포질에 이식함으로써 핵치환 기술로 이어진다. 1966년 거든(Gurdon) 등은 개구리에서 핵이 제거된 난자에 개구리 내장 상피 세포의 핵을 넣어서 비록 성체 개구리는 아니지만 올챙이까지 발생함을 확인하였다. 그러나 이러한 개구리 복제 실험은 다른 동물에서는 재현되지 않았다.

포유류에서 배아 복제 연구는 1997년 윌머트 등에 의해 분화된 체세포를 이용한 복제양 돌리를 생산함으로써 처음으로 성공하였다. 이때 사용된 체세포는 분열이 활발한 세포가 아닌 분열이 정지된 세포였으며, 이로 인해 핵을 공여하는 세포의 상태에 따라 복제 동물 생산 여부가 좌우됨이 처음으로 알려졌다. 이로써 생식 세포 복제 연구는 급격히 감소하고 체세포 복제 연구가 급속히 증가하였다. 이와 유사한 방법을 이용하여 생쥐, 소, 원숭이, 돼지 등의 다양한 포유류에서 동물 복제가 성공적으로 이루어졌다. 우리나라에서도 서울대학교 황우석 교수가 1999년 복제 젖소 '영롱이'와 한우 '진이'를 탄생시켰다.

인간 배아 복제는 인간 개체 복제와 기술적으로는 동일하나, 그 목적이

---

16) 황우석, "생명 복제 기술의 현황과 전망", 제1회 서울대·전경련 바이오 포럼 특별 강연, 2002. 4. 3.(인용 일자: 2002-04-10), 이용 가능 정보원 <URL:http://www.fki.or. kr/Upload/Data/BDOD/2002_0403제1회바이오포럼.PDF>

개체를 얻으려는 것이 아니라 배반포 상태까지 배양하여 배아줄기세포를 얻거나 그에 이르기까지의 과정을 연구하려는 것이다. 환자의 귀나 피부에서 소량의 조직을 채취하고 효소를 처리해 체세포를 분리한 후 준비한 공여핵을 핵이 제거된 난자의 세포질에 이식한다. 체세포 핵으로 치환된 난자는 전기·화학적 자극 등의 인위적인 활성화 과정을 거친 후 생체 발생 프로그램이 재구성된 복제 수정란이 된다. 이 복제 수정란은 체외 배양 과정을 통해 착상 전 단계의 배아까지 발생시켜 착상 전 배아를 이용해 줄기 세포를 얻는 방법과 동일한 과정을 거쳐 배아줄기세포를 만든다. 배아 복제는 핵치환 기술을 통해 자신의 배아줄기세포를 대량으로 만들고 이를 의학적으로 이용하려는 점에서 주목받는 방법이다.[17)

4) 인간 배아줄기세포 연구의 기술적 한계

1998년 인간 배아줄기세포가 처음 분리되고 이의 체외 분화능이 확인되면서 관련 연구가 활성화되고 있으며, 2001년 미국 국립 보건원은 전 세계로부터 수립된 74종의 배아줄기세포주를 대상으로 한 배아줄기세포 연구를 조건부로 지원하기로 결정하기에 이르렀다. 사람의 배아줄기세포는 이론적으로 전분화능을 지닌 세포이기 때문에 인체를 구성하는 어떠한 세포로도 분화 가능하다. 따라서 배아줄기세포의 분화를 조절할 수 있는 방법만 규명된다면 난치병 환자의 치료에 필요한 정상 세포를 무한정 생산할 수 있으며 필요한 장기도 대량 생산할 수 있을 것으로 예상하고 있다.

2000년 인간 배아줄기세포로부터 심근 및 조혈 모세포로의 분화를 증명하였으며, 이어서 뇌, 피부, 췌장, 간 근육, 뼈 등의 세포 유형으로 분화시키는 데 성공하였다. 한편 인간 유전자 지도의 완성과 더불어 배아줄기세포로부터 여러 조직 세포로 분화하는 과정에 나타나는 유전자 발현과 기능을 해

---

17) 김철근, "배아줄기세포 연구의 과학적, 의학적 가능성과 한계", pp.26~29 참조;
 황우석, "생명 복제 기술의 현황과 산업적 전망", pp.4~5 참조.

석하려고 노력하고 있으며, 이를 통해 질병의 근원적인 원인의 규명과 함께 획기적인 질병 치료 기술의 개발과 이에 따른 고부가가치 산업의 육성을 기대하고 있다.

그러나 불치병 환자의 치료나 선천성 기형아에 대한 정보 제공 등 배아줄기세포에 의한 의학적 혜택이 즉시 현실화될 것처럼 언론에 보도되고 있으나, 이러한 최근의 연구 성과는 아직도 초보적인 상태로서 실제 배아줄기세포의 임상적 활용이 가능해지려면 아직도 많은 문제점들이 우선 해결되어야 한다. 특히 성체 줄기 세포의 경우 분열능과 분화능이 제한되어 임상적 활용이 매우 제한적일 것으로 추정하여 왔으나, 최근 들어 성체 줄기 세포의 유연성을 포함한 분화능의 우수성이 알려지면서 이의 이용 가능성에 대한 연구가 활성화되고 있다.[18] 배아줄기세포를 이용한 세포 치료의 문제점을 대별해 보면 다음과 같다.

첫째, 배아 연구에서 중요하게 제기되는 문제는 어떤 배아를 이용하느냐의 문제이다. 불임 시술과정에서 생성된 잔여 배아만을 연구의 대상으로 할 것이냐, 연구 목적으로 배아를 체외에서 만들 수 있게 할 것이냐, 더 나아가 핵치환 기술에 의한 배아 복제를 허용할 것이냐, 또 복제 배아도 연구 대상이 되느냐 등의 문제이다.

배아줄기세포 연구는 생명체인 배아를 대상으로 하므로 생명윤리의 논란을 피할 수 없다. 생명의 시작을 원시선 및 신경선 등 장기의 상하좌우 위치가 정해지는 14일 이후부터라고 보는 견해와 인간 배아는 그 창출 순간부터 완전한 인간의 지위가 부여된다는 시각이 상충하고 있다. 인간 배아에 관한 윤리적 관점에서의 논란은 전혀 새로운 것이 아니며, 이는 1978년 체외 수정 기술이 도입되면서 시작되었다. 체외 수정 기술이 우리나라를 포함

---

18) 성체 줄기 세포의 유연성과 분화능의 우수성에 관해서는 다음의 논문을 참조할 것. 오일환, "성체 줄기 세포와 미래 의학", 한국생명윤리학회 2002년 봄철 학술 대회, 『줄기 세포 연구와 생명윤리』, 2002. 6. 15. pp.3~20; 강경선, "생명윤리 논쟁 극복을 위한 대안: 성인 줄기 세포의 다양한 분화 능력과 그 한계", 한국생명윤리학회 2002년 봄철 학술 대회, 같은 책, pp.36~40.

하여 많은 나라에서 시행되고 있지만, 이에 대한 윤리적 논쟁이 완전히 해소된 것은 아니다. 영국에서도 1984년 워녹 보고서(Warnock Report)가 나오고 나서야 부분적으로 인간 배아를 연구할 수 있게 되었다.

그러나 배아줄기세포 연구의 경우 ① 생식 차원의 문제와는 상관없는 배아 발생에 관한 지식의 증대, 심각한 질병에 대한 지식의 증대, 심각한 질병에 대한 치료 기술 개발에 이용될 지식의 획득 등의 목적으로 인간 배아에 대한 연구 방법을 요구하며, ② 줄기 세포 연구 과정에는 체외 수정 과정 중에 나오는 잔여 배아의 수보다 훨씬 많은 배아가 필요할 경우 연구 목적의 배아 생산을 요구할 수도 있으며, ③ 면역 문제를 해결하기 위한 보조 연구로서 체세포 핵치환 기술과 같은 새로운 시도를 하려고 하기 때문에 논란의 여지는 매우 심각하다. 잔여 배아로부터 배아줄기세포를 획득하는 경우, 잔여 배아는 환자의 동의하에 5년 이상 보존됐거나 폐기될 처지인 냉동 배아이기 때문에 상대적으로 윤리적인 비판을 적게 받을 수는 있다. 그러나 난자를 확보하기 쉬운 체외 수정 센터를 중심으로 치료가 독점되거나 비합법적인 방법으로 난자를 확보할 경우 사회적, 윤리적 문제를 유발할 수도 있다.

한편, 배아줄기세포를 질병 치료에 이용하려는 본래의 목적에서 벗어나 인간 유전자 조작이나 인간 복제에 악용할 경우, 많은 사회적 부작용을 야기할 것이다. 특히 사회적 가치 기준의 변화, 인문학적 규범의 붕괴, 우생학적 가치관의 도입 등으로 인해 인간 존엄성을 위협하는 문제도 일어날 개연성이 매우 높다.

둘째, 인간 배아줄기세포의 경우 체외 배양 시 세포 사멸이나 분화가 잘 일어나기 때문에 미분화 상태로 배양할 수 있는 방법이 개발되어야 하며, 배아줄기세포의 분자적 특성을 규명하는 기초 연구도 병행되어야 한다.

셋째, 인간 배아줄기세포가 특정 세포로 분화하는 과정을 이행하는 연구가 이루어져야 한다. 즉, 유도된 배아줄기세포를 원하는 시기까지 분화되지 않은 채 유지하는 기술이 확립되어야 하고 이를 필요로 하는 특정 세포로 분화시킬 수 있어야 한다. 또한 분화가 되지 않은 배아줄기세포는 동물에 주입되었을 때 기형종(teratoma)을 형성하므로, 이식 전에 이러한 분화되지 않은 배아줄기세포를 제거할 수 있는 기술 역시 개발되어야 한다. 그리고 배아줄기세포에서 분화 유도된 세포가 어느 분화 단계에서 가장 이식이 잘 되며 다른 응용, 예를 들어 새로 만들어진 약물이나 독성 검사에 가장 유용한가에 대한 연구도 이루어져야 한다.

넷째, 배아줄기세포를 세포 이식 치료에 이용할 경우 가장 문제가 되는 면역 거부 반응을 극복할 수 있는 방법이 개발되어야 한다. 면역 거부 반응을 피하는 방법으로 마치 골수 은행처럼 다양한 배아줄기세포 은행을 만든다면 문제를 최소화시킬 수 있을 것이며, 유전자 치료 혹은 세포 공학적 연구가 필요하다. 한편 환자의 항원을 유전 공학적인 방법으로 줄기 세포에 발현시키거나 이식 받을 환자의 체세포를 이용한 핵치환 방법을 도입하여 환자와 유전적으로 완전히 동일한 배아를 복제한 후 환자 자신의 줄기 세포를 만들 수도 있다. 핵치환 기술에 의한 복제 배아를 이용한 줄기 세포 이식은 자신의 세포를 이용하기 때문에 면역 거부 반응이 일어나지 않는 치료적 장점과 의학적 유용성이 존재한다.

다섯째, 체세포 핵이식에 의한 복제 배아줄기세포는 임상 적용성이 매우 뛰어난 것처럼 보이지만, 동물 실험에서조차 이의 안정성에 대한 우려가 높은 실정이다. 핵이식을 유도한 수정란을 착상시켜 출산시킨 경우 기형 발생률과 유산율이 높으며, 내세포괴를 지니고 있는 포배기의 배아 형성률도 20~30％에 지나지 않는다는 보고가 있다. 이는 핵 치환 시 유전체의 메칠화 현상과 관련하여 비정상적으로 유전자들이 발현하기 때문일 것이라 예측하고 있다. 따라서 복제 배아줄기세포 연구는 모델 동물을 대상으로 안정성, 반복성, 편의성, 효율성에 대한 충분한 기초 연구가 선행되어야 한다. 또한 복제 인간의 개연성도 완전히 배제할 수 없다.[19]

---

19) 김철근, "배아줄기세포 연구의 과학적, 의학적 가능성과 한계", pp.29~34 참조.

5) 인간 배아줄기세포 연구의 윤리적 문제점

인간 배아줄기세포는 착상 이전의 배아로부터 유도된다. 이 유도 절차로 인해 그 특정 배아는 인간으로 발생할 능력을 상실한다. 배아줄기세포의 유도는 결국 배아의 실존을 종결짓는다. 배아는 파괴되며, 배아에서 유도된 줄기 세포들은 배아가 아니다. 그 세포들은 인간으로 발생할 수 없다. 그러므로 다음과 같은 윤리적 물음이 제기된다. "인간 배아가 인간으로 발생하는 것을 막는 배아줄기세포 연구를 윤리적으로 허용할 수 있는가?"[20)

인간 배아줄기세포 연구의 윤리적 허용 여부는 일반적으로 배아에게 부여되는 지위에 의존한다. 이 지위는 배아의 생물학적 지위, 존재론적 지위, 도덕적 지위 등으로 표현되기도 한다. 배아의 '소유자' 또는 창조자(부모)의 동의와 같이 다른 윤리적 숙고들이 있기는 하지만, 배아의 범주화가 여기에서는 핵심적인 물음이다. 인간 배아와 관련하여 이루어지고 있는 윤리학적 논의의 대부분은 배아는 정확히 무엇인가의 물음과 관련되어 있다. 만약 배아가 인간 존재이며 인격이라면 배아를 사용하는 연구는 제한된다. 반면에 배아가 아직 인간이 아니며 단지 인간 세포의 집합체에 불과하다면, 배아 취급에 대한 제한은 더욱 더 완화되어야 한다.

인간 배아가 생물학적으로 독특한 지위를 지님은 분명하다. 다른 세포군과는 달리 배아는 복합 유기체로 발달한 능력을 보유하고 있다. 이러한 차이를 배아의 잠재성 즉 완전히 발달한 인간이 될 잠재성이라고 표현할 수 있다. 물론 이것은 생물학적 사실일 뿐이다. 그러나 이것은 우리가 도덕적 경외심 속에서 마주하는 생물학적 사실이다. 우리의 윤리학적 개념이 인간 생명의 가치에 의존하는 한, 인간 배아는 우리가 그러한 의미를 부여하는 인간 생명의 근원으로서 존중을 요구한다.

그런데 어디까지 존중해야 하는가? 좀더 중요하고 근본적인 이슈는 인간

---

20) International Bioethics Committee, UNESCO, *op. cit.*, pp.1~2 참조.

인격만을 배타적으로 수용하는 도덕 공동체의 완전한 성원으로 배아를 받아들일 수 있는가의 문제이다. 만약 배아가 이 공동체의 성원으로 받아들여진다면, 어떤 다른 목적을 위해 배아를 수단으로 사용하는 것은 윤리적으로 허용될 수 없고, 배아는 그 자체 목적으로 여겨진다. 더욱 문제되는 것은 이 공동체의 성원이 되기 위한 배아의 잠재성이다. 어떤 견해에 따르면 배아가 인간 존재가 될 잠재성을 가지고 있기 때문에 배아에게 특수한 지위, 즉 배아를 파괴로부터 보호해야 한다는 특수한 지위가 부여된다.

인간 배아가 인격으로 간주될 수 있는가에 대한 논쟁은 오랫동안 지속되고 있다. 공리주의적, 비인격주의적 사유를 하는 학자들은 인격을 생명에게 가치와 의미를 주는 어떤 특정 속성들에 의존하여 이해한다. 따라서 그들은 인간 배아의 연속적인 발생 과정의 특정 시기 이후부터, 예를 들면 착상 이후부터 또는 개체화 이후부터 또는 원시선 발생 이후부터, 심지어는 출산 후 몇 개월 이후부터 인격과 생명권을 부여한다. 반면에 인격주의적 사유를 하는 학자들은 인간 인격은 난자와 정자가 수정하는 순간부터 시작한다고 생각한다. 그들은 초기 유기체는 수정 순간에 이미 유아, 아동, 성인, 노인으로 이어질 정체성을 갖는다고 생각한다. 그러므로 배아의 생명을 끝내는 것은 미래의 유아, 아동, 성인, 노인으로 이어지는 인간 생명을 끝내는 것과 마찬가지이다. 이 견해에 따르면, 인격은 인간 존재가 자신의 생명의 모든 단계에서 가지는 윤리학적으로 중요한 본성이며 수정 순간부터 시작되며 죽을 때까지 유지된다.

논쟁의 또 하나의 쟁점은 배아의 잠재성에 관한 것이다. 공리주의적, 비인격주의적 사유를 하는 학자들은 인간이 될 잠재성을 가진 배아에게 인간에게 주어지는 것과 똑같은 지위와 권리를 줄 수 없다고 주장한다. 난자와 정자는 수정란의 구성 요소이며, 수정란은 후에 배아, 태아로 발생한다. 그러나 이 사실이 난자와 정자도 수정란이나 배아, 태아가 가지는 지위를 향유할 수 있다는 것을 의미하는 것은 아니다. 난자 또는 정자에게 배아의 지위를 주지 않는데, 왜 배아에게는 인간 존재의 지위를 부여하려고 하는가라고 이들은 반문한다. 반면에 인격주의적 사유를 하는 학자들은 인간 배아는 완전한 인격은 아닐지라도 인격이 될 잠재성을 가지고 있다고 주장한다. 이들은 배아의 이러한 잠재성 실현을 방해하는 행위는 어떤 것이든 모두 그르다고 주장한다.[21]

---

21) International Bioethics Committee, UNESCO, *op. cit.*, pp.7~9 참조.

<table><tr><td>Ⅳ.</td><td>비인격주의적 생명윤리의
인간관 비판</td></tr></table>

이 장에서는 비인격주의에 기초한 생명윤리학자들의 인간관에 관하여 비판적으로 살펴보고자 한다. 비인격주의는 로크(John Locke, 1632~1704)의 인격 정의를 따른다. 로크에 의하면 "인격은 생각하는 지적 존재로서, 이성과 반성 능력을 가지며 상이한 시간과 장소에서 스스로를 동일한 것으로 간주할 수 있는 존재이다."[1] 이 전통에 따르면 인격은 어떤 속성의 표시이다. 즉 인격은 자아의식과 책임 능력의 소유를 의미한다. 그래서 피터 싱어는 "나는 항상 인격을 이성적이고 자아 의식적 존재의 의미에서 사용할 것을 제안한다"[2]고 말한다.

그런데 모든 인간 개개인들이 이 속성을 소유하는 것이 아니다. 심각한 뇌 손상자, 인간의 초기 생명체 등은 이 속성을 갖고 있지 않은 것으로 간주되며, 따라서 인격 지위를 갖지 못한다. 또한 이 속성은 인간에게로 국한

---

1) J. Locke, *An Essay Concerning Human Understanding*(Oxford: Clarendon Press, 1975), Ⅱ, 9, 29; Kevin Doran, *What is Person: The Concept and the Implications for Ethics*(Lewiston, NY: The Edwin Mellen Press, 1989), p.30.

2) Peter Singer, *Pracatical Ethics; Second Edition*(Cambridge; Cambridge University Press, 1993), p.87.

되지 않는다. 이 전통에 따르면 이 속성은 고등 유기체 동물(유인원)에게도 부여된다. 결국 인간 존재와 인격 존재는 분리되고 만다.[3]

비인격주의는 초월성을 거부하고, '경험적-합리적' 기반에서 도덕 가치와 원리들을 정당화하려고 한다. 이 입장은 사실적이며, 하이데거의 표현을 빌면, '계산하며', 형이상학을 거부한다. 분석 방법은 '경험적-합리적'이다. 즉 '진리'는 사실에 대한 경험적 검증 및 논증의 논리적 일관성과 관련된다. 비인격주의는 존재론적 원칙을 거부하고 인간 존재의 실존을 특정 유형의 행위에 관한 경험적 관찰과 동일시한다. 이 경우 인격은 일련의 행위로 환원된다. 인격은 도덕 주체 또는 법률 주체와 동일시된다.

비인격주의에 기초한 생명윤리의 가장 큰 특징은 인간 존재와 인격 존재의 동일성을 거부한다는 점이다. 그들은 모든 인간 존재를 인격 존재로 간주하지 않고, 특정한 어떤 속성이나 능력을 가진 존재만을 인격 존재로 간주한다. 그러다 보니, 어떤 인간 존재에게는 인격 지위를 부여하지 않는 반면, 인간 이외의 동물이나 인공 지능에게는 인격 지위를 부여하는 결과를 낳기도 한다. 이 입장은 인격 지위를 제한하며, 그래서 인격이란 용어를 모든 인간 존재에게 부과하지 않는다. 지각 능력이 없는 주체(예를 들면 수정란, 신경 체계가 형성되기 이전의 배아, 뇌 손상으로 어떠한 감각 기능도 행사하지 못하는 자 등), 또는 이성적이라고 고려되지 않는 주체(예를 들면 배아, 태아, 아동, 노인, 중증 정신 장애인, 의식·기억이 전혀 없는 말기 환자 등)에게는 인격 지위가 부여되지 않는다. 그러나 동시에 인격이란 용어를 역설적으로 인간이 아닌 동물(왜냐하면 그들도 느끼기 때문에)에게 또는 로봇과 인공 지능(왜냐하면 그들도 계산하는 이성을 가지고 있으므로)에게 부여한다.[4]

---

3) Günther Pöltner, "Menschen-Personen. Ontologische Implikationen der Debatte um den Personbegriff", *Daseinsananlyse*, Sonderheft zu Band 15, 1999, S.224 참조.
4) Laura Palazzani, "Personalism and Bioethics", pp.8~9 참조.

1. 비인격주의적 생명윤리의 인간관

1) 인간 존재와 인격 존재의 분리

먼저 툴리(Michael Tooly)의 인간관을 살펴보자. 툴리에 의하면, 일상의 대화에서 '인격(personhood)'이라는 말은 2개의 다소 다른 방식으로 사용된다. 때때로 그 말은 순전히 생물학적 의미로 사용되어, 우리 자신의 종인 호모 사피엔스에 속하는 개인들을 단순히 언급하는 것으로 여겨진다. 그러나 종종 인간이 아닌 신, 천사, 있을 수 있는 외계인 같은 존재를 인격이라고 언급하기도 한다. 또는 특정한 동물들, 즉 고래, 돌고래, 그리고 영장류 등이 인격이 될 수 없는지에 대해 의문을 품는다. 이 경우 인격이라는 단어는 매우 다른 방식으로 사용된다. 환언하면, 어떤 종에 속한 개인이 아니라 그 대신 정상적인 성인을 특징짓는 정신적 삶의 유형과 비교할 수 있는 어떤 것을 향유하는 개인들을 나타낸다.

후자의 개념이 윤리학에서 중심적인 역할을 수행한다고 툴리는 이야기한다. 그는 다음과 같은 예를 들어 자신의 입장을 논증한다. 두 가지 다른 운명에 처한 경우를 고려해보자. 한편은 살해된 사람이고 다른 한편은 뇌의 윗부분(upper brain)은 완전히 파괴되었지만 아랫부분(lower brain)은 온전한 상태의 사람이다. 대뇌 반구를 포함하는 뇌의 윗부분은 자의식, 숙고, 사고, 기억 등과 같은 보다 고등의 정신 기능뿐 아니라, 가장 기본적인 종류의 의식의 신경 생리학적 근거를 포함하고 있다. 따라서 뇌의 윗부분의 파괴는 정신적 삶의 파괴를 의미한다. 게다가 뇌의 윗부분은 그를 한 개인으로 만들어 주는 특정한 기억들, 태도, 믿음, 인격, 성격 등의 기초를 포함하고 있다. 결론적으로 뇌의 윗부분의 파괴는 일반적인 능력뿐만 아니라 개인의 정체성을 유지해 주는 요소까지의 파괴를 의미하는 것이다. 그러나 뇌의 아랫부분 혹은 뇌간이 파괴되지 않았다면, 뇌의 아랫부분이 호흡을 포함한 생명 활동을 조절하므로 여전히 우리 종의 살아 있는 구성원일 것이다. 대조적으로 살해된 사람은 더 이상 우리 종의 살아 있는 구성원이 아니다. 그렇지만 살해된 경우나 뇌의 윗부분이 완전히 파괴된 경우나, 두 경우 모두 똑같이 나쁜 것으로 여겨진다. 게다가 누군가 고의적으로 두 경우 중 그 어떤 경우든 하나의 경우를 야기한다면, 그 행위는 다른 한 경우를 야기한 것만큼 나쁜 것으로 여겨진다.

두 번째로 관련된 생각은 재프로그램밍(reprogramming)에 대한 것이다. 죽이는 것이 아니라 누군가가 그의 기억, 믿음, 태도, 기호, 능력, 개성 등을 모두 파괴하고 전혀 상관없는 거짓 기억, 믿음, 태도, 기호, 능력, 성격 등으로 대체하는 전면적인 재프로그램밍을 당했다고 가정해보자. 만약 이런 일이 일어난다 하더라도 그 존재는 여전히 우리 종의 살아 있는 구성원일 뿐만 아니라 생리적으로 정상적인 성인 존재로 남아 있을 것이다. 그러나 이 결과는 앞서 살펴보았던 두 경우보다 덜 중요한 것인가? 또는 그런 행위는 정상적인 성인 존재의 뇌의 윗부분을 완전히 파괴하거나 혹은 살인의 경우보다 덜 나쁜 것인가? 대부분의 사람들은 그렇게 생각하지 않을 것으로 예상된다. 그 이유는 재프로그램밍의 경우에는 비록 그가 살아 있고, 정상적인 성인 존재로 남아 있다 해도, 한때 존재했던 그 개인은 파괴된 것이기 때문이다.

세 번째로 고려해야 할 것은 다음과 같은 경우이다. 한 사람이 '갑'이라는 사람의 뇌의 윗부분을 파괴하였고, 이 일을 알고 있는 다른 한 사람이 그 '갑'의 뇌의 아랫부분을 파괴했다고 가정해보자. 후자의 행위 결과로 '갑'은 더 나빠지는가? 그리고 그 행위를 한 사람은 첫 번째 사람이 한 행동과 도덕적으로 같은 정도의 무엇을 행한 것인가? '갑'이 더 나빠졌다는 것을 주장하기 위해서는, 누군가의 뇌 전체를 파괴하는 것이 단지 뇌의 윗부분만을 파괴하는 것보다 도덕적으로 더 나쁜 것이라고 주장할 수 있어야만 한다. 이 결론이 그럴듯해 보이지 않는다면 다음과 같이 결론 지을 수밖에 없다: 비록 두 번째 사람의 행위가 우리 종의 살아 있는 구성원을 죽음에 이르게 했고 첫 번째 사람의 행위는 그렇지 않았다 해도 심각하게 나쁜 행위를 한 사람은 두 번째 사람이 아니라 첫 번째 사람이다.

　이런 생각들은 다음과 같이 결론 내린다면 이해할 수 있다. 첫째 인격의 파괴는 최소한 얼핏 생각해도 심각한 잘못이라는 것이 기본적인 도덕 원칙이다. 그리고 둘째로 정상적인 성인을 죽이는 것이 나쁜 것은 이 경우의 살인은 인격을 파괴하는 것이라는 사실에서 추론된다. 이런 견해를 적용시켜 보면 왜 누군가의 뇌의 윗부분을 완전히 파괴하거나 혹은 완전히 재프로그래밍하는 것이 살인을 하는 것과 도덕적으로 같은 경우가 되는지 설명할 수 있다. 이 세 가지 행위는 모두 인격의 파괴를 포함한다. 또한 뇌의 윗부분이 파괴된 다음에 그의 뇌의 아랫부분을 파괴하는 것이 왜 더 나쁜 것이 아닌지도 설명할 수 있다. 즉 비록 이 행위가 우리 종의 살아있는 구성원의 죽음을 가져온다 하더라도 그것은 인격의 파괴를 포함하지 않는다.

　위의 고려들 모두는 인간 존재가 포함된 경우에 적용된다. 마지막으로 다른 종에 속하는 동물들에 초점을 맞추어 보자. 이 논의를 진행시키는 하나의 방법은 우리가 실제로 잘 알고 있는 어떤 동물에 있어서 살생의 도덕성에 대한 질문을 던지는 것이다. 예를 들면 기호 언어(sign language)를 배운 침팬지에 초점을 맞추고 그 동물을 고통 없이 죽이는 것이 도덕적으로 문제가 있는지 그리고 만약 그렇다면 어느 정도까지인지 질문할 수 있다. 그러나 우리가 살생과 관련되는 기본적 도덕 원칙에 관심을 갖는다면 그 논의를 진행시키는 것은 다른 문제이다. 왜냐하면 기본적인 원칙은 단지 우리가 이미 직면했던 상황뿐 아니라 아직 발생하지는 않았지만 그렇게 될 수 있는 경우에도 적용해야만 하기 때문이다. 결론적으로 이러한 생각은 현재 지구상에 존재하는 것으로 알려진 종에 국한시키는 것보다는 가능한 외계의, 가정상 우리의 그것보다 열등하지 않은 정신적 삶을 사는, 것에 초점을 맞출 수 있다. 만약 그런 존재가 있다면 그것을 죽이는 것은 매우 잘못된 것이고 또 말하자면 식물이나 곤충을 죽이는 것과 도덕적으로 비교할 수 있을 것인가? 대부분의 사람들이 우리 종의 구성원이 아닌 그러나 정신적인 생명과 비교할 수 있거나 혹은 더 우수한 존재를 죽이는 것을 심각하게 잘못이라고 느낀다는 것은 명백하다. 만약 이 견해가 옳다면 다음과 같이 결론 내릴 수 있다. 즉 살생의 도덕성에 대한 논의에서 결정적으로 중요한 근본 원칙은 인격의 파괴가 최소한 얼핏 보기에도 매우 심각한 잘못이라는 점이다.

인격의 파괴가 매우 심각한 잘못이라는 원칙은 그 자체로는 논쟁거리가 아니다. 그러나 이 원칙과 비슷한 다른 많은 이슈들은 결코 논쟁의 여지가 없는 것이 아니다. 예를 들어 가장 중요한 것 중의 하나는 다음과 같은 경우이다. 무엇인가가 인격이면, 그리고 다른 것들이 똑같이 하더라도 그것의 파괴는 매우 잘못된 것이고, 그것은 본질적으로 그렇다. 그러나 덧붙여 만약 누군가가 인격을 파괴하면 그는 그가 파괴한 실체에 대해 무엇인가를 잘못한 것이다. 이것이 진실인 것은 단지 인격에게만인가? 혹은 인격이 도덕적 지위를 가지고 있는 실체의 필수 조건이 아니라 단지 충분 조건인가?

인격의 도덕적 지위와 같은 도덕적 지위를 갖는다고 여겨지는 실체의 다른 형태는 무엇인가? 논의할 필요가 있는 두 후보는 낙태의 도덕성에 관한 논의에서 제시된다. 첫 번째 후보는 잠재적 인격이다. 비록 인격은 아니지만 그 자체 안에 인격이 되기 위해 필요한 모든 적극적인 요소를 포함하고 있는 실체의 개념 안에 잠재적 인격 개념이 놓여 있다. 두 번째 후보는 비록 인격도 잠재적 인격도 아니지만, 정상적 성인의 인격 종에 포함되는 실체이다. 후자의 예로 겨우 초기 형태의 뇌반구의 소유로 인해 뇌의 심각한 선천적 결함 때문에 영원히 무의식적인 즉 식물적인 상태에 있는 그러므로 심지어 잠재적 인격도 못 되는 무뇌아를 들 수 있다.

두 번째의 논쟁적인 이슈는 인격의 경계와 관련된다. 우리 자신 종의 정상적인 성인에게서 발견할 수 있는 심리적인 속성의 조합이 어떤 것을 인격으로 여기는 데 충분하다는 데는 폭넓은 동의가 이루어진 반면에 그런 속성이 도덕적으로 중요하며, 인격의 최소 기초를 이룬다는 것에 대해서는 철학자들 간에 상당한 불일치가 있다.

마지막으로 중요한 이슈는 인격이 전부 또는 전무(all-or-nothing)의 문제인가 하는 것이다. 즉 모든 사람들이 인격으로서 명확하게 똑같은 도덕적 지위

를 갖는지, 혹은 반대로 인격이 정도를 인정하는지에 대한 것이다. 이 문제에
대해서 명백히 지배적인 견해는 인격은 정도를 인정하지 않는다는 것이다. 그
러나 앞으로 살펴보겠지만 이 견해 역시 의문의 여지가 있다.

그렇다면 어떤 속성이 무엇인가를 인격으로 여기게 하는가? 철학자들 간
에 대개 보편적으로 수용되는 속성들이 있다. 예를 들면, 의식을 소유하고
있고, 선호와 욕구, 감정을 가지고 있고, 쾌락과 고통을 경험할 수 있고, 사
고력과 자의식이 있고, 이성적 사고가 가능하고, 시간 개념이 있으며, 자신
의 과거 행위를 기억하고, 스스로를 위해 미래를 설계하고, 지속적인 이해관
계를 가지며, 합리적인 고려를 할 수 있으며, 가능한 행위들 간의 선택에서
도덕적 고려를 할 수 있고, 다른 사람들과 사회적으로 상호 작용할 수 있고,
의사소통을 할 수 있는 존재를 고려해 보자. 툴리는 이런 실체가 인격이라
는 것에 동의하지 않는 사람은 거의 없을 것이라고 주장한다.5)

이상에서 살펴본 바와 같이 툴리는 인격을 속성으로 파악하여, 인간 존재
와 인격 존재를 분리하고 있다. 또한 인격 존재의 범위를 인간 종으로 한정
하지 않고, 다른 동물 나아가 외계의 생명체까지 확대한다. 반면에 인간 종
이지만, 인격의 속성을 갖추지 못한 인간 존재에게는 인격 지위를 부여하지
않고 있다.

피터 싱어(Peter Singer)도 앞서 살펴 본 툴리와 마찬가지로, 인간 존재와
인격 존재를 구분하는 이원론적 인간을 가지고 있다. 싱어의 이원론적 인간
관에 대하여 살펴보자. 인간 생명의 존엄성에 관한 싱어의 입장을 이해하기
위해서는 우선 그의 종차별주의(speciesism)6) 개념을 이해할 필요가 있다. 싱
어는 모든 인간의 평등이 근거하는 평등의 기본 원칙은 이익 평등 고려의

---

5) Michael Tooley, "Personhood", Helga Kuhse & Peter Singer(ed.), *A Companion to Bioethics*(Oxford: Blackwell, 1998), pp.117~126 참조.

6) '종차별주의'라는 개념은 1970년 옥스퍼드대학교 심리학자였던 라이더(Richard Ryder)가 처음 소개하였으며 '인간의 우월성이라는 가정에 근거하여 인간이 특정 동물 종을 차별하거나 착취하는 행위'로 풀이된다. Peter Singer, *Rethinking Life and Death*, p.173; 배국원, "피터 싱어의 생명윤리 사상", 『과학 사상』, 2001 가을, p.120.

원칙이라고 지적한 후, 이 원칙을 인간에게만 제한할 수 없다는 논증을 편다. 그는 이 원칙을 우리 종이 아닌 것들 즉 인간이 아닌 동물들과의 관계에서도 타당한 도덕적 기초로 수용해야 한다고 주장한다.7) 만약 이 원칙을 우리 인간 종에게만 제한하고 인간 이외의 다른 동물 종에게로 확대하지 않는다면, 이것은 '종차별주의'라는 것이 싱어의 견해이다.

이익 평등 고려의 원칙을 우리 종 즉 인간을 뛰어 넘어 적용한 사람은 몇 안 되는데, 그 중의 한 사람이 근대 공리주의의 시조인 벤담(Jeremy Bentham: 1748~1832)이라고 싱어는 말한다. 벤담은 다음과 같은 글을 썼다고 한다.

> 나머지 동물들이 폭군조차도 그들로부터 결코 빼앗아 갈 수 없는 그런 그들의 권리를 획득할 수도 있는 날이 올 수도 있다. …… 완전히 자란 말이나 개는 하루나 일주일 아니면 심지어 한 달이 된 유아보다 더 이성적이고 더 의사소통이 가능하다. …… 문제는 그들이 '이성적으로 생각'할 수 있는가, 그들이 '대화'할 수 있는가가 아니라 '그들이 고통을 느낄 수 있는가'이다.8)

이와 같이 벤담은 어떤 존재가 평등한 고려를 받는 결정적 특징은 고통을 느낄 수 있는 능력이라고 지적한다. 싱어는 벤담의 이러한 의견을 수용하여, 어떤 존재의 이익을 고려해야 하는가 말아야 하는가를 결정하는 경계선으로 감각력(sentience)을 제시한다. 여기서 감각력이란 "고통 또는 기쁨이나 행복을 느낄 수 있는 능력"9)을 의미한다. "만일 어떤 존재가 고통을 느낀다면, 그 고통을 고려하지 않을 도덕적 정당화가 있을 수 없다."10) 또 "만일 어떤 존재가 고통 또는 기쁨이나 행복을 느낄 수 없다면, 아무 것도 고려할 것이 없다."11) 그러면서 싱어는 "지능이나 합리성과 같은 어떤 특성으

---

7) Peter Singer, *Practical Ethics: Second Edition*, p.55.
8) *Ibid.*, pp.56~57.
9) *Ibid.*, p.58.
10) *Ibid.*, p.57.

로 경계를 정한다면 그것은 자의적인 것이 될 것"12)이라고 말한다.

싱어는 왜 벤담의 주장을 이어 받아, 이익 평등 고려의 대상 여부를 결정하는 경계선으로 감각력을 제시했을까? 이는 그가 공리주의의 전통을 따르고 있기 때문이다. 고전 공리주의의 기본 명제는 '쾌락을 증진시키고 고통을 감소시켜라'이다. 싱어는 이러한 공리주의의 기본 명제의 적용 대상이 인간 종에게만 제한되는 것에 반대하고, 쾌락과 고통을 느낄 수 있는 다른 동물 종에게까지 확대하자고 주장하는 것이다. 이 명제의 적용 대상을 인간 종에게만 제한하는 것을 그는 종차별주의라고 주장한다.

인종차별주의자는 다른 인종과 이익 충돌이 있을 때 자기 인종 사람들의 이익을 더 중시함으로써 평등의 원칙을 위반한다. 싱어는 종차별주의자들도 다른 종과 이익 충돌이 있을 때 자신의 종의 구성원의 이익을 더 중시한다고 말한다. "인간 종차별주의자들은 돼지나 쥐가 느끼는 고통이 인간의 느끼는 고통과 마찬가지로 나쁜 것이라는 점을 수용하지 않는다"고 싱어는 말한다.13)

이어서 피터 싱어의 종차별주의의 견해가 인간 생명 가치와 관련해서 어떤 방향으로 전개되어 가는지에 관해 살펴보자. 피터 싱어는 종차별주의에 대한 "자신의 논의의 목표는 인간의 지위를 낮추는 것이라기보다는 동물의 지위를 높이는 것"14)이라고 이야기한다. 그러나 과연 싱어의 의도가 제대로 달성되고 있는지를 인간 생명 가치에 대한 그의 논의와 관련하여 살펴보겠다.

싱어는 우선 '인간 생명'(human life) 또는 '인간 존재'(human being) 라는 말로써 우리가 의미하는 것은 무엇인가에 대해서 살펴본다. 그는 '인간 존재'라는 말이 두 가지 의미를 가지고 있다고 설명한다. 하나는 "우리는 그 말을 '호모 사피엔스 종의 구성원'이라는 의미로 사용한다. 어떤 존재가 어

---

11) *Ibid.*, pp.57~58.
12) *Ibid.*, p.58.
13) *Ibid.*, p.58.
14) *Ibid.*, pp.77~78.

떤 종의 구성원인가의 문제는 살아 있는 유기체의 세포 속의 염색체를 과학적으로 검사함으로써 결정할 수 있는 문제이다. 이런 의미에서 인간의 난자와 정자로부터 임신된 배아는 그 실존 순간 처음부터 인간 존재라는 점은 의문의 여지가 없다. 마찬가지로 매우 심하게 그리고 치료 불가능하게 지적 장애를 가진 사람도 인간 존재이며, 뇌가 없이 태어난 무뇌아도 인간 존재이다."15)

'인간'(human)이란 말의 또 다른 용법은 프로테스탄트 신학자이며 윤리학적 이슈에 관해 많은 글을 쓰고 있는 플레처(Joseph Fletcher)가 제안한 것이다. 그는 '인간성의 지표'라고 부르는 것의 목록을 작성하였는데, 이 목록에는 다음과 같은 것들이 포함되어 있다: 자기의식, 자기 통제, 미래에 대한 감각, 과거에 대한 감각, 타인과 관계를 맺는 능력, 타인에 대한 관심, 의사소통, 호기심.16) 우리가 누군가를 '진짜 인간 존재'이구나 또는 '참된 인간성'을 가졌다고 말할 때, 우리는 인간 존재란 말을 바로 이러한 의미에서 사용하는 것이다.

싱어는 인간 존재에 관한 이러한 두 의미 중 어느 것을 택하느냐에 따라 '태아도 인간인가'와 같은 물음에 대한 대답이 달라진다고 이야기한다. 그는 이 두 의미 중 어느 것을 취할 것이냐를 논하기 위해서 '인간이라는 다루기 어려운 용어'를 대신해서 각각의 의미에 맞게 사용할 용어를 다음과 같이 제시한다. 먼저 전자의 의미 즉 생물학적 의미를 나타내는 용어로는 '호모 사피엔스 종의 구성원'이라는 용어를, 그리고 후자의 의미 즉 인간의 어떤 특정한 성질을 나타내는 용어로는 '인격'(person)이라는 용어를 제시한다.17)

그런데 철학적으로 볼 때 인격이란 용어는 그 의미가 매우 다양하다. 그래서 싱어는 자신이 사용하는 인격이란 용어의 의미를 부연 설명한다. 그는

---

15) *Ibid.*, pp.85~86.
16) Joseph Fletcher, "Indicators of Humanhood: A Tentative Profile of Man", *The Hastings Center Report*, Vol.2, No.5 (1972)., Peter Singer, *Practical Ethics*, p.86.
17) Peter Singer, *op. cit.*, p.87.

『옥스포드 사전』의 인격에 대한 설명과 로크의 인격 정의를 소개하면서 자신이 사용하는 인격의 의미를 밝힌다. 『옥스포드 사전』에 따르면, 인격이란 용어의 현대적 의미 중 하나는 '자기의식적이거나 합리적인 존재'이다. 또한 로크는 인격을 "이성과 반성 능력을 가지고 있으며, 자신을 자신으로 상이한 시공간에서 동일한 것으로 간주할 수 있는 그런 사유하는 지성적 존재"[18]로 정의한다. 싱어는 앞서 소개된 플레처의 '인간성의 지표'에서도 합리성과 자기의식이 중심 개념이라고 이야기 한 후, 자신은 인격이라는 말을 '합리적이고 자기의식적인 존재'(a rational and self-conscious being)라는 의미로 사용하겠다고 밝힌다.[19]

싱어는 이렇게 인간이란 용어 속에 들어있는 두 가지 의미를 나누어 표현한 후, 호모 사피엔스 종의 구성원의 생명의 가치와 인격의 생명의 가치를 구분하여 설명한다. 그는 우선 "우리 종(호모 사피엔스)의 경계를 그어주는 생물학적 사실은 도덕적 의미를 갖지 않는다"[20]고 주장한다. "단순히 그 존재가 우리 종의 구성원이기 때문에 그 존재의 생명에게 우선성을 준다는 것은"[21] 결국 인종차별주의와 마찬가지의 종차별주의라는 것이다. 결국 싱어는 "인간 종에 속함(종귀속성)이 인간 개체에게 생명권을 부여하는 충분한 근거가 되지 못 한다"[22]고 생각하는 것이다.

인간 종의 구성원의 생명에 특별한 가치가 있다는 주장이 옹호될 수 없음을 밝힌 후, 싱어는 인격의 생명에는 특별한 가치가 있는가에 대해서 논의한다. "단지 감각력만 있는 존재와는 구별되는 인격 존재 즉 합리적이고 자기의식적인 존재의 생명에는 특별한 가치가 있는가"[23]라고 싱어는 질문을

---

18) John Locke, *Essay Concerning Human Understanding*, bk. 1, chap. 9, par, 29.

19) Peter Singer, *op. cit.*, p.87.

20) *Ibid.*, p.88.

21) *Ibid.*, p.88.

22) Günther Pöltner, "Achtung der Würde und Schutz von Interessen", J. Bonelli(hrsg.), *Medizin und Ethik: Der Mensch als Mitte und Maßstab der Medizin*(Wien, New York: Springer-Verlag, 1992), S.4.

23) Peter Singer, *op. cit.*, p.90.

던진다. 그러고 나서 싱어는 "인격의 생명이 다음 4가지 이유에서 단지 감각력만 있는 존재의 생명보다 더 높은 특별한 가치를 갖는다"고 주장한다. 그 4가지 이유란 "1) 살인이 타인에게 미치는 영향에 대한 고전 공리주의자들의 관심, 2) 희생자의 미래에 대한 욕망과 계획에 대한 선호 공리주의자들의 관심, 3) 자기 자신을 시간이 경과하여도 존재하는 것으로 간주하는 능력이 생명권의 필수 조건이라는 논증, 4) 자율성 존중"[24]이다.

벤담(Jeremy Bentham: 1748~1832)에 의해 창안되고 밀(John Stuart Mill: 1806~1873)과 시즈위크(Henry Sidgwick: 1838~1900)에 의해 정교화된 고전 공리주의는 쾌락이나 행복을 최대화하고 고통이나 불행을 최소화하는 경향에 근거하여 행위를 판단한다. 고전 공리주의자들에게 있어서 인격의 지위는 살인의 그릇됨과 직접적인 관련이 없다. 그러나 간접적으로는 인격 존재가 그들에게도 중요할 수 있다. 고전 공리주의자들은 인격 살해 금지를 간접적으로 옹호할 수 있다. 그들은 인격 살해를 금지하는 것이, 그렇지 않은 경우에 살해당함을 걱정할 사람들의 행복을 증가시킬 것이라는 이유로 인격 살해 금지를 옹호한다. 싱어는 이를 간접적인 이유라고 부른다. 왜냐하면, 고전 공리주의자들의 논변은 피살자에게 행해진 어떤 직접적인 잘못을 언급하는 것이 아니라 오히려 피살이 다른 사람들에게 미치는 결과를 지적하기 때문이다.[25]

한편 "선호 공리주의는 행위를 행복의 최대화 또는 고통의 최소화 경향에 의하여 판단하지 않고, 행위가 그 행위에 의해 또는 그 행위의 결과에 의해 영향 받는 어떤 존재의 선호와 어느 정도 일치하느냐에 따라 판단한다."[26] "선호 공리주의에 따르면 어떤 존재의 선호에 반하는 행위는, 그 반하는 행위의 선호가 그 존재의 선호보다 중요한 것이 아니라면, 그르다."[27] "선호

---

24) *Ibid.*, p.100.
25) *Ibid.*, pp.90~91.
26) *Ibid.*, p.94.
27) *Ibid.*, p.94.

공리주의자들에게 있어서, 인격의 생명을 빼앗는 것은 일반적으로 다른 어떤 존재의 생명을 빼앗는 것보다 나쁘다. 왜냐하면, 인격은 그들이 선호에 있어서 매우 미래 지향적이기 때문이다.”[28]

이제 자기 자신을 시간이 경과하여도 존재하는 것으로 간주하는 능력이 생명권의 필수 조건이라는 논증에 대해서 살펴보자. “현대 미국 철학자 툴리는 생명권을 갖는 유일한 존재는 자기 자신을 시간이 경과하여도 존재하는 특별한 실체로 간주할 수 있는 존재, 즉 인격이라고 주장하였다. 그의 주장은 어떤 존재가 가질 수 있는 욕망과 그 존재가 가진다고 할 수 있는 권리 사이에는 개념적 연결이 있다는 주장에 근거한다.”[29] 싱어는 권리에 대한 툴리의 견해를 생명권에 적용시킨다. “생명권이 독특한 실체로서 존재를 계속할 권리라면, 생명권을 갖는 것과 관련되는 욕망은 독특한 실체로서 존재하기를 계속할 욕망이다. 그러므로 자기 자신을 시간이 경과하여도 존재하는 특별한 실체로 간주할 수 있는 존재만이, 즉 인격만이 이러한 욕망을 가질 수 있다. 따라서 인격만이 생명권을 갖는다.”[30]

끝으로 자율성 존중에 대하여 살펴보자. 칸트(Immanuel Kant, 1724~1804)와 관련 있으나 칸트주의자가 아닌 많은 학자들도 포함하고 있는 윤리학적 사유의 흐름이 있는데, 이들에 따르면 자율성 존중이 기본적인 도덕 원칙이다. 이때 ‘자율성’이란, 선택할 수 있는 능력, 즉 자기 스스로 결정하고 행위를 할 수 있는 능력을 의미한다. 합리적이고 자기의식적인 존재, 즉 인격은 이런 능력을 가질 것이다. 특히, 죽는 것과 계속 살아가는 것 간의 차이를 파악할 수 있는 존재만이 자율적으로 삶을 선택할 수 있다. 그러므로 죽음을 선택하지 않은 인격을 살해하는 것은 그 인격의 자율성을 존중하지 않는 것이다. 죽음을 선택하지 않은 인격을 살해하는 것은 그 인격의 자율성에 대한 있을 수 있는 가장 심각한 침해이다.[31]

---

28) *Ibid.*, p.95.
29) *Ibid.*, p.96.
30) *Ibid.*, p.97.

호모 사피엔스 종의 구성원으로서의 생명 가치와 인격의 생명 가치를 구분한 싱어의 이러한 관점이 인간 태아와 관련하여 어떻게 전개되는가에 대해서 살펴보자. 싱어는 '태아가 가지는 실제적 특징'[32]에 관심을 갖는다. 그리고 "합리성, 자기의식, 인식, 자율성, 쾌락과 고통 등 도덕적으로 관련되는 특징들을 공정하게 비교해보면, 송아지, 돼지, 그리고 많이 조롱받는 닭이 임신의 어떤 단계의 태아보다 훨씬 더 앞서 있음이 드러난다. 만일 3개월 이전의 태아와 비교한다면, 물고기가 더 의식적(consciousness)이라는 징후가 보일 것이다."[33]라고 말한다. 따라서 싱어는 "태아와 비슷한 수준의 합리성, 자기의식, 인식, 감각 능력 등을 가진 인간 이외의 동물의 생명에게 부여하는 것 이상의 가치를 태아에게 부여하지 말자고 제안한다. 왜냐하면 태아는 인격이 아니고 따라서 태아는 생명에 대해 인격과 똑같은 요구권을 갖지 못한다"[34]고 주장한다.

그렇다면 싱어는 "감각 능력과 쾌락과 고통을 경험할 수는 있으나, 합리적이지도 자기의식적이지도 않은 존재, 즉 인격이 아닌 존재"[35]에게는 어떤 가치를 부여하고 있는가에 대해 살펴보자. 싱어는 일단 이런 존재를 '의식적 존재'(a conscious being)라고 칭하고, 이런 존재의 범주에는 인간이 아닌 많은 동물들과, 신생아, 어느 정도 지적으로 장애를 당한 사람들 등이 속한다고 이야기한다. "만약 툴리가 옳다면, 자기의식을 갖지 못하는 이러한 존재들은 권리라는 말의 완전한 의미로는 생명권을 갖지 못한다고 말할 수 있다. 그러나 다른 이유로 그들을 죽이는 것은 그릇된 일일 수 있다."[36] 그 이유는 무엇인가? 싱어의 이야기를 들어보자.

---

31) *Ibid.*, p.99.
32) *Ibid.*, p.150.
33) *Ibid.*, p.151.
34) *Ibid.*, p.151.
35) *Ibid.*, p.101.
36) *Ibid.*, p.101.

> 쾌락이나 고통을 경험할 수 있는 존재의 생명을 가치 있는 것으로 보
> 아야 할 가장 명백한 이유는 그 존재가 경험할 수 있는 쾌락이다. ……
> 그러나 죽음은 모든 쾌락적인 경험의 종말이다. 그러므로 존재가 미래에
> 쾌락을 경험할 것이라는 사실이 그 존재를 죽이는 것이 그르다고 말하는
> 이유이다.[37]

따라서 싱어는 합리적이지도 자기의식적이지도 않은 존재, 즉 인격이 아
닌 존재일지라도 쾌고를 경험할 수 있다면 죽여서는 안 된다고 주장한다.
따라서 태아의 생명은 쾌고를 느낄 수 있는 능력이 생긴 후에야 보호될 수
있다. 그래서 그는 "그러한 능력이 생기기 전에 이루어지는 임신 중절은 아
무런 본질적 가치를 가지지 않는 존재를 끝내는 것이다."[38]라고 주장한다.

그렇다면, 실험실에서 인간 배아의 지위는 어떠한가? 인간 배아의 지위에
관한 싱어의 견해를 살펴보자. 먼저 싱어는 '인간 배아는 이미 인간 존재인
가'라는 물음을 던진다. 싱어는 인간 배아에게 호모 사피엔스 종의 구성원의
지위는 인정하나, 도덕적 관련성을 갖는 인격의 지위는 부여하지 않는다. 인
간 배아가 인격의 지위를 갖지 못하는 근거로 싱어는 다음 두 가지를 제시
한다. 우선, 생명권에 대한 요구가 그 종의 구성원이라는 사실에 근거(종차
별주의)해서는 안 된다는 앞선 논의를 상기시키면서, 싱어는 "인간 배아가
호모 사피엔스 종의 구성원이라는 사실이 인간 배아가 도덕적으로 관련 있
는 의미를 가지는 인간 존재라는 점을 보여주지는 못한다"[39]고 이야기한다.
태아가 인격이 아니라면, 배아는 더욱 더 인격일 수 없다는 것이다. 다음으
로 초기 배아의 개체성에 대한 문제를 제시한다. "초기 배아는 개체조차도
아니다. 수정 후 약 14일까지 인간 배아는 둘 또는 그 이상의 유전적으로
동일한 배아로 분열될 수 있다. 이러한 일은 자연적으로 일어나며 동일한
쌍생아를 형성한다."[40] 이러한 사실에 근거하여 영국과 몇몇 국가에서 인간

---

37) *Ibid.*, p.101.
38) *Ibid.*, p.151.
39) *Ibid.*, p.156.

배아에 대한 실험을 수정 후 14일까지 허용하는 법과 지침을 제시한다. 그러나 싱어는 이러한 제한마저, "불필요한 경계선"41)이라고 말한다.

지금까지 싱어의 종차별주의 논증과 관련된 인간 생명 가치에 대한 논의를 살펴보았다. 그는 생물학적 인간 종의 구성원이라는 도덕적으로 무관한 사실에 근거하여 인간에게 특수한 가치를 부여하는 것은 종차별주의라고 거부한다. 인간이 특수한 가치를 갖는 것은 그가 생물학적으로 인간 종의 구성원이기 때문이 아니라, '인격' 즉 합리적이고 자기의식적인 존재이기 때문이라고 주장한다. 따라서 아직 인격이 아닌, 즉 합리적이고 자기의식적인 존재가 아닌 인간 배아, 태아, 신생아 등은 인격이 가지는 생명권을 갖지 못한다고 주장한다. 또한 지적으로 장애를 당해 합리적이고 자기의식적으로 사유하지 못하는 인간 존재도 인격으로서의 생명권을 갖지 못한다고 주장한다. 특히 생명과학의 발달과 관련하여 최근 가장 많이 논의되고 있는 인간 배아의 지위에 관해서는 이러한 종차별주의 논증과 함께 잠재성 거부 논증을 펼치고 있다.

호어스터(Nobert Hoerster)도 싱어와 동일한 논증을 취한다. "태아는 …… 미래 삶에 대한 이익 또는 생존 이익을 결여하고 있다. 따라서 도덕 질서와 법질서를 통해 태아에게 생명권을 부여할 근거가 없다."42) 싱어에게서처럼 호어스터에게도 "태아와 신생아는 결코 인격이 아니다."43) "결코 소망을 갖고 있지 않으며 단지 감각 능력만 가지고 있는 존재에게 생명의 모든 단계에서 그 자신을 위해 생명을 보호할 근거가 전혀 없다."44) 그러나 다음과 같은 결론에서 호어스터는 싱어와 차이를 보인다: "세속적 이유에 근거한

---

40) *Ibid.*, pp.156~157.

41) *Ibid.*, p.157.

42) Nobert Hoerster, ˝Strafwürdigkeit der Abtreibung? Alternativen und ihre Konsequenzen˝, *Universitas*, 1/1991, S.23; Freddy Zülicke, *Human-Gentechnik, Naturteleologie und Ethik: Moralisch-ethische Probleme von Reproduktionsmedizin und Human-Gentechnik*, S.126.

43) Norbert Hoerster, *Abtreibung im säkularen Statt: Argumente gegen den § 218* (Frankfurt am Main: Suhrkamp Verlag, 1991), S.86.

44) *Ibid.*, S.93.

살인 금지는 태아를 포함하지는 않지만, 태어난 모든 인간은 포함한다.”45)

호어스터의 논증에서 두 가지 서로 관련된 모순을 발견할 수 있다. 첫째, 왜 태아와 신생아는 생명권과 관련하여 상이한 지위를 가져야 하는가? 생물학적으로는 아직 태아이지만 그럼에도 불구하고 태어난 인간으로 간주해야만 하는 조산아는 경우는 어떻게 해야 하는가? 호어스터는 이 모순을 실용주의적 근거로 정초한다. 그러나 여기에 즉 깊게 정초된 철학적 정초를 제시하려는 그의 요구와 관련해서 두 번째 모순이 들어 있다. 호어스터가 실용주의 논증으로 변화한 것은 자신의 착안의 결론들을 분명히 하고, 동시에 싱어에게 가해지는 것과 같은 날카로운 비판들로부터 벗어나기 위한 것으로 생각된다.46)

2) 인간 배아의 잠재성 논증 거부

태아의 지위와 관련하여 태아의 잠재성에 관심을 갖는 사람들은 ‘태아가 가지는 성숙한 인간이 될 잠재성을 고려하면 호모 사피엔스 종의 구성원이라는 사실이 중요하며 태아는 닭, 돼지, 소 등을 훨씬 능가한다’고 주장한다. 싱어는 이러한 태아의 잠재성을 고려하여 태아에게 특별한 가치를 부여하는 잠재성 논증을 다음과 같은 논리로 거부한다.

> 물론 호모 사피엔스 종의 태아가 잠재적 합리성과 자기의식에서 소나 돼지의 그것을 능가하는 것은 사실이다. 그러나 이러한 사실로부터 태아가 더 강한 생명권을 가진다고 추론할 수는 없다. 잠재적 X는 X와 동등한 권리를 가진다 또는 잠재적 X는 X가 가지는 모든 권리를 갖는다고 말하는 규칙은 없다. …… 찰스(Charles) 황태자가 영국의 잠재적 왕이지만, 그가 왕의 권리를 현재 갖는 것은 아니다.47)

---

45) *Ibid.*, S.143.
46) Freddy Zülicke, *op. cit*, SS.126~127 참조.
47) Peter Singer, *op. cit.*, p.152.

따라서 현재의 태아는 미래의 인격으로서의 인간 존재가 가지는 생명권을 동등하게 가질 수 없다는 것이다. 싱어의 이러한 태아의 잠재성 거부는 실험실 내 배아의 지위와 관련해서도 마찬가지의 결론에 도달한다. 치료 목적으로 태아를 사용함으로써 침해되거나 해를 입는 권리나 이익을 태아들이 가지는가의 물음에 대해 싱어는 태아들은 생명권을, 엄격하게 말해서 생명에의 이익을 가지지 않는다고 대답한다.[48] 그러나 "태아가 고통을 느낄 수 있다면, 동물처럼 태아도 고통을 느끼지 않으려는 이익을 가질 것이고, 따라서 그 이익은 다른 존재의 유사한 이익과 동등하게 고려되어야 한다."[49] 즉 태아에게 인격으로서의 생명권은 부여하지 않으나, 의식적 존재로서의 지위는 부여한다.

그런데 태아는 언제 의식적이 되는가? 싱어는 뇌의 발달 과정에 대한 연구를 참고한다. 고통의 감각과 관련된, 보다 일반화하면 의식과 관련된 뇌의 부분은 대뇌 피질이다. 대뇌 피질은 임신 18주까지는 충분히 발달하지 않는다. 그때까지는 성인들에게 고통을 일으키는 종류의 신호들이 태아에게는 수용되지 않는다.[50] 이러한 과학적 연구 성과를 바탕으로 해서, 싱어는 태아가 의식적으로 되는 경계선을 임신 18주로 잡아야 한다고 주장한다. "이 시기 이전의 태아는 해를 당할 수 없기 때문에, 해로운 연구로부터 보호되어야 한다고 생각할 이유가 없다. 이 시기 이후의 태아는 감각력은 있으나 자기의식적이 아닌 인간 이외의 동물들이 보호를 요구하는 이유와 같은 이유에서 해로부터 보호될 필요가 있다."[51]

이러한 싱어의 논리에 따르면, 이성적이지도 자기의식적이지도 않으면서, 동시에 감각력도 아직 가지지 못한 인간의 초기 배아는 그 배아에게 해를 주는 연구로부터 보호받지 못한다. 따라서 싱어의 이러한 결론은 인간 배아

---

48) *Ibid.*, p.164.
49) *Ibid.*, p.164.
50) *Ibid.*, p.164.
51) *Ibid.*, p.165.

를 파괴해서 줄기 세포를 유도하는 실험에 반대하지 않는다. 싱어 스스로도 "태아 조직의 이용을 수용"52)한다고 밝히고 있다.

3) 생명권의 시작

지금까지 살펴 본 바와 같이 비인격주의적 착안에 근거하고 있는 생명윤리학자들은 인간 존재와 인격 존재를 분리한다. 따라서 그들은 인간이 인간 존재가 되는 수정 순간부터 생명권을 부여하지 않는다. 오히려 어떤 특정한 속성들이 나타난 다음에 생명권을 부여한다. 그런데 그들의 생명권 부여 시점은 서로 상이하고 다양하다. 여기에서는 그 다양한 생명권 부여 시점에 대해 살펴보겠다.

싱어는 태아의 생명이 비슷한 수준의 합리성, 자기의식, 인식, 감각 능력들을 가지는 동물의 생명보다 더 큰 가치를 가지지 않으며, 태아는 인격이 아니기 때문에 인격이 가치는 생명권을 똑같이 가지지 않는다고 주장한다. 나아가 싱어는 이러한 자신의 주장을 다음과 같이 신생아에게도 적용시킨다.

> 일주일 된 아기는 합리적이고 자기의식적인 존재가 아니다. 일주일 또는 한 달 된 아기의 합리성, 자기의식, 인식, 감각 능력 등을 넘어서는 많은 동물들이 있다. 만약 태아가 인격과 동등한 수준의 생명권을 갖지 않는다면, 신생아도 그러한 권리를 갖지 못할 것이고, 신생아의 생명은 돼지, 개, 침팬지의 생명보다 덜 가치로울 것이다.53)

싱어는 "인격을 죽이지 말아야 한다는 근거가 신생아에게는 적용되지 않는다"54)라고 주장한다. 왜냐하면, 신생아는 감각 능력을 가지고는 있으나 아직 합리적이고 자기의식적인 존재 즉 인격 존재가 아니기 때문이다. "따라

---

52) *Ibid.*, p.168.
53) *Ibid.*, p.169.
54) *Ibid.*, p.207.

서 아기나 태아를 죽이는 것에 반대할 이유는 자신을 시간이 경과하여도 존재하는 개별 존재로 볼 수 있는 존재 즉 인격을 죽이는 것에 반대할 이유보다 훨씬 적다"55)고 이야기한다.

그렇다면 아이들은 언제부터 자기 자신을 시간이 경과하여도 존재하는 독특한 실체로 간주하기 시작할까? 싱어는 이 물음에 대해 대답하기가 어렵다고 이야기한다.56) 그러면서 "생명에 대한 완전한 법적 권리는 출생부터가 아니라 출생 잠시 후, 아마도 한 달 후부터 효력을 발생하는 상황이 적어도 있을 수 있다"57)고 이야기한다.

그러나 싱어는 유아 살해를 무제한적으로 허용하는 것에는 동의하지 않는다. 그러면서 유아 살해가 허용될 수 있는 조건을 다음과 같이 제시한다.

> 우리는 허용 가능한 유아 살해에 대해 매우 엄격한 조건을 분명하게 부여해야 한다. 그러나 이러한 제한이 가해지는 것은 유아 살해가 본질적으로 그르기 때문이기보다는 유아 살해가 다른 사람들에게 미칠 영향 때문이다. 대부분의 경우 유아 살해는 그 아이를 사랑하고 소중히 여기는 사람에게 끔찍한 상실감을 가져다준다. …… 임신 중절의 경우 우리는 가장 영향을 받을 사람, 즉 부모가—될—사람 또는 적어도 엄마가—될—사람이 임신 중절을 원한다는 것을 가정한다. 따라서 유아 살해도 그 어린이와 가장 가까운 사람이 그 어린이가 더 이상 살아 있기를 원하지 않을 때만 임신 중절과 동등하게 될 수 있다.58)

결국 싱어는 유아에게도 인격으로서의 지위를 부여하지 않고, 단지 의식적인 존재의 지위만을 부여하고 있다. 싱어는 어떤 존재가 호모 사피엔스 종의 구성원이라는 의미에서 인간인 것은 그 존재를 죽이는 일의 그릇됨과 무관하다고 생각한다. 그는 차이를 만드는 것은 합리성, 자율성, 자기의

---

55) *Ibid.*, p.171.
56) *Ibid.*, p.171.
57) *Ibid.*, p.172.
58) *Ibid.*, p.173.

식과 같은 특징들이라고 주장한다. 배아, 태아, 유아, 지적으로 장애를 입은 사람들은 이러한 특징을 결여하고 있으며, 그들을 죽이는 것은 정상적인 인간이나 자기의식적인 존재를 죽이는 것과 같을 수 없다고 주장한다.

비른바허(Dieter Birnbacher)는 탯줄의 절단을 중요한 지점으로 보고 있다. "탯줄의 절단과 함께 자립적 개인으로서 즉 주체로서의 인간의 실존이 시작된다."[59]고 이야기한다. 그러나 신생아는 태아처럼 자립적이지 못하다. 인간 신생아는 필요한 임신 기간을 고려할 때 원칙적으로 조산아이다. 일찍이 포르트만(Adolf Portmann)은 인간의 이러한 특징에 관심을 갖고 '자궁 외 조기 출산'설을 제기하였다.[60] 출산 후 첫 달은 어떻게 보면 '사회라는 자궁'안에 있는 것이다. 인간의 발생 과정에서 연속적인 과정이 중요하며, 따라서 생물학적 사실에 근거하여 어떠한 도덕적으로 타당한 쉼표를 추론할 수 없다.

배아의 뇌 발달과 관련해서 도덕적으로 타당한 쉼표를 확정하려는 시도가 있다. 이 논증은 뇌사 규정과 유사하게 논의되며, 뇌사와 뇌 활동 시작(Hirnleben)의 관계를 제시한다. 이 논증의 대표자로 자쓰(Hans-Martin Sass)를 들 수 있다. 자쓰는 "뇌사에 의해 집중 의료 행위하에서도 더 이상 유지될 수 없는 생물학적 인간 생명을 인격적 인간 생명으로부터 암암리에 구별"하는 언어 규칙을 제시한다.[61] 자쓰는 출생 전 뇌 발달 연구에서 출발한다. 임신 55일까지는 어떠한 신경 체계도 실존하지 않는다. 57일 후에 특히 70일 후에야 비로소 내측 뇌피질의 초기 형식이 발달하며, 80일 후에 신경 결합이 나타난다. 자쓰는 뇌 발달을 2단계로 구분한다: 1단계는 수정 후 57일까지이고, 2단계는 수정 후 70일부터이다. "생성 중인 인간 생명을" 수정 후 57일부

---

59) Dieter Birnbacher, "Gefährdet die moderne Reproduktionsmedizin die menschliche Würde?", A. Leist(Hrsg.), *Um Leben und Tod*(Frankfurt: 1990), S.270; Freddy Zülicke, *op. cit.*, S.127.

60) Adolf Portmann, *Zoologie und das neue Bild des Menschen*, (Hamburg, 1959), SS.68~70; 진교훈, 『철학적 인간학 연구(Ⅰ)』, p.47.

61) Hans-Martin Sass, "Hirntod und Hirnleben", Hans-Martin Sass(Hrsg.), *Medizin und Ethik* (Stuttgart: Philipp Reclam jun., 1994), S.163.

터 완전히 법률적으로 보호하자는 것이 자쓰의 견해이다.[62]

우선 "생성 중인 인간 생명"이라는 표현을 주목하자. 수정 순간부터 인간 생명이 문제되거나 아니면 특정 순간 이후부터 비로소 인간 생명이다. 생성 중인 인간 생명이라 말하는 것은 동어 반복이거나 아니면 인간 생명의 시작을 고정하려는 의도이다.[63]

다음으로 더 이른 시점, 예를 들면 뇌의 기본 구조가 형성되는 수정 후 42일을 선택할 수는 없는가라고 물을 수 있다. 실제로 락우드(M. Lockwood)는 이 6주 경계를 지지한다. 그에 의하면, 그 이전의 인간 배아는 단지 '살아 있는 인간 유기체'일 뿐 결코 인간 본질도 잠재적 인간 본질도 더욱이 잠재적 인격도 아니다.[64]

또는 더 이른 또는 더 늦은 시기를 선택할 수 있는가라고 물을 수도 있다. 결국 뇌 발달에서 문제되는 것은 출생 시까지 계속되는 과정이다. 더욱이 이 과정은 마이크로한 구조와 관련되기 때문에 결코 명료하지 않다. 이것은 인간의 인격과 주체성을 뇌 구조와 일방적으로 결합시키는 것일 뿐이다. 뇌 발달은 매우 복잡한 과정이다. 도덕적, 법률적 판단을 아직 분명치 않은 생물학적 사실에 결합시키는 것은 인간의 생명을 상이한 지식과 상이한 경우에서 자의적인 정리에 맡기는 결과를 가져올 뿐이다. 이는 불안을 야기할 것이다.

장시간에 걸친 뇌파 정지에 의거해 확정 가능한 뇌사는 의료 현장에서 타당한 죽음으로 간주된다. 뇌사 순간부터 그는 더 이상 인격도 인간 생명도 실존하는 인간도 아니다. 이 순간부터 생물학적 죽음이 시작된다. 그러나 뇌사의 시점에서 죽음의 시작을 인정하는 것을 뇌 활동의 시작 시점에 적용하는 것은 타당하지 않다. 뇌 활동의 시작 시점 이전에 이미 인간 생명 그

---

62) *Ibid.*, SS.170~173 참조.
63) Freddy Zülicke, *op. cit.*, S.128.
64) W. Lockwood, "Der Warnock-Bericht: eine philosophische Kritik", A. Leist(Hrsg.), *op. cit.*; Freddy Zülicke, *op. cit.*, S.128.

리고 최소한 잠재적으로라도 인격이 실존한다.

인간의 인격, 개별성, 인간 존재를 생물학적으로 확인 가능한 사실과 연결 지우려는 일련의 시도들이 있어 왔다. 그러나 그 결과는 항상 똑 같았다. 생물학적 사실만으로는 인간 인격 존재의 도덕적으로 타당한 시점을 결코 제시할 수 없다. 배아에 대한 실험 또는 개입에 반대하는 논증을 하려고 한다면, 인격 존재를 수정 순간부터 인간 생명의 시작과 결합시키는 것 외에 다른 길이 없다.

워녹(Mary Warnock)은 생식 의학 문제를 다루는 영국의 규제 위원회 의장이었다. 그녀는 보고서에서 수정 후 14일을 경계선으로 잡았다.[65] 14일은 착상이 완료되는 시기이며, 더 이상의 쌍둥이 형성이 불가능한 시기이며 따라서 인간의 개별성이 확립되는 시기이다. 여기에서 유감스럽게도 흔히 간과되어온 발생학적 개별성이 문제된다. 그러나 이 경계는 자의적인 구분이다.

워녹은 '행복과 복지 증진을 위해' 배아 실험은 불가피하다고 주장한다. 시험관 수정에서 배아 실험에 사용될 수 있는 14일 이전의 배아들이 많이 발생한다. 이 잔여 배아에 대해 워녹은 다음과 같이 주장한다. "착상될 수 없는 잔여 배아를 손상할 수는 없다. 그러나 연구 목적이라면 파기될 수 있다. 왜냐하면 착상되지 않은 인간 배아는 모두 죽고 말 것이기 때문이다."[66]

이와 유사한 논증을 자연 유산의 경우(약 40 %의 배아가 자연 유산된다.)와 낙태된 배아 및 태아의 경우에서도 발견할 수 있다. 이에 대해 다음과 같은 반론을 제기할 수 있다. 자연 유산은 단지 자연 현상이며 따라서 윤리학적 범주에 속하지 않는 반면, 인간 생명에 대한 인공적 개입은 철저히 윤리학적 범주에 속한다.

---

65) Mary Warnock, "Haben menschliche Zellen Rechte?", A. Leist(Hrsg.), *op. cit.*; Kevin Doran, *What is a Person: The Concept and the Implications for Ethics* (Lewiston: The Edwin Mellen Press, 1989), pp.130~135.

66) Mary Warnock, *op. cit.*, S.223; Freddy Zülicke, *op. cit.*, S.131.

2. 비인격주의적 생명 윤리의 인간관에 대한 비판

1) 환원주의적 인간관

피터 싱어의 종차별주의 논증과는 달리, 인간의 존엄과 기본 권리는 그가 인간 양친으로부터 태어나고 이 탄생으로 인해 '인간' 종에 속한다는 사실을 통하여 주어진다. 이렇게 '인간' 종에 호소하여 인간 존재의 도덕적 관련성을 목표로 하는 것은, 싱어가 반론을 제기하는 것처럼, 종차별주의가 결코 아니다. 왜냐하면, 여기에서 '종'이란 처음부터 피터 싱어가 이해하는 것과는 다른 것이기 때문이다.

① 종차적 구별을 개체적 구별로 환원

개념들의 논리적 포함 관계를 고려한다면, '인간'은 유개념이 아니라, 종개념이다. 따라서 인간을 인종과 성으로 구분하는 것은 종차적인 구분이 아니다. 즉 그것들은 인간 존재 내의 구별을 정초하지 않는다. 반면에 인간과 다른 생명체 간의 구별은 종차적 구별이다. 종차별주의 비판은 종차적 구별을 개체적 구별로 환원하는 것이다. 즉 이 비판은 인간과 인간 이외의 생명체를 하나의 동일한 종에 속하는 것으로 취급한다. 이러한 환원은 인간 배아나 신생아를 동물과 비교 가능하게 하며, 그래서 싱어는 "신생아의 생명은 돼지나 개, 침팬지의 생명보다 더 적은 가치를 갖는다"[67]라고 말하고 있다.

종차적 구별과 개체적 구별을 동일시하는 것은 환원주의적 존재 개념과 이에 기초한 종유명론(Artennominalis)의 결과이다. 종유명론은 존재자에게 있어서 무엇이 존재한다는 것인가에 대해 전혀 물음을 제기하지 않으며, 따라서 자립 존재와 개체간의 구별이 아니라 특징의 구별만을 식별할 뿐이다. 개체들은 단지 사실적으로 현존하는 요소들이며, 이 요소들은 그들의 특징

---

67) Peter Singer, *Practical Ethics*, p.169.

에 따라 목적 기여적으로 분배될 수 있다. 이렇게 보면, 종은 프래그머티즘의 시각에서 만들어진, 유사한 특징들을 가진 요소들의 부류에 불과할 뿐이다. 이러한 기초 위에서 인간 존재는 생물학적 인간 생명과 동일하게 놓일 뿐이다.68)

② 환원주의적 존재 개념

피터 싱어의 결과주의 윤리학은 존재와 함축간의 분열의 기원과 정당성에 대한 물음은 제기하지 않고, 처음부터 이러한 분열 속에서 움직인다. 결과주의 윤리학은, 단순한 당위 특성의 비사실적 가치에 대한 요구 특성이나 함축 없이, 존재를 의미 없는 사실성과 동일시한다. 이렇게 추가 질문이 없는 전제에서만 인기 있는 논증이 효과가 있다. 즉 존재에서 당위로의 이행, 환언하면 '이다–명제'(Ist-Sätzen)에서 '해야 한다–명제'(Sollen-Sätzen)로의 이행은 부당하다. 의미를 상실한 사실로 환원된 존재는 당연히 행위–당위의 원천에서 벗어난다. 존재 요구는 개인의 강한 성취력으로, '인간' 종으로의 귀속의 요청은 단순한 생존 전략의 표현으로 해석될 수 있다.

사실들의 도덕적 무관성에 대한 주장은 무의미하다. 왜냐하면, 사실들은 환원주의적 존재 개념의 수준에서 이미 도덕적 무관성을 통해 정의되었기 때문이다.69) 그러나 이러한 존재 개념은 의문의 여지가 있다. 이러한 존재 개념이 근대 자연 과학의 기초가 된다는 사실이 이 존재 개념을 윤리학적 숙고의 기본 개념으로 만드는 것을 결코 정당화하지 않는다.

생명권과 살생 금지의 정초화가 문제될 때, 생물학적 사실들을 인증(引證)

---

68) Helga Kuhse, "Warum Fragen der aktiven und passiven Euthanasie auch in Deutschland unvermeidlich sind", Rainer Hegselmann, Reinhard Merkel(Hrsg.), *Zur Debatte über Euthanasie*(Frankfurt, 1991), SS.58~60.

69) 싱어가 "어떤 객관적 판단도 인격이 아닌 우리 종의 구성원의 생명에게 인격인 다른 종의 구성원보다 더 많은 가치를 줄 수 없다"(Peter Singer, Praktische Ethik (Stuttgart, 1984), S.134)고 말할 때, 이때 '객관적'은 실은 '환원적'을 가리킨다. Günther Pöltner, "Achtung der Würde und Schutz von Interessen", S.15.

하는 것은 충분하지 못하다. 왜냐하면, 생물학은 방법론적인 근거에서 항상 의미를 벗겨낸 사실들만을 탐구하기 때문이다. 쿠우제(Helga Kuhse)처럼, "인간 생명은 그 자체로 어떠한 고유한 도덕 가치를 갖지 않으며, …… 단지 외적인 도구적 가치만을"[70] 갖는다고 주장하는 사람은 단지 생물학의 방법론적인 환원주의를 강화하는 것이며, 존재를 의미 없는 사실과 동치(同置)하는 것이다. '종'이 유사한 특징을 가지고 사실적으로 현존하는 요소들의 목표 지향적인 분류에 지나지 않는다면, 오로지 호모 사피엔스 종에 의지(Rekurs)하는 것은 도덕적으로 무관하며, "자의적인 생물학적 종차별주의 비판"[71]은 정당하다. 인간 개체의 유전적 1회성은 실제로 생명권의 근거를 충분히 제시하지 못한다. 왜냐하면, 그 1회성은 다른 생물에게서도 발견되기 때문이다.

결과주의 윤리학의 방식으로 유관한 속성들을 근거로 삼는 자는 그 자신이 반대하고 있는 종차별주의로부터 결코 벗어날 수 없다. 왜냐하면, 그는 다른 종에게 팔을 내밀고 있기 때문이다. 그는 다른 관점에서 단지 다르게 종합된 새로운 종, 즉 자기의식을 소유한 종을 만들어 낸다. 그러므로 결과주의 윤리학은 인간을 가치 구분적 부류로 확정하는 것을 막을 수 있는 가능성을 자신의 착안 안에 갖고 있지 못하다.

③ 담지자-속성-구조: 속성들의 도덕적 관련성

결과주의적 윤리학자는 환원적 존재 개념을 담지자-속성-구조와 연결하고, 가치로부터 자유로운 담지자 존재(호모 사피엔스 종의 구성원으로서의 인간 존재)와 가치 충만한 속성(합리성, 자기의식)을 구분하는 것을 정당하다고 생각한다. 그러나 도덕적으로 무관한 담지자의 성질(생물학적 인간 생명)이 도덕적으로 관련 있는 속성이나 능력들(인격, 자율성)로 이행하는 것을 금한다. 왜냐하면, 사실성은 담지자 존재와 속성 존재간의 차이를 포괄하기 때문이다: 존재와 사실성을 동치함에 근거하여 속성들과 활동들은 분명

---

70) Helga Kuhse, *op. cit.*, SS.58~59.
71) Norbert Hoerster, "Strafwürdigkeit der Abtreibung?", S.26.

히 단순한 사실성의 지위만을 가질 뿐이다. 이런 전제에 따르면, 도덕적 행위는 자연 과정, 생리학적으로 기술 가능한 기관의 변화일 뿐이다. 속성들과 능력들이 도덕적으로 관련 있다는 것은 그것들의 사실적 현존으로부터 결코 파생하지 않는다. 속성들과 능력들을 인증(引證)하는 것은 인간 개체의 유전적 1회성을 인증하는 것처럼 도덕적으로 무관하다.

속성들의 도덕적 관련성에 근거하는 것은 은폐로 버티는 것이다: 우선 선이 존재로부터 추방되고 다시 그 추방된 선이 가치 충만한 속성의 형식으로 뒷문으로 다시 도입된다. "인간 생명 그 자체를" 생물학적으로 규정하고, 따라서 "그 자체로 어떤 내재적 도덕 가치를 절대 갖지 않으며", "결코 명백한 가치 담지자가 아니다"라고 주장할 수 있다면, 인간 개체의 속성들과 능력들도 일관되게 생물학적으로 규정해야만 한다. 생물학적으로 규정된 인간의 속성들은 인간 이외의 생물들과 도덕적 관련성을 통하여 구분되지 않는다. 왜냐하면 도덕성은 방법론적인 근거에서 결코 생물학적 데이터가 아니기 때문이다. 생물학적으로 볼 때 인간 개인의 속성들은 가치중립적인 현존이다.

도덕적 무관성으로부터 도덕적 관련성으로의 이행은 부당하며, 이것은 속성들의 존재론적 지위에 대한 물음을 회피하고 실체-우유(偶有)-구별의 통속적인 표상에 따른다. 실체는 부가된 속성들을 지닌 작은 통나무로 표상된다. 이러한 표상에 따르면 개체는 두 층, 즉 담지자 층과 속성 층으로 존재한다. 전자는 순수 사실의 층을, 후자는 가치 보유의 층을 이룬다. 이 이층 모델은 속성들을 비밀리에 사물로 곡해하며, 주체와 속성 간의 구별을 해소한다. 자립적 존재의 단일성은 비개념적으로 남아 있다: 이 단일성은 추가적인 관계 설정으로 다르게 해석된다. 나 자신은 내 속성들의 총체에 불과할 뿐이다.

속성 없이 본질이 있을 수 없다 하더라도, 속성들은 항상 자립적 본질의 속성들이다. 속성들이 본질의 자립적 존재를 구성하는 것이 아니라, 자립적 존재 안에 근거하는 것이며 자립적 존재를 표명하는 것이다. 인간으로 존재함은 속성들의 소유 결과가 아니다. 내가 어떤 특정한 속성과 능력들을 가지고 있거나 가질 수 있기 때문에 인간인 것이 아니라, 내가 인간이기 때문에 이러저러한 속성들과 능력들을 가지는 것이다. 인간인 나는 그것들을 획득할 수도 있고 상실할 수도 있다. 나의 인간 존재가 속성들의 소유 또는 소유 가능을 기초하는 것이며, 그 역은 아니다. 결과주의 윤리학은 이러한 기초 지움의 관계를 오해했다. 사람들이 이러한 기초 지움의 관계를 다른 어떤 것이 아니라 인간과 관련짓는다는 사실을, 사람들은 자신의 속성으로 알 수 있다. 왜냐하면 역으로 그 속성들 안에서 자신의 인간 존재가 명백하기 때문이다. 이러한 관계는 일방적이지 않게 속성들을 위하여 해결 가능하다. 내가 '인간이다'라는 점은 나의 속성들과 능력들 안에서 나타난다. 그러므로 우리는 단지 인간의 속성들, 즉 어떤 한 인간의 속성들을 그러한 다른 존재와 구별하여 말할 수 있을 뿐이다. 그러나 그 속성들과 능력들 안에서 분명히 되는 것은 어떤 하나의 속성이 아니다. 결과주의 윤리학이 완전히 의문을 품지 않고 전제한 것과는 달리, 인간 존재는 결코 속성이 아니다.

따라서 속성들이 도덕적으로 관련 있다면, 그것은 그 속성들이 '가치들의 의자'이기 때문이 아니라, 그 속성들 안에 도덕적으로 관련 있는 자립적 존재의 본질이 명백히 있기 때문이다. 인간 존재의 도덕적 관련성이 인간 속성들의 도덕적 관련성을 정초한다. 따라서 인간의 모든 속성들이 도덕적으로 관련 있는 것도 아니며 또한 "이러한 생명의 '소유자'의 이익들이 도덕적으로 무관"한 것도 아니다. 확실한 것은 이익들은 도덕과 무관하다는 것이다. 왜냐하면 그것들은 이익이기 때문이다.

2) 원리적 가능성과 사실적 가능성에 대한 오해

① 속성으로서의 인간 존재

호어스터에 따르면, "한 개인이 그의 실제적 지위로 인해 갖는 모든 권리를 다른 개인도 그의 상응하는 잠재적 지위로 인해 가져야만 한다"[72]는 잠재성 논증은 전제의 타당성에 근거한다. 그러나 이것은 잠재성 논증의 전제가 결코 아니다. 왜냐하면 잠재성 논증은 잠재적 기능자에게 실제적 기능자의 권리를 부여하라는 요구를 결코 포함하지 않기 때문이다.

잠재성에 대한 반론은 다음과 같은 전제에서 출발한다. 존재하는 것·사는 것이 활동이요 능력이기 때문에 그것이 현재 있으면 사람은 그것을 증명할 권리를 가진다. 그러나 이 전제의 허약함은 명백하다: 사람들은 자신의 삶의 과정에서 살아 갈 능력을 획득할 수 없다. 왜냐하면 사람들은 이미 그렇게 살 수밖에 없기 때문이다. 존재하는 것, 사는 것은 능력이나 활동이 아니라, 능력과 활동을 획득, 형성, 행사하기 위한 가능화 근거이기 때문이다. 또한 실존은 아직 태어나지 않은 아이를 미래의 권리 소유자와 비교할 때 암시하는 것처럼 어떤 소유나 상태가 결코 아니다. A의 실존은 B의 상태가 아니다. 이것을 다르게 형식화하면, '인간으로 존재한다는 것은 나의 속성으로 존재한다는 것이 아니다'이다.

② 생물학적 생명과 인격적 생명: 속성으로서의 인격

인간의 생물학적 생명과 인격적 생명을 구분하는 것은 인격을 인간 개체의 획득 내지 상실 가능한 속성으로 전제한다. "인간 종에 속함"이 아니라 "인격이 될 속성"이, 헥젤만과 메르켈이 이야기한 것처럼, 싱어에 따르면 "누군가에게 생명권을 부여할 중요한 이유"이다.[73]

이러한 형식화는 결함이 있는 언어 기준 의식에 기인한다. 문장 술어의

---

72) Nobert Hoerster, "Forum: Ein Lebensrecht für die menschliche Leibesfrucht?", *Juristische Schulung*, 1989, Heft 3, S.176.

73) Rainer Hegselmann, Reinhard Merkel(Hrsg.), *Zur Debatte über Euthanasie*, Frankfurt, 1991, S.7. 호어스터에게 있어서도 인격은 속성이다. 생명권 부여와 "관련된 속성은 …… (특정한 의미에서 이해된) 어떤 본질의 실제적 인격이며, 태아는 이를 소유하지 않는다." Norbert Hoerster, *Abtreibung im säkularen Statt: Argumente gegen den § 218*, S.11.

위치에 있는 모든 것들이 다 술어 표현인 것은 아니다. '인간'과 마찬가지로 '인격'은 술어 표현이 아니라 주어 표현이다. 주어 표현은 어떤 것을 자립적 본질이게 하는 방식을 제시한다. 주어 표현은 자립적 개별 본질뿐만 아니라 그것의 자립 존재까지 나타낸다. 사람들은 어떤 본질의 그때그때의 자립적 존재가 어디에 위치하는가를 물을 수 있을 뿐이다. 예를 들면 '한 개인의 인간 존재는 어디에 위치하는가'라고 물을 수 있을 뿐이다. 분명히 이 물음들은 속성들에 대한 탐구가 아니라 어떤 본질의 자립 존재에 대한 추가 규정과 관련된다. 인간과 관련해서는 인간 속성들에 대한 탐구가 아니라 인간 존재에 대한 추가 규정에 대한 탐구이다. 결국 '인간 속성들'이란 표현은 이러한 속성들의 '인간적인 것' 즉 인간의 인간 존재가 어디에 위치하는가에 대해 말하지 못한다. 내가 인간이 될 속성을 가진 것이 아니라 내가 인간이며, 내가 인격이 될 속성을 가진 것이 아니라 내가 곧 인격이다. 인간으로 존재한다는 것은 결코 속성이 아니다. 인간으로 존재한다는 것은 인격으로 존재함을 가리킨다. 어떤 속성이 인간 개체에게 인격을 결합시켜 주는 것이 아니다. 그 속성은 인간 존재를 설명해주는 것이다. 인격이 도덕적으로 관련 있다면, 그것은 인격이 가치중립적인 생물학적 인간 생명의 가치 소유적 속성이기 때문이 아니라, 그것이 도덕적으로 관련 있는 인간 존재의 추가 규정이기 때문이다. 결과주의 윤리학의 이해와는 달리 인격에 대한 고려는 인간의 인간 존재에 대한 고려이다. 그렇지 않다면, 우리들은 인격을 윤리학적 맥락에서 의미 충만하게 증거로 인용할 수 없다.

인격을 속성으로 만드는 자는 자립적 본질로서의 인간을 지양하는 것이다. '인간 개체'와 '인간'을 구별하는 자는 인간 내지 인격으로 존재한다는 것은 한 개체가 자신의 발달 과정에서 도달할 속성임을 전제하는 것이다. 그는 생사와 변화의 차이를 같게 하며, 생과 사를 단지 X에게서 일어나는 변화로 파악할 뿐이다. 이러한 동일화의 예를 "왜 수정란의 잠재성이 수정 이전의 난자와 정자의 잠재성과 의미 있게 구별되는가"74)의 물음에서 볼 수 있다. 한 인간이 어떤 속성들과 능력들을 획득하거나 상실하면 그는 변화하지만 여전히 인간으로 머문다. 그러나 누군가가 더 이상 인간이 아니라면, 그는 속성을 상실하는 것이 아니라 실존을 중단하는 것이다.

③ 원리적 가능성과 사실적 가능성

자율성 및 생존 욕구 내지 생존 이익을 참조하는 것은 가능(Können)의 미분화된 개념으로 작동한다. 가능은 처음부터 시간의 경과에 따라 장차 도달한 능력과 동일시된다. 그러나 가능은 획득 가능하고 경우에 따라 상실 가능한 능력(Fähigkeit)이 아니다. 자유는 가능이지만, 무언가를 셈하거나 조립할 수 있는 것과 같은 능력은 결코 아니다. 왜냐하면 자유는 인간의 능력 획득을 가능케 하는 그런 가능이기 때문이다. 능력들의 형성 근거로서 자유는 특정한 능력이 아니며 인간 존재에게 이미 주어져 있는 가능성이다. 이 가능성은 능력들의 형성에 이용된다. 원리적 즉 인간 존재에게 이미 열린 가능성과 사실적 즉 획득 가능한 가능성을 구분해야만 한다. "왜 인간 생명이 더 나은 가치를 가지는가에 대한 더 나은 정초"를 쿠우제는 "비자율적 생명과는 달리 자율적 생명"은 자신의 현존 과정에서 획득하는 "능력"이나 "속성"들 때문이 아니라 인간 존재에게 이미 열려 있을 가능성 때문이라고 제시한다. 즉 이 가능성 때문에 사람들은 도덕적으로 관련 있는 속성들과 능력들에 도달할 수 있다는 것이다.[75]

따라서 아직 태어나지 않은 아이들은 사실적으로는 자기 책임적 현존의 위치에 있지 않지만, 그들은 원리적 가능성에서는 그 위치에 있다. 예를 들면 맹인의 시각은 원리적 가능성 안에 있다. 왜냐하면 그가 인간이기 때문에 즉 그가 인간 존재이기 때문이다. 비록 그가 볼 수 있는 순간을 사실적으로 갖지 못할지라도, 만약 안과 시술을 통해 그가 보게 된다면 이를 통해

---

74) Anton Leist, ˝Diskussionen um Leben und Tod˝, Anton Leist(Hrsg.), *Um Leben und Tod*, Frankfurt, 1990, S.15. 피터 싱어도 같은 견해를 가지고 있다. 그는 ˝인간 배아가 잠재적 인격이라면 묶여져 고려되는 난자-정자는 왜 또한 잠재적 인격이 아닌가?˝라고 반문한다. Peter Singer, *Practical Ethics*, p.159.

75) Helga Kuhse, *op. cit.*, S.60.

그는 그의 시각의 원리적 가능성에 도달하는 것이 아니라 이 가능성을 사실적으로 수행할 위치에 놓이는 것이다. 단지 인간으로서의 그에게 시각의 원리적 가능성이 열려 있기 때문에 안과 시술을 통해 그는 볼 수 있는 것이다. 반면에 돌[石]은 시각의 원리적 가능성 안에 결코 있지 않다. "'잠재적으로 성인이 되는 것'은 결코 '속성'이 아니다."76) 아직 태어나지 않은 아이들이 책임 능력이 있는 인간으로 성장하면 그들이 그들의 실존 처음부터 은밀히 이미 있어 온 자유 주체임이 분명해지는 것이다. 아직 태어나지 않은 아이의 인간 존재가 드러나며, 도덕적으로 무관한 생물학적 토대는 '자유'라는 도덕적으로 유관한 속성을 획득하지 못한다. 나 자신이 이미 그렇게 존재하기 때문에 내가 아직 자립적 현존재 수행의 위치에 있지 못할 때 더 적은 속성들이 부여된 인간 개체가 나에 앞서 실존하는 것이 아니다. 의식 상실자는 '자율 능력'이라는 특수 가치를 상실한 것이 아니라, 자유 주체로서의 자기 자신을 수행하는 데 사실적으로 방해받는 것이다.

3) 육체의 도구화

비인격주의에 기초한 윤리학은 데카르트적인 이원론의 기반에서 움직인다. 비인격주의 윤리학은 인간의 육체를 도덕적 가치 실현의 목적을 위한 단순한 도구로 왜곡한다. 쿠우제의 착안이 대표적인 예이다. 그녀에 따르면, "생물학적인 인간 생명은 외재적 또는 도구적 가치만을 갖는다. 생물학적 인간 생명은 다른 도덕적 가치와 선, 예를 들면 적극적인 의식 존재 상태를 경험하는 능력, 자기 결정적으로 그리고 자유로이 행동하는 능력, 이상과 삶의 계획을 갖는 능력 등의 실현을 위한 전제일 뿐이다."77)

이러한 주장에 따라 엄밀하게 생각하면, 고문은 고문 받는 자 자체를 침해하는 것이 아니라 도덕적 가치 실현의 전제만을 침해하는 것이다. 이것은

---

76) Anton Leist, *op. cit.*, S.23.
77) Helga Kuhse, *op. cit.*, S.59.

단지 도덕적 가치 실현자가 소유하고 있는 도구만을 침해할 뿐이다. 결과주의 윤리학에서 인격은 속성이기 때문에 그는 자립적 인격일 수 없다. 확실한 것은 생물학적 인간 생명과 인격적 인간 생명을 구분하는 것, 즉 그 자체로 나의 도움 없이 진행하는 생명의 사건들과 나 스스로가 그것의 장본인이며 그러므로 내가 책임져야만 하는 그런 활동들을 구분하는 것이다. 구분의 불가피성이 문제가 아니라 그것이 어떤 방식이며 어떻게 그것을 이해할 것인가가 문제이다. 환언하면, 문제는 인간 육체성의 풍부한 개념 안에 있다.

인간 육체성의 이 풍부한 개념을 획득할 수 있기 위해서는 육체를 가지고 있는 동료 존재의 체험이 고찰되어야 한다. 여기에서 인간 존재를 도구적 가치를 가진 생물학적 생명과 도덕 가치를 지닌 인격적 생명으로 분할하는 것은 육체적이고-인격적인 현존재의 체험에 모순된다. 내 육체는 결코 도구가 아니며 내 신체이다. 나 자체는 내 육체이다. 내 육체가 침해받을 때 나 자체가 침해받으며, 내가 누군가의 육체를 침해할 때 나는 그 사람 자체에게 고통을 가하는 것이다.

사람들이 비인격주의 윤리학의 방식에 따라 생물학적 인간 생명을 도덕 외적 데이터로 환원하고 그 생명에게 '외재적이고 도구적인 가치'만을 부여할 때, 이러한 체험은 더 이상 진지하게 수용되지 않는다. 내가 내 육체를 가진다는 점이 내 육체를 도구화하는 것을 정당화하지 않는다. 육체를 가짐은 결코 도구 관계나 소유 관계가 아니다. 나는 어떤 도구를 손에서 내려놓을 수 있으나, 내 손을 내려놓을 수는 없다. 소위 '육체적 고통'은 도구의 기능 불능으로서 개념화될 수 없다. 나 자신은 육체적 고통 때문에 고통 받는다.

인간의 육체가 도덕적 가치 실현의 수단적 전제가 될 때 인간의 육체는 잘못 해석되어지는 것이다. 도덕성은 육체가 유용하게 그것의 실현을 목적으로 하는 그런 목적이 아니다. 도덕적 가치의 모든 실현은 육체를 가지고 일어난다. 육체는 도덕 외적인 데이터가 아니다. 인간 존엄에 대한 침해는 육체에 대한 침해에서 시작된다.

결과주의 윤리학은 자유 존재인 인간을 잘못 이해했다. 인간들은 그들이 처해 있는 관계들과 조직들을 그들 측면에서 상대화하고 자신의 이익들을 추구할 뿐만 아니라 타인의 이익들을 그 자체로 인정하고 자신의 이익으로 만들 태세까지 하고 있다. 그러므로 인간은 윤리적 존재이다. 조건적인 것들이 그 자체로 나타나며, 동시에 무조건적인 것이 그 안에서 유추된다. 그러므로 인간으로 존재한다는 것은 무조건적인 것의 대리인으로 존재한다는 것을 의미한다. 각각의 인간들과 함께 체험 가능한 무조건적인 어떤 것이 세상 속으로, 즉 모든 조건성 속으로 들어온다. 이러한 체험은 의미성이 있음을 보여준다. 이 의미성은 상응하는 존재자의 선소여 존재(das vorgegebene Sein)와 일치하며, 인간적인 가치 평가나 이익 고려로부터 기인하지는 않는다. 이러한 의미성이 무조건성의 계기를 나타내기 때문에 사람들은 인정해야 하고 존중해야 할 존엄에 관해 이야기한다. 인간의 존엄은 무조건적인 것을 대리함 속에 위치한다.

인간의 존엄은 타고나는 속성이거나 또는 장차 획득하는 속성이 아니며 인간 자신이나 타인에게 바쳐지거나 타인의 덕택으로 갖게 되는 그런 어떤 것도 아니다. 그러므로 우리는 낯선 사람의 존엄뿐만 아니라 자신의 존엄도 존중해야만 한다. 인간의 존엄은 상대화될 수 없다. 인간의 존엄은 단순히 이익들로부터 기인하는 사회 제도가 아니라, 모든 원-소여성(Ur-Gegeben-heit)처럼 다른 어떤 것으로부터 연역될 수 없는 그런 원-체험(Ur-Erfa-hrung)의 데이터이다. 인간의 존엄은 단지 감지(感知)되고 인정될 수 있을 뿐이다.[78]

---

78) Günther Pöltner, "Achtung der Würde und Schutz von Interessen", SS.3~32 참조.

V. 인격주의에 기초한 생명윤리의 인간관

이 장에서는 인격주의에 기초한 생명윤리의 인간관에 관하여 살펴보겠다. 인격주의에 기초한 생명윤리의 인간관의 특징은 인간 존재와 인격 존재를 분리할 수 없는 전체로 보며, 인간을 육체와 영혼의 통일(copore et anima unus; Leib-Seele-Einheit)로 본다. 따라서 인간을 오직 육체적인 존재로만 보거나 또는 반대로 오직 영혼적인 존재로만 보는 견해를 거부한다. 또한 환원론적 인격 개념에 근거하여 삶의 초기와 끝에 있는 인간 생명의 존엄성을 제한하는 견해도 거부한다.

1. 인간의 전체성

인격주의의 인간관에 따르면, 인간은 몸과 마음과 정신의 통일체이다. 그러나 이러한 언표는 오해를 야기할 수 있다. 이 말은 마치 인간은 상대적으로 서로 독립하여 있는 3개의 상이한 주요 부분, 즉 몸, 마음, 정신으로 구성되어 있다는 생각을 불러일으킬 수 있다. 인간은 어떤 방식으로 이 세부분은 공동 유희를 하거나 아니면 이 세 부분이 각기 독자적인 길을 갈 수 있는 3개의 자율적인 심급으로 구성된 상품과 같은 것이 결코 아니다. 인간은 하나이며 전체이다. 그래서 모든 인간의 삶의 표현에서는 항상 물리적인 측면, 심리적인 측면 그리고 정신적인 측면이 함께 들어 있다.[1]

인간 생명에 대한 이원론적 견해의 기원은 플라톤의 관념주의와 마니교 사상까지 거슬러 올라간다.[2] 플라톤은 그의 철학에서 몸과 영혼을 엄격히 분리하였다. 플라톤주의의 영향으로 심지어 몸은 영혼보다 훨씬 열등한 것으로 여겨지기도 하였다. 그래서 육체적인 욕구나 욕망은 모두 포기하고 영혼이 내세에서 누릴 정신적인 순결의 추구가 가장 이상적인 삶의 태도가 되었다. 이러한 태도는 성 윤리, 교육, 철학적 인간학, 선과 악의 이념, 신학적 개념 그리고 여러 다른 부분에 큰 영향을 미쳤다.

그러나 플라톤의 진정한 의도는 몸과 영혼의 차이가 크다는 사실을 확인하는 것이 아니라 영혼이 몸보다 숭고하다는 사실을 이론과 실천에 있어서 사람들이 인정하도록 유도하는 데 있었다. 플라톤은 몸과 영혼을 같은 평면에 두지 않았다. 그에 의하면, 몸과 영혼은 나란히 놓여 있는 두 개의 사물이 아니다. 오히려 영혼은 '움직이는 가운데 존재하는 것'이고 정신적인 태도 설정과 관계가 있다. 따라서 영혼은 몸과는 본질적으로 다른 성질을 가지고 있다. "영혼은 늘 몸에 복종하는 것이 아니다. 오히려 몸에 거슬러(예를 들면, 목이 마르나, 물을 마시지 않을 수 있는 것처럼) 몸을 통제할 수 있다."[3]

플라톤은 영혼의 주도적인 기능을 다음과 같이 설명한다. 즉 눈에 보이는 자연의 물질적인 현상이 궁극적인 해결을 제공해 주지 않기 때문에 그것을 위해서는 정신적인 영역에서 출발점을 구하지 않으면 안 된다는 것이다. 플라톤은 그의 후기 사상에서도 정신적인 것이 물질적인 것보다 우월하다는 것을 반복해서 강조하였다. 마치 반성, 예술적 기교, 기분, 바램 등이 깊이,

---

1) 진교훈, 『의학적 인간학』, pp.81~82.
2) Agneta Sutton, "Is the Human Embryo Our Neighbour?", *Ethics & Medicine*, 2000. 16. 2, p.60.
3) Phaedo, 85B~99D.

넓이, 힘, 무게 등과 다르듯이, 영혼은 몸과 전혀 그 유(類)가 다르다.[4]

그래서 영혼은 물질적인 것과 반대되는 어떤 독특한 것이라는 입장이 플라톤에게서 벌써 발견된다. 영혼은 여기서 다른 모든 것을 이끄는 역할을 수행한다. 이것은 배의 선원(몸에 자리 잡은 감관들)이 선장(영혼)과 협력해야 한다는 플라톤의 비유에서도 잘 나타난다.[5] 플라톤의 영혼과 몸의 관계에 대한 이원론은 서양 사상사에 커다란 영향을 끼쳤다.[6] 한편 마니교는 물질세계를 보다 고상한 정신세계로부터 제공된 것으로서 생각했다.

이러한 이원론의 계보는 데카르트(Rene Descartes)로 이어진다. 그는 몸과 마음을 나누고, 몸은 마음의 참된 인격에 의해 살고 조종되는 것으로 생각하였다.[7] 데카르트는 매우 분명하게 그리고 철저히 몸과 영혼을 분리하였다. 데카르트는 영혼과 몸을 각각 '정신적인 것'과 '물질적인 것'으로 대치시켰다. 그리하여 그는 『형이상학 성찰』(*Méditations métaphysiques*)의 제6성찰에서 정신은 분할할 수 없으나, 몸은 분할할 수 있다고 말한다. 사람들은 정신에 관해서 의지, 감성, 이해 등 구별해서 말하지만, 이와 같은 요소는 정신의 일부분이 아니다. 왜냐하면 무엇을 바라고 느끼는 것은 정신의 한 부분이 아니라 정신 전체이기 때문이다.

이렇게 영혼과 몸을 혹은 데카르트의 용어로 '사유하는 본체'(res cogitans)와 '연장적인 본체'(res extensa)를 구분하고 분리한 결과로 데카르트는 먼저 인간의 몸을 영혼이 결여되어 있으나 복잡하고 생동력이 있는 기계로 묘사하고, 그 다음에는 영혼을 따로 묘사한다. 영혼의 특징은 몸과 달리 연장성과 분할 가능성이 아니라 의지와 오성, 의심과 상상력 등을 모두 포함하는 사유 작용이라고 한다. 그리고 마지막으로 하느님이 몸의 작용에 영혼을 연결시킨다고 말한다.[8]

---

4) *Laws*, x, 892AB, 896CD.
5) *Laws*, xii, 961E.
6) C. A. 반 퍼슨 지음, 손봉호·강영안 옮김, 『몸·영혼·정신: 철학적 인간학 입문』, pp.41~55 참조.
7) Agneta Sutton, "Is the Human Embryo Our Neighbour?", p.60.

인간에 대한 이러한 이원론적 사유는 인간을 두 개의 분리된 부분, 즉 물질적·신체적 부분과 정신적·영혼적 부분으로 구성되어 있다고 생각한다. 또한 신체를 정신에 봉사하는 것으로 이해한다. 따라서 초기 배아의 생명, 심한 뇌 손상을 입은 자, 고령의 노인, 합리성 또는 자기 인식 등과 같은 전형적인 인격 영역에서 제대로 활동하지 못하는 자를 소외시키는 결과를 가져온다.[9]

반면에 인간에 대한 관계적·전체적 견해는 포괄적인 태도를 강화한다. 전체론적으로 볼 때 신체와 영혼은 하나이다. 우리는 신체와 영혼을 동시에 갖는다. 신체·영혼 둘 중 어느 하나가 덜 발달했거나 상실되었다 할지라도 그는 우리의 이웃이며 인간 가족에 포함된다.[10]

인간의 생명은 여러 면에서 육체와 영혼의 합일체로서 파악된다. 인간이라는 존재는 분할할 수 없다. 육체와 영혼은 커다란 차이점이 있음에도 불구하고 모두 인간에게 속하며, 하나의 전체를 구성한다. 다시 말해 '영혼과 육신' 혹은 '영혼과 육체'는 동일하지는 않지만, 결코 분리될 수 없는 것이다. 우리는 우리의 육체를 전체로서 체험한다.[11]

인격주의의 전통에서 인간의 전체성을 살펴볼 수 있다. 토마스 아퀴나스에 따르면, 개별 존재의 전체성처럼, 인격은 물질, 실질적 형식(영혼), 우연적 형식들, 그리고 존재의 활동 등을 모두 포함한다. 토마스 아퀴나스에 따르면, 인간은 두 개의 실체 즉 영혼과 육체로 구성되어 있는 것이 아니다. 인간은 하나의 실체이며, 인간 안에서 두 가지의 구성 요소를 구별할 수 있다. 우리들이 무엇을 느낄 때에, 느끼는 것은 인간 전체이지, 영혼뿐이거나 육체만도 아니다. 또한 우리들이 무엇을 이해할 때에 우리들은 영혼 없이는 이해 활동을 할 수 없지만, 이해하는 것은 인간 전체인 것이다.

구아르디니도 인간의 실체를 '육체와 영혼의 통일'(Leib-Seele-Einheit)로

---

8) *Discours de la Méthode*, ⅴ(Ⅵ, 45~57); *Traité de l'homme*(Ⅺ, 143); C. A. 반 퍼슨 지음, *op. cit.*, pp.26~27.

9) Agneta Sutton, "Is the Human Embryo Our Neighbour?", 2000 16. 2, p.60.

10) *Ibid.*, p.60.

11) 구인회, 『생명윤리의 철학』(서울: 철학과 현실사, 2001), p.17 이하 참조.

설명한다. 그 자체로 있는 정신과 질료, 즉 질료로부터 형성되어진 육체는 인간에게는 원래의 실재이다. 그 어떤 것도 다른 것에 종속될 수 없으며, 그 어떤 것도 다른 것 안으로 옮길 수 없다. 이들은 각각의 가치를 발휘하면서도 상호간에 관계하여 통일을 이룬다. 그리하여 구아르디니는 인간을 단순한 육체나 혹은 단순한 정신으로 파악하는 것을 거부한다.[12] 인간에게 현존하는 모든 것은 선천적으로 존재하며 본질적으로 정신 - 육체이다.[13] 그런데 서양 철학사를 보면 이 두 원리 중 하나를 독립시키려는, 즉 인간을 단지 육체나 혹은 정신으로 설명하려는 위험과 인간을 이원론적으로 보려는 위험이 있었다. 구아르디니는 여기에서 어떤 것도 일원론적으로 혼합해서는 안 된다는 것을 강조한다. 두 원리의 본질적 구별을 하지 않는 모든 일원론처럼 육체와 정신을 분리하는 '모든 이원론'[14]도 진정한 인간상이 아니라는 것이다. 인간에 관한 이원론이든 일원론이든 모두 육체와 정신의 생동적인 통일을 파괴한다. 육체와 정신은 똑같이 생동적인 통일의 두 측면을 형성한다. 즉, 이 두 실체는 구별 속에서의 통일을 형성한다. 바로 이점에서 구아르디니는 아리스토텔레스와 토마스 아퀴나스와 관련하여 인간 본질의 통일을 파악하고 있다. 인간은 곧 육체 속에서 내면화된 정신이며 동시에 영혼에 의하여 형태를 갖게 되는 육체이다.[15]

아리스토텔레스는 플라톤의 이원론을 극복하고 인간 본질의 통일을 파악하려고 했다. 질료와 형상을 사물의 내재적 본질 원칙으로 보는 아리스토텔레스는 인간의 영혼을 육체의 형상으로 이해한다.[16] 다시 말해서 영혼이란 물질을 인간의 육체로 형성하고, 육체에 영혼을 불어넣어 주고, 생명을 부여하고, 살아 있는 인간의 육체로까지 만들어 주고, 내적으로 형상을 만들어 주면서 본

---

12) Romano Guardini, *Ethik*, S.184.

13) Romano Guardini, *Der Gegensatz*, S.149; G. Siewerth, *Der Mensch und sein Leib*, Einsiedeln, 1963, S.25.

14) Romano Guardini, *Liturgie und liturgische Bildung*, S.30.

15) 이경원, "로마노 구아르디니의 인간학: 인격으로서의 인간", pp.77~78.

16) *De Anima* Ⅱ, 1과 2, 412a~414b.

질을 규정하는 원칙이다. 반면 물질은 잠세적(潛勢的)인 매개체이다. 이것은 한편으로는 본질 형상에 의하여 규정을 받아들이지만, 다른 한편으로는 유일한 시간과 공간의 제약을 받는 개별체에 이르는 개체화를 본질 현상으로 부여받는다. 아리스토텔레스에 의하면 '영혼은 육체의 형상'(anima forma corporis)이며, 인간은 영혼과 육체의 '실체적 결합'(unio substantialis)이다.[17]

영혼과 육체의 결합은 중세 이래로 차차로 완화되기 시작했는데, 이러한 상황이 물론 금욕에 기인하는 것은 아니다. 진정한 금욕은 결코 육체를 파괴하거나 육체로부터 영혼을 멀리하는 것이 아니라 끊임없이 육체를 정신화시킴으로써 영혼과 육체가 올바른 관계에 놓이게 한다.[18] 그런데 근대에는 완전히 달랐다. 근대는 '순수한' 정신 본질만을 추구했으며, 그로 인하여 추상화가 되었다. 영혼이 몸 안에서 내면화되는 것과 상징이 부정되었고, 정신적인 것 대신에 추상적인 것 즉 개념이 자리하게 되었다. 육체와 영혼의 통일은 파괴되었고, 정신적인 것이 곧 육체로 의미되던 세계에 '정신적인' 세계가 자리하게 되었다. 그러나 이러한 세계는 완전히 정신적인 세계가 아니었으며, 그것은 개념의 세계, 즉 형식, 기구 그리고 조직일 뿐이었다. 실제로 추구했던 정신은 사라졌고 육체는 단지 생물학적으로 이해되었다.[19] 구아르디니는 근대의 인간관을 유심론적이고 감각론(유물론)적인 것이라고 말한다. 유심론과 감각론, 즉 육체의 절대화처럼 일방적인 정신성의 주장은 진정한 인간적인 것을 잃어버리게 했다.[20]

육체와 영혼은 단순히 서로 분리될 수 없다. 육체는 지속적으로 영혼에 의해 그의 모습을 보존한다. 육체의 존속을 위한 모든 자리와 모든 행위에는 영혼이 함께 한다. 인간에게 있어서 영혼이 없는 육체는 생각할 수 없다. 영혼을 잃어버린 육체는 단지 생물학적인 모습일 뿐이다. 영혼 또한 몸을

---

17) 에머리히 코레트 지음, 진교훈 옮김, 『철학적 인간학』, pp.22~23.
18) Romano Guardini, *Liturgie und liturgische Bildung*, SS.39~40.
19) *Ibid.*, S.39.
20) Romano Guardini, *Die Sinne und die religiöse Erkenntnis*, S.47.

떠나 존재할 수 없다. 영혼은 육체를 통하여 그리고 육체 안에서 그의 능력을 발휘한다. 그러므로 인간은 육체와 영혼의 통일이다.

2. 인격의 육체성

인간의 인격과 그 실현은 항상 육체성이라는 측면하에서도 고려되어야 한다.[21] 이러한 사실은 인격의 발생에도 적용된다. 수정의 순간을 출발해서 발달의 초기 단계에 있는 생명은 성숙한 인간의 생명 안에 실현될 목표를 지향하고 있다. 초기 단계의 발달은 생물학적인 관점에서 인격적 존재가 지닌 잠재력의 진보를 지향하지 않는 한 별다른 의미가 없는 것처럼 보일 수도 있다. 왜냐하면 인간은 오로지 자신의 정신적 잠재력과 예술적 기술의 뒷받침이 전제될 때만이 비로소 생물학적인 생명을 유지할 수 있기 때문이다. 이러한 의미에서 인간의 생명은 처음부터 의식과 자유를 지향하는 소질을 지니고 있다. 그러기 때문에 인간의 존엄성 안에는 이미 인격적 존재로서 지향하는 목표가 설정되어 있다. 인격적 생명이 지닌 잠재력은 돌발적으로 출현하지 않는다. 그보다는 오랜 과정을 통해 진보하고 성숙한다. 그러므로 출생 이전의 여러 단계를 거치는 생명도 유비적인 의미에서 인격 존재로 인정된다.[22]

인간 생명은 인격 즉 윤리적 주체를 위한 기반이요 전제요 가능화 조건으로 표시된다.[23] 인간 생명은 심신 기반의 관점에서 인격과 윤리적으로 책임질 수 있는 행위를 위해 보호받을 가치가 있다.[24] 존엄이 생물 존재의 특성을 가진 주체에게 부여된다면 그리고 인간 생명이 그 주체 존재의 가능성의

---

21) 한스 롯터 지음, 안명옥 옮김, 『인격과 윤리』, pp.46~50 참조.

22) R. Buch, "Der Schutz des vorpersonalen menschlichen Lebens im Mutterleib in moraltheologischer Sicht", R. Buch, *Moralia varia*(Düsseldorf, 1981), SS.258~283.

23) Günther Pöltner, "Menschen-Personen. Ontologische Implikationen der Debatte um den Personbegriff", *Daseinsananlyse*, Sonderheft zu Band 15, 1999. S.225이하 참조.

24) B. Irrgang, *Grundriss der medizinischen Ethik*(München, 1995), S.228.

조건이라면, 인간 생명이 인격 보전을 위한 틀로서 증명되는 만큼, 인간 생명에게도 보호의 가치가 부여된다.25) '인간 생명'이외에 '신체적 생명', '유기체적 생명', '생물학적 생명' 등도 발견되나 이것들은 인격적-인간 생명과는 구별된다. 유기체적 생명이 주체 존재의 전제이기 때문에, "인간과 관련하여 유기체적 생명이 최고로 존중되는 선이 아니라 인격의 정체성(Identität)과 통합성(Integrität)이 최고선이다. 자신의 인격적 정체성을 포기하기보다 오히려 유기적 체계의 사망을 감내할 각오가 되어 있는" 경우가 이를 나타내준다.26) "생물학적 생명은 그것이 인간성 안에서 인격적 생명을 위한 전제를 형성할 때 자신의 의미를 획득한다. 생물학적 생명 안에 인격적 실존의 가능성의 조건이 있으며, 이 조건이 생물학적 생명의 존엄을 가져온다."27)

인간의 역사는 출생과 함께 비로소 시작되는 것이 아니다. 투겐트하트(Tugendhat)가 주장하는 것처럼 나는 시공간적인 연속성에서 선행한 배아와 일치한다.28)

어떤 인간의 생명 또는 어떤 인격의 생명에 관해 말할 때, '살고 있음'은 '실존하고 있음'의 의미에서 '존재하고 있음'과 같은 의미이다. 내 딸이 살고 있다는 말은 그녀가 실존하고 있음을 뜻하는 것이며, 누군가가 더 이상 살고 있지 않다는 것은 그가 실존을 중단했음을 뜻한다. 나의 생명은 나의 인간적 실존의 양태요 방식이다. 생명은 활동도 속성도 내가 내 안에서 발견하는 어떤 특수한 상태도 아니다. 생명은, 아리스토텔레스가 공식화한 것처럼, 생명체가 존재함을 의미한다.29)

---

25) Hans M. Baumgartner, Ludger Honnefelder, Wolfgang Wickler und Armin G. Wildfeuer, "Menschenwürde und Lebensschutz: Philosophische Aspekte", Günter Rager(Hrsg.), *Beginn, Personalität und Würde des Menschen*(Müchen: Alber Grenzfragen, ²1998), S.189.

26) L. Honnefelder, "Humangenitik und Menschenwürde", L. Honnefelder, G. Rager(Hrsg.), *Ärztliches Urteilen und Handeln*(Frankfurt, 1994), S.225.

27) F. Böckle, "Menschenwürdig streben", L. Honnefelder, G. Rager(Hrsg.), *Ärztliches Urteilen und Handeln*, S.288.

28) Hans M. Baumgartner, Ludger Honnefelder, Wolfgang Wickler und Armin G. Wildfeuer, "Menschenwürde und Lebensschutz: Philosophische Aspekte", S.235.

생명(지금 여기에 존재함, 실존함)은 활동도 속성도 내가 내 안에서 발견하는 어떤 특수한 상태도 아니다. 그러므로 인간 또 인격으로 존재함은 어떤 속성이나 특성이 아니다. 내가 특정한 속성이나 능력을 갖고 있기 때문에 또는 갖고 있을 수 있기 때문에 내가 인간인 것이 아니다. 오히려 그 반대이다. 즉 내가 인간이기 때문에 어떤 특정한 속성이나 능력을 가지며 또한 가질 수 있다. 내가 비록 다른 인간을 속성에 근거하여 인식하기는 하지만, 이러한 속성이 이런 방식으로 '내가 인식하는 존재가 인간이다'의 근거가 되지는 못한다. 우리는 어떤 인간을 어떤 속성으로가 아니라 인간 속성으로 인식한다. 나의 인격 존재가 속성과 능력의 소유 및 소유 가능을 기초하는 것이지 그 역은 아니다.[30]

인간 존재를 어떤 속성으로 왜곡하는 자는 그 속성이 누구에게 귀속되어야 하는지에 관해 더 이상 지시할 수 없다. 그는 생성(Werden)을 성질 변화로 환원하는 존재론을 가정하며, 우리들에게 우리 자신을 더 이상 자립적인 존재로서가 아니라 우리가 이해하지 못하는 어떤 것의 속성이나 상태로 이해할 것을 요구한다. 이러한 존재론에 따르면, 어떤 것이 붉게 되는 것처럼, 어떤 것이 인간이 된다.

'신체적 생명' 또는 '생물학적 생명' 등의 표현은 잘못 된 것이다 왜냐하면, 이 표현들은 인간의 전체성을 왜곡하기 때문이다. '신체적'이 '인간적'을 의미한다면 '신체적'이라는 부가어는 필요 없으며, 이와 반대로 '신체의 생명'을 의미한다면 주체의 중복이다. 따라서 이 인간이 사는 것이며 동시에 그의 신체가 사는 것이다. 나의 신체를 침해하는 자는 나 자신을 침해하는 것이다. 나는 나의 신체를 가지고 있다. 나의 신체가 더 이상 살지 않을 때 나 자신도 더 이상 살지 않는다. '인간의 생물학적 생명'이라는 말은 인간에게 살아 있다(실존한다)라고 말하는 것과 다른 생물에게 살아 있다고 말하는

---

29) 'vivere est viventibus esse', *De anima*, Ⅱ, 415b.
30) Günther Pöltner, "Menschen-Personen. Ontologische Implikationen der Debatte um den Personbegriff", S.227.

것 간의 공통성 속의 차이를 은폐한다. 우리는 전자는 알 수 있지만, 후자는 알지 못한다. '생물학적'으로의 의미가 '생물학적으로 탐구 가능함'을 의미한다면, 인간의 생물학적 생명은 주제적으로 환원된 현상이고, 실존한다는 의미에서의 인간의 생명과는 일치하지 않는다. '생물학적 생명'이라는 표현은 존재론적으로 관련된 생명을 가리키는 것이 아니라 방법론적으로 제약된 측면만을 가리킨다. 살아 있음은 생명 존재가 존재함을 의미한다. 따라서 우리는 '아이의 생명'이라는 말 대신에 '아이의 생물학적 생명'이라는 말을 더 이상 사용할 수 없다.

따라서 인격의 보호 받을 가치를 인격의 신체적 생명에 양도하는 것은 문제가 있다. 왜냐하면 이러한 공식화는 의미를 상실한, 생물학적으로만 해석되는 신체적 생명과 가치 충만한, 따라서 보호되어야 할 인격 존재 간의 구별을 전제로 하기 때문이다. 그러나 내 생명 자체가 윤리적 주체 존재의 원리적 가능성이라면, 그리고 수행의 가능성으로 규정된다면, 나의 생명은 단순한 생물학적 사실이 아니라 처음부터 윤리적 주체 존재로의 개방성으로서 상응하는 의미이며 따라서 보호될 가치를 갖는다.[31]

비른바허(D. Birnbacher)는 인격은 능력들 속에서 설립된다(fundieren)고 이야기한다.[32] 이러한 심리학적 인격 개념의 논증에서는 존재론적으로 관련 있는 인격의 차이를 동일시하는 것을 놓친다. 내가 할 수 있는 모든 것이 능력인 것은 아니다. 예를 들어 나는 노인이 되지만 그러나 내가 그 능력을 가진 것은 아니다. 왜냐하면 늙는 것과 노인으로 존재하는 것은 어떤 능력의 행사가 아니다. 내가 나의 현존재를 초래하는 것이 아니라, 나의 현존재가 초래되는 것이다.

인격으로 존재함은 피아노 연주가로 존재함과 존재론적으로 구분된다. 피아노 연주가로 존재함은 속성인 반면, 인격으로 존재함은 속성이 아니다. 내

---

31) *Ibid.*, SS.227~228.
32) Dieter Birnbacher, "Das Dilemma des Personbegriff", P. Strasser & E. Starz(Hrsg.), *Personsein aus bioethischer Sicht*(Stuttgart, 1997), S.14.

가 인격으로 존재할 속성을 가지고 있는 것이 아니라 내가 인격이다. 마찬가지로 내가 인간으로 존재할 속성을 가지고 있는 것이 아니라 내가 인간이다. '내가 인격이다'라는 말이 가리키는 바는 '내가 나 자신을 스스로 완성할 수 있으며 나보다 앞서 있는 나의 현존재를 실현할 수 있다'는 것이다. 스스로 존재하는 능력은 없다. 왜냐하면, 임의로 행사될 수 있는 능력은 현존하지 않는다. 자기 자신을 실현하는 것 그것이 내가 할 수 있는 것이다. 그러나 이러한 가능성(Können)은 내가 획득한 또는 그때그때 획득 가능한 능력이 아니라 원리적 가능성 즉 나의 현존재 속에 정초되어 있는 가능성이다. 자아의식과 자유를 능력이라고 하는 주장은 획득 가능한 능력들과 원리적 가능성을 혼동하는 것이다. 인격을 속성으로 곡해하는 주장은 인간을 피아노 연주가, 축구 선수 등으로 분할할 수 있는 존재론을 내포한다.[33]

인간을 이성적 동물(animal rationale)이라고 할 때, 자연과 이성은 인간 존재의 두 측면이며 서로에게로 환원될 수 없다. 자연 존재(Naturwesen)로서 인간은 다른 모든 생물과 마찬가지로 생리학적, 생물학적 조건에 영향받는다. 이 조건들은 물론 인간 자신이 만든 것이 아니며, 따라서 인간이 마음대로 처리할 수 있는 것이 아니다.[34]

3. 몸(육체)의 의미

인간의 육체는 대상화, 계량화되기도 한다. 그래서 우리는 인간의 육체를 무게로 달고, 자로 재고, 도구를 가지고 검사해 볼 수 있다. 이렇게 해서 자연과학적인 진단학이 발전할 수 있었다. 그러나 인간의 육체는 사물 이상의

33) Günther Pöltner, "Menschen-Personen. Ontologische Implikationen der Debatte um den Personbegriff", S.232.
34) Annemarie Pieper, *Einführung in die Ethik*(Tübingen: Francke Verlag, 1991), S.137; 안네마리 피퍼 지음, 진교훈·유지한 옮김, 『현대 윤리학 입문』(서울: 철학과 현실사, 1999), p.162.

의미를 갖는다. 인간의 육체는 '인간 전체'를 이루는 구성 요소라는 사실을 잊어서는 안 된다.

17세기 이래로 서구의 과학과 철학의 영역에서 자연을 '수학화'할 수 있다는 확신이 두루 퍼졌고 수학화하는 것이 마치 진리 추구인 것처럼 강변하는 자들이 속출해 왔다. 수학적 공식이나 정리로 파악되는 수와 양은 자연에 대한 인식과 자연을 지배하는 보증자가 되었다. 따라서 인간의 신체도 그와 같은 자연주의적, 유물론적 도구 수단으로 간주된다는 것은 전혀 이상한 일이 아니라고 생각될 수 있을 것이다. 지난 수십 년 동안 이러한 추세는 점증되어 오다가 인간의 심리와 정신까지도 자연화와 수학화하여 관찰하기에 이르렀다. 그러나 이렇게 해서 인간의 삶의 다양한 국면들이 충분히 밝혀질 수 있는 것인지, 또 인간의 육체나 마음과 정신이 과학적으로 정확하게 포괄적으로 진단되고 더군다나 치료될 수 있는지에 대해 의문을 우리는 가지지 않을 수 없다.

메를로-퐁티(Maurice Merleau-Ponty, 1908~1961)는 인간학적인 숙고와 반성을 위해 몸을 중요한 것으로 보고 고구(考究)하였다.[35] 메를로-퐁티는 철학적으로 인간의 신체(corps)에 접근하기 위하여 애매성과 '제3의 차원'의 관점을 끌어낸다. 그는 이렇게 말한다. "신체는 하나의 수수께끼다. 신체는 한편으로 세계의 일부분이다. 그러나 신체는 이상하게도 다른 사람에게 근접하는 거주지로서, 또 생기를 불어넣어 주었고 생기를 불어넣어 주고 있는 자연스러운 정신의 표현으로서 다른 사람을 그의 신체 속에서 발견하는 거주지로서 무조건적으로 요청하는 것을 포기하고 있다."[36]

그런데 왜 메를로-퐁티가 인간의 신체(불어로 coprs, 독일어로 Körper, 영어로 corpus)를 수수께끼라고 말하는지, 이 신체는 그의 존재론에서 중심적인 역할을 떠맡고 있는 개념인 몸(불어로 la chair, 독일어로 Leib, 영어로 body)과는 어떤 관계가 있는가를 묻지 않을 수 없다.

---

35) 진교훈, 『의학적 인간학』, pp.299~305 참조.
36) Maurice Merleau-Ponty, *L'Oeil et l'esprit*, p.18. *Das Auge und der Geist*(Hambrug: Furche, 1984), S.120.

우선 그는 왜 신체를 수수께끼라고 했는가에 대하여 이렇게 말하고 있다: "수수께끼라고 말한 것은 나의 몸이 보면서 동시에 보인다는 것에 있다. 모든 것을 바라보는 나의 몸은 또한 자기를 바라볼 수 있고, 그때 그가 보는 것 속에서 그가 보고 있는 능력 범위 밖에 있는 '다른 측면'을 알아볼 수도 있다. 나의 몸은 바라보면서 스스로를 바라보고, 접촉하면서 스스로 접촉하기도 하고, 보이면서 스스로에 대하여 느끼기도 한다. 나의 몸은 하나의 자기 자신이지만 사유 속으로 변형하거나 사유 속에 동화시키거나 구성함으로써만 무엇이든지 생각하는 사유처럼 투명하지 않고, 그러한 자기 자신을 뒤섞임과 나르시시즘과 보는 자가 보이는 것에도, 만지는 것과 만져지는 것에도, 느끼는 자가 느껴진 것에도 참여하는 귀속과 같은 그런 성질을 지니고 있다."37)

메를로-퐁티가 말하는 몸(la chair)은 영어의 flesh나 독일어의 Fleisch와 같은 의미의 살덩어리와는 다른 의미를 가진다. 왜냐하면 몸은 해부학적인 신체 또는 체험되고 있는 신체의 일부분으로서의 뼈(골격)에 대립되는 살아 있는 살덩어리, 즉 근육은 아니기 때문이다.

그에게서 몸은 육화(incarnation)된 존재로서의 인간에게만 국한되는 것이 아니라, 전체로서 세계에도 적용된다. 그는 '세계의 몸'(la chair du monde)이라는 아주 의미심장한 표현도 사용한다. 이것은 제한된 영역의 특성을 나타내고 있을 뿐만 아니라 우주적인 특성을 나타내기도 한다. 그래서 그는 "그것은 물체도 아니고 정신도 아니고 실체도 아니다"38)라고 말한다.

메를로-퐁티는 사물(물질)이냐 아니면 의식이냐, 경험론적인 외부적 고려를 할 것이냐 아니면 이성론적인 내면적 고려를 할 것이냐, 생리학이냐 아니면 심리학이냐 하는 이율배반을 넘어서서, 그리고 주관과 객관, 육체와 영혼, 물질과 정신의 이율배반을 넘어서서 직접적인 경험 즉 체험에 의거하여

---

37) Maurice Merleau-Ponty, *L'Oeil et l'esprit*(Paris: Gallimard, 1964), pp.18~19; 김형효, 『메를로 퐁티와 애매성의 철학』(서울: 철학과 현실사, 1996), p.24; 진교훈, 『의학적 인간학』, p.301.

38) Maurice Merleau-Ponty, *Le Visible et l'invisible*(Paris: Gallimard, 1964), p.184. 진교훈, 『의학적 인간학』, p.301.

몸을 이해하려고 한다. 그래서 그는 모든 가능한 육체-영혼의 이원론을 처음부터 밑바닥에서부터 뒤엎어 버리고, 몸을 근본적으로 살아 본 체험된 통일과 전체로 이해한다. 그는 이와 관련하여 다음과 같이 말하기도 했다: "인간의 통일은 아직은 다 부서지지 않았다. …… 몸은 아직은 인간의 속성으로부터 다 탈취되지는 아니했고 아직은 하나의 기계로 되지는 아니했다. 영혼은 아직은 실존 그 자체로 정의되고 있지 않다. 소박한 의식은 영혼에서는 신체의 운동의 원인을 보지 못한다."39)

몸이란 모든 지각과 모든 인식과 우리의 의욕과 우리의 행동의 기반이다. 메를로-퐁티는 데카르트 이래로 서양인들이 여전히 인용하고 있는 '사유하는 존재'(res cogitans)와 '연장되는 존재'(res extensa)라는 이분법적인 사고가 몸에서 극복되는 것으로 보려고 했다. 그는 무엇보다도 정신, 즉 코기토(cogito)를 육화(肉化; 體化, incarnation, embodiment, Verkörperung)된 것으로 보며, 정신은 조건부로만 자유롭다고 보았다. 그는 이와 관련하여 다음과 같이 말한다: "더 높은 행동 방식이 유기체의 삶에 새로운 의미를 준다. 그러나 여기서 정신은 단지 자유를 파수꾼으로 지켜볼 뿐이다. 정신은 유기체 안에서 자기를 지속적으로 안정시키고 실현할 수 있기 위해서는 더욱 단순한 활동을 할 것이 요구된다."40)

그러므로 우리는 우리의 몸을 넘어서서 지각하며 사색하며 세계와 관계를 맺는다. 그래서 메를로-퐁티는 "몸은 하나의 세계를 가지는 우리의 수단이다"41)라고 말했다. 세계를 가지고 있는 이러한 매개가 바로 우리를 세계 안에 정박시켜 준다. 다시 말해서 내가 또는 나의 몸이 세계를 가지고 있으며, 세계가 나 내지 나의 몸을 가지고 있는 것이다. 그리고 이와 비슷하게 인식

---

39) Maurice Merleau-Ponty, *Die Struktur des Verhaltens*(1942) (Berlin: Walter de Gruyer, 1976), S.218; 진교훈, 『의학적 인간학』, p.302.
40) Maurice Merleau-Ponty, Collège de France의 교수 입후보 논문(1962), 유고집 *Resumès de Cours*(Paris: Gallimard, 1968), p.4; 진교훈, 『의학적 인간학』, p.302.
41) Maurice Merleau-Ponty, *Pänomenologie der Wahrnehmung* (1945) (Berlin: Walter de Gruyer, 1966), S.176.

하는 나의 능력과 나의 의식과 나의 지각도 나의 몸에 고유한 수동성과 능동성의 관계와 관계를 맺고 있다고 하겠다.

메를로-퐁티에 의하면 인간의 행동은 인간의 몸을 통하여 표현되지만, 그 몸의 표현은 결코 일반적으로 말하는 심(心, 마음) 또는 영혼(mind, Seele)과 신(身, 몸 또는 육체, body, Leib)으로 분리되어 이원화되는 것이 아니라 하나의 전체적 인상으로 파악되는 것이다. 따라서 몸은 결코 의식이나 정신을 단지 표현하기만 하는 도구나 외적인 이접물이 아니다. 오히려 신체는 우리의 생각과 행동의 살아 있는 표현의 현상 자체와 같은 것이다. 따라서 몸과 의식은 서로의 경계를 확연히 구분지울 수 없으며 애매하게 통일되어 있다.

인간의 존재 형태는 '순수 관념'도 '순수 사물'도 아닌 것처럼, 신체도 순수 관념도 순수 사물도 아니라는 그의 주장은 영혼-육체의 관계에 대한 서양의 전통 철학의 관념과는 다른 것이다. 즉 전통 철학에서 영혼이 주인이고 육체는 영혼의 부수 현상 내지 도구라고 보는 관념론이나, 이와는 정반대로 육체, 즉 물체가 주인이고 영혼은 그 육체의 부수 현상에 불과하다고 간주하는 유물론과도 크게 다른 것이며, 또한 영혼을 육체의 의미로, 육체를 영혼의 표시로 생각하는 철학과도 다른 것이다. 따라서 메를로-퐁티에 의하면 영혼과 육체의 관계는 일정한 고정되어 있는 도식적 관계가 아니며 매우 그 관계는 매우 미묘하다. 그가 생각하는 영육 관계는 주종 관계도 아니며, 대등한 관계도 아닌 대화와 긴장의 변증법적 관계의 성격을 지니고 있다.

메를로-퐁티에게서 인간의 몸은 어떤 경우에는 생물학의 차원을 넘어서는 어떤 지향(Intention)을 바깥으로 표현하기도 하고 또 다른 경우에는 우리의 육체는 죽어가는 환자가 뚜렷하게 가지지 못하는 생각을 간신히 흉내만 낼 수도 있다. 그뿐만 아니라 우리의 신체는 언제나 어떤 의미를 반드시 가지고 있는 것도 아니라는 것이다. 가령 수줍음이 지나친 사람은 그의 생각을 그의 신체 속에 온전히 충실하게 담지 못하기도 한다는 것이다. 예컨대 실어증 환자의 생각은 점점 희미해지다가 종래에는 그 생각마저 사라지고 만다. 이 경우에 육체는 이미 의미를 상실하며 육체로서의 존재 이유를 잃고 만다. 그러므로 메를로-퐁티에게서도 영혼과 육체가 각각 어느 한쪽이 기능을 잃게 되면 다른 쪽도 실존적 의미를 잃게 되며, 따라서 영육의 통합은 당연한 것이지만, 그 통합은 불안정한 관계이며 애매한 것이다. 그는 이와 관련하여 다음과 같이 말하고 있다: "영혼과 육체의 개념들은 상대화될 수밖에 없다. 상호 작용 상태에 있는 화학적인 결합체로서의 육체도 있고, 생물과 생물학적인 환경의 변증법으로서의 육체도 있으며, 사회적 주체와 그 주체가 속한 집단 사이에서의 변증법적으로서의 육체도 있다. 그리고 심지어 우리의 모든 습관들이 매순간 자아에 대하여 감지할 수 없는 그러한 육체도 있다. 이 모든 단계들은 前 단계에 대해서는 영혼이고 다음 단계에 대해서는 육체가 된다. 육체 일반은 이미 미리 나갈 길이 제시된 길들과 이미 구성된 능력들의 전체이며, 최고 수준의 형태로 작동되고 있는 습득된 변증법의 토대이다. 그리고 영혼은 그러한 때에 이룩되는 의미이다."42)

이상에서 살펴본 바와 같이 인간의 몸은 단순한 수단적 의미로 환원될 수 없으며, 인간은 몸을 가지고(Leib-haben) 몸으로서 존재하는(Leib- sein) 것이다. 그러므로 인간의 몸과 마음, 신체와 영혼에 대한 이원론은 극복되며, 인간의 몸과 마음, 신체와 영혼이 하나의 전체(copore et anima unus)를 이룬다.

4. 인간 생명의 존엄성

인간 생명의 존엄성을 논하기에 앞서 생명 일반의 존엄성에 대해 먼저 살펴보자. 오늘날 우리는 미증유의 생명의 위기를 맞고 있다. 생명 경시의 풍조는 우리 사회에 만연되어 있고 또 가속화되고 있다. 이러한 생명의 위기는 근본적으로 생명에 대한 올바른 이해가 부족한 데서 생긴 병폐라고 말할 수 있다. 그렇다면 생명이란 무엇인가?

---

42) Maurice Merleau-Ponty, *Die Struktur des Verhaltens*, S.227.

생명이라는 말처럼 일상생활에서 자주 사용되며 다의적인 뜻으로 사용되는 낱말도 그렇게 흔하지 않을 것이다. 종교가, 문학가, 철학자, 의사, 생물학자 등은 각기 그들 나름대로 생명이라는 말을 중요시하고 자주 사용한다. 그러나 그들 간에 생명에 대한 하나의 통일된 견해를 찾아보기 어렵고, 더군다나 같은 학문 분야에 종사하는 사람들 간에도 관점에 따라 생명이라는 말의 의미는 상당한 차이가 있다. 그 이유는 생명의 본질이 워낙 깊고 넓기 때문에 생명은 어떤 하나의 관점에서 간단히 다 표현할 수 없는 신비를 품고 있기 때문이다.

그럼에도 불구하고 정상적인 사람은 누구나 생명은 고귀하고 소중한 것이며 신성한 것이라고 믿으며 또 그렇게 생각한다. 우리는 생명이 이 세상 질서의 근본임을 부인할 수 없다. 그러므로 생명의 가치에 대한 올바른 이해는 무엇보다도 중대한 일이라고 하겠다.

생명의 위기는 이른바 '생태학적 위기'와 직결된다. 이 위기는 인류의 역사에서 최근세에 들어와 발생했고 극히 짧은 기간에 일어났다. 지난 200년 동안 계속 우리는 너무나도 많은 공해, 너무나도 많은 자연 자원의 낭비, 너무나도 많은 긴장을 만들어 냈다. 자원 고갈, 환경오염, 생물의 종의 멸절, 산림과 야원(野原)의 상실은 지구의 생명을 위협하고 있다.

그러면 이러한 생태학적 위기, 생명 위기의 근본 원인은 어디에 근거하고 있는가? 그것은 생명의 의의에 대한 인간의 무지와 오해에 기인한다. 첫째로 서양 근세에 나타난 소위 사회적 진화론자들은 적자생존, 약육강식, 우승열패, 자연도태라는 것을 인간에게 주입시켜 생물계 일반에 대한 그릇된 선입견을 심어 주었다. 그래서 인간이 마치 지구의 착취자나 폭군으로서의 지위에 대한 정당성을 부여받았거나 그렇게 행사할 수 있는 특권을 가진 것처럼 인간의 '지구의 지배'를 오도했다. 둘째, 서구인들은 관념론자들이건, 유물론자들이건 간에 자연을 단지 물질로만 구성된 것으로 파악하려고 하고 기계론적으로 해석한다. 특히 데까르트와 라마르끄에 이르러 그러한 심신에 대한 이분법적인 사고는 극에 달한다. 자연은 인간의 필요와 수단으로서만 그 존재 이유가 있는 것처럼 잘못 생각하는 것이다. 셋째, 어떤 종교인들은 잘못된 세계관을 가지고 이 세상을 의미 없다고 잘못 가르치고 있다. 이러한 현세 부정적인 사고는 인간의 생명뿐만 아니라 다른 생명체의 경시를 가져왔고 생의 약동과 충만을 무시했다.

따라서 생태학적 위기와 생명 위기를 극복하는 길은 근본적으로 이 위기를 유발한 인간이 생명과 이 생명의 안식처인 자연에 대한 올바른 이해를 하는 데 있다고 하겠다.

생명이라는 개념은 철학자들에게서도 매우 다의적으로 사용된다. 사람들은 생명은 대체로 살아있는 것(生命體, 生物)과 살아 있지 않은 것(無生物)을 분간해 주는 기준, 즉 목숨을 의미하며 생물의 생명 현상에서 추출해 낼 수 있는 일반적인 개념이라고 생각한다. 예컨대 생명 현상은 이러저러한 특성이 있다고 설명될 수 있다. 생물은 무생물과는 달리 조직적이고 물질 대사를 하며 성장하고 자신과 같은 것을 번식하며 자연 환경으로부터 에너지를 받아 생명 현상을 유지한다.

그러나 이러한 생명 현상이 생명의 본질을 다 밝혀주지는 못한다. 생명 현상을 연구하는 생명과학은 생명의 본질이나 생명의 기원을 다룰 수 없다. 왜냐하면 생명의 출현 또는 발생은 과거 단 한번 일어난 유일한 사건이며 자연 과학은 규칙적이며 반복적으로 일어나는 현상만을 연구 대상으로 삼을 수밖에 없으며, 따라서 생명의 기원 문제는 엄격히 실험 과학의 증명의 대상이 될 수 없기 때문이다. 설사 과학자들이 생명의 기원을 문제 삼는다고 하더라도 그들은 이미 과학의 영역을 떠나 철학적, 종교적 영역에서 생명을 이해하는 것이 된다. 왜냐하면 생명이 초자연적인 계획과 설계에 따라 창조되었다고 믿는 창조론이나 수십억 년이라는 긴 세월을 거쳐 자연적인 방법으로 무기물로부터 자연 발생하여 간단한 생물이 출현하고 그 후 복잡하고 질서 있는 조직을 갖춘 고등 생물로 서서히 진화되었다고 보는 자연 발생론 내지 진화론은 다 같이 처음부터 생명에 대한 어떤 형이상학적인 전이해(前理解)에 의거하는 것이기 때문이다. 그러므로 생명의 본질에 대한 이해는 필연적으로 철학적이거나 종교적인 전제를 요구할 수밖에 없다.

오늘날 생명에 관하여 연구하는 과학들이 많다. 실험과 관찰을 중시하는 모든 생명과학들은 그 방법론에서 한계가 주어지기 때문에 어떤 특정한 생물들의 어떤 부분을 설명해 주는 데 불과하다. 생명 전체를 이해하기 위해서는 헤아릴 수 없이 많은 생명 현상의 특성을 망라하고 이를 통합시켜야 할 것이다. 그러나 경험 과학들은 생명 전체를 설명할 수 없다. 경험 과학은 온갖 생물의 생명 현상에 대한 연구 결과들을 실제로 다 종합하기도 어려울 뿐더러 그러한 종합은 자의적이 아니라고 말하기 어려울 것이며, 개별적인 연구 결과들을 종합하는 데 있어서도 그것의 가능 조건으로 먼저 생명 전체에 대한 이해가 전제될 수밖에 없다. 그렇다면 이 전체를 문제 삼는 것은 과학의 과제가 아니라 철학의 과제이다.

생명에는 인식의 대상이 될 수 있는 측면이 있고 인식의 대상이 될 수 없는 측면이 있다. 생명이 밖으로 드러나는 현상은 설명(erklären)될 수 있으나 생명의 본질은 설명될 수 없고 다만 이해(verstehen)될 수 있을 뿐이다. 우리는 실제로 생명의 깊은 뜻을 은유적이거나 비유적인 표현을 통하여 이해할 수 있을 뿐이다.

생명이 무엇이냐는 물음에 대해서 우리는 한마디로 일의적(一義的)으로 대답할 수 없다. 왜냐하면 생명은 일회적인 것, 내면적인 것, 영혼이 깃들어 있는 것, 역동적인 것(Das Dynamische), 체험에 의해서만 이해될 수 있는 것, 따라서 초합리적인 것이기 때문이다. 생명은 기계론적인 사고, 도식화하는 사고, 수학적·합리주의적인 사고로는 파악될 수 없고 오로지 정서적인 느낌을 통해 이해될 수 있을 뿐이다.

생명의 사전적 정의는 엄밀히 말하면 동어 반복(Tautologie)이다. 아리스토텔레스의 '엔텔레키아'설을 비롯하여 많은 철학자들이 생명에 관해서 정의를 내렸지만 그러한 논의는 이미 전제 속에 포함되어 있는 내용을 분석하는 데 불과할 뿐, 새로운 것을 종합하지 못했으며 생명의 어떤 필요조건을 제시할 수 있었을 뿐이고, 충분조건을 제시해 주지 못했다.

생명의 의미는 셸러나 베르그송이 말한 것처럼, 우리의 인식 대상이 아니다. 생명의 의미는 명증적(evident)이며 본질직관(Wesensanschaung)에 의해 이해될 수 있을 뿐이다. 왜냐하면 생명은 그 무엇으로 환원될 수 없기 때문이다.

생명의 본질은 신비로 가득 차 있다. 그 누구도 생명의 신비를 다 파헤쳐 보여줄 수 없다. 인격이나 사랑과 같은 정신 활동을 개념 정의 할 수 없듯이, 생명 역시 개념 정의를 할 수 없는 말이다. 사람들은 육체적 생명(식물적 생명과 동물적 생명을 포함), 영혼적 생명, 우주적 생명(동양철학), 영원한 생명에 관해서 언급한다. 관점에 따라 생명의 범위는 크고 넓다. 그러므로 우리의 생명의 논의는 '논점 이탈의 오류' 또는 '일반화의 오류'에 빠질 가능성에 유념해야 할 것이다.

우리는 단지 생명은 의미 있고, 가치가 충만한 것이라고 말할 수밖에 없다. 우리는 살생과 생명에 손상을 입히는 것은 바람직하지 않는 것이며 생명을 존중하는 것은 바람직한 것이라고 말한다. 정상적인 사람은 생명의 가치를 부인하거나 의심하지 않는다. 우리는 근본적으로 생명은 존귀한 것이라고 믿을 수 있을 뿐이다. 우리는 이제 생명이 무엇인가라고 물을 것이 아니라 우리는 어떻게 생명의 존귀함을 이해하고 어떻게 생명을 고양시킬 수 있는가를 물어야 할 것이다.

생명의 가치라는 말은 효용가치 또는 쾌락가치와는 다른 의미를 담고 있다. 일반적으로 말해 생명의 가치는 우리가 생명을 존중할 것을 요구한다. 다시 말해 우리가 함부로 생명체를 훼손시키거나 죽이지 말 것을 요구한다. 살아있는 것은 그 자체로 특별한 가치를 가지고 있는 것으로 고려되어야 한다. 생명체는 도구적 가치만을 가지는 것으로 보아서는 안 된다. 다시 말해서 생명체는 다른 존재자에 의해 이용될 수 있는 한에서만 가치 있는 것으로 보아서는 안 된다는 것이다. 모든 생명체는 그 자신의 가치, 즉 본래적 가치(inherent values)를 가지고 있다.[43]

생명은 인간 존재의 기본 전제 조건이다. 그러기에 인간의 첫째 권리는 생명의 권리이다. 생명은 근본적인 것이며 모든 것들의 조건이다. 그러므로

---

43) 진교훈, 『의학적 인간학』, pp.101~115 참조.

생명은 다른 모든 것보다 우선적으로 생각되어야 한다.

이어서 인간 존엄성에 관한 슈페만의 논증을 살펴보자.[44] 슈페만에 의하면, 인간 존엄성이란 개념은 인권 개념보다 더 근원적이다. 인간 존엄성이란 말은 정의할 수 없는, 단순한 성질이므로 개념적으로는 파악하기 어렵다. 이 개념은 초월적인 개념이며, 인권 개념보다 더 근원적이다. 따라서 인간 존엄성 개념은 인권 개념의 근거 지움을 내포한다.[45] 인간 존엄성이란 개념은 개념적으로 파악하기는 어렵고, 직관적으로 이해하기는 쉽다는 것이다.

슈페만은 인간 존엄성의 불가침해성에 관하여 다음과 같이 이야기한다. "인간 존엄성은 외부로부터 박탈될 수 없다는 의미에서 침해될 수 없다. 사람들은 스스로에 의해서만 자신의 존엄성을 상실할 수 있다. 인간 존엄성을 존중하지 않는 사람은 타인에게서 그의 존엄성을 빼앗는 것이 아니라 자기 자신의 존엄성을 상실하는 것이다."[46]

슈페만은 인간 존엄성을 상대화하려는 모든 시도의 타당성을 인정하지 않으며, 그 절대성을 다음과 같이 표현한다. "존엄성 개념은 자신을 위한 자체 목적(Selbstzweck für sich)일 뿐만 아니라 오직 자체 목적만(Selbstzweck schlechthin)인 본질의 고유성을 뜻한다."[47] 따라서 인간 자체(an sich)의 존귀함이 그의 생명을 신성한 것으로 만들며, 존엄성 개념에 비로소 존재론적인 차원을 부여한다.

슈페만에 의하면, 인간 존엄성은 인격의 절대성에 근거하고 있다. 인격은 인간 자신의 유한한 자아와 욕구, 이해타산의 마음, 고의(Absichten) 등을 상대화하면서, 확장되어 절대적인 것이 된다. 그래서 인격은 계량적으로, 기능적으로 이해되어서는 안 되는 것이다. 인격은 절대적인 자체 목적이 된다.[48]

"인간은 인륜적 존재로서 절대자의 표현이므로, 그렇기 때문에 인간에게 우

---

44) 박종대, "충전적 인본주의와 전통적 이성의 회복", pp.15~22 참조.

45) R. Spaemann, "Über den Begriff der Menschenwürde", R. Spaemann, *Grenzen: Zur Ethischen Dimension des Handelns*(Stuttgart: Klett-Cotta, 2002, Zweite Auflage), S.109.

46) *Ibid.*, S.110.

47) *Ibid.*, S.112.

48) *Ibid.*, S.114.

리가 인간 존엄성이라고 부르는 바의 것이 귀속한다."[49] 슈페만은 인간 존엄성에 대한 존중을 강조한 대표적인 철학자로서 칸트를 제시하고, 그의 견해에 동감을 표시한다. 칸트에 있어서 인간 존엄성은 인간이 '목적 그 자체'라는 데 근거한다. 칸트는 인간이 결코 한낱 수단으로서 사용되어서는 안 되고 목적 그 자체(Zweck an sich selbst)로서 존중되어야 한다고 주장하였다.

슈페만에 있어서 인간 존엄성은 인격에 근거하며, 이로부터 불가침해성이 유래한다. 이러한 그의 견해는 그리스도교적 인간관과 칸트 철학의 연장선상에 있다고 평가받는다. "절대자의 표현으로서 모든 개별적인 자체 목적과 그의 존엄성은 모든 기능으로부터 전적으로 독립해 있다. 이러한 존엄성은 인간의 인격이라는 성격에 근거한다. 인격의 존엄성은, 다른 사람이 인격의 특징들을 가지고 있는지 아닌지를 인정하는 것이 누구에게도 귀속해 있지 않은데 달려 있다. 인권은 인권이 귀속하거나 귀속하지 않는 사람들의 범위를 아무도 정의할 자격이 없다는 데 달려 있다."[50] 이어서 그는 인권이 인간의 인격에 근거할지라도, 자연적으로 존재하는 첫 순간부터 모든 인간에게 인정되어야 한다고 말한다.[51]

인간의 존엄은 타고나는 속성이거나 또는 장차 획득하는 속성이 아니다. 또한 인간의 존엄은 인간 자신이나 타인에게 바쳐지거나 타인의 덕택으로 갖게 되는 그런 어떤 것도 아니다. 그러므로 우리는 타인의 존엄뿐만 아니라 자기 자신의 존엄도 존중해야만 한다. 인간의 존엄은 상대화될 수 없다. 인간의 존엄은 단순히 이익들로부터 기인하는 사회 제도가 아니라, 모든 원－소여성(Ur-Gegebenheit)처럼 다른 어떤 것으로부터 연역될 수 없는 그런 원－체험(Ur-Erfahrung)의 데이터이다. 따라서 인간의 존엄은 단지 감지(感知)되고 인정될 수 있을 뿐이다.[52]

---

49) *Ibid.*, S.115.
50) R. Spaemann, *Über den Begriff einer Natur des Menschen*, SS.36~37; R. Spaemann, *Das Natürliche und das Vernünftige*, SS.13~39; 박종대, "충전적 인본주의와 전통적 이성의 회복", p.19.
51) Robert Spaemann, "Gezeugt, nicht gemacht", *Die Zeit*, 2001. 04.
52) Günther Pöltner, "Achtung der Würde und Schutz von Interessen", SS.31~32.

VI.

인격주의에 기초한 생명윤리 원칙과 적용

윤리 원칙을 기초로 생명윤리의 학문적 체계를 정립하려고 시도한 뷰첨 (Tom L. Beauchamp)과 칠드레스(James F. Childress)는 윤리적 사고의 네 단계를 설정하여 생명윤리의 체계로 삼았다. 즉 한 개인과 단체의 구체적인 윤리적 판단과 그에 따른 행동은 '윤리 규칙'들에 준하여 이루어지며, 윤리 규칙들은 좀 더 일반적이고 기본적인 원리들인 '윤리 원칙'들이 실질적으로 구체화된 것이며, 이 원칙들은 '윤리 이론'에 기초한다는 것이다. 이러한 체계에 근거하여 이들은 자율성의 원칙, 무해성의 원칙, 선행의 원칙, 정의의 원칙을 생명윤리의 원칙들로 제시하고 있다.[1]

이 장에서는 이러한 '윤리 이론→윤리 원칙들→윤리 규칙들→구체적인 판단과 행동'의 틀을 원용하여, 인격주의 윤리 이론에 기초한 생명윤리의 원칙들을 살펴보고자 한다. 그리고 나서 인격주의에 기초한 생명윤리의 관점에서 인간 배아의 인격 지위에 관해 살펴보고자 한다.

---

1) Tom L. Beauchamp, James F. Childress, *Principles of Biomedical Ethics*(New York: Oxford University Press, 2001, Fifth Edition), 참조.

1. 인격주의에 기초한 생명윤리 원칙

인격주의는 인간 생명의 모든 측면에서 인간 생명에 대한 존경을 정당화하는 철학의 관점이다.[2] 인격주의에 기초한 생명윤리에 따르면, 우리는 인간 생명을 수정 순간부터 전면 뇌사 순간까지 존중하고 보호해야만 한다. 인격주의는 인격을 생명윤리의 핵심으로 생각한다. 인격의 개념이 생명윤리에서 매우 진지하게 검토되어야만 한다. 인격이란 용어 자체에 부과된 도덕적·법률적 의미는 모두에게 수용된다. 즉 인격은 도덕적으로 존중되고 법률적으로 보호되어야만 한다. 인격은 인간 생명에 대한 개입의 문제에서 무엇이 허용되고 무엇이 허용되지 않아야 하는가를 규정하는 필터가 된다. 환언하면 인격에 해가 되지 않는 것은 허용되고 인격을 죽이거나 해하는 것은 허용되지 않는다.

어떤 특정한 방식으로 행위하는 능력과 무관하게 즉 지각, 이성, 의지의 실제 행사 능력과 무관하게 오로지 인간 존재라는 사실 때문에 인간은 인격이다. 인간 존재는 자기 자신의 행위를 능가한다. 비록 한 인간이 인격으로서 실제로 행위하지 못할지라도, 인간은 인격이다. 인격은 인간 자신의 행위들 또는 지각·사유·소망 등 수행된 행위들의 총합을 능가한다. 인격은 그것들을 초월한다. 인간 존재는 하나의 신체적-심리적-영혼적 전체이다.

인격주의는 인간 존재와 인격의 동일시를 정당화한다. '모든 인간 존재는 인격이다'는 명백한 진술이다. 수정란, 배아, 신생아, 아동은 모두 인격이다. 그들은 모두 인간 존재로 발달할 모든 요소들을 배(胚)안에 가지고 있다. 마찬가지로 노인, 장애인, 정신병자, 말기 환자도, 비록 그들이 어떤 특정한 행동을 하지 못한다 할지라도, 인격이다. 인간 생명의 생물학적 사이클은 인격적인 인간 생명의 표현이다. 인간 생명의 모든 개별 표현은 존중되고 보호되어야만 한다.

존재론적 인격 개념은 모든 측면에서의 인간 존재에 대한 존중을 가능하

---

2) Elio Sgreccia, *Manuale di bioetica*(Milano: Vita e Pensiero, 1991); Laura Palazzani, "Personalism and Bioethics", *Ethics & Medicine*, 1994. 10. 1, p.8.

게 한다. 존재론적 인격 개념에 근거하고 있는 인격주의에 기초한 생명윤리의 기본 원칙을 다음과 같이 이야기 할 수 있다.[3]

1) 전체성의 원칙(the principle of totality)

먼저 인간과 관련하여 전체성의 원칙을 이야기할 수 있다. 인격주의에 기초할 때, 인간은 신체와 영혼이 하나로 결합한 전체이다. 인간은 신체와 영혼을 동시에 갖는다. 또한, 신체·영혼 둘 중 어느 하나가 덜 발달했거나 상실되었다 할지라도 그는 우리의 이웃이며 인간 가족에 포함된다.[4]

인간 생명은 여러 면에서 육체와 영혼의 합일체로서 파악된다. 인간이라는 존재는 분할할 수 없다. 육체와 영혼은 커다란 차이점이 있음에도 불구하고 모두 인간에게 속하며, 하나의 전체를 구성한다. '영혼과 육체'는 동일하지는 않지만, 결코 분리될 수 없는 것이다. 우리는 우리의 육체를 전체로서 체험한다.[5]

비인격주의적 사유를 하는 사람들은 인간의 특수성을 인정하기보다는 인간과 동물을 구별하지 않으려고 한다. 이러한 사고방식은 다윈(C. Darwin)과 헤켈(E. Haeckel)의 진화론, 스펜서(H. Spencer) 등의 사회 진화론, 스키너(B. F. Skinner)와 왓슨(J. D. Waston) 등의 행동 과학(behaviorism) 그리고 프로이트(S.Freud) 등의 심리학에 영향을 받고 있다. 프랑스의 라메트리(Lamettrie, 1709~1751)가 『인간 기계』(*L'homme machine*, 1748)라는 책을 공표하기도 했다.

자연주의자들은 인간의 생물학적 측면과 기계적인 물리 화학적 측면만을 문제 삼고, 결국에는 인간을 사물화(Verdinglichung)한다. 따라서 그들은 인간의 고귀한 정신세계를 인정하지 않는다. 인간의 정신적 산물인 도덕 세계

---

3) Elio Sgreccia, *Manuale di bioetica Ⅰ. Fondamenti ed etica biomedica*; Laura Palazzani, "Personalism and Bioethics", p.10; 소병욱, 『생명윤리』, pp.128~130.
4) Agneta Sutton, "Is the Human Embryo Our Neighbour?", p.60.
5) 구인회, 『생명윤리의 철학』(서울: 철학과 현실사, 2001), p.17 이하 참조.

는 부인되며, 인간의 본질이라고 할 수 있는 자기반성과 자기 억제도 부인된다. 그 결과 인간은 약육강식하는 야수가 되어 버리고, '만인은 만인의 적'이라든가 '인간은 인간에게 이리'라는 말까지 생겨났다. 오늘날 인구 조절이라는 미명 아래 영아 살인이 도처에서 공공연하게 자행되고 있다. '대리 임신'이니, '시험관 아기', '복제 인간'이라는 말도 바로 과학 기술의 부정적인 산물들이다. 따라서 인간은 그의 존엄성과 권위를 잃게 되었고, 인간의 행위의 기준이요 중심인 도덕을 잃게 되었다.6)

인간은 하나이며 전체이다. 그래서 모든 인간의 삶의 표현에는 항상 물리적인 측면과 심리적인 측면과 정신적인 측면이 함께 들어 있다. 육체가 인간 실존의 물질적인 기체(基體)라고 한다면 영혼은 생물의 자기 내적 존재이자 환경과 관계하는 능력이라고 할 수 있다.7)

인간은 육체와 영혼의 전체성 안에서 자기실현을 할 수 있다. 인간의 육체는 영혼과 본질적으로 결합되어 있다. 따라서 인간의 육체는 단지 세포 조직의 집합체나 신체 기관들 또는 그 기능으로만 고려되어서는 안 된다. 더욱이 동물의 몸처럼 평가되어서도 안 된다. 인간의 몸은 그것을 통해 드러나는 총체적 인간의 한 부분이다. 즉 인간은 육체와 영혼으로 이루어진 절대적이고도 고유한 개별 존재이다.

바이츠제커(V. v. Weizsäcker)에 의하면8) 신체의 과정들과 장해는 대등한 것으로 이해되어야 하며 결코 삶의 역사적 진행의 결과로 보아서는 안 된다. 다시 말해서 심리적, 정신적 사건들과 신체상의 변화 사이에서는 여타한 인과 관계도 성립하지 않는다는 것이다. 바이츠제커에게서 마음(Seele)과 몸(Leib)은 그들의 표현 가능성에서 서로 보완할 수 있는 하나의 사건이며 양면이다. 그 둘은 원인과 결과의 관계는 아니다.

---

6) 진교훈, "보편적 가치 윤리학의 재구성과 가치관 교육", 한림과학원 편, 『21세기를 여는 한국인의 가치관』(서울: 소화, 1997), p.18 참조.
7) 진교훈, 『의학적 인간학』, p.82.
8) 진교훈, 『의학적 인간학』, pp.182~185 참조.

이러한 해석으로 인해 바이츠제커는 소위 ‘국면 이원론자’(Aspektdualist)라고 불려지기도 한다. 그러나 그는 데카르트나 영국의 경험론자들과 같은 이원론자가 아님은 물론이다.

바이츠제커는 인간을 하나의 유일하고 전체적인 ‘실재’(Entität)로서 파악한다. 이 실재에서 단지 구분이 되는 국면들, 가령 물질적인 면, 심적인 면, 정신적인 면이 지각될 뿐이며 실제적으로는 이 국면들은 서로 분리될 수 없다고 본다. 따라서 그는 몸과 마음의 이원적 관계를 해소한다. 그는 이 점을 이렇게 비유한다. 빌딩 현관의 두 칸으로 된 회전문을 보면 이용자는 회전문의 두 칸에 동시에 있을 수 없지만 두 칸에 바꾸어 가면서 들어갈 수 있는 것처럼, 의사는 ‘인간 전체’(Ganzheit Mensch)의 조망과 국면, 그리고 이와 함께 그의 환자의 심적 공간과 신체적 공간을 서로 바꾸어 가면서 볼 수 있다. 문제는 의사의 위상과 관찰의 입장에 따라 환자의 심적인 면이거나 아니면 신체적인 면이 의사에게 은폐되기도 하겠으나, 앞쪽에 걸은 펜던트와 마찬가지로 그 배후에서도 ‘능동적’으로 드러날 수 있다.

바이츠제커는 수많은 조사를 근거로 하여 그의 ‘회전문 원리’(Drehtürprinzip)를 기능 장애뿐만 아니라 기관의 형태 변화에 서로 거의 확실한 규칙으로 입증하는 데 성공한다. 그에 의하면 환자가 겉으로는 심리적으로 눈에 띄는 것을 보여 주지 않고, 사회적 요청과 정상에 맞추어 그가 겉치레를 하는 수가 흔히 있지만 그 이면에는 실존적 고난과 위기가 숨겨져 있고 환자는 단지 육체적 증상만을 해결해 주기를 요구한다. 다시 말해서 환자는 어떤 심리적, 사회적 압박에 자신을 내맡기고 제물이 되고 나서는 육체적 증상만을 해소하려고 한다는 것이다.

바이츠제커의 다음 글을 살펴보자; “묘사 기능이 상호적이라는 것을 우리는 듣고 있다. 몸은 마음을 묘사하고, 마음은 몸을 묘사한다. 이 변화 유희에서 가장 중요한 것은 몸과 마음이 서로 ‘대리한다’(vertreten)는 것이다. 우리는 이에 대한 실례를 일상생활에서 찾아 볼 수 있다. 우리는 몸이 굼뜨면 생각도 방치하게 된다. 우리는 말하는 것으로 행동을 대신한다. 우리는 불쾌한 생각을 하게 되면 행동함으로써 그런 불쾌한 생각으로부터 도망간다.”9)

이렇듯 신체적인 것과 심리적인 것(Seelisches)은 서로 대리한다. 따라서 '몸은 마음을 묘사하고, 마음은 몸을 묘사한다.' 그러므로 인간 생명을 단순한 육체 현상으로만 보고 시행되는 각종 생명과학 연구는 인간의 전체성을 제대로 이해하지 못한 것이라 하겠다.

따라서 인간의 육체에 대한 개입은 단지 조직이나 기관, 그리고 그 기능에만 영향을 주는 것이 아니라 인간 전체에게 영향을 준다. 그러므로 인간의 존엄성을 높인다는 것은 육체와 영혼의 단일체를 이루고 있는 인간의 전체성에 대한 보호를 의미하는 것이다. 의학이나 생명과학은 인간의 전체성이라는 인간학적 기초 위에서 인간에 대한 연구를 해야 하며, 인간의 존엄성을 높이고, 인간의 완전 선을 실현하도록 노력해야 한다.

그러면 여기서 현대 의학 및 생명과학의 기조(基調)에 대하여 살펴보자.10) 현대 의학 및 생명과학의 기본 구조는 19세기에 수립되었는데, 현대의 자연 과학의 지식과 15세기 이래로 수집된 인체에 관한 지식과 개념들이 새로운 개념적, 방법론적 접근 방식에 의해 통합된 것이다.11)

현대 의학 및 생명과학의 설명 전략은 환원주의, 이원론, 결정론이다.12) 여기서 이원론이란 데카르트의 이원론적 인간관을 가리킨다. 그는 육체와 영혼뿐만 아니라 인간 존재와 자연 및 사회 환경을 엄격히 구별하였다.13) 데카르트에게서 가장 확실한 것은 코기토(cogito)이므로 인간 밖에 있는 자연도 나의 사고를 통해서만 실재를 얻게 된다. 육체는 자연에 속하며, 사고하는 정신만이 참된 실재가 된다. 데카르트의 이원론에서는 인간의 주체화와

---

9) V. v. Weizsäcker, *Vor den seelischen Ursachen der Krankheit*(1947), in *Gesammelte Schriften* 6, S.405; 진교훈, 『의학적 인간학』, p.184.

10) 진교훈, 『의학적 인간학』, pp.47~53 참조.

11) E. Seidler, "Abendländische Neuzeit", in H. Schipperges und E. Seidler(Hrsg.), *Krankheit, Heilkunst, Heilung*(München: Alber, 1978), SS.303~341 참고.

12) L. Foss, "The Challenge to Biomedicine", *Journal of Medicine and Philosophy*, Vol.14, 1989, pp.165~191 참조.

13) H. T. Have, "Medicine and the Cartesian Image of Man", *Theoretical Medicine*, Vol.8, 1987, pp.235~246 참조.

자연의 대상화가 뚜렷하게 드러난다. 인간의 육체를 단지 물질로만 볼 때 육체에 대한 착취와 파괴가 쉽게 일어 날 수 있다.

바더(Fr. Baader)에 의하면, "데카르트의 이원론을 따라가면 자연은 정신이 없는(geistlos) 것이 되고, 정신은 자연이 없는(naturlos) 것이 되고, 자연과 정신은 하느님이 없는(gottlos) 것이 되고 만다."14) 슈바이처(Albert Schweizer)는 데카르트의 cogito ergo sum을 빈곤하고 자의적으로 선택한 출발이라고 비판한다.15) 벨라우(Belau)는 데카르트의 이원론이 현대 의학 이론의 기조를 이루고 있으며, 현대 의학에 개체주의적 성격을 부여했으며 현대 의학을 소위 '수선업'으로 전락시키는 단초가 되게 했으며, 이러한 접근 방식은 질병을 조장할 수도 있고 또한 저지할 수도 있는 자연적, 사회적 요소를 현대 의학이 무시하도록 만들었다고 비판한다.16)

물리학, 생화학, 분자 생물학과 같은 자연 과학은 현대 의학 및 생명과학의 이론적 기초로 고려된다. 예컨대 해부학, 생리학, 병리학 등이 그러하다. 인간의 기능과 질은 가능한 한 수량으로 표현되어, 측정 가능한 생화학적, 생물리학적 과정으로 환원된다. 인간의 몸은 그 전체성과 초월성이 무시되고 오로지 수량화, 물량화 되고 있다.

현대 의학 및 생명과학에서 질병은 존재론적 실체를 가지고 있는 것으로 간주된다. 질병은 의사와 환자로부터 별도로 분리되어 있다. 따라서 질병은 환자 안에서 구조물로 또는 과정으로 자리를 잡고 있다. 다시 말해서 질병은 '정상적인' 가치와 측정으로부터 일종의 이탈이라는 것이다. 따라서 질병과 고통의 인간학적인 의미가 전혀 고려되지 않는다. 질병은 그저 퇴치해야 할 대상으로만 여겨진다.

현대 의학 및 생명과학은 질병의 존재론적 개념에 기반을 둔 의학 지식

---

14) Fr. Baader, *Über die zweispalt des religiösen Glauben und Wissens*, (Darmstadt, 1958), S.49.

15) Albert Schweizer, *Kultur und Ethik*, (München, 1923), S.229.

16) B. Belau, "Ökologie, Gesundheit, Medizine-ökologische Gesundheitsstrategie", in *Gesundheitswesen*, Vol.54, 1992, SS.284~296 참고.

의 배열에 의거한다. 따라서 현대 의학 및 생명과학은 어떤 특정한 방법론적인 방식에서 진행된다. 예컨대 환자와 의사의 '주체성'을 최소화하는 방식에서 환자의 신체를 검사한다. 즉 현대 의학과 생명과학은 기계가 인체를 이끌고 간다는 접근 방식의 지배를 점점 더 받고 있다.

이러한 현대 의학 및 생명과학의 지배적 견해는 결과적으로 '지금 여기서' 우리가 실제로 경험한 것이 세계와 인생의 전부가 되고 초월적 실재를 부인하고 만다. 야스퍼스(K. Jaspers)는 "현대 의학에서의 초월적 실재의 상실은 지상의 행복 추구를 절대적인 것으로 만들었다"고 개탄했다. 롤리(J. Rolies)는 "우리의 문화에서 육체는 신성한 것으로 되고 육체의 구원이 영혼의 구원을 대신하게 되었고 육체가 하느님의 역할을 하게 되었다"고 지적했다. 따라서 현대 생명과학 기술은 인간의 실존을 조종하고 인간의 문제를 해결하는 도구로 간주되고 생명은 과학 기술의 대상과 전유물이 되었다.

도오이에웨드(H. Doayeweerd)는 데카르트로부터 시작된 서양 철학을 지배해 온 현대 서양의 사고방식에서 가장 근본적인 이율배반은 '과학의 이상'과 '인격의 이상'의 모순이라고 지적한다. '과학의 이상'은 합리성을 바탕으로 하여 기계적 인과론으로 실재를 설명하려는 시도를 의미한다. 반면에 '인격의 이상'은 실재의 전체를 지배하려는 인간의 인격의 자주적 자유의 이상을 의미한다. 과학의 이상은 사람들로 하여금 그들의 사상과 자유를 합리적, 수학적 사고에 종속시키고 기계적 인과론으로 설명하게 한다. 이 결과 인간의 자유는 환상으로 단정되고 만다. 그러므로 만인 우리가 과학의 이상에 대항하여 인격의 이상을 세우려고 한다면, 과학의 이상은 근본적으로 제약을 받지 아니하면 안 될 것이다.

현대 의학 및 생명과학은 과학의 이상을 표명하는 것이다. 의학자들과 생명과학자들은 가능한 외부의 간섭을 받지 않고 자유로운 연구를 하고 싶어한다. 즉 그들은 자신의 연구 활동에 대한 어떠한 제약도 거부하고 싶어 한다. 이는 인격과 인간의 유일성을 무시하는 기계를 모델로 하는 사유 방식에서 환자와 인간을 취급한 결과라고 하겠다.[17] 이는 분명히 인간과 인격의 유일성과 전체성을 무시한 것이며, 나아가 인간의 존엄성마저 침해한 것이다.

전체성의 원칙에 따르면 의료 행위 및 인간 생명과 관련된 모든 행위는 환자를 그의 전체성 안에서 고려해야만 한다. 만약 우리의 몸이 존재의 인격 행위 안에 있는 통일된 전체라면, 부분에 대한 개입은 전체를 고려해야만 한다. 전체성의 원칙은 외과 수술뿐만 아니라 인간 배아에 대한 유전자 검사와 치료, 불임 치료, 장기 이식 등에도 적용된다.

전체성의 원칙은 한 인격 내에서 중요한 기능을 수행한다. 첫째 인간의 건강은 어느 조직이나 장기만의 건강으로 이루어지는 것이 아니다. 건강은 인간으로서의 전체적 문제이다. 둘째 어떤 부분적 기능은 인격 전체의 선을 위해 필수적으로 요구될 때 그 손상이 가능하다. 즉 그 손상의 결과로 다른 모든 기능이 원활히 작용할 때 가능하다. 셋째 부차적 기능들은 더욱 기본적인 기능들을 위해서는 언제라도 희생될 수 있다. 넷째 인간의 품위 즉 인격 그 자체를 중대하게 손상시키는 정신적, 심리적, 육체적 희생, 예를 들면 생식 능력, 사고력, 감정적 능력 등의 희생은 목숨을 구하기 위한 중대한 목적이 아니면 손상될 수 없다.[18]

2) 육체적 생명의 기본 가치 원칙(the principle of fundamental value of physical life)

인간을 육체와 영혼이 결합한 전체로 볼 때, 육체적 생명은 인간 존재를 완전하게 하는 한 부분이다. 나아가 육체적 생명은 인간 존재를 지속시키고 인격의 여러 가지 면과 각기 다른 모든 가치를 발전시키기 위한 출발점이다. 따라서 인간의 육체적 생명은 인간 존재의 가장 기본이 되는 가치라고 할 수 있다.[19]

---

17) E. M. Porto, "Social Context and Historical Emergence: The Underlying Dimension of Medical Ethics", *Theoretical Medicine*, Vol.11, 1990, pp.145~156.
18) 소병욱, 『생명윤리』, pp.149~150.
19) 이동익 엮음, 『생명의 관리자: 의학 윤리를 위한 몇 가지 주제들』, p.26.

인간 존재를 도구적 가치를 갖는 생물학적 생명과 도덕 가치를 갖는 인격적 생명으로 분할하는 것은 육체적이며 동시에 인격적인 인간의 현존재 체험에 모순된다. 인간의 육체는 결코 도구가 아니다. 인간의 육체가 침해받을 때 인간 자체가 침해받는다. 내가 당신의 육체를 침해할 때 나는 너 자체에게 고통을 가하는 것이다. 생명과학자가 인간의 육체를 연구 대상으로 삼을 때 그는 바로 인간 자체를 연구 대상으로 삼는 것이다.

인간은 육체를 가질 때 비로소 인간 전체로 존재할 수 있다. 육체를 가짐은 결코 도구 관계나 소유 관계가 아니다. 나는 어떤 도구(예를 들면, 연필)를 손에서 내려놓을 수는 있으나, 내 손을 내려놓을 수는 없다. 도덕적 가치의 모든 실현은 육체를 통해서 일어난다.[20]

인간의 몸은 생명과학자가 연구실에서 분석, 연구하는 대상에 머물지 않는다. 몸은 사람됨의 상황을 표현하는 상징이다. 몸은 곧 인간이 육체적인 존재임을 말한다. 이러한 사실에 주목한 철학자들은 몸을 인간 존재의 전체적인 맥락에서 이해한다. 인간이 육체적인 존재라는 사실은 그가 미완성의 존재이며, 세계를 향해서 열려 있고, 이 몸을 매개로 타인과 주변 세계와의 상호 관계의 장을 열며, 이를 통해서 비로소 인간이 자기 자신으로 설 수 있음을 보여준다.[21]

일찍이 16세기 몽테뉴가 이와 같은 사상을 표명하였다. 그에게 있어서 몸이란 고립된 실체나 물질이 아니었다. 몽테뉴는 인간의 상황적 조건의 관점에서 육체적인 인간을 생동력이 충만한 유한한 존재로 묘사하였다. 그의 관심은 전체적인 인간이었다. 인간을 둘로 쪼개어 하나는 영혼이고, 다른 하나는 몸이라고 도무지 말할 수가 없다는 것이다. 우리가 만나고 대화하는 진정한 인간은 놀랍게도 항상 육체적인 인간이다.[22]

---

20) Günther Pöltner, "Achtung der Würde und Schutz von Interessen", SS.30~31 참조.
21) C. A. 반 퍼슨 지음, 손봉호·강영안 옮김, 『몸·영혼·정신: 철학적 인간학 입문』, 129~148 참조.
22) M. de. Montaigne, *Essais*, Ⅰ, 26, éd. de la Pléiade, 제2판 (Paris, 1946), p.176; 같은 책, iii, 8: l'homme …… duquel la condition est merveilleusement corporelle.; 반 퍼슨

니체도 인간의 육체성에 대해 경탄하였다. 그는 몸이 바로 우리 자신이라고 생각했다. 영혼이나 정신에 대해서는 초인간적인 어떤 세력을 상상해 볼 수 있지만, 몸은 구체적인 인간을 떠나서 생각해 볼 수 없다. 니체는 심지어 정신을 육체 언어의 상형 문자라고 불렀다. 정신은 유기체와 떨어질 수 없고, 항상 그 가운데 존재한다. 보다 고등한 정신 작용도 역시 몸의 선별적인 활동으로 설명할 수밖에 없다. 철학이 혼의 매력에서 해방되기가 그렇게 쉽지 않았으나 그 해방으로 받은 보상은 그것보다 더 흥미롭고 신비로운 인간의 육체성의 발견이라고 니체는 말한다.[23]

겔렌은 생물학의 자료를 바탕으로 몸이 인간의 정신의 비밀을 풀 수 있는 구조를 갖고 있다는 견해는 더욱 발전시켰다. 그에 의하면 인간의 신체 조직과 발달은 동물의 그것과 질적으로 다르다고 한다. 어린 아이의 신체 운동은 비전문화되어 있으며 방향 감각조차 결여되어 있고 혼자서 만지작거리고 소리를 내는 행위를 통해서, 아무 결과가 없을지라도, 어느 정도 본능의 욕구를 채운다. 아무런 목적 없이 처음에 이렇게 몸으로 놀이하는 가운데 어린 아이는 이중의 감각 체험을 하게 된다. 즉 만지는 '능동적' 행위는, 가령 한 손으로 다른 손을 쥘 때처럼 닿는 '수동적' 느낌과 동시에 이루어진다. 소리를 지르면 다시 그 소리를 스스로 듣게 된다. 이와 같이 서서히 주변 세계는 상호 교류의 상황에 포섭된다. 그러나 낯선 물건이 손에 닿았을 때는 자기 안에 이에 상응한 능동적인 감각이 결여되어 있고, 손이 주변 세계의 이 물건이나 저 물건에 닿을 때는 수동적인 감각이 결여되어 있다. 이와 같이 객체의 경험은 상호 교류적이다. 움직임은 사물과의 교제이고 '대화'이다. 이런 대화 행위는 방향 감각이 분명하고 항상 목적 지향적인 동작을 보이는 동물에게는 발생하지 않는다. 여기서 신체적인 것은 이미 정신적인 것이다.[24]

지음, *op. cit.*, p.129.

23) F. Nietzsche, *Aus dem Nachlass. Studien aus dem Umwerthungszeit*, (Musarioaursgabe), xvi, 116~117, 200~201, 269; 같은 저자, *Der Wille zur Macht*, xix, 116~117.

24) A. Gehlen, *Der Mensch*(Berln, 1940), SS.80~104.

몸은 우리의 시각에 생소한 물체로 등장하는 물건과 근본적으로 다른 무엇이다. 몸은 우리가 우리 자신에 대해서 경험하는 그 가운데서 제 기능을 수행한다. 이와 관련해서 독일 철학자들은 물체로서의 몸(Körper; 신체)과 체험된 몸(Leib; 육체)을 구별한다. 그래서 셸러는 인간의 육체성(Leiblichkeit)을 외부적인 사물의 지각과 내부적인 정신생활의 지각에 필수적인 전제 조건으로 보았다. '물체로서의 몸'은 밖에서 본 육체성이다. 그러나 본질적으로 육체성은 신체적인 것과 정신적인 것의 구별 이전에 존재하며, '나'의 체험과 관계있다.[25]

물체로서의 몸과 육체성의 관계가 플레스너의 인간 존재론에서는 더욱 밀착하게 된다. 그에 의하면 인간은 '탈중심적' 존재이다. 인간은 동물처럼 모든 것이 빤한 세계에 갇혀 있지 않고, 자기 자신 밖으로 뛰쳐나가며 자기와 거리를 둘 줄 안다. 그것이 표현된 것이 인간의 문화이다. 문화는 생존 경쟁의 무기도 아니고, 다른 동물에 비해 육체적으로 뒤떨어져 있기 때문에 생긴 결과도 아니다. 문화는 '보충'을 요구하는 인간 존재의 가장 특징적인 면이다. 인간은 수치를 알기 때문에 앞을 가리며 옷을 입고, 도구를 사용하여 그의 신체를 보충한다. 인간의 존재는 이중적인 측면을 갖고 있다. 경험적인 근거에서 보면 인간과 동물 사이에 아무 차이가 없지만 존재 방식을 보면 완전히 다르다. 인간은 하나의 생물로서 자신이 살고 있는 주변 세계의 중심을 이루고 있다. 이것은 동물에게도 마찬가지로 적용된다. 그러나 한 걸음 더 나아가 인간은 보다 넓은 세계의 지평에서 자기가 여러 사물 가운데 하나의 대상으로 주어져 있다는 사실을 안다. 말을 바꾸어 표현하면, 인간은 자신이 살아 있는 몸이며, 동시에 수많은 물체 중의 한 물체임을 스스로 알고 있다.[26]

사르트르는 몸과 영혼의 문제를 지금까지 대상의 차원에서 접근해 온 것이 얼마나 부당한지를 명백하게 보여주려고 하였다. 그때까지만 해도 사람들은 몸을 생리학적인 연구의 대상으로 생각하였다. 자신의 감각 기관의 구

---

25) M. Scheler, *Der Formalismus in der Ethik und die materiale Wertethik*, SS.408~432.
26) 반 퍼슨 지음, *op. cit.*, p.135.

조와 기능을 타인의 것, 특히 해부대에 올려진 죽은 몸의 감각 기관을 연구함으로써 알게 되었다. 이와 아울러 몸은 객관적으로 주어진 대상인 데 비하여, 주체성은 하나의 '부족'에 불과하고, 이것마저도 객관적인 연구의 과제로 삼을 정도였다.

사르트르는 이 관점을 확대하여 대상적인 몸에 대한 지식은 자신의 주관성을 파악하지 못한다는 경험을 전제한다고 주장한다. 사실 몸은 이 주관성 가운데서 작용한다. 아니 몸은 바로 이 주관성 가운데서 비로소 진정한 '체험된 몸'으로서 제 모습을 찾게 된다. 내가 사물을 본다는 것은 스스로 객관화될 수 없는 시각을 전제로 가능하다. 실험대 위에 올려진 눈은 나의 눈으로 내가 봄으로써 관찰할 수 있다. 나의 눈과 나의 보는 행위는 대상의 지평위에 있지 않다. 내가 내 눈에 관해서 많이 알 수 있지만, 이것은 딴 사람의 눈에 대한 지식에서 유래했거나 혹은 타인이 내 눈을 보고 그것에 관하여 이야기를 해 주었기 때문이다. 몸에 관해서 말할 때도 항상 타인의 시선을 통해서 이루어진다. 이 주관적 요소, '체험된 몸', 즉 대자적(對自的, poursoi) 몸의 특성은 간접적으로 나타난다.

주관적인 차원에서, 즉 세계 안에서의 나의 정위를 통해서 생긴 자의식의 차원에서 몸은 항상 '내 뒤에 처져 있는 몸'(le corps dépassé)이고, 이 몸의 특성은 세계의 구조를 통해 나타난다. 세계의 구조는 왼쪽과 오른쪽, 앞과 뒤, 그리고 높고 낮음 등의 제한된 전망을 가지고 있고, 주변 세계의 선은 나의 눈을 중심으로 모두 이루어진다. 여기서 몸은 이 세계의 중심에 서 있고 객관화가 불가능하다. 몸은 '어디엔가 있는 것', '한 일정한 관점에 뿌리를 내리고 있는 것'을 뜻한다. 그것은 인간의 제한성, 사실성, 우발성을 뜻하기도 한다. 나는 동시에 어느 곳에나 존재할 수 없다. 실은 나의 현재 위치는 나에게 임의로 주어진 것이다. 나는 항상 이 전망, 사실성과 우발성 아래 놓여 있다. 이와 같이 몸은 세계에 뿌리박고 있고, 이 사실은 어떤 다른 무엇으로도 환원될 수 없다. 나는 유한한 존재로서 몸으로 존재할 때, 바로 그때 내가 된다.

사르트르의 결론은 몸과 영혼이 완전히 분리된 두 실체가 아니라는 것이다. 세계 내에서 몸으로 살아가는 가운데('체험된 육체성') 영혼은 자신의 분화를 의식한다. 영혼 자체가 몸을 통해서 노출되듯이 바로 이것이 개체화이고 분화이다. 이런 의미에서 영혼은 곧 몸이다.[27]

사르트르의 관찰이 지닌 가치는 일상생활의 몸의 경험을 철학적인 문제로 삼은 데 있다. 포이에르바하는 대자적(對自的; für sich) 차원을 주목했지만 그것을 과학적인 인간 연구의 영역 밖에 두었다. 반면에, 사르트르는 인간의 정신적인 면과 육체적인 면, 양자 모두를 통해서 인간을 규정하였다. 그래서 그는 '영혼은 곧 몸이다'라고 말할 수 있었다. 여기서 물론 몸은 포이에르바하의 유물론에서와 같이 물체로서의 몸이 아니라 체험된 몸이다. 이를 통해서 몸을 단순히 그 배후에 있는 무엇의 상징으로 보는 입장이나, 상징으로서의 몸에 일정한 가치를 부여하지 않는 버클리의 유심론적 입장을 극복할 수 있다.

메를로-퐁티는 육체성의 문제를 아주 자세하게 다루었다. 그는 심리학이나 생리학의 분야에 속하는 문제를 많이 다루었는데, 그의 논의는 가끔 장황할 때가 있으나 항상 날카롭고 인상적이다. 그는 여기서 어떻게 인간이 '자기 스스로의 몸'이 되는가를 수많은 현상을 통하여 보여주려고 한다. 이 모든 경우에 있어서 몸을 하나의 대상으로 취급하는 접근 방식은 불충분한 것으로 증명된다. 이론적인 접근의 유혹은 애매모호한 면은 무시하고 '순수한' 대상만을 제시하려고 한다. 그러나 인간의 감각, 몸을 통한 지각과 관계된 것은 결코 그렇게 '순수하게' 파악되지 않는다. 그것은 대상 이전의 차원에 속하며 모호성을 안고 있다. 그러므로 몸과 관계되는 것은 3인칭의 입장에서가 아니라, 1인칭의 입장에서 보아야 한다.

우리는 일상생활에서 이것을 자주 체험한다. 가령 객관적으로 재었을 때, 똑같은 길의 직선이 있다고 하자. 한 선은 두 끝이 안쪽으로 향한 화살표로

---

27) J. P. Sartre, *L'étre et le néant*(Paris, 1943), pp.365~418; 반 퍼슨, *op. cit.*, pp.137~140.

싸였고, 다른 한 선은 바깥쪽으로 향한 화살표로 싸였다고 가정해 보자. 이 럴 경우 두 직선 처한 상황에 따라 길이가 다른 것처럼 우리는 주관적으로 경험한다. 또한 나는 내 친구의 눈의 색깔을 몰라도 그의 얼굴이 어떻게 생 겼는지 잘 알 수 있다. 이와 같이 과학의 범위 안에서도 체험된 지각, 즉 3 인칭 대신 1인칭에서 본 몸을 출발점으로 삼아야 이해가 될 현상들이 있다. 가령 색깔의 지각에 관계되는 중추 신경이 파손되었을 때도 색깔을 지각하 는 능력은 당장 상실되지 않는다. 대신 시간이 지나감에 따라 색깔의 구별 이 점점 약하게 된다. 먼저 강도의 상실이 나타나고, 그 다음에는 다른 색깔 과 혼합되다가 4가지 중요한 색깔만 보인다. 결국은 모두 회색으로 변하여 약간의 명도의 차이만 남게 된다. 이 경우 객관적인 몸과 '체험된 몸'이 완 전히 일치하지 않는다.

메를로-퐁티는 우리가 만년필을 찾을 때, 그것을 찾고 있는 손은 찾지 않음을 지적한다. 몸은 대상과 다르다. 몸은 찾아야 할 대상이 아니라 모든 찾는 행위에 벌써 전제되어 있다. 몸을 대상화해 버리면, 가령 눈으로 보는 행위를 '물리적인 자극을 받아 내부에서 물리적인 지각으로 경험하는 것'으 로 서술하는 것은 무리이다.

메를로-퐁티는 몸과 영혼, 정신적인 것과 물리적인 것의 상관성을 강조 한다. 한 개별 과학의 대상으로서 이 둘을 분리할 수 있지만, 과학적으로 분 석하는 가운데 결국 보다 더 넓은 관계의 장을 가리키는 문제들이 나타난다. 이 관계의 장 안에서 육체적인 존재인 인간은 1인칭의 입장에서 인간의 체 험된 경험을 통해서 파악된다. 거기서 육체성은 정신적인 것과 물리적인 것 의 일체이다.

메를로-퐁티에게는 정신적인 것과 물질적인 것의 이원성이 인간의 존재 방식을 구분하는 바탕이 되지 못한다. 인간의 육체성은 주체와 대상이 분리 되지 않는 '객관 이전의' 장, 즉 관계의 장을 보여준다. 메를로-퐁티는 이 원초적인 연대성을 헤르더의 사상과 관련을 시켜 말한다. 그리고 덧붙여 말 한 것은 이 장이 '나'보다 앞서 존재하고 개개인의 삶의 역사의 바탕으로 무인격적이고 익명으로 남아 있다는 것이다. 이런 의미에서 육체성이 '나'보다 먼저 존재한다고 말해야 옳다.[28]

메를로-퐁티에게서 몸이란 모든 지각과 모든 인식과 우리의 의욕과 우리의 행동의 기반이다. 그래서 그는 '몸은 하나의 세계를 가지는 우리의 수단이다'라고 말한다. 우리는 우리의 몸을 통해서 지각하며 사색하며 세계와 관계를 맺는다. 인간의 행동은 인간의 몸을 통하여 표현된다. 그러나 몸은 결코 의식이나 정신을 단지 표현하기만 하는 도구가 아니다. 오히려 몸은 우리의 생각과 행동의 살아 있는 표현의 현상 그 자체와 같은 것이다. 따라서 몸과 의식은 서로의 경계를 확연히 구분 지을 수 없으며 애매하게 통일되어 있다.[29]

인간의 육체적 생명은 인격과 분리된 실재가 아니라 인격 자체의 기본적 가치이다. 생명은 우리 마음대로 처분할 수 있는 것이 아니라 신성한 것이다. 육체에 관해 존재론적으로 이해해야 한다. 우리의 몸은 도구나 대상으로 환원될 수 없다. 신체적 수준과 심리적 수준이 인간 존재를 완성하지 못한다. 하나의 초월적 전체로 간주되는 인격이 드러나는 장소로서 우리의 몸은 주체이다. 우리의 마음은 우리의 뇌와 몸에 생명을 주는 우리의 영혼을 조직한다. 인간 생명에 대한 어떠한 형태의 정지(낙태, 안락사, 자살 등)도 거부하는 것은 지금까지 이야기 한 개념들과 밀접히 관련된다.

생명의 가치는 효용 가치 또는 쾌락 가치와는 다른 의미를 담고 있다. 생명의 가치는 우리가 생명을 존중할 것을 요구한다. 다시 말해 우리에게 함부로 생명체를 훼손시키거나 죽이지 말 것을 요구한다. 살아 있는 것은 그 자체로 특별한 가치를 가지고 있는 것으로 고려되어야 한다. 생명체를 도구적 가치만으로 보아서는 안 된다. 다시 말해 생명체는 다른 존재자에 의해 이용될 수 있는 한에서만 가치 있는 것으로 보아서는 안 된다. 모든 생명체는 그 자신의 가치, 즉 본래적 가치를 가진다.[30]

---

28) 반 퍼슨, *op. cit.*, pp.142~147 참조.
29) 진교훈, 『의학적 인간학』, pp.302~303 참조.

3) 자유와 책임의 원칙(the principle of freedom and responsibility)

인간의 생명과 관련된 생명과학 및 생명공학의 연구에는 자유와 책임의 원칙이 동시에 따라야 한다. 자유와 책임의 원칙은 생명의 근본 가치로부터 직접적으로 파생된다. 자유롭다는 것은 자기 결정을 의미하는 것도 아니며, 자유 의지의 절대적인 행사 가능성을 의미하는 것도 아니다. 오히려 절대적인 자유는 폭력과 충돌을 불가피하게 야기한다. 자유를 개인주의적인 방식으로 절대화하면, 자유의 본래 내용은 사라지며 그 의미와 존엄성은 모순에 부딪히게 된다.

자유와 진리 사이의 본질적인 결합을 더 이상 인정하지 않고 존중하지 않는다면, 자유는 자유 자체를 무효화하고 파괴하며, 타인에 대한 파괴로 인도하는 요소로 변질되고 만다. 스스로 모든 형태의 전통과 권위에서 벗어나려는 욕망 때문에, 자유가 개인과 사회가 살아가는 토대인 객관적이고 보편적인 진리의 가장 명백한 증거조차도 차단해 버린다면, 인간은 자기 선택의 유일하고 절대적인 기준점으로서 선과 악에 관한 진리를 더 이상 채택하지 않고 오직 자신의 주관적이고 변화 가능한 견해나 또는 자신의 이기적인 이익과 변덕만을 기준점으로 삼게 된다.

자유에 대한 이러한 관점은 생명에 대한 심각한 왜곡을 초래한다. 공동선과 절대 진리의 기준을 상실한 자유는 상대주의의 위험에 처하게 된다. 이런 관점에서는 모든 것이 협상 가능한 것으로 여겨진다. 기본권 중에 가장 중요한 생명에 대한 권리조차도 협상과 표결의 대상이 되고 만다.[31]

자율성에 최고 가치를 부여하는 개인주의적 자유관은 근세 인간상에서 중요한 위치를 차지한다. 계몽은 자율성에 기반해서 인간의 존엄을 정초하였다. 계몽에 뒤따른 독일의 관념주의적 전통은 '관념적' 인간상, 즉 최고의 정신 활동을 하는 인간상을 낳았다. 이러한 인간상에 의하여, 신체적-정신

---

30) 진교훈, 『환경 윤리』, p.106.
31) 요한 바오로 2세, 송열섭 역, 『생명의 복음』, pp.35~36 참조.

적으로 장애가 있는 인간에 대해서는 거의 관심이 없었다.

칸트에 의하면, 자유 안에서 이성을 통해 인지되는 도덕 법칙의 요구에 적합하게 스스로를 규정할 때만 '생명체'에게 존엄이 부여된다. 즉 이성과 자유 안에서 정초 지어지는 자신의 능력에 근거하여 윤리적 행위를 하는 자에만 존엄이 부여된다. 그러나 육체적이고 영혼적이며 정신적인 전체 생명에게는 존엄이 부여되지 않는다.

'자율의 윤리학'은 자율의 이념에 상응하지 못하는 존재의 생명권을 위협할 수 있다. 따라서 '자율의 윤리학'은 다수의 강자가 소수의 약자를 지배하는 지배의 윤리학으로 나타나고 있다. 또한 '자율의 윤리학'은 사회의 약자에 대한 배려의 의무를 회피하는 것을 정당화해주기도 한다.[32]

생명과학 연구와 관련하여 연구자들에게 무한한 연구의 자유를 허용할 수는 없다. 생명과학자들은 자신들의 지적 호기심에서 다양한 생명과학 연구를 하고 싶어 한다. 그러나 생명과학자들이 연구 대상을 삼고 있는 생명은 그렇게 연구자 마음대로 처리할 수 있는 대상이 결코 아니다.

그러므로 인격주의에 기초한 생명윤리는 자유와 진리 사이의 본질적인 결합을 강조한다. 참된 자유의 행위는 책임의 이념에 근거할 때만 가능하다. 책임이란 타인을 향한 그리고 다른 모든 인간 존재를 향한 자신의 행위에 대한 응답을 의미한다. 자유는 타인의 자유권이 존중될 때만 참이다. 자유는 또한 타인의 자유처럼 타인의 생명도 존중되어야 함을 의미한다. 살아 있지 않다면, 인간은 자유로울 수 없다.

자유는 생명을 전제 조건으로 한다. 어떤 희생을 치르더라도, 인공적 기법의 무차별적 사용을 통해서라도, 자녀를 갖겠다고 결정하는 것 또는 우리의 생명은 살 가치가 없다고 결정하는 것 등은 자유를 의미하는 것이 아니다. 자유란 우리 자신과 타인에 대해 책임 있는 선택을 함을 의미한다.

책임은 인간 존재의 본질적 특징이다. 인간만이 책임질 수 있는 존재이다.

---

32) Ulrich Eibach, *Menschenwürde an den Grenzen des Lebens* (Neukirchener Verlagshaus, 2000), SS.17~24 참조.

책임질 수 있는 능력은 인간의 중요한 본질이며, 따라서 책임은 철학적 인간학의 주요 개념 중 하나이다. 서구 언어의 책임에 해당하는 단어들(respondeo, responsum, responsibility, la responsabilité, Verantwortung)은 항상 대화와 언어 능력을 전제로 한다. 독일어의 책임(Ver- antwort-ung)이라는 단어 속에 들어있는 '대답'(Antwort)은 한편으로는 물음과 그 물음을 묻는 자를 필요로 한다(ant 와 wort). 다른 한편으로는 대답을 하기 위해서는 물음을 들어야 하고, 또 들을 수 있는 능력과 자세가 준비되어야 한다. 즉 책임은 들으려는 의지와 들을 수 있는 능력을 전제로 한다.33)

레비나스(Levinas)는 현대 인간성의 위기에 대해 언급하면서 근대의 자율적인 주체 개념을 비판하고 수동성과 비균형성이 강조되는 타자지향적인 책임을 통해 실현되는 타자의 휴머니즘을 강조한다. 레비나스는 인간적인 것을 나의 밖에서, 존재의 저편에서, 타자의 세계에서 찾고 있다. 인간 혹은 인간성의 근원은 타인이다. 그의 책임은 타인에 대한 나의 책임으로 표현될 수 있는데, 그것은 의식에 의해 인식되는 것이 아니라 표정으로서 느껴지는 것이다. 책임은 나의 능동적인 결정에 의해서 발생하는 것이 아니라 내가 타자를 수용함으로써, 즉 타자로부터 생겨나는 것이다. 나와 타자의 만남은 다음과 같이 이루어진다. 우선 나는 타자에게 가까이 감으로써 타자의 표현 즉 표정을 감수성으로 느끼게 되며 ㅡ물론 이것은 인식의 방법이 아니라 무엇이 나를 촉발시켰는지 조차도 모른 채ㅡ 궁극적으로 나를 타자의 위치에 대체시킴으로써 이루어진다.34)

이러한 레비나스의 타자의 윤리학의 관점에서 볼 때, 생명과학자들도 타자에 대한 책임을 가질 수밖에 없다. 생명과학의 연구 대상인 타자로부터 책임이 근거하며, 그것은 과학자의 연구 의식에 의해 인식되는 것이 아니라, 타자의 즉 연구 대상의 표정으로부터 느껴지는 것이다.

---

33) 변순용, "책임에 대한 물음들: 책임의 윤리학", APED 제3회 시민윤리팀 학술 세미나, 2002. 10. 9, pp.2~3.
34) *Ibid.*, pp.10~11 참조.

요나스(H. Jonas)의 존재론적 책임도 인간의 이념에 근거하는데, "인간의 이념은 세계 안에서 그 구체화의 현존을 요청하는 바로 그것이다"[35]. 요나스 역시 책임을 "의무로 인정된 다른 존재에 대한 고려"[36]로 정의 내린다. 인간은 우리에게 알려진, 책임을 질 수 있는 유일한 존재이다. 책임을 질 수 있기에 책임 있는 것이다. 책임질 수 있는 능력은 책임의 당위를 가짐을 의미한다. 능력은 당위와 연결된다. 누군가에 대해 언젠가 어떤 책임을 진다는 것은 인간의 존재에 속한다.[37] 책임 개념은 당위의 개념을 내포하고 있다.[38] 책임 개념은 우선 존재 당위의 개념, 그리고 나서 그 존재 당위에 대한 반응으로 누군가에 대한 행위 당위의 개념을 내포한다. 그래서 요나스는 자신의 책임 개념을 존재 책임 내지 존재론적 책임이라고 부른다.[39] 그에게 있어서 책임 개념은 존재와 당위의 교차점으로서 그리고 또한 인간의 자유와 존재의 가치성 사이의 윤리적 매개로서의 역할을 하고 있다.

요나스의 존재론적 책임을 수용한다면, 누구의 존재에 대한 책임인가의 물음을 제기할 수 있다. 우선 나의 존재에 대한 고려와 다른 사람들에 대한 고려 사이에서, 그리고 인간의 존재와 인간이 아닌 다른 모든 존재에 대한 고려 사이에서 발생할 수 있는 도덕적인 갈등 내지 책임의 문제가 생길 것이다. 도덕적인 결정에서는 요나스가 "책임이 관계하는 것은 그것이 실제적이든 잠재적이든 간에 생명이며, 무엇보다 인간 생명이다"[40]라고 주장한 바와 같이, 항상 인간의 생명이 제일 우선시 되어 왔다. 그의 책임론에서 최고의 가치를 갖는 인간의 이념, 인간이 존속해야 된다는 명제, 그리고 이 인간의 개념에 현재의 우리뿐만 아니라 앞으로 이 지구상에 생존하게 될 미래

---

35) Hans Jonas, *Das Prinzip Verantwortung: Versuch einer Ethik für die technologische Zivilisation*(Frankfurt a. M. 1979), S.91.
36) *Ibid.*, S.391.
37) *Ibid.*, S.185.
38) *Ibid.*, S.234.
39) *Ibid.*, S.91.
40) *Ibid.*, S.189.

세대에 대한 고려도 포함되어 있다.

존재론적 책임은 존재론적 사실로부터 존재론적 당위로 전개된다. '인류가 존재한다'라는 존재론적 사실은 존재론적 명령이 되며[41], 인간의 능력은 인간의 당위가 된다. 요나스는 이러한 존재론적 책임을 칸트적인 정언 명법의 형태를 빌어 다음과 같이 표현한다. "너의 행동의 영향이 지구상의 실제의 인간의 삶의 영구성과 조화되도록 행동하라."[42]

요나스의 이 명법을 생명과학 분야에 적용한다면 다음과 같이 표현할 수 있을 것이다. '생명과학 연구의 영향이 지구상의 실제의 인간의 삶의 영구성과 조화되도록 행동하라.' 그러나 이때 영구성이란 단순히 현재의 인간 존재의 영구성만을 문제 삼는 것이 아니라 미래 세대의 영구성까지 문제 삼는 것이다. 그리고 인간 존재의 영구성은 단순히 인간의 생물학적 지위만의 영구성을 의미하는 것이 아니라 전체로서의 인간 존재의 영구성을 의미하는 것이다.

과학 기술에게 무한한 자유를 허용하려 하는 과학기술주의에 경도된 과학자들은 참된 인식의 대상은 양적으로 가늠할 수 있는 과학적 인식뿐이라고 생각한다. 따라서 그들은 과학적 인식의 대상이 되지 못하는 것은 결국 존재하지 않는 것으로 간주한다. 그들은 또한 자연은 착취만 기다리는, 형상과 에너지가 없는 단순한 물질이라고 생각한다. 따라서 인간이 원하는 대로 변용시킬 수 없는 것은 없다고 생각하고, 그 대상에 인간까지 포함시킨다.

오늘의 과학 기술은 자연과 인간에 관한 진리의 파악보다는 자연과 인간에 대한 조작을 통한 그 변용에 더 많은 관심과 노력을 기울이고 있다. 그 결과 과학은 자연은 물론 인간 역시 각종 과학적 탐구를 통하여 다양한 가변성이 있음을 알게 되었다. 이에 따라 많은 이들이 과학주의적 사고를 형성하여, 과학, 기술적으로 가능한 것은 윤리적으로도 정당한 것으로 여기고 있다.

과학주의적 사고는 추상적 이론에 머물지 않고 실생활에 현실적으로 적용

---

41) *Ibid.*, SS.186~187.
42) *Ibid.*, S.36; 변순용, "책임에 대한 물음들. 책임의 윤리학", p.11 참조.

되어 대중의 윤리 의식을 오염시키고 있다. 오늘날 적지 않은 사람들이 "내가 할 수 있으니까(실현 가능성) 해도 된다(윤리적 정당성)", 또는 "내가 직접 하지 못하면 과학의 도움으로 할 수 있는 것은 무엇이든, 어떠한 대가를 치르더라도 해도 된다"는 생각을 하고 있다.[43] 그러나 과학적 가능성과 윤리적 가치 및 정당성을 일치시키는 것은 자유와 책임의 원칙에 위배된다.

그렇다면 과학 기술자는 어떤 사회적 책임을 어느 정도로 수행해야 하는가?[44] 무엇보다도 과학 기술자는 자신의 양심에 벗어나는 부도덕한 행위에 대해서 문제를 제기할 줄 알아야 한다. 이와 관련하여 1981년 노벨 화학상 수상자인 호프만(Roald Hoffmann)은 『같기도 하고 아니 같기도 하고』[45]라는 수상록에서 과학자가 진짜와 가짜를 정확히 구별하지 못할 때에 엄청난 재난이 유발될 수 있다고 경고한 바 있다. 화학 물질의 미세한 차이는 과학 기술자만이 알 수 있는 것이기 때문에 과학 기술자들은 자신의 창조물이 어떻게 이용 혹은 오용되는가에 대해서 책임을 져야 한다는 것이다. 이를 위한 기본적인 작업으로 호프만은 과학자들이 새로운 물질의 위험성과 오용 가능성을 사회에 알려야 할 의무가 있다고 주장한다.

그러나 이처럼 간단하면서도 건전한 상식이 실제 사회에서 통용되는 것은 쉬운 일이 아니다. 개인으로서 한 과학자는 자신이 속한 연구실에서 수행하고 있는 연구의 결함을 쉽게 공개할 수 없다. 만약 그가 그러한 행동을 했을 경우 그는 고용이나 승진 등에서 불이익을 받을 수 있기 때문이다. 어느 조직에서나 그 조직의 이익에 반하는 문제를 제기하는 사람은 달갑지 않은 사람으로 낙인찍히는 일이 일어날 수 있기 때문이다. 그러므로 과학자의 책임 문제는 개인 윤리의 차원을 넘어서 사회 윤리의 문제가 된다.

내부 고발과 같은 극단적인 사태를 예방하기 위해서는 특정한 이슈에 대해

---

43) 소병욱, 『생명윤리』, pp.61~62 참조.
44) 이에 대해서는 송성수, "과학기술자의 사회적 책임: 논거 및 쟁점"을 주로 참고하였음.
45) Roald Hoffmann 지음, 이덕환 옮김, 『같기도 하고 아니 같기도 하고』(서울: 까치, 1996)

서 과학 기술자가 자신의 의사를 충분히 개진할 수 있는 통로가 마련되어야 한다. 과학 기술자 단체의 내부 토론에서 과학 기술 정책에 관한 토론에 이르기까지 그 모든 과정이 공개적이고 합리적인 절차를 통해 전개되어야 한다. 이러한 공간에서 과학 기술자가 담당해야 할 역할은 해리슨(A. J. Harrison)이 지적한 '전문가적 증인으로서의 역할'과 일맥상통한다.46) 전문가적 증인으로서의 역할은 어떤 것이 지금까지 알려져 있는 사실이고, 어떤 것이 아직 알려지지 않은 것이며, 알려진 사실의 경우 그것에 따르는 불확실성은 무엇이며, 지금 연구가 진행되고 있는 것은 무엇이고, 노력하면 알 수 있는 것은 무엇이며, 또 필요한 지식을 얻기 위해서는 어느 정도의 연구를 수행해야 하는가 등에 대하여 자신의 능력을 나타내 보이는 것을 지칭한다.

이는 '충분한 정보 제공 후 동의'(informed consent)라는 개념으로 확장될 수 있다. 이와 관련하여 킵니스(Kipnis)에 따르면, 현재 과학 기술자들은 위험 수준을 증가시키는 프로젝트를 수행할 수밖에 없는 처지에 있다는 것이다. 따라서 특정한 프로젝트로 인해 증가되는 위험으로부터 영향을 받는 사람들이 사전에 충분한 정보를 받은 상태에서 동의를 하는 절차가 모색되어야 한다. 개인으로서의 과학 기술자는 적절한 동의가 이루어졌는지의 여부를 판단할 권한을 가지고 있지 않기 때문에 과학 기술자들은 동의가 얻어진 프로젝트만을 수행해야 한다.47) 존슨도 "과학 기술자들이 어떤 프로젝트를 수행할 것인가는 사회가 결정하도록 해야 하며", "과학 기술자들은 대중들이 프로젝트에 대해 충분한 정보를 받지 않았거나 동의할 수 있는 기회를 가지지 못했다면 위험성이 있는 프로젝트의 수행을 거부해야 한다"고 강조한다.48)

생명과학 시대에 이르러 연구의 자유의 허용 범위에 대한 결정은 연구자

---

46) M. J. Frazer, A. Kornhauser(eds.), 송진웅 옮김, 『과학 교육에서의 윤리와 사회적 책임』(명경: 1994), pp.58~59.

47) K. Kipnis, "Engineers Who Kill: Professional Ethics and the Paramountcy of Public Safety", *Business & Professiona Ethics Journal*, 1981, Vol.1, No.1. pp.77~91 참조.

48) D. G. Johnson, "The Social and Professional Responsibility of Engineers", D. G. Johnson(ed.), *Ethical Issues in Engineering*(Englewood Cliffs, NJ.: Prentice-Hall, 1991), pp.210~218 참조.

개인에게만 맡겨질 수 없고 전문가 집단에 의한 객관화된 윤리적 통제 나아가 국가의 법률적 통제가 요구되고 있다. 그럼에도 불구하고 여전히 법은 항상 최후의 통제 수단이지 최초의 통제 수단이 아니다. 연구자들이 자신들의 학문 공동체 안에서 스스로 합의하여 설정한 객관화된 윤리 기준도 최초의 통제 수단이 되지 못할 수 있다. 연구자 개인이 자신의 연구를 얼마나 진지하게 생각하며, 그 가능한 결과에 대하여 얼마나 성실할 수 있는지를 스스로 돌아보느냐 하는 것이 바로 최초의 통제 수단이다. 인간의 자유로운 탐구욕을 고려할 때, 더욱 그러하다. 그리고 인류의 생존에 심각한 위해를 초래할 위험이 이미 개인 연구자의 연구실에서 바로 시작될 수 있는 시대에 우리가 살고 있음을 고려할 때 이 최초의 통제 수단이 오늘날에도 여전히 대단히 중요하다는 것을 인정하지 않을 수 없다. 어느 시대에 있어서도 오늘날처럼 어떤 개인 연구자의 주관적 '책임' 의식에 전 인류의 운명을 매달고 초조해 본 적은 일찍이 없었다. 그러므로 책임에 대한 성찰이 연구의 자유와 함께, 아니 연구의 자유에 앞서 요청된다. 자신이 걷고 있는 길에서 '책임을 질 수 있을 만큼만' 걷고, 그 결과를 보아 다시 얼마만큼 책임을 질 수 있는지 생각한 연후에 다시 '그 만큼만' 걷는 식의 신중한 자세가 요구된다.[49]

4) 사회성과 보조성의 원칙(the principle of sociality and subsidiarity)

인격주의에 기초한 생명윤리는 사회성과 보조성의 원칙을 제시한다. 사회성과 보조성의 원칙은 인간 존재로서의 타인의 존엄에 근거하는 상호 존중의 의무에서 기인한다. 인격은 사회의 근원이자 목표이며, 인격의 존재 행위는 공동선의 한 부분을 수행함으로써 드러난다.

인간은 원래 개인적인 존재인 만큼이나 사회적인 존재이다. 개인주의 이론과 집단주의 이론은 본성에 의지하면서도 똑같이 이 사실을 간과하고 있

---

49) 김선택, "과학자와 연구의 자유", 한국생명윤리학회·토지문화관 주관, 『생명공학 시대의 연구 윤리』, 제25회 토지문화재단 세미나 자료집, 2001, 10, p.33.

다. 홉스는 인간이 자연 상태에서 비사회적 존재라고, 마르크스는 인간 본성이란 필연적으로 그 안에서 물질이 발전하는 사회적 힘들의 산물에 불과하다고 주장한다. 그러나 인간의 개별성과 사회성은 불가분 상호 관련된 것으로, 인간의 개별성은 사회적 친교 없이 발전할 수 없으며 또한 사회성 역시 그의 인격, 즉 영적 본성에 기인하는 개별적 존재를 무시하고는 발전할 수 없다.[50]

인간 사회성의 본질은 인간이 육체적, 물질적, 정신문화적 및 윤리 영역에서 타인과 사회에 대해 갖는 의존성에서 뚜렷이 그 바탕을 볼 수 있다. 인간만큼 출생 후 한달이고 일년이고 오래 남에게 의존하는 생물은 없다. 인간에게는 동물과는 달리 생존의 안전 보장을 위한 타고난 본능이 결여되어 있다.[51]

겔렌(A. Gehlen, 1904~1976)에 따르면, 인간은 동물에 비해서 생물학적인 결점을 가지고 있는 것으로 표현된다. 그에 의하면 인간은 결핍 존재(Mängelwesen)이다. 인간은 엄밀한 의미의 자연 상태에서 전혀 살아 갈 수 없다. 그래서 인간은 이러한 결핍을 보장하기 위해서 어떤 '해독된 인위적인 자연'(eine entgiftete Natur), 즉 문화를 이룩하지 않을 수 없다.[52]

인간이 사회적 존재라는 점은 인간 실존의 기본적인 사실들에 의하여 설명된다. 우선 인간의 육체적 구성이다. 신체적으로 인간은 짐승들보다도 가족에 의존하는 바가 훨씬 크다. 짐승들을 보면 본능적으로 갖춰진 능력, 보호막이 되는 외피, 방어 수단을 통해서 훨씬 풍족하게 음식물을 섭취할 수 있고 또 유년기로부터 자신을 잘 발달시킬 수 있다. 철학적 인간학의 관점에서 볼 때, 동물은 이렇듯 환경에 전문화되어 있다. 이에 반해 인간의 본성은 오직 사회적 협력에 의해서만 완성될 수 있다.

---

50) 요한네스 메쓰너 지음, 강두호 옮김, 『사회 윤리의 기초』(서울: 인간사랑, 1997), pp.143~
    145 참조.
51) 요셉 회프너 지음, 박영도 옮김, 『그리스도교 사회론』(왜관: 분도출판사, 1979),
    p.37.
52) 진교훈, 『철학적 인간학 연구(Ⅰ)』, p.40 참조.

인간이 자신의 육체적 본성으로 말미암아 완성을 요구한다면, 자신의 영적 본성으로 말미암아 더욱 더 완성을 요구한다. 인간의 영적인 힘과 재능을 환기시키고 육성하는 것은 전적으로 다른 이들, 특히 가족과 국가와 그의 친교에 달려 있다. 마찬가지로 과학, 문학, 예술, 기타 모든 문화 영역에 있어서 정신의 진보는 전적으로 사회생활에 달려 있다.

헤겔과 신헤겔학파의 사회 철학이나 젠틸레(G. Gentile) 류의 현실주의적 관념론이 갖는 공적들 중 하나는, 그들이 비록 하나의 자존하는 실재물이라는 표현으로 사회의 정신을 해석한 점에서 지나친 감이 있기는 하지만, 인간의 정신은 오직 상호 작용에 의해서만 문화와 문명을 깨우치고 발전시키며 이를 달성해낸다는 사실을 강조했다는 데 있다. 인간 각자의 궁극적인 목적, 인격 존재로서의 자신의 실현 또한 사회적 연대를 통해서만 성취될 수 있다. 이 모든 것으로부터 우리가 내릴 수 있는 결론은 인간이 사회와 무관하게 자신의 실존적 목적들을 실현할 수 없는 이상 그는 오직 사회 안에서 인간 실존의 완성을 이룰 수 있다는 점이다.

아리스토텔레스의 설명처럼 언어와 영적 의사소통 수단의 힘을 통하여 자연은 인간들로 하여금 그들이 친교를 위해 설계되었다는 뚜렷한 증거와 함께 동물계로부터 구별되게 하고 있다. 실제로 인간의 본성 안에는 친교를 지향하는 기본적인 충동이 존재하며, 그 기초를 이루는 것은 모든 영역에서의 보충의 욕구로서 이를 통하여 인간 정신은 인간으로 하여금 보충의 목적을 충족시키는 질서를 지향하도록 하고 있다. 이러한 목적은 모든 인간 실존의 목적들의 실현을, 그러므로 인간의 자아 충족의 실현을 가능케 한다. 결국 그것은 본질적으로 인간 본성의 가장 근본적인 실존적 목적들 가운데 하나이다.[53]

이제 인격으로서의 사회의 본성에 대해 살펴보자. 인간의 자아와 마찬가지로 사회도 비록 실체적인 유(有)는 아닐지언정 자신의 실재하는 유를 가

---

53) 요한네스 메쓰너, *op. cit.,* pp.143~145 참조.

지고 있으며, 이는 구성원들의 여러 세대보다 더 오래 존재하는 것이기도 하다. 인간과 마찬가지로 통일체로서의 사회는 목적을 실현하기 위하여 의지를 발동하고 행동할 수 있다. 인간의 실존적 목적의 책임이 인간의 자아에 의지하듯 사회적 목적 달성의 책임은 공동의 자아에 달려 있다. 이러한 목적들을 추구함에 있어서 자기 결정력은 이 같은 책임과 깊이 관련되며, 따라서 공동의 자아는 개별적인 자아처럼 권리를 갖는다. 또한 그것은 법적인 영향력을 갖고 행동한다. 예를 들어 하나의 국가는 다른 나라들과 법적으로 구속력 있는 계약들을 맺으며, 노동조합과 고용주의 결사체도 역시 상대방과 그렇게 한다.

'인격'이라는 말을 사회에 적용하는 것은 '유기체'의 경우 이상으로 단순히 은유적인 것이 아니며 근거가 충분한 유추이다. 이러한 자아로서 사회는 보다 큰 속성을 얻게 되며, 이는 인격으로서 인간에 속한다. 즉 인간 자신이 사회 전체의 한 구성원이듯 하나의 공동체 혹은 결사체는 법인으로서 역시 보다 큰 사회의 한 일부분이 된다. 그러므로 가족, 시의 단체들, 직업 단체들은 국가의 일원들이며, 국가 자체는 국제 공동체의 한 일원이다. 인간이라는 인격처럼 자신의 유, 자신의 목적, 자신의 활동을 갖는 사회는 결코 보다 큰 전체의 한 부분에 불과한 것이 아니라 항상 고유한 권리들을 가지는 하나의 독특한 자아로 있게 된다. 결국 큰 사회의 본성적인 구성은 인간의 실존적인 목적들에 뿌리를 둔 보다 작은 공동체와 결사체들이 인간의 존엄성과 자유에 관한 요소들로 가득 차 있다는 귀결을 지닌 일종의 사회적 다원주의를 포함한다. 공동체가 인격의 성격을 갖기 때문에 우리는 또한 법인의 행위에 대한 구성원들의 집단적인 책임을 물을 수 있다.[54]

사회의 목적은 각 개인들이 자신의 실존적인 목적들을 달성하기 위하여 사회의 구성원으로서 사회적인 협력으로부터 얻어내는 도움 그것에 있다. 개인들은 자신의 활동을 통해서 목적들을 달성한다. 그렇지만 그들이 그렇

---

54) *Ibid.*, pp.171~173 참조.

게 할 수 있는 것은 오직 그들의 능력이 사회적 협력에 의해서 보충되어 완전하게 되기 때문이다. 이러한 서로의 도움이 모든 이에게 소용 있게 되는 것은 모든 이의 협력에 의하여 가능하므로 우리는 서로의 도움을 공동선 내지 공익 또는 사회선이라고 부른다.

공동선은 인간들의 상호 완성의 욕구 및 그것을 위한 능력을 기초로 정립되는 것이기에, 그것은 일차적으로 각 개인들에 의하여 이루어진 공헌들의 단편적인 모임에 존재하는 것이 아니라 오히려 그들의 협력을 통한 수고에 따른 생산력의 증가에 있다. 같은 이유에서 공동선은 단순하게 사회 구성원들이 집단적으로 기여해 온 어떤 재산으로부터 나오는 상품의 분배에 있는 것이 아니라 오히려 사회 구성원들의 노력을 보충하고 완성함에 있으며, 그 결과 그들은 자신의 고유한 자기 결정과 자기 활동에 따라 자신의 실존적인 목적들을 달성할 수 있게 된다. 달리 말하면 사회에 의한 인간 능력의 완성이 인간들로 하여금 자신의 충만한 자아에 도달할 수 있도록 해주는 것이다.

공동선의 개념은 객관적인 개념이다. 왜냐하면 원리상으로 공동선은 자신의 실존적인 목적들을 추구하는 인간의 능력을 보충하여 완전하게 하는 것이고, 그런 점에서 공동선은 인간의 실존이라는 본질적인 실재에 의해서 결정되기 때문이다. 그러므로 공동선은 근본적으로 인간 본성의 본질적인 실재 안에 미리 설계되어 있다. 공익은 이러한 실재와 목적들에 대한 그 질서의 범위 안에 있으며, 그것의 설계와 계획은 애당초 사회 구성원들의 공동 의지에 관한 문제이다. 이 범위 안에서 공동선이 그들의 의지의 문제가 되는 것은 그것이 그들의 이익과 욕구를 충족시키는 데 이바지하기 때문이다.

사회의 목적에 대한 개인주의적 해석의 기초를 이루는 개념은 '이익의 조화'로서, 이는 법체계가 개인들의 이익 추구의 자유를 정립할 때 존재할 수 있는 상황이다. 이 같은 생각 뒤에는 근본적으로 예정 조화의 관념이 놓여 있다. 그러나 점차적으로 유신론적 요소가 이익의 조화 개념으로부터 떨어져 나갔다. 이어서 이 개념에 개인의 '교화된' 사익이 다른 이들의 사익을 고려하지 않고서는 실현될 수 없다는 해석이 주어졌다. 개인주의 윤리학에서의 사회의 관념에 대한 가장 낮익은 표현이 '최대 다수의 최대 행복의 원리'로서, 벤담은 이 위에 근대 공리주의 윤리학을 세웠다.[55]

이 원리가 아무리 매혹적으로 여겨진다 하더라도, 그리고 그것이 개인 행위와 사회 제도에 대하여 도덕적으로 옳은지를 판단하는 실제적인 기준으로서 값어치가 있다 할지라도 그것은 도덕과 사회적 완성의 실체를 놓치고 있다. 우선 이 원리는 교화된 이기주의의 단계를 실제로 넘어서지 못한다. 윤리에 관한 벤담의 근본 개념은 행복인데, 이것은 하나의 행위에서 생기는 쾌락의 총계이다. 자비심을 발휘하는 즐거움도 여기에 포함된다. 따라서 사회적 태도는 각 개인이 얻을 수 있는 쾌락의 총계에 대한 그의 자기 본위적 계산으로 환원된다. 사회적 선 자체는 전혀 인정되지 않으며, 만일 자기 자신의 쾌락을 확보하기 위해서 행해질 경우가 아니라면 개인이 다른 이들의 쾌락을 가져올 목적으로 행동해야 할 어떤 이유도 성립하지 않는다.[56]

사회성의 원칙은 모든 개별 존재의 생명과 건강을 증진을 통하여 우리 사회의 생명과 건강을 증진함을 의미한다. 사회성은 개별선에 대한 고려를 통해 공동선에 도달함을 목표로 한다. 공동선은 각 공동체가 구성원들의 총체적 발전과 인격 완성을 위해 추구해야 할 필수 불가결한 조건이다. 정당한 법, 경제, 문화, 도덕, 종교 등은 모두 공동선의 구성 요소이다. 생명 및 의료 윤리 상의 모든 결정, 그 중에서도 공공의 결정은 특히 한 공동체 전체와 사회의 참된 공동선을 염두에 둔 결정들이어야 한다. 예를 들면 국가의 낙태 관련 입법은 개인과 가정의 표면적 유익이 아니라 국가 공동체, 인간성 전체의 참된 공동선을 지향해야 한다. 그러나 개인, 가정의 유익을 완

---

55) J. Bentham, *Introduction to the Principles of Moral and Legislation*, 1789; *Deontology or Science of Morality*, 1834 (J. Bowring 편). 비록 벤담이 이 원리의 저자는 아니며 또한 '공리적'이라는 말도 J. S. Mill의 저서(*Utilitarianism*, 1863)에서 처음 소개된 바 있지만, 벤담은 윤리학에 있어서 근대 공리주의의 창시자로 간주되고 있다.

56) 요한네스 메쓰너, *op. cit.*, pp.174~179 참조.

전히 도외시하는 전체주의적, 국가주의적 결정들은 피해야 한다. 따라서 공동선의 원칙이 중시됨과 동시에 보조성의 원칙이 지켜져야 한다.

공동선은 개인의 본질적인 목적들을 추구함에 있어 그를 훼방하고서는 결코 이들을 얻을 수 없다. 그렇다면 보다 낮은 범주에 속하는 인간 목적들의 실현을 억제하는 일조차도 보다 높은 순위의 이익이라는 측면에서 전체 공동체를 위하여 그 보조적 기능을 유지하는 것이 필요한 이상 공동선에 부합하게 된다. 전체 국가의 물질적 번영의 증진이 각 개인들에 대하여 물적 소유의 희생을 요구할 수도 있다. 그러나 일반적인 징병과 노동의 강제 지도의 형태로 개인의 자유를 제한하는 것은 공동체의 자유 자체가 위태롭지 않는 한 공공복리에 있어서 아무런 정당성을 갖지 못한다. 자신의 영적이고 도덕적인 존재 영역에서 인간은 공동선으로 하여금 실재로부터 사라지게 하지 않고서는 결코 공동선을 위한 도구가 될 수 없다.[57]

사회성의 원칙은 도움과 지원을 필요로 하는 자로 향하는 '보조성의 원칙'에 의해 지지된다. 보조성(Subsidiarität, subsidiarity)이라는 말은 라틴어 subsidium(보조, 조력)이라는 말에서 유래한다. 이 말은 원래 로마 시대의 군사 용어로서, 전방에서 싸우는 주력 부대에 대해서 후방에서 대기하고 있는 예비 부대를 지칭하는 말이었다. 이 말을 사회에 적용시키면, 보다 큰 사회 구성체, 즉 국가가 개인이나 작은 단체를 위해서 취하는 보충적·응급적 조치를 의미한다.

보조성은 그 근거를 첫째로 인간의 자유와 존엄에 두며, 둘째로 보다 더 큰 사회 구성체는 보람 있게 실현할 수 없는 과제와 권리를 가지고 있는 보다 작은 생활 공동체의 구조와 특징에 둔다. 개인과 소형의 생활 공동체는 대형의 사회 구성체의 부당한 간섭으로부터 보호받아야 하고, 자주의 한계를 존중받아야 한다.

보조성의 원리는 '위로부터 이래로의 원조'를 가리킨다. 보조성의 원리가

---

57) *Ibid.*, pp.198~201 참조.

요구되는 경우로는, 첫째, 보다 큰 상위 공동체에 의해서만 치러질 수 있는 업무가 있을 때, 둘째, 개인이나 보다 작은 하위 공동체가 그 기능을 제대로 발휘하지 못하여 상위 공동체의 도움을 받아야 할 때이다. 따라서 보조성의 원리는 상위 단체가 하위 단체의 활동을 보충, 촉진시키는 원리이며, 서로 보충 보완하는 원리로서 어느 한쪽으로 치우쳐서 권리를 행사해서는 안 된다.[58]

토마스 아퀴나스가 아리스토텔레스의 뒤를 이어 지나친 통일화와 통제는 "만일 모두가 같은 음성으로 노래하면 음의 심포니와 하아모니가 소멸되고 말듯이" "여러 가지의 구성체로 이루어진 공동체의 존립을 위태롭게 한다"고 밝힐 때, 그는 이미 보조성의 문제를 다루고 있는 것이다. 단테도 역시 그의 저서 『군주론』(Ⅰ. 14)에서 다음과 같이 강조하고 있다. "각 도시의 모든 작은 문제는 결코 직접 황제의 의해서 결정될 것이 아니다. 왜냐하면 여러 국가, 왕국 및 도시들은 그들의 제각기 다른 특성을 가지고 있고, 이는 특별한 법률에 의해서 고려되지 않으면 안 되기 때문이다."

19세기 켓텔러(Ketteler)는 보조성의 원칙을 적확하게 표현했을 뿐만 아니라 거의 최초로 '보조적 권리'에 대해서 언급했다. 즉 이성과 진리는 국민에게 "그가 스스로 할 수 있는 것을 자기 집에서, 자기 지방에서, 자기 고향에서 또한 스스로 처리하고 이를 완성시켜 나아갈 권리를 부여한다. 모든 하위의 구성체는 자기의 영역 안에서 자유로이 활동하고 극히 자유로운 자율과 자치의 권리를 누린다. 그리고 이 유기체의 하위 구성체가 더 이상 자기 목적을 스스로 달성하지 못하거나 자기 발전을 위협하는 위험을 스스로 물리칠 수가 없는 경우에 비로소 상위의 구성체가 그를 대신하여 활동하게 된다."[59]

보조성의 원칙이란 모든 고차원의 사회적 단위는 그보다 하위의 단위들이 스스로는 성취할 수 없는 일을 보조하고 그들 간의 분쟁을 해결하기 위해서

---

58) 진교훈, "사회·문화 윤리", 한국국민윤리학회 편, 『국민윤리학 개론』(서울: 형설출판사, 1987), pp. 278~279 참조.
59) *Kettelers Schriften*, Ⅰ, 403 & Ⅰ, 21, 162; 요셉 회프너, *op. cit.*, pp. 59~60 참조.

만 개입할 수 있다는 원칙이다. 따라서 하급 단체와 개인의 자율성을 보장하고 필요시 베푸는 보조는 생명 및 의료 윤리의 차원에서도 적용되어야 하는 것이다. 예를 들면 국가의 인구 정책은 가정과 개인의 자율성을 억압하는 강제적, 회유적 가족계획 정책이어서는 안 된다.[60]

2. 인격주의에 기초한 생명윤리의 적용
: 인간 배아의 인격 지위

여기서는 인격주의에 기초한 생명윤리를 현재 가장 논란이 되고 있는 인간 배아의 인격 지위 문제에 적용하여 살펴보겠다. 생명 의료 분야에서 이루어진 과학과 기술의 최근 발전은 인간 생명의 시작 단계에서의 새로운 개입 가능성을 제시하고 있다. 생명과학자들은 체외 수정 과정에서 발생한 잔여 배아를 가지고 인간 배아에 대한 실험을 하려고 한다.[61]

인간 배아와 관련된 논의는 다음과 같은 두 개의 물음으로 표시할 수 있다. 첫째, 인간 배아는 무엇인가? 둘째, 인간 배아는 어떻게 대우받아야 하는가? 첫 번째 물음에 대한 대답은 생물학적·철학적 수준에서 기술적(記述的)인 자료 수집을 요구하며, 두 번째 물음은 도덕적·법률적 영역에 속하는 규범적 지위와 관련된다. 따라서 이 문제는 과학, 철학, 윤리학, 법학 등이 관련되는 학제적 문제이며, 다양한 수준에서 인간 배아의 '지위'를 문제 삼는다. 생물학적 지위, 인간학적 지위, 법률적 지위로 나누어 살펴보겠다.

생물학적 지위는 인간 생명 유기체의 초기 발달을 경험적으로 기술한다. 인간학적 지위는 인격, 인간 존재, 인간 생명의 고유한 속성을 확인하는 개념적 정의를 탐구한다. 법률적 지위는 아직 태어나지 않은 생명의 법률적

---

60) 소병욱, 『생명윤리』, pp.147~148.
61) 배아줄기세포에 대한 과학적 논의는 이 논문의 Ⅲ장 4절 '인간 배아줄기세포 연구의 문제점'을 참고할 것.

주체성의 한계를 확인한다.

먼저 인간 배아의 생물학적 지위를 살펴보자. 과학적 탐구에 의하면, 수정란 즉 살아 있는 인간 유기체의 제1세포는 '통합 체계'이며, 두 개의 하위 체계 즉 난자와 정자의 양적인 결합으로 환원될 수 없는 실체이다. 더욱이 수정란은 '새로운' 체계이며 '자율' 체계이다. 그 안에 이미 모든 본질적인 정보들이 유전학적으로 새겨져 있으며, 이 정보들로 인해 배아는 점진적이고 계속적인 과정을 거쳐 그것의 최종 형태로서의 완전한 유기체, 즉 인간으로 발달하게 된다.[62]

최근의 발생학 연구에 따르면, 포유류는 수정 순간부터 신체 발생에 대한 계획을 시작한다. 어디에서 머리가 나오고, 어디에서 다리가 나오는지, 그리고 어느 쪽이 등이고 어느 쪽인 배인지는 난자와 정자가 결합한 지 수분(數分)이나 수 시간 내에 결정된다는 것이다.[63]

이러한 과학적 탐구를 고려한다면, 인간의 수정란과 배아는 결코 인간과 무관한 세포 덩어리일 수 없다. 오히려 인간의 수정란과 배아는 지속적인 발생 과정을 통해 인간 유기체로 발달하는 것이다. 생명과학자들은 인간의 발생 과정을 그 시기에 따라 수정란, 배아, 태아 등으로 구별해서 부르고, 각 시기마다 구별되는 특징을 강조한다. 인간의 발생 과정을 이렇게 몇 개의 단계로 구분해 부르다 보면, 인간은 마치 몇 개의 질적으로 구분되는 발생 과정을 거친다는 오해를 부를 수 있다. 그러나 이러한 호칭은 연속적인 인간 발생의 각 시기를 칭하는 '호칭'일 뿐, 인간 존재와 세포 덩어리를 구분하는 단절점일 수 없다. 인간은 수정 순간부터 인간 존재로 발생하는 것

---

62) Centro di Bioetica(Università Cattolica S. Cuore), "Identity and status of the human embryo", *Medicina e Morale*, 1989, 4(suppl.); Laura Palazzani, "The Nature of the Human Embryo: Philosophical Perspectives", *Ethics & Medicine*, 1996 12. 1, p.14.; Juan De Dios Vial Correa & Monica Dubiké, "The Embryo as an Organism", Pontifica Academia Pro Vita, *Identity and Statute of Human Embryo*(Libreria Editrice Vaticana, 1998), pp.317~331 참조.

63) Helen Pearson, "Developmental biology: Your destiny, from day one", *Nature*, Vol.418, 2002. 7. 4, pp.14~15.

이다. 수정 이후 발생하는 인간 생명의 발달은 연속적인 과정이며, 질적 변화를 가져오는 의미 있는 단절점을 결코 찾을 수 없다. 그러므로 인간 배아는 생물학적으로 인간 지위를 갖는다.

다음으로 인격주의의 전통에 따라 인간 배아의 인간학적 지위를 살펴보자. 인격주의는 인격을, 보에티우스와 토마스 아퀴나스의 고전적인 해석에 따라, "이성적 본성의 개별적 실체"(*individua substantia rationalis naturae*)[64]로 정의한다. 이 정의는 인격의 우연적이지 않은 본질 속성을 확인하는 존재론적 정의이다. '실체'란 그 자체 안에 그 자체에 의해 존재함을 의미한다. '개별성'은 단일체, 비반복성을 의미한다. '이성'은 지성, 의식, 자아의식 등을 위한 자연 능력뿐만 아니라 자유의 의미로도 이해된다.

일단 인간 배아는 '개체'로 간주될 수 있고 그러므로 개체이다. 수정 후 14일까지 가능한 일란성 쌍생아 현상이 분할 가능성을 지지하는 논증을 구성할 수는 없다. 매우 드문 일란성 쌍생아 현상이 인간 배아의 개별성을 부인하지는 않는다. 왜냐하면 이 현상은 한 개체가 두 개체로 나누어지는 것이 아니라, 유전자 코드에 의해 하나의 예정된 생명 체계가, 단세포 유기체의 무성 생식의 기능처럼, 역시 예정된 다른 생명 체계를 존재케 하는 것이기 때문이다. 그러므로 이것은 분할이 아니라 증식이다. 즉 새로운 개체가 이미 존재하는 개체에 더해진 것이다. 하나의 인간 존재가 두 개의 반쪽 인간으로 나누어지는 것이 아니라, 하나의 인간 존재에서 또 하나의 개별적인 인간 존재가 나타나는 것이다.

둘째로 인간 배아는 비록 육체적으로는 모체에 의존하고 외부 환경과의 관계를 요구하지만, '실체'이다. 즉 자립하는 실체이다. 배아는 자기 실존하며 자율성이 부여되며 자기 건설의 능력을 가지며 자기 충족적으로 자신의 발달을 이끌 위치에 있다. 모체와의 관계, 외부 환경과의 관계는 필요조건이지 충분조건은 아니다. 왜냐하면 성인들도 생명을 유지하기에 적합한 외부

---

64) S. Boethius, *De persona et duabus naturis, Contra Euthychen et Nestorium*, Ⅲ, 4~5; Tomas Aqinas, *Summa Teologiae*, Ⅰ, q.29. a.3.

환경(공기, 온도 등)을 항상 필요로 하기 때문이다.

끝으로 인간 배아는 '본성적으로 이성적'이다. 달리 말하면 이성은 그것을 행사하는 실제 능력과 완전히 무관한 생물학적 인간 존재의 구조적이고 특수한 특징이다. 따라서 호모 사피엔스 종에 속한다는 의미에서 사실상 인간인 인간 배아는 또한 적어도 잠재적인 의미에서 인격이다. 아리스토텔레스의 고전적 의미에서 잠재성은 목적으로 향하는 실재적이고 활동적인 가능성을 의미한다.65) 비록 인간 배아가 어떤 특정한 능력을 행사하지 못 한다 할지라도 그 안에는 이미 그것을 최종적인 완전한 형태에 이르게 하는 유전 정보가 들어 있다.

인격으로 존재함은 근본적인 존재론적 조건이다. 인간 존재는 어떤 특정한 능력을 점차로 획득함으로써 인격이 '되는' 것이 아니다. 인간 존재는 인격'이다.' 나이에 따라, 어떤 능력의 행사에 따라 인격의 발달 정도가 있다 하더라도, 개인의 점진적인 신체적·심리적 성숙에 상응하는 인격의 정도가 있다 하더라도, 인격으로 존재함은 존재론적 정체성을 갖는다. 인격적 인간 생명의 시작은 점진적인 물리적·심리적 발달 과정에 의존하지 않는다. 생물학적 인간 생명과 인격적 인간 생명은 시간과 공간에서 동일한 외연을 가진다(co-extensive).66) 인간 존재가 있는 곳에 인격이 있는 것이다.

단세포 단계의 초기 인간 생명인 수정란은 이미 인격이다. 임신은 '질적인 도약'이며, 즉각적이며 명확한 존재론적으로 근본적인 계기이다. 그 이후의 발달 단계는 복합적이기는 하나, 양적인 것이다. 인격주의의 전통에 따르면, 인격은 신체와 영혼의 통합된 전체이다. 살아있는 인간 유기체는 '통합하고 조직하는 원칙'(전통적으로 '영혼' 또는 '실체적 형식'이라 불리는)에 의해 생기를 얻는다. 이 원칙은 부분들의 다양성을 통합하고 변화를 통해

---

65) Aristotle, *Metaphysica*, Ⅸ 7, 1048b 37∼1049a 14.

66) W. Bueche, "Destroying human embryos, destorying human lives: a moral issue", *Studia Moralia* 1991, XXⅨ (1), pp.85∼115. Laura Palazzani, "The Nature of the Human Embryo: Philosophical Perspectives", p.15.

현재를 유지한다. 인격적 인간 존재의 '통합성'과 '지속성'을 보증하는 것은 바로 이러한 존재론적 기초이다. 존재론적 관점에서 볼 때 인격적 인간 존재는 그/그녀의 부분들과 행위들의 총화 이상이다. 인격은 그/그녀의 능력을 통해 드러나며, 행위 속에서 그/그녀 자신을 표현한다. 그러나 그 안에서 완전하게 이해되지 않으며 그것들로 환원되지도 않는다.

그러므로 행위의 어떤 특성의 결여가 인격의 결여를 의미하지는 않는다. 인격은 인간의 '전체로-될-가능성'(Ganz-sein-Können)[67]을 의미한다. 이 가능성 속에서 우리들은 우리 자신을 실제의 전체성에게로 이끌며, 자신의 상태, 성질, 행위의 전체성에 의지한다. 인간 배아도 그것의 인격 실현 정도가 지금 현재 불완전할지라도, 전체로 될 가능성을 지닌다. 가능성으로서의 인격의 관점에서 볼 때 인간 배아는 인격 지위를 가질 수밖에 없다.

인간은 인격'이지', 인격'처럼' 행위 하는 것은 아니다. 존재론적 물음은 규범적 이슈와 밀접히 연결된다. 인간 배아의 인간학적 지위는 인간 배아의 법률적 지위로 연결된다. 도덕적 의무와 권리는 존재에 근거한다. 윤리학적 법률적 속성은 존재론적 정체성으로부터 연역된다. '무엇이 인간 배아인가'의 물음에 대한 대답은 '인간 배아는 어떻게 대우받아야 하는가'의 물음에 대한 대답을 조건 지운다. '본성'에서 '규범'으로의 경로는 최종 목적의 관점에서 정당화된다. 본성은 단순한 사실로 기계론적으로 환원될 수 없으며, 오히려 '목적의 질서'와 일치한다.

본성은 사실의 단순한 물질적 인과적 전체가 아니다. 또한 본성은 인과 법칙에 의해 결정 가능한 것도 아니다. 본성은 우주이며 의미 부여된 통합체이며 따라서 인류가 이해할 수 있는 것이다. 모든 실재는 자신의 본질을 구성하는 존재 목적과 이유를 가지고 있으며, 인간은 이것을 알 수 있다. 본성 자체가 본질적으로 규범적이며 본성은 인간에게 행위 지시와 지침을 제공할 수 있다는 점에서 '해야 한다'(당위 물음)는 '존재한다(존재 물음)로부

---

67) H. Schmidinger, *Der Mensch ist Person*(Innsbruck, 1994), S.14.

터 연역될 수 있다. 따라서 한 인격의 생명의 실현이 수정란에 새겨진 목적이라면, 인간 배아는 비록 단세포 단계일지라도 도덕적으로 존중되어야만 하고 법률적으로 보호되어야만 한다.

그렇다면, 인격 존재인 인간 배아에 대한 의료적 또는 생명과학적 개입은 어떤 경우에 허용될 수 있는가에 대해 묻지 않을 수 없다. 왜냐하면 인격 지위를 인정받고 있는 성인에 대한 의료적 개입이 이루어지기 때문에, 인격 지위가 인간 존재에 대한 모든 의료적 생명과학적 개입을 반대한다고 할 수는 없기 때문이다. 인격주의는 인간 존재에 대한 의료적 생명과학적 개입이 치료적일 때만 정당한 것으로 허용한다.

따라서 인간의 초기 생명에 대한 개입은 치료적일 때만, 다시 말하면 개입 당하는 생명에게 이익이 될 때만 정당화될 수 있다. 그러므로 배아의 파괴를 가져오는 연구는 허용될 수 없다. 이는 과학과 기술의 진보는 분명한 한계를 갖는다는 것을 의미한다. 즉 인간 생명은 그 생명의 시작부터 존중되어야 한다. 왜냐하면 인간 생명은 인격적 생명의 표현이기 때문이다. 이것은 인간에게 적합하다고 인정된 보호를 인간 존재의 존재론적 동등성을 인정하면서 인간 배아에게까지 확대하는 문제이다.

생명윤리의 논의에서 경험적 기능주의의 전통을 따르는 비인격주의의 의견은 매우 다양하며 경우에 따라서는 상반되는 경우도 있다. 그러나 이 다양성 속에서 2개의 공통된 전제를 발견할 수 있다. 첫째 그들은 임신 첫 순간부터 배아의 생물학적 인간 지위, 즉 호모 사피엔스 종으로서의 지위를 인정한다. 둘째 배아 발달 초기 단계에서의 인격의 실존을 거부한다.

환원주의적 인격 이해를 하는 비인격주의는 배아를 인간 존재로는 인정하나 인격으로는 (심지어 잠재적으로라도) 인정하지 않는다. 그들에 의하면 인간 배아는 아직 인격이 아니다. 인간 배아는 임신 후 어떤 순간 이후에 인격이 된다. 그들은 '초기 배아', '후기 배아'라는 용어를 즐겨 사용하는데, 이로써 연속적인 인격 단계와 구별되는 '인간' 발달의 단계를 나타내려 한다. 그들은 인간 존재란 용어와 인격이란 용어가 의미상 동일한 외연을 갖는다는 사실을 부인한다. 과학적 의미의 인간 존재 즉 호모 사피엔스 종의 구성원으로서의 생명 유기체를 철학적 의미의 인격과 구분한다.[68] 이런 맥락에서 인간 배아의 생물학적 지위에 관한 기술은 인격의 정의와 무관한 것이 된다. 생물학적 관찰은 인격적 지위를 인정하는 데 필요한 조건의 부재를 확인함으로써 인격적 생명의 현존을 배제하는 데 유용한 지침만을 제시할 뿐이다.

비인격주의의 철학적 숙고는 생물학적 관찰로부터 독립해 있다. 생물학적 의미의 인간 존재와 철학적 의미의 인격이 분리되는 이유를 인격에 대한 유명론적인 정의에서 찾을 수 있다. 환원주의적 입장을 지지하는 저자들은 어떤 특정한 속성이나 기능을 가지고 인격을 정의한다. 이러다 보면 인간 이외의 개체가 인격에 속하기도 하고, 어떤 인간 개체(예를 들면, 인간 배아)는 인격에서 배제되기도 한다. 경험주의적-활동주의적 기능주의가 이러한 견해를 가지고 있다. 이는 존재론을 거부하는 환원론적 견해이며, 어떤 특정한 특징이나 행위 유형의 출현에 인격의 인정을 종속시킨다. 그러면 그들은 어떤 속성이나 능력들을 인격과 일치시키고 있나 살펴보자.

어떤 학자들은 관계 속에서 인격을 구성하는 속성을 발견한다. 즉 착상 순간에 어머니와 처음으로 신체적 관계를 맺으며 그러므로 바로 이 순간부터 인격이 시작된다고 주장한다.[69] 다른 학자들은 개별성을 인격의 제1요건으로 간주하고, 개별적 인격은 수정 후 14일에 시작한다고 주장한다. 왜냐하면 14일 이전에는 분할 또는 일란성 쌍둥이의 가능성이 남아 있기 때문이다.[70] 이것이 영국의 워녹 보고서의 주요 내용이기도 하다.[71] 공리주의자들

---

68) Michael F. Goodman(ed.), *What is a person?*, p.1.

69) J. F. Malherbe, "L'embryon est-il une personne?", *Lumière et Vie* 1985, 172, pp.19~ 31; Laura Palazzani, "The Nature of the Human Embryo: Philosophical Perspectives", S.16.

70) N. Ford, *When did I begin? Conception of the human individual in history, philosophy and science*(Cambridge: Cambridge University Press, 1988).

71) Kevin Doran, *What is a Person: The Concept and the Implications for Ethics* (Lewiston, Lampeter, Queenston: The Edwin Mellen Press, 1989), pp.130~135.

은 감각 능력 즉 쾌와 고통을 느끼는 능력 즉 이익을 갖는 능력을 인격의 기준으로 삼는다. 그리고 임신 14일을 최소 경계선으로 삼는다. 14일은 '원시선'의 형성 순간이며 감각 능력 행사의 필수 조건인 중추 신경계의 윤곽이 형성되는 순간이다.72) 어떤 학자들은 의식적인 정신적 심리적 단계 즉 자아의식을 경계선으로 삼기도 한다. 이것은 인격에 관한 심리학적 정의인데, 이들은 수정 후 수주 후에야 인격의 정신적 생활이 시작한다고 주장한다.73) 어떤 학자들은 인격의 고유 특성으로 합리성 즉 지적, 자아 의식적, 언어적 능력을 포함하는 상징적 능력을 지적한다. 따라서 인격 지위는 배아에게 결코 속하지 않으며, 적어도 합리성 행사의 필요 조건인 뇌 구조의 어느 정도까지의 발달 단계까지도 속하지 않는다.74) 어떤 학자들은 자율성을 기준으로 삼는다. 자율성이란 신체적, 심리적으로 어머니에게 의존하지 않는 독립적 생활 능력을 의미한다.75)

이들의 공통된 견해는 인간 배아는 아직 인격이 아니라는 것이다. 왜냐하면 인간 배아는 관계적이지도 않고, 개별적으로 구분되지도 않으며 감각하지도 못하고 자아의식도 없고 합리적이지도 않으며 자율적이지도 않은 존재이다. 생물학적으로 인간 배아가 인간학적으로 인격이 아니라면, 인간 배아의 규범적 지위는 어떠한가? 이들은 단언 판단으로부터 존재론적 가치 판단의 추론 불가능성(흄의 법칙)을 고수하며, 자연에 대한 기계론적 개념에 기반한다. 자연은 우연히 또는 인과 법칙에 따라 공간 내에서 움직이는 연장

---

72) J. Harris, *The value of life: an introduction to medical ethics*(London: Routledge and Kegan Paul, 1985)

73) M. Tooley, "Abortion and infanticide", *Philosophy and Public Affairs*, Fall 1972, 2 (1); J. M. Goldenring, "The brain-life theory: towards a consistent biological definition of humanness", *Journal of Medical Ethics*, 1985, 11, pp.198~204.

74) Peter Singer, *Practical Ethics*; T. H. Engelhardt, *Foundations of Bioethics*(New York: Oxford University Press, 1986); Derek Parfit, *Reasons and Persons*(Oxford: Oxford University Press, 1984).

75) D. N. Irving, "Scientific and philosophical expertise: an evaluation of the arguments on personhood", *Linacre Quarterly* 1993, 60 (1), pp.18~47.

된 실체의 전체이다. 배아의 인간 본성은 그것의 가치와 권리에 관해 아무 것도 말하지 않는다. 그것은 단지 생물학적 사실일 뿐이다. 인간 배아가 법적 권리의 주체라는 관념은 배제된다. 기껏해야 인간 배아는 법률의 고려 '대상'일 뿐이다.

환원주의에 근거한 비인격주의의 견해에 다음과 같은 물음을 제기할 수 있다. 이미 인격이 아닌 존재가 어떻게 인격이 되는가? 무엇이 인간 생명의 생물학적 지위로부터 인격적 지위로의 질적인 도약을 가능케 하는가? 누가 어떤 기준에 근거하여 인격이게끔 하는 속성이나 기능의 종류와 정도를 선택하는가? 통각을 상실한 그리하여 감각이 없는 상태, 일시적으로라도 기억을 상실한 경우, 외부 세계로부터 고립된 그리하여 자율적이지 못한 경우의 성인은 어떻게 고려되어야 하는가? 인간 배아를 존중할 것인가 말 것인가에 대한 결정이 어떻게 주관적 의지에 맡겨질 수 있는가? 의지가 충돌한다면, 동시에 같은 맥락에서 서로 다른 소망이 표현된다면, 어떻게 하나? 어린 생명은 왜 더 적은 가치를 가져야 하는가? '그 이전'의 생명을 보호하지 않는다면, 어떻게 특정 능력이나 기능의 출현 '이후'의 생명을 보호할 수 있는가? 모든 초기 배아가 파괴된다면 그 이후의 생명은 존재할 수 있는가?[76]

착상과 함께 인간 생명이 시작된다면, 자궁에 임신된 초기 배아는 자궁 밖에서 창출된 배아와 마찬가지로 인간 존재가 아니다. 그러나 배아를 유지하는 환경 및 배아에게 영양을 제공하는 것과 관련된 착상 과정이 인간 생명인가 아닌가를 결정하는 기준이 될 수 있는가? 물론 착상은 배아의 생명 과정에서 중요한 단계이다. 배아는 영양을 받기 위해 모체의 자궁에 착상한다. 마찬가지로 9개월 된 태아는 자신의 생명 여행을 계속하기 위해 새로운 유형의 영양을 받고 호흡하기 위해 모체의 제한된 공간을 떠난다. 배아이든, 소년이든, 청년이든, 노인이든, 우리 모두는 생존하고 성장하기에 알맞은 환경과 영양을 필요로 한다. 착상과 출생은 인간의 초기 배아가 생명의 여정을 지속하

---

76) Laura Palazzani, "The Nature of the Human Embryo: Philosophical Perspectives", p.17.

는 데 필요한 환경과 영양의 중요한 변화 시점이다. 그러나 착상과 출생이 생명체가 되거나 인간이 되는 그런 시점은 아니다.

배아가 자궁에 착상하지 못하면 계속 살아갈 수 없다는 논증은 배아가 인간 존재라는 점을 부인하는 이유가 되지 못한다. 우리들도 영양과 알맞은 환경이 없다면 살 수 없다. 착상 준비가 다 되었으나 착상이 거부된 배아의 상황은 추위 속으로 쫓겨나 음식이 있는 따뜻한 실내로의 입실이 거부된 굶주린 자의 상황과 유사하다. 추위 속으로 쫓겨난 자는, 비록 더 살지는 못할지라도 인간 존재이다. 마찬가지로 착상 이전의 인간 배아도 성장하고 발달해야 할 인간이다.

원시선 출현 이전에는 개별적인 인간 생명에 관해 이야기 할 수 없다는 주장도 타당하지 못하다. 이들은 원시선이 출현하기 전까지는 배아가 일란성 쌍둥이가 될 가능성이 있으며 따라서 원시선 출현 이전에 개별 생명체에 관해 이야기하는 것은 어리석은 것이라고 주장한다. 그러나 중요한 점은 쌍둥이가 될 배아일지라도 살아 있는 인간 배아 즉 살아 있는 인간 존재라는 점이다. 자신과 똑같은 타자에게 무성 생식으로 생명을 줄 수 있다는 사실이 그것이 인간 생명이 또 인간 존재가 아니라는 사실을 의미하는 것은 아니다.

초기 배아내의 일부 세포만이 태아로 발생하며 나머지 세포들은 태반과 다른 지원 조직으로 발생한다는 주장도 있다. 태반은 자궁 내에서 성장하는 유기체의 부분이다. 그 조직의 일부가 출생 시 버려진다는 점이 이 사실을 변화시키지는 않는다. 태아, 태반, 기타 지원 조직은 일치하여 하나의 목적을 지향하며 통합된 전체 즉 단일 유기체를 이룬다.[77]

생명 과정의 시작에 유일하고 분명한 단절 지점이 있다. 그것은 단세포 접합체(zygote) 즉 수정란의 생성이다. 단세포 접합체는 배아 발달 과정에서 세포 분할을 준비한다. 단세포 접합체가 생성되는 지점을 정확히 나타내기는 매우 어렵다. 그러나 인간 배아가 그 기원과 무관하게 인간 기원의 실체

---

77) Agneta Sutton, "Is the Human Embryo Our Neighbour?", p.58 참조.

라는 점은 분명하다. 인간 배아의 인간성은 부인될 수 없다. 마찬가지로 분할 중인 세포들도 명백히 생명체이다. 인간 배아는, 실험실의 페트리 접시 안에 있든, 모체 내 나팔관을 따라 유동 중이든, 아직 원시선이 나타나지 않았든 관계없이 그것은 인간 존재이다.

지금까지 살펴 본 바와 같이, 인간 배아의 지위에 관한 논쟁의 핵심에는 인격에 관한 이해의 차이가 있다. 인격을 환원적으로 정의하는 비인격주의는 인간 존재와 인격 존재의 일치성을 부정한다. 그 결과 인격 개념에 대한 제한과 확장이 동시에 일어난다. 비인격주의의 견해에 따르면, 모든 인간 존재가 인격은 아니다. 예를 들어 배아는 감각 능력의 관점에서 보면 인간 존재이기는 하지만 인격은 아니다. 반면에 어떤 비인간 존재가 인격이기도 하다. 예를 들어 로봇은 인공 지능을 가졌기 때문에 인격이다. 이것은 역설적으로 어떤 고등 포유동물이나 기술적 생산품이 인간 배아보다 더 존중받아야 한다는 결론을 도출한다.

이러한 역설을 극복하는 길은 인간으로 되돌아가는 데서 찾을 수 있을 것이다. 이것은 공통의 이해 즉 인간 존재와 인격을 동일시하는 이해, 즉 인격주의로 돌아감을 의미한다. 인격주의는 존재론적으로 인격을 이해한다. 따라서 생물학적으로 인간인 배아는 동시에 인격이다. 생명과학의 발달이 가져오는 인간 생명 존엄성의 위기를 극복하기 위해 우리는 보편적으로 인정되는 인권을 인간 생명의 초기 '범위'까지 확장해야 한다. 생명과학 분야에서 오늘날 우리가 직면하고 있는 차별은 노예·인종·성에 따른 차별이 아니라, 인간 생명의 연속적인 단계에 주어지는 상이한 중요성의 차별이다. 배아가 비록 양적으로 매우 작고 지각할 수 없을지라도 질적으로는 인간이며, 그렇다면 인격으로서 존중받고 보호받을 가치가 있다.[78]

---

78) Laura Palazzani, "The Nature of the Human Embryo: Philosophical Perspectives", pp.14~17 참조.

Ⅶ. 결 론

　　이 논문에서는 생명과학의 발달이 가져오고 있는 역기능으로서 인간 생명 존엄성의 위기 현상을 진단하고, 이러한 위기 현상을 극복하기 위해 요청되는 올바른 생명윤리, 즉 인간 생명의 존엄성을 생명의 모든 단계에서 보장해 줄 수 있는 생명윤리를 정립하려고 하였다. 이러한 관점에서 본론에서 논의된 내용들을 다음과 같이 정리해 볼 수 있다.

　　현대 생명과학의 발달은 인류에게 난치병 치료와 노화 예방 등 건강과 장수의 길을 열어 주고 있다. 그러나 올바른 생명윤리의 기초가 없이, 유용성과 상업성, 모험주의에 치우치고 있는 일부 생명과학의 연구들은 인간 생명의 존엄성을 위협하고 있다. 지금까지 생명과학과 생명공학에 대한 논의는 대체로 그것의 예상되는 유용성을 과장해서 전달하는 데 치중하고 있다. 생명과학의 부정적 측면에 대해서는 거의 다루지 않거나, 다루더라도 아주 피상적으로 다루고 있다. 그러나 인류의 삶을 풍요롭게 해 줄 것으로 기대했던 핵에너지가 핵무기가 되어 인류와 지구를 파멸의 위기로 몰아가고 있는 것처럼, 인간의 자만과 통제되지 않은 욕구가 생명과학 기술을 통하여 인간 생명의 존엄성을 위협할 수 있고, 위협하고 있다.

　　그러므로 무엇보다도 시급한 것은 인간 생명의 존엄성을 존중해야 한다는 기본 방향이 정립되어야 할 것이다. 생명의 존엄성과 인간 생명의 존엄성을 침해하는 어떠한 연구와 실험도 거부되어야만 한다는 철저한 의식이 요청된다. 생명과학이 오로지 인류의 안녕과 행복에 기여할 수 있도록 우리는 감시해야 할 것이며, 생명과학자들이 안심하고 연구할 수 있는 한계를 제시해 주어야 할 것이다. 이를 위해 올바른 생명윤리가 시급히 요청되고 있다.

이 논문에서 연구자는 올바른 생명윤리는 인격주의(personalism)에 기초해야 한다고 제안한다. 인격주의의 전통은 보에티우스, 토마스 아퀴나스까지 거슬러 올라간다. 한편 현대의 인격주의는 매우 다양한 양상을 보이고 있다. 이 논문에서는 보에티우스와 토마스 아퀴나스를 중심으로 하는 전통적 의미의 인격주의와 막스 셸러, 구아르디니, 슈페만을 중심으로 하는 현대적 의미의 인격주의에 대하여 살펴보았다.

보에티우스는 인격을 '이성적 본성의 개별적 실체'(rationalis naturae individua substantia)라고 정의하였다. 토마스 아퀴나스는 이 정의를 이어 받아 '이성의 본성 안에서 다른 것과 분별되는 자주체'(Persona significat …… subsistens in rationali natura)라고 정의하였다. 보에티우스에 의해 정교해지고 토마스 아퀴나스에 의해 완성되어진 인격 개념에 대한 존재론적 정의는 형이상학의 가능성을 믿으며, 또한 인격주의의 전통을 따르는 철학자들에 의해 널리 수용되고 있다.

전통적 의미의 인격주의에서는 인격 개념을 위와 같이 존재론적으로 적극적으로 정의하고 있다. 반면 현대의 인격주의에서는 인격에 대한 존재론적 정의를 수용하면서도, 인격 개념에 대해서 '인식론적'으로는 적극적으로 정의하지 않는다. 막스 셸러는 인격은 인식론적으로 개념 정의를 할 수 없고, 소극적인 표현을 통해서 간접적으로 그 의미를 추측하고 이해할 수밖에 없다고 이야기한다. 인격은 어떤 능력을 가진 사물이나 대상이 아니며, 오로지 인격 활동의 공수행을 통해서만 나에게 주어질 수 있다고 이야기한다. 구아르디니도 인격은 파악할 수 없는 것이라고 이야기한다. 인격은 내용 진술에서 벗어나며, '무엇이 너의 인격이냐'는 질문에 대해 나는 '나의 육체, 나의 영혼, 나의 오성, 나의 의지, 나의 자유, 나의 정신'이라고 대답할 수 없다. 왜냐하면 '이 모든 것은 아직 인격이 아니며 말하자면 인격의 재료일 뿐이다'라고 구아르디니는 말한다.

그러면 왜 현대의 인격주의는 인격을 인식론적으로 적극적으로 정의하지 않는가 하는 물음을 제기할 수 있다. 이에 대해 다음과 같이 대답할 수 있을 것이다. 인격을 '인식론적'으로 적극적으로 정의하다보면, 인격 개념을 어떤 제한된 속성이나 특징으로 환원하는 오류를 범할 수 있기 때문이다. 로크의 전통을 따르는 비인격주의자들이 이런 오류를 범했다고 할 수 있다. 그들은 인격을 인식론적으로 적극적으로 정의하였고, 그 결과 인간 존재와 인격 존재의 일치성을 부정하고 말았다.

그러나 인격주의의 전통에 따르면, 인간 존재는 곧 인격 존재이다. 인격으로 존재함은 근본적으로 존재론적 조건이다. 인간 존재는 어떤 능력이나 속성을 점차로 획득함으로써 인격이 '되는' 것이 아니다. 인간 존재는 인격'이다'. 생물학적 인간 생명과 인격적 인간 생명은 시간과 공간에서 동일한 외연을 가진다. 막스 셸러는 인간에게서 인격의 본질을 발견할 수 있다고 이야기한다. 인격은 단지 자신의 활동을 수행할 때만 실존하며, '인간으로서 인간은 느낄 수 있는 가치, 활동, 활동 법칙 등에 의해 나타나는 것을 위한 장소이며 기회'라고 셸러는 말한다. 구아르디니도 인격 개념은 존재론적 개념이며, 그 자체로서 인간에게로 향한다고 이야기한다. 설사 그가 아직 그런 능력이 없고, 아직 그렇게 형성되지 않았고, 또 그런 속성이 없을 지라도, 인간 그 자체가 인격이다. 슈페만도 인격은 동시에 생물학적으로서의 인간에게 특징적인 생명의 종의 구조이며, 인격은 '인간' 종의 개인들이 존재하는 방식이라고 이야기한다.

'인격'이란 단어는 우리가 무엇인가를 어떤 것으로서 표현하고 확인할 수 있는 그런 종류를 나타내는 표현이 결코 아니다. "이것은 무엇인가?"라는 물음에 우리는 "그것은 인격이다"라고 대답하지 않고, "그것은 사람이다" 또는 "그것은 강아지이다"라고 대답한다. 그것이 인격인지 아닌지에 관해서 알기 위해서 우리는 오히려 먼저 그것이 인간인지 아니면 강아지인지에 관해 알아야만 한다. 인격 개념은 어떤 것을 어떤 것으로서 확인하는 데 기여하는 것이 아니라, 이미 어떤 것으로서 규정된 것에 관해 진술하는 것이다. 우리는 오히려 '인격'의 귀속을 가지고 어떤 것이 '존재하는' 방식을 표시한다. 인격은 생물학적 종으로서의 인간에게 특징적인 생명의 구조이다. 인격이 존재하며 동시에 인격은 어떤 방식으로서 존재하는 본성 즉 인간 본성을 갖는다.

인격주의는 인간을 육체와 영혼이 통일적으로 결합된 전체로 본다. 인간은 육체와 영혼을 동시에 가지며, 어느 하나로 환원될 수 없다. 또한 육체·영혼 중 어느 하나가 부분적으로 덜 발달했거나, 부분적으로 상실되었다 할지라도 그는 우리의 이웃이며, 인간 가족에 속한다. 육체와 영혼은 인간의 구성 원리이며, 육체 자체는 가능성으로 살아 있는 질료의 원리이다. 이 질료의 원리는 영혼에 의하여 비로소 인간의 육체로 형태를 갖게 되며 생명을 부여받게 된다. 육체와 영혼은 질료인과 형상인으로서 인간의 '실체적 통일'로 구성한다. 아리스토텔레스와 토마스 아퀴나스까지 거슬러 올라가는 이러한 인간 이해를 현대의 인격주의도 수용하고 있다. 막스 셸러는 인간을 시종 일관되게 '감각적-생리적-정신적 층의 통일체'로 표시한다. 구아르디니도 인간을 '육체-영혼적 전체성'으로 이해한다.

인간을 곧 인격으로 보고, 인간을 '육체와 영혼의 통일인 전체'로 보는 인격주의는 현대 생명윤리의 토대가 될 수 있다. 인간 생명의 존엄성과 관련하여 인격주의가 주는 토대는 인간은 곧 인격이며, 인간은 인격 지위를 인간으로서 실존하는 순간부터 갖는다는 것이다. 그러므로 인간은 수정란부터 전면 뇌사에 이르기까지 생명의 모든 과정에서 인격 지위를 가지며, 바로 인격 그 자체이다.

인격주의에 기초하여 생명윤리 원칙을 다음과 같이 제시할 수 있다: 전체성의 원칙, 육체적 생명의 기본 가치 원칙, 자유와 책임의 원칙, 사회성과 보조성의 원칙.

'전체성의 원칙'이란 생명과 관련된 모든 행위는 생명 존재의 전체성 안에서 고려해야만 한다는 것이다. 만약 우리의 몸이 존재의 인격 행위 안에 있는 통일된 전체라면, 부분에 대한 개입은 전체를 고려해야만 한다.

'육체적 생명의 기본 가치 원칙'이란 인간의 육체적 생명은 인격과 분리된 실체가 아니라 인격 자체의 기본적 가치라는 것이다. 따라서 생명은 우리 마음대로 처분할 수 있는 것이 아니라 신성한 것이다.

'자유와 책임의 원칙'이란 자유는 책임의 이념에 근거해야 한다는 것이다. 어떤 희생을 치르더라도, 인공적 기법의 무차별적 사용을 통해서라도 자녀를 갖겠다고 결정하는 것 또는 어떤 생명을 다른 생명을 위해 희생시키는 것 등은 자유를 의미한 것이 아니다. 자유는 우리 자신과 타인에 대해 책임 있는 선택을 하는 것을 의미한다.

'사회성과 보조성의 원칙'이란 인격은 사회의 근원이자 목표이며, 인격의 존재 행위는 공동선의 한 부분을 수행함으로써 드러난다는 것이다. 사회성의 원칙은 모든 개별 존재의 생명과 건강을 증진을 통하여 우리 사회의 생명과 건강을 증진함을 의미한다. 사회성은 개별선에 대한 고려를 통해 공동선에 도달함을 목표로 한다. 사회성의 원칙은 도움과 지원을 필요로 하는 자로 향하는 보조성의 원칙에 의해 지지된다. 보조성의 원칙이란 모든 고차원의 사회적 단위는 그보다 하위의 단위들이 스스로는 성취할 수 없는 일을 보조하고 그들간의 분쟁을 해결하기 위해서만 개입할 수 있다는 원칙이다.

인격주의에 기초한 생명윤리의 관점에서 인간 배아의 지위를 생물학적 지위, 인간학적 지위, 법률적 지위로 나누어 살펴볼 수 있다. 먼저 인간 배아의 생물학적 지위를 살펴보자. 과학적 탐구에 의하면, 수정란 즉 살아 있는 인간 유기체의 제1세포는 '통합 체계'이며, 두 개의 하위 체계 즉 난자와 정자의 양적인 결합으로 환원될 수 없는 실체이다. 수정란은 '새로운' 체계이며 '자율' 체계이다. 그 안에 이미 모든 본질적인 정보들이 유전학적으로 새겨져 있으며, 이 정보들로 인해 배아는 점진적이고 계속적인 과정을 거쳐 그것의 최종 형태로서의 완전한 유기체, 즉 인간으로 발달하게 된다. 인간의 수정란과 배아는 결코 인간과 무관한 세포 덩어리가 아니다. 인간의 수정란과 배아는 지속적인 발생 과정을 통해 미래의 인간 유기체로 발달하는 것이다. 생명과학자들은 인간의 발생 과정을 그 시기에 따라 수정란, 배아, 태아 등으로 구별해서 부르고, 각 시기마다 구별되는 특징을 강조한다. 인간의 발생 과정을 이렇게 몇 개의 단계로 구분하여 부름으로써, 인간은 마치 몇 개의 질적으로 구분되는 발생 과정을 거친다는 오해를 야기하기도 한다. 그러나 이러한 호칭은 연속적인 인간 발생의 각 시기를 칭하는 '호칭'일 뿐, 인간 존재와 세포 덩어리를 구분하는 단절점일 수 없다. 인간은 수정 순간부터 인간 존재로 발생하는 것이다. 수정 이후 발생하는 인간 생명의 발달은 연속적인 과정이며, 질적 변화를 가져오는 의미 있는 단절점을 결코 찾을 수 없다. 그러므로 인간 배아는 생물학적으로 인간이다.

다음으로 인간 배아의 인간학적 지위를 살펴보자. 인격주의는 인격을, 보에티우스와 토마스 아퀴나스의 고전적인 해석에 따라, "이성적 본성의 개별적 실체"로 정의한다. 일단 인간 배아는 '개체'로 간주될 수 있고 그러므로 개체이다. 수정 후 14일까지 가능한 일란성 쌍생아 현상이 분할 가능성을 지지하는 논증을 구성할 수는 없다. 매우 드문 일란성 쌍생아 현상이 인간 배아의 개별성을 부인하지는 않는다. 왜냐하면 이 현상은 한 개체가 두 개체로 나누어지는 것이 아니라, 유전자 코드에 의해 하나의 예정된 생명 체계가, 단세포 유기체의 무성 생식의 기능처럼, 역시 예정된 다른 생명 체계를 존재케 하는 것이기 때문이다. 둘째로 인간 배아는 비록 육체적으로는 모체에 의존하고 외부 환경과의 관계를 요구하지만, '실체'이다. 즉 자립하는 실체이다. 자기 실존하며 자율성이 부여되며 자기 건설의 능력을 가지며 자기 충족적으로 자신의 발달을 이끌 위치에 있다. 모체와의 관계, 외부 환경과의 관계는 필요조건이지 충분조건은 아니다. 왜냐하면 성인들도 생명을 유지하기에 적합한 외부 환경(공기, 온도 등)을 항상 필요로 하기 때문이다. 끝으로 인간 배아는 '본성적으로 이성적'이다. 달리 말하면 이성은 그것을 행사하는 실제 능력과 완전히 무관한 생물학적 인간 존재의 구조적이고 특수한 특징이다. 따라서 호모 사피엔스 종에 속한다는 의미에서 사실상 인간인 인간 배아는 또한 적어도 잠재적인 의미에서 인격이다. 아리스토텔레스의 고전적 의미에서 잠재성은 목적으로 향하는 실재적이고 활동적인 가능성을 의미한다. 비록 인간 배아가 어떤 특정한 능력을 행사하지 못한다 할지라도 그 안에는 이미 그것을 최종적인 완전한 형태에 이르게 하는 유전 정보가 들어 있다.

인간 배아의 인간학적 지위는 인간 배아의 법률적 지위로 연결된다. 도덕적 의무와 권리는 존재에 근거한다. 윤리학적 법률적 속성은 존재론적 정체성으로부터 연역된다. '무엇이 인간 배아인가'의 물음에 대한 대답은 '인간 배아는 어떻게 대우받아야 하는가'의 물음에 대한 대답을 조건 지운다. '본성'에서 '규범'으로의 경로는 최종 목적의 관점에서 정당화된다. 본성은 단순한 사실로 기계론적으로 환원될 수 없으며, 오히려 '목적의 질서'와 일치한다. 본성은 사실의 단순한 물질적 인과적 전체가 아니다. 또한 본성은 인과 법칙에 의해 결정 가능한 것도 아니다. 본성은 우주이며 의미 부여된 통합체이며 따라서 인류가 이해할 수 있는 것이다. 모든 실재는 자신의 본질을 구성하는 존재 목적과 이유를 가지고 있으며, 인간은 이것을 알 수 있다. 본성 자체가 본질적으로 규범적이며 본성은 인간에게 행위 지시와 지침을 제공할 수 있다는 점에서 '해야 한다'는 당위 물음은 '존재한다'는 존재 물음으로부터 연역될 수 있다. 따라서 한 인격의 생명의 실현이 수정란에 새겨진 목적이라면, 인간 배아는 비록 단세포 단계일지라도 도덕적으로 존중되어야만 하고 법률적으로 보호되어야만 한다.

그렇다면, 인격 존재인 인간 배아에 대한 의료적 또는 생명과학적 개입은 어떤 경우에 허용될 수 있는가에 대해 묻지 않을 수 없다. 왜냐하면 인격 지위를 인정받고 있는 성인에 대한 의료적 개입이 이루어지기 때문에, 인간의 인격 지위가 인간 존재에 대한 모든 의료적, 생명과학적 개입을 반대한다고 할 수는 없기 때문이다. 인격주의는 인간 존재에 대한 의료적, 생명과학적 개입이 치료적일 때, 즉 전체성의 원칙에 따를 때 정당한 것으로 허용한다. 즉 개입 당하는 인간 존재에게 해가 되지 않을 때 정당한 것으로 허용한다. 따라서 인간의 초기 생명에 대한 개입은 치료적일 때만, 다시 말하면 개입 당하는 생명에게 이익이 될 때만 정당화될 수 있다. 그러므로 배아의 파괴를 가져오는 배아줄기세포 연구는 허용될 수 없다.

배아는 생물학적으로 인간이며, 그러므로 동시에 인격이다. 보편적으로 인정되는 인권을 생명의 초기 '범위'까지 확장해야 한다. 오늘날 우리가 직면하고 있는 차별은 노예·인종·성 차별이 아니라 인간 생명의 다양한 단계에서 주어지는 상이한 중요성의 차별이다. 배아가 비록 양적으로 매우 작고 지각할 수 없을지라도 질적으로는 인간이며 따라서 존중받고 보호받을 가치가 있다.

끝으로 인격주의에 기초한 생명윤리에 대해 제기될 수 있는 몇 가지 물음을 살펴보면서, 앞으로의 연구 과제를 제시해 보겠다. 우선, 인간 존재와 인격 존재를 동일시하는 인격주의는 인간의 생명 가치만을 소중한 것으로 여기는 것이 아닌가 하는 물음이 제기될 수 있다. 이 물음에 대해 다음과 같이 대답해 볼 수 있다. 인간의 생명은 생태계 내의 다른 생명과 분리해서 존재하는 고립된 생명일 수 없다. 즉 인간 생명은 전체 생명 세계의 일부분이다. 그러므로 인간 생명의 존엄성이 인정되고 추구되려면, 전체 생명 세계의 존엄성이 인정되고 추구되어야 한다. 생명의 가치는 인정되고 요구되어야 할 가치이며, 인격주의는 인간 생명의 존엄성을 생명 전체의 존엄성 속에서 추구한다. 그러므로 인간 생명이 존엄하다면, 다른 생명도 존엄함을 인정하지 않을 수 없다.

그러나 이와 관련하여 모든 생명을 똑같이 동등하게 존중하고 대우할 수 있는가의 문제가 제기될 수 있다. 이는 생명의 동등성과 차등성의 문제이다. 이 문제에 관해서 이 논문에서는 다루지 못했고, 다음의 연구 과제로 남겨 둔다.

또, 인격주의에 기초한 생명윤리가 너무나 엄격해서 생명과학의 발전을 막는 것이 아니냐는 지적이 있기도 하다. 이에 대해서는 다음과 같이 대답할 수밖에 없다. 생명과학이 연구 대상으로 하는 인간 생명은 결코 사물화, 대상화 할 수 없는 인격 가치이다. 인격 가치는 인정되고 요구되어야만 한다. 개별 인간 생명은 대치 불가능하며, 유일회적이다. 그러므로 생명과학의 연구가 개별 인간 생명의 유일회성을 훼손한다면, 그 연구는 결코 허용될 수 없다. 생명과학 연구는 인간 생명의 존엄성을 연구 결과뿐만 아니라 연구 과정에서도 추구하고 실현해야 한다.

이와 관련하여 생명윤리 교육의 필요성이 제기된다. 생명과학 연구에 종사하는 학자들에게 생명과학 연구의 진정한 목적이 무엇인지를 분명히 알려 줄 필요가 있다. 생명의 절대 가치가 공명심이나, 경제적 이득에 의해 훼손되어서는 안 되며, 이를 막기 위해서는 소극적인 법제정도 중요하지만, 적극적인 생명 존중 교육이 강화되어야 할 것이다. 이와 관련하여 인격주의에 기초한 생명윤리 교육에 대한 연구도 앞으로의 연구 과제로 남는다.

참 고 문 헌

1. 국내 문헌

1) 단행본

가톨릭대학교 인간학교육원 편저,『인간학』(서울: 가톨릭대학교 출판부, 1997)

구영모 엮음,『생명의료윤리』(서울: 동녘, 1999)

구인회,『생명윤리의 철학』(서울: 철학과 현실사, 2002)

금교영,『인격주의 윤리학』(울산: 울산대학교 출판부, 2001)

김두헌,『현대 인간론』(서울: 박영사, 1982)

김상득,『생명의료 윤리학』(서울: 철학과 현실사, 2001)

김중호,『의학 윤리란 무엇인가?』(서울: 바오로딸, 2002)

란트만, 미카엘 저, 진교훈 역,『철학적 인간학』(서울: 경문사, 1977)

롯터, 한스 지음, 안명옥 옮김,『인격과 윤리』(서울: 성바오로, 1993)

몬딘, B. 지음, 허재윤 옮김,『인간: 철학적 인간학 입문』(서울: 서광사, 1996)

문손, R. 지음, 박석건·정유석 외 옮김,『의료 문제의 윤리적 성찰』(서울: 단국
    대학교출판부, 2001)

메쓰너, 요한네스 지음, 강두호 옮김,『사회 윤리의 기초』(서울: 인간사랑,
    1997)

뮐러, 막스·알로이스 할더 지음, 강성위 옮김,『철학소사전』(대구: 이문출판사,
    1988)

박은정,『생명공학 시대의 법과 윤리』(서울: 이화여자대학교 출판부, 2000)

박종대 외,『현대인의 삶과 윤리』(서울: 민지사, 2000)

박종홍,『일반논리학』(서울: 박영사, 1992, 증보 수정, 개정 중판)

반 퍼슨, C. A. 지음, 손봉호·강영안 옮김,『몸·영혼·정신: 철학적 인간학 입문
　　　』(서울: 서광사, 1989)

소병욱,『생명윤리: 기초부터 알자』(왜관: 분도출판사, 1996)

셸러, 막스 지음, 이을상·금교영 옮김,『윤리학에 있어서 형식주의와 실질적 가
　　　치 윤리학』(서울: 서광사, 1998)

셸러, 막스 지음, 진교훈 옮김,『우주에서 인간의 지위』(서울: 아카넷, 2001)

슈페만, 노베르트 지음, 박찬구·류지한 옮김,『도덕과 윤리에 관한 철학적 사유』
　　　(서울: 철학과 현실사, 2001)

슈퇴릭히, H. J. 지음, 임석진 역,『세계철학사(하)』(왜관: 분도출판사, 1978)

심상태,『인간: 신학적 인간학 입문』(서울: 서광사, 1989)

싱어, 피터 저, 황경식·김성동 역,『실천 윤리학』(서울: 철학과 현실사, 1997,
　　　개정판)

오도넬, 로버트 지음, 이재룡 옮김,『쉽게 쓴 토마스 아퀴나스 철학』(서울: 가
　　　톨릭대학교 출판부, 2000)

요한 바오로 2세, 송열섭 역,『생명의 복음』(서울: 한국천주교중앙협의회, 1996)

이동익 엮음,『생명의 관리자: 의학 윤리를 위한 몇 가지 주제들』(서울: 가톨
　　　릭대학교 출판부, 1996, 제2판 제2쇄)

이을상,『가치와 인격: 막스 셸러의 실질적 가치 윤리학』(서울: 서광사, 1996)

임종식,『생명의 시작과 끝: 생명의료윤리 입문서』(서울: 도서출판 로뎀나무,
　　　1999)

정의채,『존재의 근거문제』(서울: 성바오로 출판사, 1987, 3판)

정의채,『형이상학』(서울: 성바오로 출판사, 1988, 8판)

진교훈,『철학적 인간학 연구(Ⅰ)』(서울: 경문사, 1984)

진교훈,『철학적 인간학 연구(Ⅱ)』(서울: 경문사, 1994)

진교훈,『환경 윤리: 동서양의 자연 보전과 생명 존중』(서울: 민음사, 1998)

진교훈,『의학적 인간학: 의학 철학의 기초』(서울: 서울대학교 출판부, 2002)

진교훈 외,『오늘의 철학적 인간학』(서울: 경문사, 1997)

코레트, 에머리히 지음, 진교훈 옮김,『철학적 인간학』(서울: 종로서적, 1986)

프링스, 맨프레드 지음, 금교영 옮김, 『막스 셸러 철학의 이해』 (대구: 이문출판사, 1995)

피퍼, 안네마리 지음, 진교훈·유지한 옮김, 『현대 윤리학 입문』 (서울: 철학과현실사, 1999)

하르트만, N. 지음, 손동현 옮김, 『존재론의 새로운 길』 (서울: 서광사, 1997)

한국 가톨릭 의사협회 편, 『의학 윤리』 (서울: 수문사, 1984)

허재윤, 『환경윤리 경제윤리 그리고 생명윤리』 (경북 경산: 영남대학교 출판부, 1999)

회프너, 요셉 지음, 박영도 옮김, 『그리스도교 사회론』 (왜관: 분도출판사, 1979)

2) 논 문

강경선, "생명윤리 논쟁 극복을 위한 대안: 성인 줄기 세포의 다양한 분화 능력과 그 한계", 한국생명윤리학회 2002년 봄철 학술 대회, 『줄기 세포 연구와 생명윤리』, 2002. 6. 15.

강미정, "유전자기술윤리의 정립을 위한 일 연구", (서울대학교 대학원 국민윤리교육과 박사 학위 논문, 2000. 2)

교황청 생명학술원, "인간 배아 간세포의 생산과 과학적 치료적 활용에 관한 선언", 2000, 한국천주교중앙협의회, 『사목』, 2001. 9.

교황청 신앙교리성성, "인간 생명의 기원과 출산의 존엄성에 관한 훈령", 1987, 이용 가능 정보원 <URL:http://www.cbck.or.kr/commitee/bioethic/pds/church_docu/humanlife_origin.asp>

김선택, "과학자와 연구의 자유", 한국생명윤리학회·토지문화관 주관, 『생명공학 시대의 연구 윤리』, 제25회 토지문화재단 세미나 자료집, 2001, 10.

김용자, "과르디니의 인격 개념에 대한 교육학적 고찰", 『성심여자대학 논문집』, 제23집, 1991.

김용자, "과르디니의 대립 이론과 교육 문제에 관한 연구", 『가톨릭대학교 성심교정 논문집』, Vol.1, No. 1, 1995.

김철근, "배아줄기세포 연구의 과학적, 의학적 가능성과 한계", 한국생명윤리학회 2002년 봄철 학술 대회, 『줄기 세포 연구와 생명윤리』, 2002. 6. 15.

김환석, "과학 기술 시대의 연구 윤리: 생명공학 분야를 중심으로", 한국생명윤리학회·토지문화관 주관, 『생명공학 시대의 연구 윤리』, 제25회 토지문화재단 세미나 자료집, 2001, 10.

박종대, "인간의 존엄성과 공동체적 사회 윤리의 실천", 서강대학교 사회과학연구소, 『사회과학연구』, 제4집, 1995.

박종대, "충전적 휴머니즘과 전통적 이성의 회복", 서강대학교 인문과학연구원, 『철학의 위기와 인간의 미래』, 인문연구논집 제27집, 1999.

박희주, "한국의 생명 복제 논쟁", 한국생명윤리학회, 『생명윤리』, 제3권 제1호, 2002. 6.

배국원, "피터 싱어의 생명윤리 사상", 『계간 과학 사상』 2001, 가을호.

변순용, "책임에 대한 물음들: 책임의 윤리학", APED 제3회 시민 윤리팀 학술 세미나, 2002. 10. 9.

소병욱, "생명 있는 모든 것을 위한 윤리", (인용 일자: 2002-10-09), 이용 가능 정보원<URL:http://www.cbck.or.kr/bioethics/pds/biotech/bioethics_so.asp>

오일환, "성체 줄기 세포와 미래 의학", 한국생명윤리학회 2002년 봄철 학술 대회, 『줄기 세포 연구와 생명윤리』, 2002. 6. 15.

윤경호, "자끄 마리땡(Jacques Maritain)의 인격론에 관한 연구" (서울대학교 대학원 국민윤리교육과 석사학위논문, 1992)

이경원, "로마노 구아르디니의 인간학: 인격으로서의 인간", 진교훈 외, 『오늘의 철학적 인간학』 (서울: 경문사, 1997)

이동익, "자궁 밖에 남겨진 잔여 배아에 대한 윤리적 보호", (인용 일자: 2002-07-18), 이용 가능 정보원 <URL:http://www.cbck.or.kr/bioethics/pds/seminar/semina02_lee. htm>

이인영, "인간 복제 및 배아 이용의 주요 쟁점과 관리 방안", 한국보건사회연구원, 『(가칭) 생명윤리 및 안전에 관한 법률』 제정을 위한 공청회』 자료집, 2002. 7. 15

이인재, "셸러(M. Scheler) 인격주의 가치윤리학의 도덕교육적 함의에 관한 연구", (서울대학교 대학원 국민윤리교육과 박사학위논문, 1995)

진교훈, "철학적 인간학에서 본 정신 건강의 의미", 가톨릭대학 논문집, 제9집(서

울: 1983)

진교훈, "사회·문화 윤리", 한국국민윤리학회 편,『국민윤리학 개론』(서울: 형설출판사, 1987)

진교훈, "인간의 삶에 있어서 정신의 지위", 한국현상학회 편,『현상학과 실천철학』(서울: 철학과 현실사, 1993)

진교훈, "철학에서 본 뇌사: 생명윤리의 관점에서", 진교훈,『철학적 인간학 연구(Ⅱ)』(서울: 경문사, 1994)

진교훈, "보편적 가치 윤리학의 재구성과 가치관 교육", 한림과학원 편,『21세기를 여는 한국인의 가치관』(서울: 소화, 1997)

진교훈, "생명과학에 대한 윤리학적 성찰", 호남신학대학교 해석학 연구소 편,『생명과학과 인류의 미래』(한들출판사, 2001)

진교훈, "인간 게놈 지도의 완성과 문제점", (인용 일자: 2002-10-21), 이용 가능 정보원, <URL:http://www.cbck.or.kr/bioethics/pds/genome/genome_map.asp>

진교훈, "도덕과 교육에서의 생명윤리 내용", 한국교육과정평가원,『초·중등학교 도덕과 교육의 실태 파악과 새로운 교육 목표 및 내용 체계의 정립』, (연구 자료 ORM 2002-7, 2002)

홍석영, "현상학적 윤리학의 인격론에 관한 연구: 막스 셸러의 인격론을 중심으로" (서울대학교 대학원 국민윤리교육과 석사학위논문, 1991)

황순우, "칸트와 생명윤리",『생명공학시대의 철학적 성찰』, 제14회 한국철학자 대회보, (전북 익산: 도서출판 동남풍, 2001)

황우석, "생명 복제 기술의 현황과 전망", 제1회 서울대·전경련 바이오 포럼 특별 강연, 2002. 4. 3. (인용 일자: 2002-04-10) 이용 가능 정보원 <URL: http://www.fki.or.kr/Upload/Data/BDOD/2002_0403제1회바이오포럼.PDF>

2. 외국 문헌

1) Books

Bayertz, Kurt, *GenEthik: Probleme der Technisierung menschlicher Fortpflanzung*

(Hamburg: rowohlts enzyklopädie, 1987)

Brasser, Martin(Hrsg.), *Person: Philosophische Texte von der Antike bis zur Gegenwart* (Stuttgart: Philipp Reclam jun., 1999)

Byun Sunyong, *Die Struktur der Verantwortungsethik im österlichen und westlichen Denken* (Aachen: Shaker Verlag, 2002)

Doran, Kevin, *What is a Person: The Concept and the Implications for Ethics* (Lewiston, Lampeter, Queenston: The Edwin Mellen Press, 1989)

Eibach, Ulrich, *Menschenwürde an den Grenzen des Lebens* (Neukirchener Verlagshaus, 2000)

Fuchs, Thomas, *Leib, Raum, Person: Entwurt einer phänomenologischen Anthropologie* (Stuttgart: Klett-Cotta, 2000)

Goodman, Michael F.(ed.), *What is a person?* (Clifton, New Jersey: Human Press, 1988)

Hoerster, Norbert, *Abtreibung im säkularen Staat: Argumente gegen den § 218* (Frankfurt am Main: Suhrkamp Verlag, 1991)

Korff, Wilhelm, Lutwin Beck, und Paul Mikat(Hrsg.), *Lexikon der Bioethik* (Gütersloh: Gütersloher Verlaghaus, 1998)

Modin, Battista, *Philosophical Anthropology* (Rome: Urbaniana University Press, 1985)

Parfit, Derek, *Reasons and Persons* (Oxford: Clarendon Press, 1984)

Pieper, Annemarie, *Einführung in die Ethik* (Tübingen: Francke Verlag, 1991)

Pöltner, Günther, *Grundkurs Medizin-Ethik* (Wien: Facultas, 2002)

Pontificia Academia Pro Vita, *Identity and Statute of Human Embryo* (Vaticano: Libreria Editrice Vaticana: 1998)

Rager, Günter(Hrsg.), *Beginn, Personalität und Würde des Menschen* (Müchen: Alber Grenzfragen, 21998)

Reich, Warren T.(ed.), *Encyclopecia of Bioethics* (New York: Simon & Schuster, Macmillan, 1995, Revised Edition).

Scheler, Max, *Der Formalismus in der Ethik und die materiale Wertethik: Neuer*

Versuch der Grundlegung eines ethischen Personalismus (Bern, Müchen: Francke Verlag, 1916, 1. Auflage; 1980, 6. Auflage, Gesammelte Werke Band 2)

Scheler, Max, *Vom Umsturz der Werte* (Bern, Müchen: Francke Verlag, 1915, 1. Auflage, 1955, 5. Auflage, Gesammelte Werke Band 3)

Scheler, Max, *Wesen und Formen der Sympathie* (Bern, Müchen: Francke Verlag, 1913, 1. Auflage, 1973, 6. Auflage, Gesammelte Werke Band 7)

Singer, Peter, *Practical Ethics: Second Edition* (Cambridge: Cambridge University Press, 1993)

Spaemann, Robert, *Personen: Versuche über den Unterschied zwischen ‚etwas' und ‚jemand'* (Stuttgart: Klett-Cotta, 1998, Zweite Auflage)

Spaemann, Robert, *Grenzen: Zur Ethischen Dimension des Handelns* (Stuttgart: Klett-Cotta, 2002, Zweite Auflage)

Sprügel, Guido, *Bioethik-Konvention und der Zugriff der Forschung auf den Menschen* (Bonn: Pahl-Rugenstein, 1999)

Sturma, Dieter(Hrsg.), *Person: Philosophiegeschichte-Theoretische Philosophie-Praktische Philosophie* (Paderborn: mentis, 2001)

Valverde, Carlos, *Der Mensch als Person: Philosophische Anthropologie* (Paderborn: Bonifatius Druck·Buch·Verlag, 1999)

Wojtyła, Karol, *The Acting Person*, Translated from the Polish by Andrzej Potocki (Dordrecht, Boston, London: D. Reidel Publishing Company, 1979)

Zülicke, Freddy, *Human-Gentechnik, Naturteleologie und Ethik: Moralisch -ethische Probleme von Reproduktionsmedizin und Human-Gentechnik* (Frankfurt am Main; Berlin; Bern; New York; Paris; Wien: Peter Lang, 1994)

Zülicke, Freddy, *Bioethik: Beiträge zu philosophisch-ethischen Problemen der Biowissenschaften* (Cuxhaven; Dartford: Traude Junghans Verlag, 1996)

2) Articles

Beckwith, Francis J., "Abortion, Bioethics, and Personhood: A Philosophical Reflection", This article first appeared in The Southern Baptist Journal of Theology 4. 1 (2000) pp.16-25. (인용 일자: 2002-07-29) 이용 가능 정보원 <URL:http://www.cbhd.org/resources/aps/beckwith-personhood.htm>

Bole III, Thomas J., "The Person in Secular and in Orthodox-Catholic Bioethics", *Christian Bioethics* Vol.6, No.1 (Swets & Zeitlinger Publishers, 2000)

Chin Kyo-hun, "Über das Verhältnis von Person und Liebe bei Max Scheler", Dissertation zur Erlangung des Doktorgrades an der Philosophischen Fakultät der Universität Wien, 1972.

Geddes, L. W. & W. A. Wallace, "Person (in Philosophy)", *New Catholic Encyclopedia*, Vol.XI (New York, St Louis, San Francisco, Toronto, London, Sydney: McGraw-Hill Book Company, 1967)

Gesang, Bernward, "Konsequenter Utilitarismus - ein neues Paradigma der analytischen Bioethik?", *Zeitschrift für philosophische Forschung*, Band 55, Heft 1, Januar-März 2001.

Hollinger, Dennis P. "Stem Cell & Our Moral Culture", 2001. 11. 15. (인용 일자: 2002-07-29) 이용 가능 정보원 <URL:http://www.cbhd.org/resources/aps/ dphcomment2.htm>

Honnefelder, Ludger, "Der Streit um die Person in der Ethik", *Philosophisches Jahrbuch*, Vol.100 (Freiburg·Müchen: Verlag Karl Alber, 1993)

Höffe, Otfried, "Wessen Menschenwürde?", *Die Zeit*, 2001. 06. (인용 일자: 2002-08-02), 이용 가능 정보원 <URL:http//www.zeit.de/2001/06/Kultur/200106_embryo.iii.html>

International Bioethics Committee, UNESCO, "The Use of Embryonic Stem Cells In Therapeutic Research-Report of the IBC on the ethical aspects of human embryonic stem cell research", 6 April 2001, (인용 일자: 2002-07-10), 이용 가능 정보원 <URL:http://www.unesco.org/ibc/en/reports/ embryonic_ ibc_report.pdf>

Jones, David, et. al., "On the Place of the Human Embryo Within the Christian

Tradition and the Theological Principles for Evaluating Its Moral Status", *Ethics & Medicine*, Vol.17 No.3, 2001. 12, (인용 일자: 2002-05-14), 이용 가능 정보원 <URL:http://www.ethicsandmedicine.com/17/3/17-3-jones.htm>

Lee Kyung-Won, "Grundaspekte des Mensch-Seins bei Romano Guardini", Dissertation zur Erlangung der Doktorwürde der Philosophie der Universität Regensburg, 1996.

Lehmann, Karl, "Romano Guardinis Erbe für die Kirche der Gegenwart", 1998. 10. 14, 이용 가능 정보원 <URL:http//www.kath.de/bistum/mainz/bischof/Lehmann/leh-guard.htm>

Lutz-Bachmann, Matthias, "Menschen sind Personen: Über einen Grundsatz der praktischen Vernunft", *Information Philosophie*, Nr.3/01, 2001. Aug.

Mayer, Verena, "Was würde Kant zum Klonen sagen?", *Information Philosophie*, Nr.3 / 01, 2001. Aug.

Merkel, Reinhard, "Rechte für Embryonen?", *Die Zeit*, 2001. 05. (인용 일자: 2002-07-18), 이용 가능 정보원 <URL:http//www.zeit.de/2001/05/Kultur/200105_embryonenschutz.html>

Moser, Peter, "Embryonen und Menschenwürde: Stationen der öffentlich ausgetraugenen Debatte", *Information Philosophie*, Nr.3/01, 2001. Aug.

O'Connor, Betty, "Researchers Create Artificial Chromosome", *Labmedica international*, Vol.14 No.3. (1997. 6. 5), (인용 일자: 2002-07-09), 이용 가능 정보원<URL:http://www.dongeui.ac.kr/~plantp/chik/special/hac.html>

Palazzani, Laura, "Personalism and Bioethics", *Ethics & Medicine*, 1994. 10. 1.

Palazzani, Laura, "The Nature of the Human Embryo: Philosophical Perspectives", *Ethics & Medicine*, 1996 12. 1.

Persson, Ingmar, "Human Death-A View from the Beginning of Life", *Bioethics*, Vol.16 No.1, Feb. 2002.

Pöltner, Günther, "Die Welt-offenheit des Menschen", Günther Pöltner und Helmuth Vetter(Hrsg.), *Leben zur Gänze: Das Leib-Seele-Problem* (Wien·München: Herold Verlag, 1986)

Pöltner, Günther, "Achtung der Würde und Schutz von Interessen", J. Bonelli (hrsg.), *Medizin und Ethik: Der Mensch als Mitte und Maßstab der Medizin* (Wien, New York: Springer-Verlag, 1992)

Pöltner, Günther, "Die konsequenzialistische Begründung des Lebensschutzes", *Zeitschrift für philosophische Forschung*, Band 47, Heft 2, April-Juni, 1993.

Pöltner, Günther, "Das Phänomen des Anfangs des Menschlichen Daseins: Ontologische Implikationen der Rede vom Lebensschutz", Alfred Schramm(Hrsg.), *Philosophie in Österreich 1996* (Verlag Hölder-Pichler-Tempsky, 1996)

Pöltner, Günther, "Personales Sein", Franz Seitelberger, Günther Pöltner und Markus Riedenauer, *Gehirn-Geist-Person* (Winer Katholische Akademie, 1998)

Pöltner, Günther, "Menschen-Personen. Ontologische Implikationen der Debatte um den Personbegriff", *Daseinsananlyse*, Sonderheft zu Band 15, 1999.

Pöltner, Günther, "Unantastbarkeit des Lebens-Grenzen der Selbstbestimmung", J. Bonelli und E. H. Prat(Hrsg.), *Leben-Sterben-Euthanasie?* (Wien·New York: Springer, 2000)

Sass, Hans-Martin, "Hirtod und Hirnleben", Hans-Martin Sass (Hrsg.), *Medizine und Ethik* (Stuttgart: Philipp Reclam jun., 1994)

Spaemann, Robert, "Gezeugt, nicht gemacht", *Die Zeit*, 2001. 04. (인용 일자: 2002-07-18), 이용 가능 정보원 <URL:http//www.zeit.de/2001/04/Kultur/200104_klon.html>

Sutton, Agneta, "Is the Human Embryo Our Neighbour?", *Ethics & Medicine*, 2000 16. 2.

Tooley, Michael, "Personhood", Helga Kuhse and Peter Singer(ed.), *A Companion to Bioethics* (Oxford: Blackwell, 1998)

UNESCO, "Universal Declaration on the Human Genome and Human Rights", 1997. 이용 가능 정보원 <URL:http//www.unesco.org/ibc/en/genome/project/index.htm>

Wildfeuer, Armin G., "Person", Wilhelm Korff, Lutwin Beck & Paul Mikat(Hrsg.), *Lexikon der Bioethik*, Band 3 (Gütersloh: Gütersloher Verlaghaus, 1998)

2 부

인격주의
생명윤리학
연구

Ⅰ. 생명윤리와 인간학*

1. 서 론

현대 의과학, 생명과학, 생명공학 등의 급속한 발전 속에서 생명윤리의 필요성과 중요성에 대해 이견을 제시하는 사람들은 거의 없다. 그러나 오늘날 논의 되고 있는 생명윤리는 그 철학 및 윤리학적 배경을 어디에 두느냐에 따라 특정 현안에 대해 상이한 결론을 제시하고 있다. 일반적 생명윤리 논의를 크게 공리주의 또는 결과주의에 기초한 생명윤리와 의무론에 기초한 생명윤리로 구분하기도 한다.

그러나 본고에서는 생명윤리는 인간학에 기초해야 함을 논하고자 한다. 인간 생명의 존엄성을 목적으로 하는 생명윤리는 인간이 무엇인가를 탐구하는 인간학에 기초할 때 비로소 그 목적에 도달 할 수 있기 때문이다. 따라서 본고에서는 왜 생명윤리는 인간학에 기초해야 하는지, 인간학에서 이야기하는 인간의 본질은 무엇인지에 관해 살펴 본 후, 이러한 인간학의 관점을 생명윤리의 구체적인 주제에 적용해 보겠다. 이를 통해 생명윤리가 인간학과 불가분의 관계를 맺고 있음을 밝혀 보겠다.

---

* 본 논문은 『한국의료윤리교육학회지』 제7권 제2호(2004년 12월)에 게재했던 것을 수정 보완한 것이다.

2. 생명윤리에 인간학이 요청되는 이유

1) 현대 의과학, 생명과학 및 생명공학의 한계

오늘날 인간의 생명을 대상으로 하는 의과학, 생명과학, 생명공학 등이 현란하게 발전하고 있다. 그리하여 과거에는 불가능하리라고 생각했던 많은 일들이 이제 가능해졌다. 산전 유전자 검사와 치료, 배아의 발생 과정을 차단하면서 진행되는 배아줄기세포 연구, 말기 환자의 생명 유지 등등 인간 생명의 시작과 끝에 있어서 의학적, 과학적, 기술적 개입 및 조작 가능성이 크게 증대하였다. 이러한 발전은 인간의 고통과 질병을 치료해주고, 수명을 연장시켜 준다는 점에서 긍정적인 면도 있다.

그러나 다른 한편으로 현대 의과학, 생명과학, 생명공학은 '인간이란 무엇인가'를 탐구하는 인간학과 단절되면서 오히려 인간을 소외시키고 인간의 존엄성을 위협하는 부작용을 초래하기도 한다. 현대 의과학 및 생명과학은 인간을 전체로 보지 않으며, 부분 생명 현상에만 관심을 갖고, 인간의 외적인 생명 현상만을 연구 대상으로 삼고 있다. 그들은 측정 가능한 생명 현상만을 연구 대상으로 삼는 한계를 갖고 있다. 의과학 및 생명과학이 인간 생명 현상의 어떤 부분을 해명해주기는 하지만, 그러나 인간 전체를 이해하기 위해서는 각각의 개별 연구 성과들이 하나의 전체의 관점에서 해석되어야 한다. 따라서 현대 의과학 및 생명과학은 인간의 전체(Ganzheit)를 파악하고 정초하는 것을 과제로 하는 인간학[1]을 필요로 한다.

2) 인간 생명과 관련된 생명윤리

생명윤리(Bioethics)라는 말은 미국 위스콘신대학의 종양학자였던 포터(V.

---

1) 진교훈, 『철학적 인간학 연구 Ⅰ』(서울: 경문사, 1982), p.12 참조.

R. Potter)가 1970년에 처음으로 사용하였다고 한다. 그는 생명윤리학을 "생물학의 지식과 인간의 가치 체계에 관한 지식을 결합하는 새로운 학문 분야"라고 정의하였다.[2] 한편 레이(W. T. Reich)는 그가 편집한 『생명윤리 백과사전』에서 생명윤리는 "생명(bios)과 윤리(ēthikē)의 합성어로, 생명과학과 건강관리의 도덕적 차원에 관한 체계적 연구로서, 도덕적 비전, 결정, 행위, 정책 등을 포함하며, 학제적 구조 속에서 다양한 윤리학적 방법론을 사용한다"고 이야기하였다.[3] 코프(W. Korff)는 그가 편집한 『생명윤리학 사전』에서 생명윤리를 "인간이 생명을 책임 있게 다루는 것에 대한 윤리학적 숙고"라고 정의하였다. 이때 생명이란 생명 일반을 모두 의미하며 따라서 인간 생명과 인간 이외의 생명이 모두 포함된다고 하였다. 그는 인간 생명과 관련해서는 고전적 의미의 의사의 직업윤리, 근대의 의료 윤리, 현대의 인간 생태론 등이, 인간 이외의 생명과 관련해서는 근대의 생명공학, 자연 보호와 동물 보호의 문제, 현대의 환경 윤리 등이 생명윤리의 대상 영역이라고 밝히고 있다. 그러면서 그는 생명윤리에 대한 포괄적 이해와 개별 학문의 경계를 넘어서는 학제적 대화를 요청하였다.[4] 알트너(G. Altner)도 "생명윤리는 인간에게 살아 있는 자연 및 생명의 모든 형태들에 대해 책임질 것을 요청하는 정향을 목표로 한다"[5]고 이야기하였다.

이상의 정의들을 고려하면, 생명윤리를 '생명을 책임 있게 다루는 것에 대해 윤리학적으로 숙고하는 인간의 활동'이라고 정의내릴 수 있다. 그리고 이 정의를 인간과 관련해서 표현해 보면, 인간과 관련한 생명윤리는 '인간

---

2) Potter VR. "Bioethics, the Science of Survival". in *Biology and Medicine* 14, 1970; 같은 사람. *Bioethics. Bridge to the Future*(New York: Engelwood Cliffs / New Jersey: Prentice-Hall Biological Science Series), 1971

3) Reich Warren T.(ed.). *Encyclopedia of Bioethics*(New York: Simon & Schuster Macmillan, 1995, Revised Edition), Vol.1: xxi.

4) Korff et al. *Lexikon der Bioethik*(Gütersloh: Gütersloher Verlaghaus, 1998), Band 1, pp.7~8.

5) Altner G. *Naturvergessenheit: Grundlagen einer umfassenden Bioethik* (Darmstadt: Wissenschaftliche Buchgesellschaft, 1991), p.1.

생명을 책임 있게 다루는 것에 대해 윤리학적으로 숙고하는 인간의 활동'이라 할 수 있다. 즉 인간 생명과 관련된 생명윤리 논의는 인간 생명에 대한 책임, 인간 생명에 대한 존중, 즉 인간 생명의 존엄성 실현을 목표로 한다. 이러한 목표에 도달하기 위해서는 인간에 대한 올바른 이해가 반드시 필요하다. 그러므로 생명윤리는 '인간이란 무엇인가'의 물음을 오랫동안 탐구해 온 인간학을 그 기초 학문 중의 하나로 반드시 필요로 한다.

3) 생명윤리의 목적

윤리학의 임무는 구체적인 개별 윤리 문제들에 대해 처방을 제시하거나 법적 의무를 부과하는 데서 멈추지 않는다. 여기서 한 걸음 더 나아가 윤리학은 진리를 추구하는 삶의 근본 선택, 참된 인간 성장을 위한 방향 제시, 이를 가능케 하는 올바른 가치관 형성 등 인간 삶의 목적과 이상을 밝혀주는 것을 목적으로 한다. 일찍이 브루거(W. Brugger)는 윤리학은 "삶과 세계에서 무엇이 가치 있는 것인가를 가르치는 것이며, 또 윤리학은 가치 의식을 인간에게 깨우쳐 주는 것이다"[6]라고 설파하였다.

생명윤리도 마찬가지이다. 오늘날 생명윤리는 관련 과학의 급속한 발전으로 다른 응용 윤리의 영역보다 더욱 시급하게 응답을 요구받고 있다. 배아 연구 문제, 안락사 문제, 유전자 검사 문제, 말기 환자의 연명치료 유보 문제 등등 오늘날 생명윤리의 대답을 요구하는 사태는 급속도로 증가하고 있다. 시급한 개별 문제들에 대해 윤리적이고 실천적인 응답을 하는 것도 중요하지만, 그럼에도 불구하고 오늘날 더욱 근본적으로 요청되는 것은 그러한 윤리적, 실천적 응답을 정초해주는 기본적인 인간관과 윤리관을 정립하는 것이다.[7] 그리고 기본적인 인간관과 윤리관을 정립하기 위해서도 역시 인

---

6) Brugger W. *Philosophisches Wörterbuch*(Freiburg, 1953), p.87; 진교훈, 『현대사회 윤리연구』(서울: 울력, 2003), p.39.
7) 소병욱, 『생명윤리』(왜관: 분도출판사, 1996), pp.157~158.

간이란 무엇인가의 물음을 탐구하는 인간학의 연구 성과를 고려해야 한다.

　이상에서 왜 생명윤리가 인간학의 기초를 요청하는지에 관해 간략히 살펴보았다. 요약하면 첫째, 의과학 및 생명과학은 생명 현상을 부분적으로만 연구하므로 인간 전체의 관점에서 그 개별 연구 성과들이 해석되어야 하며, 둘째, 인간과 관련되어 논의되는 생명윤리는 그 논의의 주체이자 객체인 인간에 대한 이해가 반드시 필요하며, 셋째, 생명윤리의 올바른 방향과 목적을 정초해주는 기본적인 인간관과 윤리관을 정립하기 위해서도 인간에 대한 이해가 반드시 필요하다.

　그런데 인간은 "한마디로 정의내리기에는 너무나 다채롭고 다양한 존재"[8]이다. 그러므로 인간을 이해하기 위해 철학자들은 다양한 방법을 제안하고 사용하였다. 예를 들면, 훗설(E. Husserl)은 현상학적 방법을, 가다머(H. G. Gadamer)와 리쾨르(P. Ricoeur)는 해석학적 방법을, 파브로(C. Fabro)는 내성(內省)의 방법을, 바보틴(E. Barbotin)은 이해의 방법을, 부버(M. Buber)와 네돈셀(M. Nédoncelle)은 대화의 방법을, 보로스(L. Boros)는 대화적-선험적 방법을, 마르셀(G. Marcel)은 선험적 반성법을, 폴라니(M. Polanyi)는 타당화(validation)의 방법을, 레비 스트로스(C. Lévy-Strauss)는 구조주의적 방법을 제안하고 사용하였다.[9]

　이러한 다양한 방법들을 살펴보면, 인간학은 현상학적 측면과 선험적 측면이 함께 사용되는 매우 복잡한 방법을 요구함을 알 수 있다. "현상학적 단계에서는 인간 존재와 관련되는 모든 자료들이 수집되고, 선험적 단계에서는 이 자료들의 궁극적 의미 즉 이 자료들에 의미를 부여해 주고 또 그것들을 가능하게 해주는 심오한 의미가 추구된다."[10] 즉 인간을 이해하기 위

---

8) Scheler M. ˝Zur Idee des Menschen˝, in *Vom Umsturz der Werte*(Bern, München: Francke Verlag, 1955, 5. Auflage, Gesammelte Werke) Band. 3, p.175.

9) Mondin B. *Philosophical Anthropology*(Rome: Urbaniana Univ Press, 1985), p.10; 허재윤 역, 『인간: 철학적 인간학 입문』(서울: 서광사, 1996), p.18.

10) *Ibid.*: 10.

해서는 우선 인간 존재와 관련되는 모든 자료들을 객관적 관찰과 내성의 방법을 함께 사용하면서 수집해야 하고[현상학적 단계], 나아가 그 수집된 자료들의 심오하고 궁극적인 의미를 찾아내야 한대[선험적 단계].

현상학적 단계와 선험적 단계를 거치면서 인간 존재를 탐구하면, '인간은 인격이며, 육체와 영혼이 실체적으로 통일을 이룬 전체이다'라는 인간 이해에 도달하게 된다. 그리고 인간의 전체를 이루는 육체와 영혼 중 오늘날 생명윤리 논의와 관련해서는, 양자를 분리할 수는 없지만, 육체 생명에 기본 가치를 부여하지 않을 수 없다. 3, 4, 5장에서는 인간학에서 설명하는 인간의 특성을 생명윤리에 함축을 주는 내용을 중심으로 살펴보고, 6장에서는 이러한 인간학의 인간 이해가 생명윤리에 주는 시사점에 대해 살펴보도록 하겠다.

3. 인격으로서의 인간: "인간은 인격이다."

인간 존재를 포괄적으로 즉 인간 실체 전체를 정확하고 명백하게 표현하려고 할 때 인간학은 인격(人格; Person)이란 낱말을 사용한다. 그리하여 인간학은 '인간은 인격이다'라고 말한다. 인격이라는 낱말은 인간 존재를 설명하고자 하는 인간의 노력 속에서 등장하였다. 그리고 오늘날 생명윤리 논의에서 인격 개념은 매우 중요한 개념으로 가장 자주 사용되는 개념 중 하나이다. 그런데 어떤 학자들은 인격 개념을 환원론적으로 이해하고, 인간 존재와 인격 존재의 일치성을 부인하고 있다. 그러나 인간학은 이러한 환원론적인 인격 이해에 반대한다. 인격 개념이 등장하고 발전해 온 경로를 살펴보면 인격 개념의 정확한 의미를 알 수 있다.

인격이란 낱말의 어원에 대해서도 다양한 의견이 존재한다.[11] 어떤 학자

---

11) 이 부분은 다음 자료를 주로 참조하였음. Palazzaini L. "The Meanings of the Philosophical Concept of Person and their Implications in the Current Debate on the Status of the Human Embryo," Pontificia Academia Pro Vita. *Identity and Statute of*

들은 라틴어 페르소나(persona; 본래는 희극 또는 비극 배우의 가면을 의미
했고, 나중에는 성격, 역할 또는 극중 배우의 배역을 의미함)와 페르소나레
(personare; 가면을 쓴 배우의 목소리가 음향적으로 울리는 것을 가리킴)를
어원으로 생각한다. 또 다른 학자들은 그리스어 프로소폰(πρòσωον; 가면, 또
는 보다 정확히 말하면 얼굴, 표정 또는 '눈에 보이는 것 뒤에 숨겨진 것'을
의미함)을 어원으로 생각한다. 또 다른 학자들은 에트루리아어[12] 페르수
(phersu; 에트루리아 사람들이 가면을 쓴 무희에 대해 가졌던 이미지와 관련
된 것을 나타내던 낱말)를 어원으로 생각한다. 따라서 인격이란 단어의 어원
을 정확히 하나로 설명하기는 어렵다.

그렇지만 그리스 사람들이나 로마 사람들은 이 단어를 일반적으로 '가면'
을 가리키는 데 사용하였다. 그들은 이 단어로 드라마에서의 배우의 극중
역할뿐만 아니라 개인의 드라마 밖의 관계와 활동(예를 들면, 가족 관계와
사회 활동 등)에서 행하는 역할(지위, 상태, 위치 등)까지도 모두 가리켰다.
따라서 그들에게서는 인격의 고유성, 유일회성, 대치불가능성 등을 찾을 수
없다. 그들은 개인 그 자체를 절대 가치로 간주하지 않았으며 계급, 종족 등
에 의존하여 절대 가치를 생각하였다. 그들은 항상 폴리스를 중심으로 생각
하였지 개인을 중심으로 생각하지 않았다. 그리하여 무니어(E. Mounier;
1905-1950)는 "고대인은 도시, 가족에 흡수되어 있다"[13]고, 역사학자 젤러(E.
v. Zeller; 1814-1908)는 "고대 그리스 철학에서는 인격을 표현하는 어휘가
결여되어 있다"[14]고 말하였다.

Human Embryo (Vaticano: Libreria Editrice Vaticana, 1998), pp.74~95; B. Mondin,
op. cit., pp.243-259

12) 고대 이탈리아 북부·중부에서 활동한 민족의 언어. B.C. 7세기부터 B.C. 1세기
까지 약 1만 개의 묘비명으로 된 비문(碑文)과 자그레브박물관에 소장되어 있는
미라를 쌌던 마포에 씌어진 약 1500 단어의 예식적 내용의 원문이 현존한다. 그
리스 문자를 기초로 독자적인 알파벳으로 씌어져 있으나, 두 언어를 병용한 유
력한 원문이 없고 언어의 계통이 확실하지 않기 때문에 아직 완전히 해독되지
않았다. http://kr.encycl.yahoo.com

13) Mounier E. *Il personalismo* (AVE, Rome, 1966), p.14; Mondin B. *op. cit.*, p.243.

서양의 인격 개념 형성에는 서양 문명의 또 하나의 기둥인 그리스도교가 특별하고 결정적인 공헌을 하였다. 그리스도교의 영향으로 고대의 우주 중심적이고 신화적인 시각이 인간 중심적 시각으로, 인간을 우주의 모든 것과 동등시 하던 생각이 세상 속의 주체(단순한 대상이 아닌)로서의 인간의 중심성, 고유성, 본래적 존엄성을 확언하는 생각으로 변화했다. 인격 개념은 그 뿌리에서 그리스도교 신학과 밀접한 관련을 맺고 있다. 삼위일체와 육화의 교리에 관해 1세기에 이루어진 그리스도교의 신학 논쟁은 '인격'이란 단어를 불가피하게 사용했다. 이 논쟁에서 그 단어는 (삼위일체의 맥락에서) 삼위의 구체적인 개별성과 (인간과 신의) 두 본성 안에서의 주체(그리스도)의 통일성을 가리키는 것으로 사용되었다.

그러나 점차 신학은 인격 개념을 경시했고 단조롭게 반복해서 사용하는 데 머물렀다. 반면 철학은 인간 존재의 정당화를 제시하기 위해 인격 개념에 더욱 더 관심을 기울였다. 인격 개념을 철학적으로 처음 사용한 사람은 보에티우스(A. M. S. Boethius; 약 480-524)이다. 그는 인간 존재에 인격 개념을 적용하면서, 인격을 "이성적 본성의 개별 실체"(persona est rationalis naturae individua substantia)[15]로 정의하였다. 그에게서 '인간이 누구(who)인가'와 '인간이 무엇(what)인가'는 같은 물음이었다. 여기서 '누구'는 인격을, '무엇'은 인간의 본성을 가리킨다.[16] 결국 그는 이 물음에 대해 인간은 인격('누구')이며, 이성적 본성의 개별 실체('무엇')라고 대답한 것이다. 이와 같이 보에티우스는 인간 존재를 설명하고 표현하기 위해 인격 개념을 사용하였다. 그에게 있어서 인간 존재는 곧 인격 존재이다. 보에티우스의 인격 정

---

14) Zeller E. v. *Die Philosophie der Griechen in ihrer Geschichtlichen Entwichlung* (Lipsia: 1920, 7. ed), p.843; Mondin B. *Ibid.*, p.243.

15) Boethius AMS. *Contra Eutychen et Nestorium*, III, 1-6; *De duabus naturis et una persona Christi*, 3, 64, col.1345.

16) 진교훈, "생명윤리학과 철학적 인간학: 생명윤리학의 기초로서 인간의 존엄성". 한국철학적인간학회·동아대학교 석당전통문화연구원 생명문화연구팀 학술대회 자료집. 2004: 10.

의는 매우 엄격한 사변적 정의이며, 이후 서양 사상사에 계속 영향을 미쳤다. 현대 생명윤리 논의에서도 이 정의는 때로는 논쟁되고, 때로는 수정되고, 때로는 모호한 상태로 수용되고 있다.

토마스 아퀴나스(Thomas Aquinas; 1225-1274)는 보에티우스의 인격 정의를 계승하여, 인격을 "이성의 본성 안에서 다른 것과 분별되는 자주체"(persona significat …… subsistens in rationali natura)[17]로 정의하였다. 토마스 아퀴나스도 인격 개념을 사용하여 모든 구체성, 고유성, 유일회성, 대치 불가능성을 지니고 있는 개체적이고 구체적인 인간을 표현하였다. 나아가 그는 인격 존재의 존엄성과 완전성도 강조하였다. 그는 "인격은 그 스스로 존재하는 그런 실체의 존엄성과 완전성에 필연적으로 속한다. 이것이 바로 인격이라는 이름에서 이해되는 것이다"[18]라고 말하였다.

이와 같이 인격 개념은 인간 존재의 고유성을 표현하기 위해 사용되었으며, 이 전통에 따르면 인간 존재는 곧 인격 존재이다. 인격으로 존재한다는 것은 근본적으로 존재론적 조건이며, 인간 존재가 어떤 능력이나 속성을 점차로 획득함으로써 비로소 인격이 '되는' 것이 아니다. 인간 존재는 인격 존재'이다'. 막스 셸러(Max Scheler; 1874-1928)는 인간에게서 인격의 본질을 발견할 수 있다고 말한다. 그는 인격은 단지 자신의 활동을 수행할 때만 실존하며, 인간은 바로 그 활동을 위한 '장소이며 기회'[19]라고 말한다. 구아르디니(R. Guardini; 1885-1968)도 '인격 개념은 존재론적 개념'으로, "그 자체로서의 인간에게로 향하며, 인간의 재능이나 업적으로 향하지 않는다. 인간 그 자체가 인격이다; 설사 그가 아직 그런 재능이 없고, 아직 그렇게 형성되지 않았고, 또 그런 속성이 없을 지라도"[20]라고 말한다.

슈페만(R. Spaemann; 1927-)도 인격은 동시에 생물학적으로 인간에게 특

---

17) Thoms Aquinas, *Summa Theologiae* Ⅰ, 29, 3c, 4c. 또는 29, 3 ad 2.
18) Thoms Aquinas, *Summa Theologiae* Ⅲ, 2, 2, ad 2.
19) Scheler M. *Der Formalismus in der Ethik und die materiale Wertethik* (Bern, Müchen: Francke Verlag: 1980, 6. Auflage, Gesammelte Werke Band 2), p.285.
20) Guardini R. *Ethik*, Band 1. (Mainz, Paderborn: Schöningh, 1993), p.207.

징적인 생명의 종의 구조이며, 인격은 인간 종의 개인들이 존재하는 방식이라고 이야기한다. 그는 우리의 일상 경험을 예로 들면서, 인간 존재와 인격 존재의 일치성을 다음과 같이 설명한다.

> '인격'이란 단어는 우리가 무엇인가를 어떤 것으로서 표현하고 확인할 수 있는 그런 종류를 나타내는 표현이 결코 아니다. "이것은 무엇인가?"라는 물음에 우리는 "그것은 인격이다"라고 대답하지 않고, "그것은 사람이다" 또는 "그것은 램프이다"라고 대답한다. 그것이 인격인지 아닌지에 관해서 알기 위해서, 우리는 오히려 먼저 그것이 인간인지 아니면 램프인지에 관해 알아야만 한다. 이렇듯 인격 개념은 어떤 것을 어떤 것으로서 확인하는 데 기여하는 것이 아니라, 이미 어떤 것으로서 규정된 것에 관해 진술하는 것이다. 이미 자신의 방식으로 특성화된 것에 어떤 특정한 부가적인 속성을 결부하는 그런 빈사가 문제되는 것이 아니다. '인격 존재'라고 칭해질 속성은 존재하지 않는다. 오히려 우리가 이미 확인한 특정한 속성에 근거하여, 존재에 관해 '그 존재는 인격이다'라고 말하는 것이다.[21]

이상에서 살펴 본 바와 같이 인격 개념이 등장하게 된 배경과 그 발전 과정을 살펴보면 인격 개념은 인간 존재를 표현하기 위해 사용된 개념임을 알 수 있다. 인격 개념은, 비록 신학에서 먼저 사용하기는 했지만, 본래 실재의 인간 존재를 특성화하기 위해 고안되었다. 어떤 개념의 고안은 그것이 언급하는 실체로부터 이탈할 수 없다. 개념이 실체에 상응해야 하는 것이지, 실체가 개념에 상응해야 하는 것이 아니다. 그러므로 인격이라는 단어는 인간이라는 실체를 나타내는 것이며, 따라서 인간 존재와 인격 존재는 동일한 외연을 갖는다.

그러면 인간은 발생 과정 중 언제부터 인간이며 또 동시에 인격인가? 현대

---

21) Spaemann R. *Personen: Versuche über den Unterschied zwischen "etwas" und "jemand"* (Stuttgart: Klett-Cotta, 1998, Zweite Auflage), p.14.

생명윤리에서 이 물음은 격렬한 논쟁을 불러일으키고 있다. 오늘날 인간의 발생 과정 초기에 대한 의과학 및 생명과학의 개입 및 개입 가능성이 증대하면서, 인간은 과연 언제부터 인간인가의 물음이 생명윤리의 주요 물음 중 하나가 되었다. 인격을 환원론적으로 이해하는 학자들은 인간의 되는 시기를 다양하게 제시하고 있다(원시선의 발생, 착상, 뇌기능의 시작, 탯줄 절단, 모체 밖으로의 출생, '이성' 능력의 행사 등등). 그러나 존재론적 이해에 기초한 인간학은 인간 생명의 시작을 수정 순간으로 본다. 인간은 수정 순간부터 새로운 인간 개체로의 지속적이고 연속적인 발생 과정을 시작한다.[22]

4. 인간의 전체성: 육체 – 영혼의 실체적 통일

인간은 육체와 영혼이 실체적 통일을 이룬 전체로서 존재한다. 육체와 영혼이 하나로 모여 인간을 이루며, 인간은 육체와 영혼을 동시에 갖는다. 인간학은 육체와 영혼을 엄격히 분리하고, 양자 중 어느 하나에 우위를 인정하는 인간 이해에 반대한다.

예를 들어 플라톤(Platon; B.C. 약 428-347)은 몸과 영혼을 엄격히 분리하고, 몸은 영혼보다 훨씬 열등한 것으로 여겼다. 그는 영혼과 몸은 본질적으로 다른 성질을 가지며, 그리하여 "영혼은 늘 몸에 복종하는 것은 아니다. 오히려 몸에 거슬러 몸을 통제할 수 있다."[23]라고 말하였다. 플라톤은 영혼을 배의 선장에 비유하면서, 선원(몸에 자리 잡은 감관들)은 선장에게 협력해야 한다고 하였다. 이러한 영혼 우위의 이원론은 데카르트(René Descartes; 1596-1650)에게로 이어진다. 그는 몸과 마음을 철저히 분리하고, 몸은 마음에 의해 살고 조종되는 것으로 생각하였다. 그는 영혼과 몸을 각각 '정신적인 것'과 '물질적인

---

22) 이에 대해 상세한 논의는 다음을 참조 바랍니다. 졸고. "인간 배아의 인격 지위에 관한 고찰". 한국생명윤리학회. 『생명윤리』 3권 2호. 2002, pp.173~199.
23) Phaedo, 85B-99D.

것'으로 대치시킨 후, 『형이상학 성찰』(Méditations métaphysiques)의 제6성찰에서 정신은 분할할 수 없으나 몸은 분할할 수 있다고 말한다. 이들은 몸에 대한 영혼의 우위를 주장하며, 육체-영혼의 실체적 통일로서의 인간 전체를 보지 못했다.

이와 반대로 인간을 전적으로 물질로서 간주하는 사람들도 있다. 이들의 기본 테제는 '모든 것은 물질적으로 근거 지워지며, 정신조차도 물질의 승화된 형태'라는 것이다. 라 메트리(J. O. De La Mettrie; 1709-1751), 홀바하(P. T. D'Holbach), 엘베시우스(C. A. Helvetius; 1715-1771) 등이 이런 주장을 한다. 이들은 인간도 기계처럼 구성되어 있으며, 기계처럼 기능한다는 전제에서 출발한다. 라 메트리는 그의 저서 『인간기계론』(L'homme machine, 1748)에서 인간은 고도로 조직된 물질이며, 전적으로 기계적 법칙에 종속된다는 테제를 내놓았다. 홀바흐도 그의 책 『자연의 체계』(Système de la nature, 1770)에서 "인간은 자신의 의지와 무관하게 현재 그가 위치하고 있는 체계에 속하게 되었으며, 그는 태어나는 그 순간부터 죽을 때까지 그의 의지와는 관계없이 인간 기계에 영향력을 행사하고 인간의 존재 방식을 수정하며 그의 행동을 결정하는 원인에 의해 끊임없이 수정된다는 것을 알게 될 것이다"라고 말하였다. 이들은 인간의 모든 행위를 생리학적으로 조건지어진 것으로 간주하고, 정신이나 영혼과 사유도 생리학적으로 설명 가능한 물리적 생명 현상의 수반 현상에 불과한 것으로 본다.[24] 이들은 앞서 살펴 본 플라톤, 데카르트와 달리 인간의 물질적인 부분을 강조하고, 정신적인 부분을 무시한다. 이들 역시 육체-영혼의 실체적 통일로서의 인간의 전체성을 제대로 이해하지 못하고 있다.

영혼 우위든 육체 우위든 관계없이, 이러한 이원론적인 인간 이해는 인간을 두 개의 분리된 부분, 즉 물질적 부분과 정신적 부분으로 구성되어 있다고 생각한다. 그리고 어느 한 부분에 우위를 부여하고, 다른 한 부분을 그것

---

24) Pieper A. *Einführung in die Ethik*, Tübingen, Basel: 1991; 진교훈, 유지한 역, 『현대윤리학 입문』(서울: 철학과 현실사, 1999), pp.286~289.

에 봉사하는 것으로 이해한다. 그러나 인간 존재를 이렇게 이원론적으로 이해하고 육체 생명과 영혼을 분할하는 것은 육체적이며 동시에 영혼적인 인간의 현존재 체험에 모순된다. 인간은 육체－영혼의 합일체이다. 육체와 영혼이 서로 상이한 점이 있지만, 그럼에도 불구하고 양자는 모두 인간에게 속해 하나의 전체를 구성한다. 인간에게 있어 육체와 영혼은 동일하지는 않지만 결코 분리될 수 없다.

아리스토텔레스는 플라톤의 이원론을 극복하고, 인간 본질의 통일을 파악하려고 했다. 그는 질료와 형상을 사물의 내재적 본질 원칙으로 보고, 인간의 영혼을 육체의 형상으로 이해한다.25) 다시 말해서 영혼이란 물질을 인간의 육체로 형성하고, 육체에 영혼을 불어 넣어 주고, 생명을 부여하고, 살아 있는 인간의 육체로까지 만들어 주고, 내적으로 형상을 만들어 주면서 본질을 규정하는 원칙이다. 그러나 물질은 잠세적(潛勢的)인 매개체이다. 이것은 한편으로는 본질 형상에 의하여 규정을 받아들이지만, 다른 한편으로는 유일한 시간과 공간의 제약을 받는 개별체에 이르는 개체화를 본질 현상으로 부여받는다. 이 학설은 고전적으로 '영혼은 육체의 형상'(anima forma corporis)이며, 인간은 영혼과 육체의 '실체적 결합'(unio substantialis)으로 표현된다.26)

아리스토텔레스의 인간 이해를 이어 받은 토마스 아퀴나스는, 개별 존재의 전체성처럼, 인격은 물질, 실질적 형식(영혼), 우연적 형식들, 그리고 존재의 활동 등을 모두 포함한다고 이야기한다. 그에 의하면, 인간은 두 개의 실체 즉 영혼과 육체로 구성되어 있는 것이 아니다. 인간은 하나의 실체이며, 인간 안에서 두 가지의 구성 요소를 구별할 수 있을 뿐이다. 우리들이 무엇을 느낄 때에, 느끼는 것은 인간 전체이지, 영혼뿐이거나 육체만도 아니다. 또한 우리들이 무엇을 이해할 때, 우리들은 영혼 없이는 이해 활동을 할 수 없지만, 이해하는 주체는 인간 전체인 것이다.

---

25) *De Anima* Ⅱ, 1과 2, 412a～414b.

26) 에머리히 코레트 지음, 진교훈 옮김, 『철학적 인간학』(서울: 종로서적, 1986), pp.22～23.

막스 셸러는 인간은 감각 충동, 본능, 연상 기억, 실천 지능을 모두 지니고 있다고 설명한다.[27] 이 중 어느 한 가지만을 극대화해 환원론적으로 인간을 규정하는 것은 인간의 전체성에 어긋난다. 실천 지능만으로 인간을 규정하는 것이 한계를 드러내듯이, 감각 충동만으로 인간을 규정하는 것도 한계를 드러낼 수밖에 없다. 인간은 이 모두가 전체적으로 결합된 존재이다. 그는 인간의 전체성, 즉 마음과 몸의 통일을 다음과 같이 이야기하고 있다:

> 생리적인 생명과정과 심적인 생명과정은 존재론적으로 엄밀하게 동일한 것이다. 양자는 단지 현상적으로만 상이할 뿐이다. 그러나 그 둘은 그 경과의 구조 법칙과 리듬에 있어서는 현상적으로도 엄밀하게 동일하다. 심리적 과정이든 생리적 과정이든 양자는 마찬가지로 비기계적이다. 양자는 모두 목적 지향적이며 전체성을 겨냥하여 조정되어 있다. …… 우리가 '생리학적'이라든가 '심리학적'이라고 부르는 것은 하나의 그리고 동일한 생명과정의 두 측면에 불과하다. …… 모든 생명체는 최종적으로 구별될 수 있는 분자로부터 세포, 조직, 기관을 거쳐 유기체의 전체에 이른다. ……[28]

구아르디니도 인간의 실체를 '육체와 영혼의 통일'(Leib-Seele- Einheit)로 설명한다. 그 자체로 있는 정신과 질료, 즉 질료로부터 형성되어진 육체는 인간에게는 원래의 실재이다. 그 어떤 것도 다른 것에 종속될 수 없으며, 그 어떤 것도 다른 것 안으로 옮길 수 없다. 이들은 각각의 가치를 발휘하면서도 상호간에 관계하여 통일을 이룬다. 그리하여 그는 인간을 단순한 육체나 혹은 단순한 정신으로 파악하는 것을 거부한다.[29] 인간에게 현존하는 모든 것은 선천적으로 존재하며 본질적으로 정신-육체이다.[30] 그런데 서양 철학사를 보면 이 두 원리 중 하나를 독립시키려는, 즉 인간을 단지 육체나 혹

---

27) Scheler M. 진교훈 역, 『우주에서 인간의 지위』(서울: 아카넷, 2001), pp.21~59.
28) *Ibid.*, pp.123~124.
29) Guardini R. *Ethik*, p.184.
30) Guardini R. *Der Gegensatz* p.149; G. Siewerth, *Der Mensch und sein Leib* (Einsiedeln, 1963), p.25.

은 정신으로 설명하려는 위험과 인간을 이원론적으로 보려는 위험이 있었다. 구아르디니는 이와 관련하여 어떤 것도 일원론적으로 혼합해서는 안 된다는 것을 강조한다. 두 원리의 본질적 구별을 하지 않는 모든 일원론처럼 육체와 정신을 분리하는 '모든 이원론'31)도 진정한 인간상이 아니라는 것이다. 인간에 관한 이원론적 관점과 일원론적인 관점은 인간의 생동적인 통일을 파괴한다. 왜냐하면, 육체와 정신은 똑같이 생동적인 통일성의 두 측면을 형성하기 때문이다. 즉, 이 두 실체는 구별 속에서의 통일을 형성한다. 바로 이점에서 구아르디니는 아리스토텔레스와 토마스 아퀴나스와 관련하여 인간 본질의 통일을 파악하고 있음을 알 수 있다.32)

이와 같이 육체-영혼의 실체적 통일로서의 인간의 전체성을 고려한다면, 인간의 생명 현상 또는 생명 활동을 오로지 생리 현상만으로 또는 반대로 의식 현상만으로 환원한 후, 특정한 생리 현상 또는 의식 현상이 관찰되지 않는 인간 생명의 생명권을 부인하거나 열등한 것으로 간주하는 태도는 인간의 전체성에 어긋난다고 할 수 있다.

5. 인간 육체 생명의 기본 가치

오늘날 생명윤리와 관련하여 인간의 전체성을 기본으로 하면서도, 인간의 육체 생명이 기본 가치를 지닌다는 점을 강조하지 않을 수 없다. 왜냐하면, 오늘날 어떤 생명윤리학자들은 인간의 정신 능력 또는 영혼 능력에 관심을 가지면서, '지금 현재' 그러한 능력을 보여 주지 못하는 인간 생명을 차별하기 때문이다. 일례로 피터 싱어(Peter Singer; 1946-)는 "단순히 그 존재가 우리 종[호모 사피엔스; 필자 주]의 구성원이기 때문에 그 존재의 생명에 우

---

31) Guardini R. *Liturgie und liturgische Bildung*, p.30.
32) 이경원. "로마노 구아르디니의 인간학: 인격으로서의 인간". 진교훈 외. 『오늘의 철학적 인간학』(서울: 경문사, 1997), pp.77~78.

선성을 준다는 것"33)은 종차별주의이며, "태아가 가지는 실제적 특징"34)에 관심을 갖고 "합리성, 자기의식, 인식, 자율성, 쾌락과 고통 등 도덕적으로 관련되는 특징들을 공정하게 비교해보면, 송아지, 돼지, 그리고 많이 조롱받는 닭이 임신의 어떤 단계의 태아보다 훨씬 더 앞서 있음이 드러난다. 만일 3개월 이전의 태아와 비교한다면, 물고기가 더 의식적이라는 징후가 보일 것이다."35)라고 주장한다.36) 철학의 오랜 역사 중에는 인간의 정신 능력을 강조하고 또 오해하여, 아직 정신 능력이 덜 발달했거나, 또는 정신 능력을 상실한 것으로 여겨지는 구체적인 인간 존재, 예를 들면 노예, 아동, 여성, 장애인, 정신질환자, 종교적 이단자, 식물상태의 인간 등을 차등의 위치에 놓기도 하였다.

과연 이것은 인간 생명에 대한 올바른 이해라고 할 수 있을까? 오로지 '지금 현재'의 실제적 정신 능력만을 인간 이해의 중심으로 삼는 것은 오늘날 생명윤리에서 매우 많은 문제를 야기하고 있다. 인간의 정신은 실제적 능력일 뿐만 아니라 원리적[본래적] 가능성이다. 비록 지금 현재 행사하지 못할 지라도 인간은 정신 능력을 원리적[본래적]으로 가지고 있다. 이것은 획득 가능하거나 상실 가능한 사실적 가능성과 구분된다. 예를 들면 맹인은 시각 능력을 원리적[본래적]으로 가지고 있다. 그러므로 개안 시술을 통해 그는 볼 수 있다. 반면에 돌[石]은 시각 능력을 원리적으로 갖고 있지 못하다. 따라서 돌에 개안 시술을 해도 돌은 결코 볼 수 없다. 모든 인간 존재는 정신 능력을 원리적[본래적]으로 갖고 있으며, 이에 근거하여 모든 인간 생명의 존엄성을 이야기 할 수 있다. 이것이 인간의 정신 능력과 잠재성에 대한 올바른 이해이다.

---

33) Singer Peter. *Practical Ethics: Second Edition*(Cambridge: Cambridge University Press, 1993), p.88.
34) *Ibid.*, p.150.
35) *Ibid.*, p.151.
36) 피터 싱어의 입장에 대한 비판으로는 졸고, "인간 생명에 대한 결과주의적 접근의 문제점", 한국국민윤리학회. 『국민윤리연구』. 제52호. 2003을 참조 바람.

이와 함께 현대 생명윤리에서 시급히 강조되고 재확인 되어야 할 점은 인간의 육체 생명이 기본 가치를 지닌다는 점이다. 육체 생명이 있어야 정신의 원리적[본래적] 가능성을 실현할 수 있다. 정신 능력을 계발하여 발휘하고 싶어도 육체 생명이 없다면, 결코 정신 능력을 표현할 수 없다. 그리하여 일찍이 막스 셸러는 "정신을 활동하게 하고 실현시키는 것은 오로지 생명만이 할 수 있다"37)고 갈파하고, 인간의 정신과 생명을 인간 전체의 관점에서 포괄하여 이해한다. 그는 "생명과 정신은 서로 본질적으로 상이하면서도 이 두 원리는 인간에게서 서로 화합하고 있다"38)고 이야기한다. 푈트너도 "인간의 육체는 인격의 세계개방성을 실현하는 본질매개(Wesensmedium)"39)라고 표현한다.

메를로-퐁티는 우리가 만년필을 찾을 때, 그것을 찾고 있는 손을 찾지 않는다는 점을 지적하면서, 몸은 대상과 다르다고 한다. 우리가 일상에서 체험하듯이 몸은 찾아야 할 대상이 아니라 모든 찾는 행위에 앞서 이미 벌써 전제되어 있는 것이다. 몸은 모든 지각과 모든 인식과 모든 의욕과 모든 행위의 기반이다. 우리는 육체 생명을 통해서 지각하고 사색하며 세계와 관계를 맺는다. 그러므로 몸은 결코 의식이나 정신을 단지 표현하기만 하는 도구가 아니다. 오히려 몸은 우리의 생각과 행동의 살아있는 표현 현상 그 자체와 같은 것이다. 따라서 메를로-퐁티는 인간의 몸과 의식은 서로의 경계를 확연히 구분지울 수 없으며 오히려 애매하게 통일되어 있다고 이야기한다.40)

인간의 육체는 결코 도구가 아니며, 오히려 인간은 육체를 가질 때 비로소 인간 전체로 존재할 수 있다. '인간은 육체를 가지고 있다'라는 명제는 결코 소유 관계를 표현한 것이 아니다. 나는 내가 가지고 있는 어떤 도구(예를 들면, 필기구)를 손에서 내려놓을 수는 있으나, 내 손을 내려놓을 수

---

37) Scheler M. 진교훈 역, 『우주에서 인간의 지위』, p.133.

38) *Ibid.*, p.132.

39) Pöltner G. *Grundkurs Medizin-Ethik* (Wien: Facultas, 2002), p.70,

40) Merleau-Ponty, *Phänomenolgie der Wahrnehmung.* 1945; 진교훈, 『의학적 인간학』 (서울: 서울대학교 출판부, 2002), pp.302~302 참조.

는 없다. 그러므로 '나의 육체가 곧 나이다.'라는 명제도 가능하다. 누가 나의 몸을 공격할 때 그것은 나의 몸에 대한 공격에 머물지 않는다. 그 공격은 나의 몸에 대한 공격인 동시에 나의 영혼에 대한 공격이다.[41]

한편 가치론의 연구 성과에 따르면, 가치는 위계를 가지지만, 하위 가치가 상위 가치의 단순한 수단이 되는 것은 결코 아니다. 오히려 하위 가치는 상위 가치 실현을 위한 전제이다. 하르트만(N. Hartmann; 1882-1950)의 설명[42]을 살펴보자. 그는 가치의 순위를 "향락가치 → 재화가치 → 생명가치 → 윤리적 가치"로 나타내면서도, "선을 보다 높은 가치의 목적이라고 했지만," "낮은 가치에 우선권을 주어야 할 경우도 얼마든지 있다"고 이야기한다. "왜냐하면 이 낮은 가치들은 기본적으로 강한 가치이며, 또 우리들이 살아가는 데 꼭 필요한 것이며, 보다 높은 가치의 조건들이기 때문이다." 그는 "낮은 가치들은, 적어도 일반적으로는, 보다 높은 가치들을 위한 기초요 조건들"이며, "낮은 가치들이 허물어져 버리면, 높은 가치들도 몰락하고 말 것이다."라고 말한다. 따라서 하르트만은 "보다 높은 가치들만 우대할 것을 요청하는 것이 아니라 보다 낮은 가치들도 우대하라고 요청한다." "낮은 가치를 손상시키지 말라는 명령은 높은 가치를 실현시키라는 요청과 똑같이 뜻있는 것"이며, "낮은 가치에다 우선권을 인정해 주려는 경향은 높은 가치에다 우선권을 주려는 경향과 모순되지 않고 오히려 그것을 보완한다"고 그는 말한다.

이러한 가치론의 연구 성과를 고려한다면, 인간의 육체 생명은 인간의 정신 활동을 위한 단순한 수단이 결코 아니며, 오히려 정신 활동을 수행하기 위한 전제요 조건이다. 따라서 우리는 인간의 육체 생명에 기본 가치를 부여하지 않을 수 없다. 그러나 이를 극대화하여 인간의 육체 생명에만 기본 가치를 부여하는 것은 또 다시 인간의 전체성에 어긋난다.

---

41) Pöltner G. "Achtung der Würde und Schutz von Interessen". J. Bonelli (Hg.). *Medizin und Ethik*(Wien·New York: Springer-Verlag, 1992), pp.30~31 참조.
42) Hartmann N. *Einführung in die Philosophie*. 1949; 강성위 역. 『철학의 흐름과 문제들』(서울: 서광사, 1988), pp.217~225 참조.

6. 인간학이 생명윤리에 주는 시사점

이상에서 살펴본 바와 같이 인간학은 인간을 인격 존재로 이해하면서 인간에게 유일회적인 존엄성을 부여한다. 또한 인간을 육체와 영혼이 실체적으로 결합된 전체로 보며, 육체와 영혼 양자 모두의 완전성을 목표로 삼는다. 그리고 특히 오늘날 인간의 육체 생명을 경시하는 흐름에 반대하면서 인간의 육체 생명이 기본 가치를 갖는다고 주장한다. 여기서는 이러한 인간학의 인간 이해가 구체적인 생명윤리 문제에 어떤 시사점을 주는지 살펴보겠다. 인간학의 인간 이해는 인간 생명을 다루는 생명윤리 전 분야에 모두 적용가능하다. 그러나 여기에서는 그 예로서 세 분야만 살펴보도록 하겠다. 인간학의 인간 이해를 먼저 생명윤리학의 일상적 수준에서 환자-의사 관계에, 이어서 오늘날 가장 논란이 되고 있는 인간 배아줄기세포 연구와 이종 장기이식에 적용해보겠다.

1) 환자-의사 관계

인간학은 전통적인 의료윤리(의료윤리는 생명윤리의 한 분과를 구성한다)의 주요 주제 중 하나인 환자-의사 관계에 적절한 시사점을 준다. 의료윤리에서는 일반적으로 환자-의사 관계를 히포크라테스적 모델, 계약 모델, 동반자 모델[43] 또는 기술자적 모델, 성직자적 모델, 협조자적 모델, 상호계약 모델로[44] 구분하고 있다.

그런데 인간학적인 관점에서 볼 때, 환자-의사 관계는 특수한 측면이 있다. 의사는 전문가로서 환자에게 도움을 줄 수 있고, 이 과정에서 의사 자신

---

43) Wolff HP."Arzt und Patient". in: H. M. Sass(Hg.). *Medizin und Ethik* (Stuttgart: Reclam, 1989), pp.184~187.

44) Veatch R."Model for Ethical Medicine in a Revolutionary Age". *Hasting Center Report*, Vol.2. June 1972, pp.5~7; 비치의 모델 구분은, 김중호, 『의학윤리란 무엇인가?』(서울: 바오로딸, 2003), pp.138~140에 자세히 소개되어 있다.

의 자율성은 물론이고 환자의 자율성도 강조할 수 있다. 반면 환자는 어려움에 처해 있으며 자신이 처한 상황에 대해서 정확히 알지 못하는 경우도 많다. 그리하여 푈트너는 이러한 환자-의사 관계의 근원적 상황을 '어려움과 도움의 상황'(Die Situation von Not und Hilfe als Ursituation des Arzt-Patienten-Verhältnsses)45)으로 표현한다.

이러한 '어려움과 도움의 상황'에서는 환자의 자율성만을 강조할 수 없다. 비교적 대등한 상황 그리고 건강한 상태에서는 자율성을 이야기할 수 있으나, 차등의 상황 나아가 심신의 고통이라는 어려움에 처한 상황에서는 자율성을 제대로 실현하지 못 할 수 있다. 따라서 자율성의 강조는 오히려 자율의 이념에 상응하지 못하는 처지에 있는 환자의 생명권과 건강권을 위협할 수 있다. 자율의 윤리학은 사회 구성원 모두 특히 약자를 배려하고 그들의 생명을 보호하라는 의료윤리의 기본 목적을 실현하는 데 한계를 노정한다.46) 의료 현장에서 환자의 자율성 강조는 때때로 의사의 책임 방기로 이어지는 경우도 발생할 수 있다.

따라서 '어려움과 도움'이라는 환자-의사 관계의 근원적 상황에서는 '돌봄의 품성'(Fürsorgethos)이 우선해야 한다. 의사가 따라야 할 최고 계명은 '환자에게 최선의 것을 행하라'(salus aegroti suprema lex)이다. 의사는 환자를 인격 존재로 대우해야 하며, 결코 의료 시술의 단순한 대상으로 삼지 말아야 한다. 의사는 환자를 기본적으로는 자신이 돌봐야 할 어려움에 처한 인간으로 보호해야 하며, 이와 병행하여 환자의 자율성을 회복하도록 도와야 한다. 이를 위해 의사는 환자와 대화를 나누어야 한다. 이러저러한 검사로 환자를 지치게 하기보다는 환자와 그의 증상과 고통 등에 대해 대화를 나누어야 한다. 각종 진단 기술의 발달로 의료 현장에서 환자-의사의 만남의 시간과 대화의 시간이 점점 더 사라져 가는 것은 안타까운 일이다.

---

45) Pöltner G. *Grundkurs Medizin-Ethik*, p.89.
46) Eibach U. *Menschenwürde an den Grenzen des Lebens*(Neukirchener Verlagshaus, 2000), p.24.

환자 역시 자신의 질병에 대해 문외한의 처지에 머물러서는 안 된다. 환자는 자신의 질병과 관련된 구체적인 사실 지식을 찾아서 알려고 하고, 그 질병을 치료 또는 극복할 수 있는 방안을 강구해야 한다. 이런 과정을 통해 환자는 의사의 치료 과정에 함께 참여할 수 있다. 환자는 의료 행위의 단순한 객체에 머물지 말고 의료 행위의 하나의 주체가 되도록 해야 한다. 이를 위해 환자 역시 의사와 대화를 해야 한다. 의사에 대한 신뢰를 바탕으로 자신의 병력과 증상 등에 대해 숨김없이 이야기해야 한다. 의사와 환자 간의 인격적 대화를 통해 환자-의사의 만남이 단순한 질병 또는 증상 중심의 만남에 머물지 말고 인간 전체로의 만남으로 나가도록 해야 한다.

2) 인간 배아줄기세포 연구

인간 생명과 관련하여 현대 생명과학 연구에서 가장 논란이 되는 분야는 배아줄기세포연구 분야이다. 배아줄기세포의 전능성에 관심을 갖는 생명과학자들은 배아줄기세포 연구를 하고 싶어 한다. 반면 배아의 인간 지위에 관심을 갖는 생명윤리학자들은 배아줄기세포 연구가 결국 배아 상태의 인간 생명을 해치기 때문에 이를 허용할 수 없다고 주장한다. 이 과정에서 '14일 논쟁', '잠재성 논쟁', '정체성 논쟁', '연속성 논쟁' 등이 복잡하게 벌어지고 있다. 현재 몇몇 나라에서는 인간배아줄기세포 연구를 아주 제한적으로 허용하고 있다. 우리나라도 2005년 1월 1일부터 발효된『생명윤리 및 안전에 관한 법률』에서 잔여배아를 이용한 연구뿐만 아니라 체세포복제를 통한 연구까지도 제한적으로 허용하고 있다.

인간학에 기초한 생명윤리는 인간배아줄기세포 연구에 어떤 입장을 취할까? 앞서 소개한 바와 같이 인간학에서는 인간의 육체 생명에 기본 가치를 부여한다. 그러므로 인간의 초기 발생과정을 인위적으로 중단시키는 인간배아줄기세포 연구에 동의할 수 없다. 왜냐하면 인간배아줄기세포 연구는 인간의 육체 생명을 해치기 때문이다. 나아가 인간 배아줄기세포 연구는 발생 초기의, 배아 상태의 인간을 다른, 육체적으로 '더 큰' 인간 생명을 살리기 위한 수단으로 삼는다. 인간학은 인간의 수단화, 대상화를 거부한다. 그러므로 인간 배아줄기세포 연구에 반대할 수밖에 없다.

배아의 지위와 관련하여 가능태($\delta \upsilon \nu \alpha \mu \iota \varsigma$: potentia)에 대해 올바로 이해할 필요가 있다. 왜냐하면 어떤 사람들은 인간 배아를 '가능적 인간'이라고 하면서, 인간 배아를 차등의 지위에 두기 때문이다. 아리스토텔레스는 가능태를 순수한 가능태와 혼합된 가능태로 구분한다. 순수한 가능태란 일체의 영향(작용)을 받지 않는 절대적 가능성을 의미하며, 이것은 제일 질료에 해당된다. 혼합된 가능태는 이미 일정한 것으로 현실화되어 있기는 하지만 그래도 계속해서 다른 것으로 현실화될 수 있는 가능성을 지닌 것으로, 이것은 제이 질료에 해당된다. 가능태를 이렇게 구분하면서도 그는 가능적인 것($\tau \grave{o} \ \delta \upsilon \nu \alpha \mu \epsilon \iota \ o \nu$)을 존재자로 헤아려야 한다고 매우 강조한다. 그리고 현실적인 것만을 존재로 보아야 하고 가능적인 것의 가능성은 조금도 인정하지 않는 메가라학파의 주장에 반대한다. 나아가 아리스토텔레스는 존재의 영역에서 현실적인 존재자($\epsilon \nu \epsilon \rho \gamma \epsilon \iota \alpha \ o \nu$)와 가능적인 존재($\delta \upsilon \nu \alpha \mu \epsilon \iota \ o \nu$)자가 구별되는 동시에 또한 모든 현실적인 것은 아직도 가능성을 간직하고 있고, 모든 가능적인 것도 약간의 현실성을 갖고 있다는 점을 발견했다. 이로써 그는 우리들이 경험하는 세계에서는 가능성과 현실성이 항상 얽혀 있다는 사실을 발견했다.

이러한 아리스토텔레스의 설명을 인간 배아의 지위와 관련해서 논의해보면, 인간 배아는 발생 과정을 통해 인간이 되어 가는 것이며, 배아와 인간은 본성적으로 동일한 순수한 가능태를 가지며, 배아의 현실태 안에 이미 인간의 가능태가 얽혀 있는 것이다. 인간 배아는 생물학적으로 분명히 새로운 인간 생명이며, 그러므로 존재론적으로 인격 지위를 갖는데[인간은 곧 인격]. 따라서 항상 목적으로 대우해야 하며[인격의 존엄성, 목적성], 어느 미지의 생명을 위한 수단이 되어서는 안 된다. 인간학에 기초한 생명윤리는 인간의 육체 생명을 해치며, 인간 생명을 수단화, 대상화하는 인간 배아줄기세포 연구에 반대한다.[47)]

3) 이종장기이식

말기 장기부전증 환자의 치료를 위한 이식용 장기의 부족을 극복하기 위해 이종장기이식에 대한 연구가 우리나라에서 진행 중이다. 2002년 초부터 여러 의과대학의 내과, 외과, 수의학, 면역학 등 관련 전문 분야의 연구진이 모여 이종장기이식연구소를 설립하고 이종장기이식에 관한 연구를 진행 중이다.[48]

인간학의 관점에서 볼 때 이종장기이식은 인간 육체 생명의 기본 가치 원칙에 따라 허용 가능하다. 즉 인간의 육체 생명은 기본 가치를 가지기 때문에, 말기 장기부전증 환자를 이종장기이식을 통해 치료하고 생명을 연장하는 것은 허용된다.

그러나 그 허용의 한계에 대해서는 살펴볼 필요가 있다. 인간학의 관점에서 이종장기이식이 인간 존엄성에 미치는 영향과 인간 정체성에 미치는 영향에 대해 숙고할 필요가 있다.[49] 먼저 인간 존엄성에 미치는 영향에 대해 살펴보자. 이종장기이식은 인간의 존엄성을 해치는가? 만약 이종장기이식이 인간을 단지 의학적 처치의 대상으로만 삼는다면, 그리하여 인간으로부터 그 스스로를 자신의 목적으로 삼는 도덕적 주체의 지위(인간 존엄성의 핵심 특징)를 빼앗는다면 이종 이식은 인간의 존엄성을 위태롭게 할 것이다. 그러나 이는 일반화하기 어렵고 개별적으로 결정할 수밖에 없을 것이다. 이종장기이식이 자신의 인간 존엄성과 양립 가능하다고 생각하는 사람들의 견해도 존중되어야 한다. 그러므로 여기에서 보편화 가능한 입장을 제시하기 어렵

---

47) 인간 배아의 지위와 인간 배아줄기세포 연구의 윤리적 문제점에 대한 보다 상세한 논의는, 졸고, "인간배아의 인격지위에 관한 고찰". 한국생명윤리학회, 『생명윤리』 3권 2호. 2002와 "인격주의에 기초한 생명윤리 모색". 한국국민윤리학회. 『국민윤리연구』. 55호. 2004 등을 참조 바람.

48) 바이오이종장기연구개발센터. 2003 바이오이종장기연구개발센터운영안. 2003: 1; 바이오이종장기개발사업단 홈페이지: http://www.xenokorea.org/

49) Beckmann Jan. p."Das Verfahren der Xenotransplantation aus anthropologischer und ethischer Sicht". Helmut Grimm(Hrsg.). *Xenotransplatation*(Stuttgart: Schattauer, 2003), pp.287~295.

다. 왜냐하면 이종장기이식이 자신의 인간 존엄성과 양립할 수 없다는 입장을 보편화한다면, 이는 이종장기이식을 통해 생명을 구하는 것이 자신의 인간 존엄성과 양립 가능하다고 생각하는 타인의 자율성과 존엄을 해칠 수 있기 때문이다.

다음으로 인간 정체성에 미치는 영향을 살펴보자. 이종장기이식이 인간의 정체성에 어떤 영향을 미칠까에 대해서는 특별히 주의 깊게 숙고할 필요가 있다. 이와 관련하여 우선 심리학적 수준과 인간학적 수준을 구분할 수 있다. 자기의 것이 아닌 다른 세포, 조직, 장기를 이식 받는 것은 심리적인 문제를 야기할 수 있다. 이는 동종 이식의 경우에는 이미 널리 알려져 있으며, 이종장기이식의 경우에는 더 심화될 것으로 예상된다. 그러나 이에 대한 판단은 이종 이식을 받은 환자들의 수가 보다 더 많아진 이후에 가능할 것이다.

그러나 인간학적 수준에서의 정체성 물음, 즉 이종 이식이 인간의 정체성에 부정적 영향을 미치는가의 물음은 이종 이식이 널리 행해지기 전에 미리 상세하게 논의될 수 있다. 육체의 특정한 부분들, 이를테면 개별 장기들을 인간 정체성의 핵심 구성 요소로 간주하는 경우50)가 있을 수 있다. 그러나 이것은 본질적으로 생물학주의를 전제하는 것이며, 또한 인간은 육체(Körper)를 '가진'(hat) 동시에 바로 신체(몸: Leib)'라는'(ist) 인간의 본질을 간과한 것이다.51)

---

50) 이에 관해 교황청 생명학술원은 "이종이식의 전망: 과학적 측면과 윤리적 고찰"(2001)에서 인간의 정체성과 개별 장기와의 관계를 다음과 같이 구분하고 있다. "하나뿐인 인간의 정체성을 인체의 모든 장기가 다 같은 정도로 표현하지는 않는다. 특정한 기능만을 수행하는 장기들도 있고, 고유한 기능에 덧붙여 개인의 주관성에 좌우될 수밖에 없는 개인의 강한 상징적 요소들까지 표현하는 장기들도 있다. 또한 뇌나 생식선처럼 그 특별한 기능 때문에 상징적 의미와는 무관하게 개인의 정체성과 뗄 수 없는 관계에 있는 장기들도 있다. 그러므로 마지막 경우와 같은 장기들의 이식은 이식 뒤에 수혜자나 그 후손들에게 어쩔 수 없이 미치게 될 객관적인 영향들 때문에 윤리적으로 결코 정당화될 수 없지만, 단순히 기능적이라 생각되는 장기들과 인간적인 의미가 더욱 강한 장기들에 대한 평가는 특히 그 장기들이 각 개인에 대하여 가지는 상징적 의미와 관련하여 신중히 이루어져야 한다."

51) Plessner H. *Philosophische Anthropologie*. in Gesammelte Schriften Bd. VII, (Frankfurt am Main: Suhrkamp, 1982) 참조.

이와 반대로 인간이 자신의 정체성을 육체적인 것을 배제하고 또는 적어도 육체적인 것에 앞서서 규정한다면, 이 역시 동일한 이유로 오류이다.

이와 달리 자신의 정체성을 나-체험(자기 인식, 자기 체험, 자기 평가), 타인 체험, 세계 체험에서 드러나는 것으로 이해한다면, 이종장기이식의 정체성에 관한 물음은 다른 차원의 물음으로 나아간다. 즉 이 물음은 인과적으로 결정되는 생물학 수준의 물음이 더 이상 아니고, 자유로이 행사되는 인간 행위 수준의 물음이다. 예상되는 정체성 위험은 생물학적 변화 그 자체에서 발생하기보다는 이종장기이식에 대한 자신의 인식 그리고/ 또는 인간 동료 세계의 인식에서 발생할 수 있다. 특히 후자(인간 동료 세계의 인식)의 경우 이종 이식 환자에게 차별을 가져올 수도 있다. 다른 사람이 나를 어떻게 생각하는가가 한 개인의 정체성 형성에 매우 많은 영향을 준다는 것을 아는 사람은 이종장기이식이 인간의 정체성에 미칠 영향에 대한 논의가 얼마나 중요한지 알 것이다.

7. 결 론

지금까지 생명윤리에 인간학이 요청되는 이유, 인간학의 주요한 인간 이해, 인간학이 생명윤리에 주는 시사점 등에 관하여 살펴보았다. 여기서는 인간학에 기초한 생명윤리에 대해 제기되는 물음들에 대해 살펴보겠다. 어떤 사람들은 인간 생명간의 차등의 가능성에 대해, 또 어떤 사람들은 인간학의 '근본주의적 속성'에 대해 물음을 제기한다. 이에 대해 살펴보면서 생명윤리는 무엇이어야 할까에 대해 숙고해 보겠다.

어떤 사람들은 인간 생명간의 차등의 가능성을 이야기하며, 인간의 초기 생명에게는 권리를 유보할 수 있다고 주장한다. 예를 들어, 투표권, 피선거권 등은 일정 연령 이전에는 그 권리를 유보하듯이 생명권도 그럴 수 있다는 것이다. 그러나 생명권과 관련해서도 그런 유보가 가능할까? 생명권은 다른 권리와는 구별되는 특징을 갖는다. 생명권은 다른 권리들이 가능할 수 있는 기본 권리이대[육체 생명의 기본 가치]. 생명이 없다면, 투표권, 피선거권 등은 아무 의미가 없다. 그러므로 생명권 다음의 파생적 권리들에 대해서는 합리적 근거와 논의를 통해 차등을 이야기할 수 있겠지만, 가장 기본권인 생명권에는 차등이 있을 수 없다. 따라서 인간의 생명권은 그 인간의 삶의 완성도와 관계없이 보호되어야 한다. 발생 초기의 인간 생명의 생명권도 성인의 생명권처럼 보호되어야 한다. 아니 어쩌면 초기 생명이기 때문에, 아직 어린 생명이기 때문에, 스스로 자기 생명권을 주장할 수 없기 때문에 '돌봄의 품성'의 측면에서 더욱 더 보호받아야 한다.

어떤 사람들은 인간학은 생명윤리를 너무나 엄격하고 근본적인 방향으로 이끌어, 후속적인 논의를 불가능하게 한다고 주장한다. 물론 그런 면이 있음을 인정하지 않을 수 없다. 그러나 인간 생명과 관련하여서는 반드시 지켜야만 할 어떤 선이 있지 않을까? 인간 생명은 결코 사물화, 대상화 할 수 없는 가치이며, 개별 인간 생명은 대치 불가능하며 유일회적이다. 그러므로 생명윤리는 이러한 인간 생명의 절대성에 기반하고 그것의 실현을 목적으로 해야 하지 않을까? 인간 생명의 존엄성은 가치이며, 이 가치는 인정되고 추구되는 가치이다. 인간의 생명 가치는 현실인 동시에 당위이며, 실제 삶에서는 항상 어느 정도의 긴장 속에서 실현된다. 그리고 이러한 생명윤리의 기본 방향은 지속적인 교육을 통해 제시되어야 한다. 윤리학은 '무엇이 가치 있는 것인가를 가르치고 인간에게 가치의식을 깨우쳐 주는 것'이기 때문이다.

생명윤리는 생명의 존엄성 실현을 목적으로 한다. 이점에 있어서는 현대 의과학, 생명과학, 생명공학도 마찬가지 일 것이다. 생명윤리는 물론이고 현대 의과학, 생명과학, 생명공학이 인간 생명의 존엄성 실현이라는 목적을 달성하기 위해서는 인간에 대한 올바른 이해에 기초해야 하며, 이를 위해서 인간학적 숙고에 귀 기울여야 한다.

II. 인간 배아의 인격 지위에 관한 고찰[*]

1. 서 론

오늘날 인간 생명과 관련하여 가장 논란이 되고 있는 생명과학 연구 분야 중 하나는 인간 배아줄기세포 연구 영역이다. 생명과학자들, 생명공학자들, 그리고 생명공학 관련 기업가들은 인간 배아줄기세포 연구의 유용성과 혜택을 강조하면서, 이 연구의 필요성을 강력히 주장하고 있다. 반면에 종교계, 시민 단체 등은 인간 배아는 이미 인격 지위를 갖는 인간이므로 배아의 파괴를 가져오는 배아줄기세포 연구는 곧 살인과 다름없다고 반대하고 있다. 인간의 수정란, 배아는 어떤 지위를 가지는가? 결국 배아의 파괴를 가져오는, 배아를 대상으로 하는 연구를 허용할 수 있는가? 인간의 배아를 연구 목적으로 복제하는 것은 허용가능한가? 이러한 논의의 핵심에는 인격 개념이 놓여 있다.

인격을 보호하고 존중해야 한다는 데는 누구나 동의하고 있다. 문제는 인

---

* 본 논문은 『생명윤리』제3권 제2호(2002년 12월)에 게재했던 것을 수정 보완한 것이다.

격이란 무엇이며, 인간은 언제부터 인격 지위를 갖는가에 대해 의견의 불일
치가 있다는 것이다. 인격은 인간의 고유한 본질인가 아니면 어떤 속성의
표시인가? 인간은 언제부터 인격 지위를 갖는가? 인간 존재와 인격 존재는
분리 가능한가 아니면 분리 불가능한가? 결국 이 문제는 인간학의 문제이다.
따라서 인간 생명과 관련된 생명윤리 논의는 인간학의 기반 위에서 진행될
수밖에 없다.

　인간의 인격 지위와 관련해서는 크게 두 전통이 큰 역할을 하고 있다.[1]
하나는 보에티우스와 토마스 아퀴나스에게로 거슬러 올라가는 전통이다. 보
에티우스는 인격을 "이성적 본성의 개별적 실체"[2]로 정의한다. 토마스 아퀴
나스는 이 정의를 재검토하여 "이성적 본성의 모든 개별체가 인격이다"[3]라
고 정의한다. 이 전통은 인격 개념을 존재론적으로 정의한다. 인격은 인간의
해석(Erläuterung)이며, 인간의 실존 방식과 밀접히 연결되어 있다. 즉 인간은
곧 인격이다. 왜냐하면 인간은 자유 존재로서 존엄을 가지며, 그에 상응하게
행위를 하기 때문이다. 인간의 실존은 특정한 속성이나 상태가 아니며, 오히
려 도덕적 의무 지움의 근거이다. 이 전통에 따르면 인간으로 존재함은 이
미 인격으로 존재함을 의미한다. 인간 존재와 인격 존재는 둘로 나뉘어 질
수 없는 하나이다. 이러한 전통을 인격주의라고 부른다.

　다른 하나는 로크에게로 거슬러 올라가는 전통이다. 로크에 따르면 "인격
은 생각하는 지적 존재로서, 이성과 반성 능력을 가지며 상이한 시간과 장
소에서 스스로를 동일한 것으로 간주할 수 있는 존재이다."[4] 이 전통에 따

---

1) Günther Pöltner, "Menschen-Personen. Ontologische Implikationen der Debatte um den Personbegriff", *Daseinsananlyse*, Sonderheft zu Band 15, 1999, S.224 참조.
2) "Person est naturae rationalis individua substantia.", *De Deabus naturis et una persona Christi*, c. 3, in Minge, P. L., 64, col.1345; 정의채, 『형이상학』(서울: 성바오로출판 사, 1988, 8판), 221쪽.
3) "Omne individuum rationalis naturae dicitur persona." *Summa Theologica*, Ⅰ, q. 29, a. 3, ad 2; 정의채, *op. cit.*, p.222.
4) J. Locke, *An Essay Concerning Human Understanding* (Oxford: Clarendon Press, 1975), Ⅱ, 9, 29.

르면 인격은 어떤 속성의 표시이다. 즉 인격은 자아의식과 책임 능력의 소유를 의미한다. 그래서 피터 싱어는 "나는 항상 인격을 이성적이고 자아 의식적 존재의 의미에서 사용할 것을 제안한다"[5]고 말한다. 그런데 모든 인간 개개인들이 이 속성을 소유하는 것이 아니다. 심각한 뇌 손상자, 인간의 초기 생명체(인간 배아) 등은 이 속성을 갖고 있지 않은 것으로 간주되며, 따라서 인격 지위를 갖지 못한다. 또한 이 속성은 인간에게로 국한되지 않는다. 오히려 이 속성은 이 전통에 따르면 고등 유기체 동물(유인원)에게도 부여된다. 결국 인간 존재와 인격 존재는 분리되고 만다. 이러한 전통을 전자와 구별해서 '비인격주의'라고 부를 수 있다.

인격을 존중해야 한다는 점에서는 두 전통이 일치한다. 그러나 언제부터 인간이 인격 지위를 갖는가에 대해서는 서로 다른 견해를 갖고 있다. 과연 이 두 전통 중 어느 전통이 인간 생명의 존엄성을 생명의 모든 단계에서 보장해 줄 수 있을까? 인간 배아의 인격 지위에 대한 두 전통의 논의를 살펴보면서, 이 물음에 대답해보고자 한다.

생명윤리의 필요성과 중요성에 대해서 의문을 제기하는 사람들은 이제 거의 없다. 생명과학의 진보에 대한 절대적이고 낙관적인 믿음이 이제 사라지고 있으며, 기술 연구와 적용에 대해 어떤 제한이 필요하다는 생각이 널리 수용되고 있다. 그리하여 다양한 철학적 배경을 가진 생명윤리가 등장하고 있다. 문제는 이제 과연 어떤 철학적 배경을 가진 생명윤리가 인간 생명의 존엄성을 인간 삶의 모든 과정에서 보장해 줄 수 있는가이다.

2. 비인격주의에서 본 인간 배아의 인격 지위

싱어(Peter Singer), 호어스터(Nobert Hoerster), 자쓰(Hans-Martin Sass), 비

---

5) Peter Singer, *Pracatical Ethics*(Cambridge; Cambridge University Press, 1993, Second Edition), p.87.

른바허(Dieter Birnbacher) 등과 같은 공리주의 주창자들은 비인격주의의 전통 안에서 인간의 인격 지위를 정의한다. 그들은 인격 존재의 시점을 합리성, 자기 조망, 자아의식, 미래 의식, 특히 소망과 관련된 이익 등과 연관하여 규정한다. 따라서 그들은 인간 존재와 인격 존재의 동일성을 부인한다.

싱어는 "윤리학적 판단을 할 때 개인적 또는 당파적 관점을 넘어서서 영향 받는 모든 사람들의 이익을 고려해야만 한다"[6]고 이야기하면서, 윤리학적 판단의 이러한 특징으로부터 평등의 기본 원칙, 즉 "이익 평등 고려의 원칙"(the principle of equal consideration of interests)을 제시한다.[7] 그리하여 이익 보호를 공리주의 윤리학의 목표로 삼는다. 그는 이익의 조건으로 "고통을 느낄 수 있는 능력"(sentience)[8]과 고통을 피하려는 소망을 제시한다. 싱어에 따르면, "인격을 죽이는 것은 미래의 소망을 중단시키는 것이다."[9] 그러나 태아는 미래 소망을 가지지 않는다. 따라서 "태아는 결코 인격이 아니기 때문에, 태아는 인격처럼 생명권을 갖지 않는다"[10]고 싱어는 주장한다.

소망과 이익을 갖는 것은 의식 존재와 연결된다. 따라서 싱어에 따르면 인격 존재는 의식 존재의 단계에 종속된다. 이는 로크의 전통을 따르는 것이다. "만약 우리가 3개월도 안 된 태아와 비교한다면, 생선 또는 작은 새우가 의식 존재로서의 더 많은 표시를 보여 줄 것이다."[11] 이러한 논증의 일치성에 대한 물음은 차치한다 하더라도, 배아 상태에 대한 의존성 내에서 다음과 같이 반박할 수 있다: 새우로부터는 결코 인간이 될 수 없지만, 배아로부터는 바로 인간이 된다.[12]

---

6) *Ibid.*, p.21.
7) *Ibid.*, p.21.
8) *Ibid.*, p.58.
9) *Ibid.*, p.95.
10) *Ibid.*, p.151.
11) *Ibid.*, p.151.
12) Freddy Zülicke, *Human-Gentechnik, Naturteleologie und Ethik: Moralisch-ethische Probleme von Reproduktionsmedizin und Human-Gentechnik* (Frankfuft am. Main: Peter Lang, 1994), S.125.

여기서 잠재성 개념이 암시된다. 잠재성 논증에 대해 싱어는 의문을 제기한다. "왜 잠재적 인격이 인격의 권리를 갖는가?"[13] 그는 "신생아의 생명은 …… 돼지, 개, 침팬지의 생명보다 더 적은 가치를 갖는다"[14]라고 주장한다. 싱어는 잠재성 논증에 반대하는 자신의 논증을 왕위 계승자와 왕과의 비교를 통해 설명한다. 왕자는 왕과 똑같은 권리를 가질 수 없다. 이에 대해 다음과 같이 반박할 수 있다: "왕이 될 권리는, 왕위 계승자가 그것에 대한 이익을 가지고 있는가와 무관하게, 왕위 계승자에게 당연히 귀속된다. 왜냐하면 그가 왕위 계승자이기 때문이다. 마찬가지로 우리는 잠재적 인격에게서 이익과 무관하게 인격이 될 권리와 또한 그것과 관련된 모든 법률적, 도덕적 권리를 요구할 권리를 빼앗을 수 없다. 따라서 생명과 신체의 불가침성의 권리는 기본 전제이다."[15]

나아가 싱어는 "인격을 죽이지 말아야 한다는 근거가 신생아에게는 적용되지 않는다"[16]라고 주장한다. 왜냐하면, 신생아는 감각 능력을 가지고는 있으나 아직 '합리적이고 자기의식적인 존재' 즉 인격 존재가 아니기 때문이다. "따라서 아기나 태아를 죽이는 것에 반대할 이유는 자신을 시간이 경과하여도 존재하는 개별 존재로 볼 수 있는 존재 즉 인격을 죽이는 것에 반대할 이유보다 훨씬 적다"[17]고 이야기한다.

그렇다면 아이들은 언제부터 자기 자신을 시간이 경과하여도 존재하는 독특한 실체로 간주하기 시작할까? 싱어는 이 물음에 대해 일단 대답하기가 어렵다고 이야기한다.[18] 그러면서 "생명에 대한 완전한 법적 권리는 출생부터가 아니라 출생 잠시 후, 아마도 한 달 후부터 효력을 발생하는 상황이

---

13) Peter Singer, *op. cit.*, p.153.
14) *Ibid.*, p.169.
15) Freddy Zülicke, *op. cit.*, SS.125~126.
16) Peter Singer, *op. cit.*, p.207.
17) *Ibid.*, p.171.
18) *Ibid.*, p.171.

적어도 있을 수 있다”19)고 이야기한다.

호어스터도 싱어와 동일한 논증을 취한다. 호어스터는 “태아는 …… 미래 삶에 대한 이익 또는 생존 이익을 결여하고 있다. 따라서 도덕 질서와 법 질서를 통해 태아에게 생명권을 부여할 근거가 없다.”20)고 이야기한다. 싱어에게서처럼 호어스터에게도 “태아와 신생아는 결코 인격이 아니다.”21) “결코 소망을 갖고 있지 않으며 단지 감각 능력만 가지고 있는 존재에게 생명의 모든 단계에서 그 자신을 위해 생명을 보호할 근거가 전혀 없다.”22) 그러나 다음과 같은 결론에서 호어스터는 싱어와 차이를 보인다. “세속적 이유에 근거한 살인 금지는 태아를 포함하지는 않지만, 태어난 모든 인간은 포함한다.”23)

호어스터의 논증에서 두 가지 서로 관련된 모순을 발견할 수 있다. 첫째, 왜 태아와 신생아는 생명권과 관련하여 상이한 지위를 가져야 하는가? 생물학적으로는 아직 태아이지만 그럼에도 불구하고 태어나서 인간으로 간주해야만 하는 조산아는 경우는 어떻게 해야 하는가? 호어스터는 이 모순을 실용주의적 근거로 정초한다. 그러나 여기에 즉 깊게 정초된 철학적 정초를 제시하려는 그의 요구와 관련해서 두 번째 모순이 들어 있다. 호어스터가 실용주의 논증으로 변화한 것은 자신의 착안의 결론들을 분명히 하고 동시에 싱어와 같은 날카로운 비판들에서 벗어나기 위한 것으로 생각된다.24)

비른바허도 호어스터와 동일한 모순을 보여준다. 그는 탯줄의 절단을 중요한 지점으로 보았다. “탯줄의 절단과 함께 자립적 개인으로서 즉 주체로서의 인간의 실존이 시작된다.”25)고 이야기한다. 그러나 신생아도 태아처럼

---

19) *Ibid.*, p.172.

20) Nobert Hoerster, “Strafwürdigkeit der Abtreibung? Alternativen und ihre Konsequenzen”, *Universitas*, 1 / 1991, S.23.

21) Norbert Hoerster, *Abtreibung im säkularen Statt: Argumente gegen den § 218* (Frankfurt am Main: Suhrkamp Verlag, 1991), S.86.

22) *Ibid.*, S.93.

23) *Ibid.*, S.143.

24) Freddy Zülicke, *op. cit.*, SS.126~127.

25) Dieter Birnbacher, “Gefährdet die moderne Reproduktionsmedizin die menschliche

자립적이지 못하다. 인간의 신생아는 필요한 임신 기간을 고려할 때 원칙적으로 조산아이다. 일찍이 포르트만(Adolf Portmann)은 인간의 이러한 특징에 관심을 갖고 '자궁 외 조기 출산'설을 제기하였다.26) 출산 후 첫 달은 어떻게 보면 '사회라는 자궁'안에 있는 것이다. 인간의 발생 과정에서 연속적인 과정이 중요하며, 따라서 생물학적 사실에 근거하여 어떠한 도덕적으로 타당한 쉼표를 추론할 수 없다.

배아의 뇌 발달과 관련해서 도덕적으로 타당한 쉼표를 확정하려는 시도가 있다. 이 논증은 뇌사 규정과 유사하게 논의되며, 뇌사(Hirntod)와 뇌 활동 시작(Hirnleben)의 관계를 제시한다. 이 논증의 대표자로 자쓰를 들 수 있다. 자쓰는 출생 전 뇌 발달 연구에서 출발한다. 임신 55일까지는 어떠한 신경 체계도 실존하지 않는다. 57일 후에 특히 70일 후에야 비로소 내측 뇌피질의 초기 형식이 발달하며, 80일 후에 신경 결합이 나타난다. 자쓰는 뇌 발달을 2단계로 구분한다. 1단계는 수정 후 57일까지이고, 2단계는 수정 후 70일부터이다. "생성 중인 인간 생명을" 수정 후 57일부터 완전히 법률적으로 보호하자는 것이 자쓰의 견해이다.27)

우선 "생성 중인 인간 생명"이라는 표현을 주목하자. 수정 순간에 이미 인간 생명이거나, 아니면 특정 순간 이후부터 비로소 인간 생명이다. 인간 생명이면 인간 생명이지, '생성 중'인 인간 생명이란 있을 수 없다. '생성 중인 인간 생명'이라 말하는 것은 동어 반복이거나 아니면 인간 생명의 시작을 고정하려는 의도라 할 수 있다.28)

다음으로 더 이른 시점, 예를 들면 뇌의 기본 구조가 형성되는 수정 후 42일을 선택할 수는 없는가 물을 수 있다. 실제로 락우드(M. Lockwood)는

Würde?", A. Leist(Hrsg.), *Um Leben und Tod* (Frankfurt: 1990), S.270.

26) Adolf Portmann, *Zoologie und das neue Bild des Menschen* (Hamburg, 1959), SS.68~70; 진교훈, 『철학적 인간학 연구(Ⅰ)』(서울: 경문사, 1984), p.47에서 재인용.

27) Hans-Martin Sass, "Hirtod und Hirnleben", Hans-Martin Sass(Hrsg.), *Medizine und Ethik* (Stuttgart: Philipp Reclam jun., 1994), SS.170~173.

28) Freddy Zülicke, *op. cit.,*, S.128.

이 6주 경계를 지지한다. 그 이전의 인간 배아는 단지 '살아 있는 인간 유기체'일 뿐 결코 인간 본질도 잠재적 인간 본질도 더욱이 잠재적 인격도 아니라는 것이다.[29]

또는 더 이른 또는 더 늦은 시기를 선택할 수 있는가 물을 수도 있다. 결국 뇌 발달은 출생 시까지 계속되는 과정이다. 더욱이 이 과정은 매우 미세하고 섬세한 구조와 관련되기 때문에 결코 명료하지 않다. 뇌 발달은 매우 복잡한 과정이다. 이것은 인간의 인격과 주체성을 뇌 구조와 일방적으로 결합시키는 것일 뿐이다. 도덕적, 법률적 판단을 아직 분명치 않은 생물학적 사실에 결합시키는 것은 인간의 생명을 상이한 지식과 상이한 경우에서 자의적인 정리에 맡기는 결과를 가져올 뿐이다.

장시간에 걸친 뇌파 정지에 의거해 확정 가능한 뇌사는 의료 현장에서 타당한 죽음으로 간주된다. 전면 뇌사 순간부터 그는 더 이상 인격도 인간 생명도 실존하는 인간도 아니다. 이 순간부터 생물학적 죽음이 시작된다. 그러나 뇌사의 시점에서 죽음의 시작을 인정하는 것을 뇌 활동의 시작 시점에 적용하는 것은 타당하지 않다. 왜냐하면 뇌 활동의 시작 시점 이전에 이미 인간 생명 그리고 최소한 잠재적으로라도 인격이 실존하기 때문이다.

인간의 인격, 개별성, 인간 존재를 생물학적으로 확인 가능한 사실과 연결 지우려는 일련의 시도들이 있어 왔다. 그러나 그 결과는 항상 똑같았다. 생물학적 사실만으로는 인간 인격 존재의 도덕적으로 타당한 시점을 결코 제시할 수 없다. 배아에 대한 실험 또는 개입에 반대하는 논증을 하려고 한다면, 인격 존재를 수정 순간부터 인간 생명의 시작과 결합시키는 것 외에 다른 길이 없다.

워녹(Mary Warnock)은 생식 의학 문제를 다루는 영국의 규제 위원회 의장이었다. 그녀는 보고서에서 수정 후 14일을 경계선으로 잡았다.[30] 14일은

---

29) W. Lockwood, "Der Warnock-Bericht: eine philosophische Kritik", A. Leist (Hrsg.), *Um Leben und Tod* (Frankfurt: 1990).

30) Mary Warnock, "Haben menschliche Zellen Rechte?", A. Leist (Hrsg.), *Um Leben und Tod* (Frankfurt: 1990), S.217; Kevin Doran, *What is a Person: The Concept and the Implications for Ethics* (Lewiston, Lampeter, Queenston: The Edwin Mellen Press,

착상이 완료되는 시기이며, 더 이상의 쌍생아 형성이 불가능한 시기이며 따라서 인간의 개별성이 확립되는 시기이다. 여기에서는 흔히 간과되어온 발생학적 개별성이 문제된다. 그러나 이 경계는 자의적이다. 그리고 개별성이 생명의 존엄성보다 우선할 수는 없다. 또한 개별성을 보장받으려면 그 이전의 생명에 대한 존엄성이 보장되어야만 한다. 생명이 없는 개별성은 있을 수 없기 때문이다.

워녹은 행복과 복지 증진을 위해 배아 실험은 불가피하다고 주장한다. 이는 인간의 생명을 행복, 복지 등을 위한 수단으로 삼는 것이며, 이는 분명한 가치 전도이다. 왜냐하면 모든 생명은 그 자신의 가치, 즉 본래적 가치(inherent value)[31]를 가지고 있기 때문이다.

시험관 수정(IVF)에서 배아 실험에 사용될 수 있는 14일 이전의 배아들이 많이 발생한다. 이 잔여 배아에 대해 워녹은 다음과 같이 주장한다. "착상되지 못하는 잔여 배아를 손상할 수는 없다. 그러나 연구 목적이라면 파기할 수 있다. 왜냐하면 착상되지 않은 인간 배아는 결국 모두 죽고 말 것이기 때문이다."[32] 이와 유사한 논증을 자연 유산의 경우(약 40 %의 배아가 자연 유산된다)와 낙태된 배아 및 태아의 경우에서도 발견할 수 있다. 그러나 이에 대해 다음과 같은 이론을 제기할 수 있다. 자연 유산은 단지 자연 현상이며 따라서 윤리학적 범주에 속하지 않는 반면, 인간 생명에 대한 인공적 개입은 철저히 윤리학적 범주에 속한다.

1989), pp.130~135.
31) 생명의 가치의 의미에 관해서는, 진교훈, 『의학적 인간학』(서울: 서울대학교 출판부, 2002), 115쪽 이하를 참조할 것.
32) Mary Warnock, *op. cit.*, S.223.

3. 비인격주의에 기초한 생명윤리의 문제점

비인격주의에 기초한 생명윤리의 가장 큰 특징은 인간 존재와 인격 존재의 동일성을 거부한다는 점이다. 그들은 모든 인간 존재에게 인격 지위를 부여하지 않고, 특정한 어떤 속성이나 능력을 가진 존재에게만 인격 지위를 부여한다. 그러다 보니, 어떤 인간 존재에게는 인격 지위를 부여하지 않는 반면, 인간 이외의 동물이나 인공 지능에게는 인격 지위를 부여하는 결과를 낳는다.

비인격주의는 초월성을 거부하고, 경험적-합리적 기반에서 도덕 가치와 원리들을 정당화하려고 한다. 이 입장은 사실적이며, 하이데거(Martin Heidegger)의 표현을 빌면, '계산하며' 구조적으로 형이상학을 거부한다. 분석 방법은 '경험적-합리적'이다. 즉 '진리'는 사실에 대한 경험적 검증 및 논증의 논리적 일관성과 관련된다. 이 입장은 물리적 수준만을 수용하며, 실재하는 것의 물리적 측면을 초월하는 접근법을 거부한다.

이들은 인간 생명의 가치를 그 자체로 인정하지 않고 어떤 조건하에서만 인정한다. 인간 생명이 전체성으로서 존중되지 않고, 종의 개선이나 생존, 감각·이성·의지 등과 같은 어떤 속성의 소유 때문에 존중된다. 이 입장은 인간 생명의 어떤 측면만을 도덕적으로 존중하고 법률적으로 보호한다.

비인격주의는 존재론적 원칙을 거부하고 인간 존재의 실존을 특정 유형의 행위에 관한 경험적 관찰과 동일시한다. 이 경우 인격은 일련의 행위로 환원된다. 인격을 도덕 주체 또는 법률 주체와 동일시하는 것은 사실적이고 기능적이다. 이 입장은 인격 지위를 제한하며, 그래서 인격이란 용어를 모든 인간 존재에게 부과하지 않는다.

이 입장은 결과적으로 생명윤리에서 강한 차별을 가져온다. 지각 능력이 없는 주체(예를 들면 수정란, 신경 체계가 형성되기 이전의 배아, 뇌 손상으로 어떠한 감각 기능도 행사하지 못하는 자 등), 또는 이성적이라고 고려되

지 않는 주체(예를 들면 배아, 태아, 아동, 노인, 중증 정신 장애인, 의식·
기억이 전혀 없는 말기 환자 등)에게는 인격 지위가 부여되지 않는다. 그러
나 동시에 인격이란 용어를 역설적으로 인간이 아닌 동물(왜냐하면 그들도
느끼기 때문에)에게 또는 로봇과 인공 지능(왜냐하면 그들도 계산하는 이성
을 가지고 있으므로)에게 부여한다.33)

앞에서 살펴본 바와 같이 인간 배아의 인격 지위에 관한 논의에서 경험
적 기능주의의 전통을 따르는 비인격주의의 논의는 그 의견이 매우 다양함
을 알 수 있다. 그러나 이들 사이에는 두 개의 공통된 전제가 있다. 첫째 그
들은 임신 첫 순간부터 배아의 생물학적 인간 지위, 즉 호모 사피엔스 종으
로서의 지위를 인정한다. 둘째 배아 발달 초기 단계에서의 인격의 실존을
거부한다.

환원주의적 사유를 하는 비인격주의자들은 배아를 인간 존재로는 인정하
나 인격으로는 (심지어 잠재적으로라도) 인정하지 않는다. 그들에 의하면 인
간 배아는 아직 인격이 아니다. 인간 배아는 임신 후 어떤 순간 이후에 인
격이 된다. 그들은 '초기 배아', '후기 배아'라는 용어를 즐겨 사용하는데,
이로써 연속적인 인격 단계와 구별되는 '인간' 발달의 단계를 나타내려 한
다. 그들은 인간 존재란 용어와 인격이란 용어가 의미상 동일한 연장을 갖
는다는 사실을 부인한다. 생물학적 의미의 인간 존재 즉 호모 사피엔스 종
의 구성원으로서의 생명 유기체를 철학적 의미의 인격과 구분한다.34)

이런 맥락에서 인간 배아의 생물학적 지위에 관한 기술은 인격의 정의와
무관한 것이 된다. 생물학적 관찰은 인격적 지위를 인정하는 데 필요한 조
건의 부재를 확인함으로써 인격적 생명의 현존을 배제하는 데 유용한 지침
만을 제시할 뿐이다.

어떤 학자들은 관계 속에서 인격을 구성하는 속성을 발견한다. 즉 착상

---

33) Laura Palazzani, "Personalism and Bioethics", *Ethics & Medicine*, 1994, Vol.10, No.1,
pp.8~9 참조.
34) M. F. Goodman(ed.), *What is a person?*(Clifton, New Jersey: Human Press, 1988), p.1.

순간에 어머니와 처음으로 신체적 관계를 맺으며 그러므로 바로 이 순간부터 인격이 시작된다고 주장한다.35) 다른 학자들은 개별성을 인격의 제1 요건으로 간주하고, 개별적 인격은 수정 후 14일에 시작한다고 주장한다. 왜냐하면 14일 이전에는 분할 또는 일란성 쌍둥이의 가능성이 남아 있기 때문이다.36) 이것이 영국의 워녹 보고서의 주요 내용이기도 하다.37) 공리주의자들은 감각 능력 즉 쾌와 고통을 느끼는 능력 즉 이익을 갖는 능력을 인격의 기준으로 삼는다. 그리고 임신 14일을 최소 경계선으로 삼는다. 14일은 '원시선'의 형성 순간이며 감각 능력 행사의 필수 조건인 중추 신경계의 윤곽이 형성되는 순간이다.38) 어떤 학자들은 의식적인 정신적 심리적 단계 즉 자아의식을 경계선으로 삼기도 한다. 이것은 인격에 관한 심리학적 정의인데, 이들은 수정 후 수주 후에야 인격의 정신적 생활이 시작한다고 주장한다.39) 어떤 학자들은 인격의 고유 특성으로 합리성 즉 지적, 자아 의식적, 언어적 능력을 포함하는 상징적 능력을 지적한다. 따라서 인격 지위는 배아에게 결코 속하지 않으며, 적어도 합리성 행사의 필요조건인 뇌 구조의 어느 정도까지의 발달 단계까지도 속하지 않는다.40) 어떤 학자들은 자율성을 기준으로 삼는다. 여기서 자율성이란 신체적, 심리적으로 어머니에게 의존하지 않는 독립적 생활 능력을 의미한다.41)

---

35) J. F. Malherbe, "L'embryon est-il une personne?", *Lumière et Vie* 1985, 172, pp.19~31; Laura Palazzani, "The Nature of the Human Embryo: Philosophical Perspectives", *Ethics & Medicine*, 1996, Vol.12, No.1, S.16에서 재인용.

36) N. Ford, *When did I begin? Conception of the human individual in history, philosophy and science* (Cambridge: Cambridge University Press, 1988).

37) Kevin Doran, *op. cit.*, pp.130~135.

38) J. Harris, *The value of life: an introduction to medical ethics* (London: Routledge and Kegan Paul, 1985)

39) M. Tooley, "Abortion and infanticide", *Philosophy and Public Affairs*, Fall 1972, 2 (1); J. M. Goldenring, "The brain-life theory: towards a consistent biological definition of humanness", *Journal of Medical Ethics*, 1985, 11, pp.198~204.

40) Peter Singer, *op. cit.*.; T. H. Engelhardt, *Foundations of Bioethics* (New York: Oxford University Press, 1986); Derek Parfit, *Reasons and Persons* (Oxford: Oxford University Press, 1984).

이들 비인격주의의 공통된 견해는 인간 배아는 아직 인격이 아니라는 것이다. 왜냐하면 인간 배아는 관계적이지도 않고, 개별적으로 구분되지도 않으며 감각하지도 못하고 자아의식도 없고 합리적이지도 않으며 자율적이지도 않은 존재이기 때문이다.

생물학적으로 인간인 인간 배아가 인간학적으로 인격이 아니라면, 인간 배아의 규범적 지위는 어떠한가? 이들은 단언 판단으로부터 존재론적 가치 판단의 추론 불가능성을 고수하며, 본성에 대한 기계론적 개념에 기반한다. 본성은 우연히 또는 인과 법칙에 따라 공간 내에서 움직이는 연장된 실체의 전체이다. 배아의 인간 본성은 그것의 가치와 권리에 관해 아무 것도 말하지 않는다. 그것은 단지 생물학적 사실일 뿐이다. 인간 배아가 법적 권리의 주체라는 관념은 배제된다. 기껏해야 인간 배아는 법률의 고려 '대상'일 뿐이다.[42]

이러한 환원주의적 견해에 몇 가지 질문을 던져보자. 이미 인격이 아닌 존재가 어떻게 인격이 되는가? 무엇이 인간 생명의 생물학적 지위로부터 인격적 지위로의 질적인 도약을 가능케 하는가? 누가 어떤 기준에 근거하여 인격이게끔 하는 속성이나 기능의 종류와 정도를 선택하는가? 통각을 상실한 그리하여 감각이 없는 상태, 일시적으로라도 기억을 상실한 경우, 외부 세계로부터 고립된 그리하여 자율적이지 못한 경우의 성인은 어떻게 고려되어야 하는가? 인간 배아를 존중할 것인가 말 것인가에 대한 결정이 어떻게 주관적 의지에 맡겨질 수 있는가? 의지가 충돌한다면, 동시에 같은 맥락에서 서로 다른 소망이 표현된다면, 어떻게 하나? 어린 생명은 왜 더 적은 가치를 가져야 하는가? '그 이전'의 생명을 보호하지 않는다면, 어떻게 특정 능력이나 기능의 출현 '이후'의 생명을 보호할 수 있는가? 모든 초기 배아가

---

41) 인간 생명의 초기 단계에 관한 주요한 인격 이론에 대해서는 D. N. Irving, "Scientific and philosophical expertise: an evaluation of the arguments on personhood", *Linacre Quarterly* 1993, Vol.60, No.1, pp.18~47을 참조.

42) Laura Palazzani, "The Nature of the Human Embryo: Philosophical Perspectives", p.17.

파괴된다면 그 이후의 생명은 존재할 수 있는가?

인간 배아의 인격 지위에 대한 비인격주의자들의 각각의 논의에 대해 다음과 같은 문제를 제기할 수 있다. 착상과 함께 인간 생명이 시작된다면, 자궁에 임신된 초기 배아는 자궁 밖에서 창출된 배아와 마찬가지로 인간 존재가 아니다. 그러나 배아를 유지하는 환경 및 배아에게 영양을 제공하는 근원과 관련된 착상과 같은 과정이 인간 생명인가 아닌가를 결정하는 기준이 될 수 있는가? 물론 착상은 배아의 생명 과정에서 중요한 단계이다. 배아는 영양을 받기 위해 모체의 자궁에 착상한다. 마찬가지로 9개월 된 태아는 자신의 생명 여행을 계속하기 위해 새로운 유형의 영양을 받고 호흡하기 위해 모체의 제한된 공간을 떠난다. 배아이든, 신생아이든, 소년이든, 청년이든, 노인이든, 우리 모두는 생존하고 성장하기에 알맞은 환경과 영양을 필요로 한다. 착상과 출생은 인간의 초기 배아가 생명의 여정을 지속하는 데 필요한 환경과 영양의 중요한 변화 시점이다. 그러나 착상과 출생이 생명체가 되거나 인간이 되는 그런 시점은 결코 아니다.

배아가 자궁에 착상하지 못하면 계속 살아갈 수 없다는 논증은 배아가 인간 존재라는 점을 부인하는 이유가 되지 못한다. 우리들도 영양과 알맞은 환경이 없다면 살 수 없다. 착상 준비가 다 되었으나 착상이 거부된 배아의 상황은 추위 속으로 쫓겨나 음식이 있는 실내로의 입실이 거부된 굶주린 자의 상황과 유사하다. 추위 속으로 쫓겨난 자는, 비록 더 살지는 못할지라도 인간 존재이다. 마찬가지로 착상 이전 인간 배아도, 비록 착상에 성공하지 못하는 경우가 있을지라도, 성장하고 발달해야 할 인간 존재이다.

원시선의 출현을 인간 생명의 시작으로 보는 견해도 있다. 그러나 원시선의 출현이 인간 생명의 시작일 수 없다. 연속적인 생명 과정의 시작에 유일하고 분명한 단절 지점이 있다. 그것은 단세포 접합체(zygote) 즉 수정란의 생성이다. 단세포 접합체는 배아 발달 과정에서 세포 분할을 준비한다. 단세포 접합체가 생성되는 지점을 정확히 나타내기는 매우 어렵다. 그러나 인간 배아가 그 기원과 무관하게 인간 기원의 실체라는 점은 분명하다. 인간 배아의 인간성은 부인할 수 없다. 마찬가지로 분할 중인 세포들도 명백히 생명체이다. 인간 배아는, 실험실의 페트리 접시 안에 있든, 모체 내에서 나팔관을 따라 유동 중이든, 아직 원시선이 나타나지 않았든 관계없이 인간 존재이다.

원시선 출현 이전에는 개별적인 인간 생명에 관해 이야기할 수 없다는 주장도 타당하지 못하다. 이들은 원시선이 출현하기 전까지는 배아가 일란성 쌍둥이가 될 가능성이 있으며 따라서 원시선 출현 이전에 개별 생명체에 관해 이야기하는 것은 어리석은 것이라고 주장한다. 그러나 중요한 점은 쌍둥이가 될 배아일지라도 살아 있는 인간 배아, 즉 살아 있는 인간 존재라는 점이다. 하나의 인간 생명이 두 개의 인간 생명으로 분할되는 것이 아니라, 하나의 인간 생명에 또 다른 인간 생명이 더해지는 것이다. 자신과 똑같은 타자에게 무성 생식으로 생명을 줄 수 있다는 사실이 그것이 인간 생명이 인간 존재가 아니라는 사실을 의미하는 것은 아니다. 또한 인간 존재의 개별성이 인간 생명의 보전보다 우선할 수 없다. 왜냐하면, 생명이 없다면 개별성은 더 이상 유지될 수 없다.

초기 배아내의 일부 세포만이 태아로 발생하며 나머지 세포들은 태반과 다른 지원 조직으로 발생한다는 주장도 있다. 태반은 자궁 내에서 성장하는 유기체의 한 부분이다. 그 조직의 일부가 출생 시 버려진다는 점이 다음과 같은 사실을 변화시키지는 않는다. 즉, 태아, 태반, 기타 지원 조직은 일치하여 하나의 목적을 지향하며, 통합된 전체 즉 단일 유기체를 이룬다.[43]

이상에서 살펴본 바와 같이 비인격주의는 인간의 생명을 생명의 모든 단계에서 지켜주지 못한다. 비인격주의는 오히려 약자의 입장에 처한 생명을 강자가 이용할 수 있는 길을 열어놓는다고도 할 수 있다. 그러므로 인간 생명의 존엄성의 관점에서 볼 때 우리는 이러한 비인격주의의 입장을 생명윤리의 기초 이론으로 수용할 수 없다.

---

43) Agneta Sutton, "Is the Human Embryo Our Neighbour?", *Ethics & Medicine*, 2000, Vol.16, No.2, p.58 참조.

4. 생명윤리의 기초로서의 인격주의

현대 생명과학의 발달이 인간 생명의 존엄성을 위협하는 현 상황에서 우리는 인간 생명의 모든 측면에서 인간 생명에 대한 존중을 정당화해주는 철학적, 윤리학적 기초를 요청하고 있다. 인격주의가 바로 그러한 기초가 될 수 있다고 생각한다.

인격주의는 그 사상의 근원을 보에티우스(Anicius Manlius Severinus Boethius,)와 토마스 아퀴나스(Thomas Aquinas)까지 거슬러 올라간다.[44] 한편 현대의 인격주의는 매우 다양한 양상을 보이고 있다. 프랑스어권의 경우 자끄 마리땡(Jacques Maritain), 르노비어(Ch. Renouvier), 블롱델(M. Blondel), 마르셀(G. Marcel), 무니어(E. Mounier), 란즈베르그(B. L. Landsberg), 라크루아(J. Lacroix), 르 센느(R. Le Senne) 등이, 독일어권의 경우 코헨(H. Cohen), 로젠츠바이크(Rosenzweig), 셸러(M. Scheler), 슈테른(W. Stern), 부버(M. Buber), 에브너(F. Ebner), 그리제바흐(E. Grisebach), 고가르텐(G. Gogarten), 브루너(E. Brunner), 하임(K. Heim), 부스트(P. Wust), 리트(Th. Litt), 뢰비트(K. Löwith), 야스퍼스(K. Jaspers), 헤커(Th. Haecker), 슈타인뷔켈(Th. Steinbüchel), 구아르디니(R. Guardini), 슈페만(Spaemann) 등이 인격주의를 대표하고 있다.[45]

보에티우스(약 480~524)는 인격을 "이성적 본성의 개별적 실체"[46]라고 정의하였다. 이 정의는 인격의 존재론적, 구성적 요소로서 '개별적 실체 혹은 그 전체성'과 '이성적 본성'을 요구하고 있다. 이 정의는 우리가 인간의 기본으로 놓고 있는 인격의 정의로서 서구 철학사에서 나타나는 가장 오래된 것이다. 이 정의는 인격론에 있어 항상 인용되며, 그 이후 서구 철학에 계속 영향을 미치고 있다. 이 정의의 정립은 그리스도교의 교의, 즉 그리스

---

44) Laura Palazzani, "Personalism and Bioethics", p.8 참조.

45) 한스 롯터 지음, 안명옥 옮김, 『인격과 윤리』(서울: 성바오로, 1993), p.21.

46) "Persona est naturae rationalis individua substantia.", *De Deabus naturis et una persona Christi*, c. 3, in Migne, P.L., 64, col.1345.

도의 육화(incarnatio)[47]설 그리고 삼위일체(Trinitatis)[48]설과 밀접한 관련을 갖는다.

토마스 아퀴나스(1225~1274)는 보에티우스의 정의를 재검토하였다. 토마스 아퀴나스는 "이성적 본성의 모든 개별체가 인격이다"[49]라고 말하였다. 이 정의의 근본적인 특징은 개별적인 실체성, 자립성(inseitas, perseitas), 완전성(integralitas), 불양도성(incommunicabilitas)이다.[50]

이러한 전통적 정의에 의하면, 인격을 드러내는 세 요소는 실체, 개별성 그리고 이성이다. 각각에 대해 간략히 살펴보자. 실체란 자기 자신의 존재 이유를 자기 자신 안에 가지고 있는 존재 행위를 가리킨다. 실체는 부분들의 단순한 결합을 초월하는 그리고 행위들을 넘어서는 존재론적 기체(substratum)가 있음을 의미한다. 이것은 형이상학적 원리이다. 즉 전체는 부분들의 총화 그 이상이다. 개별성은 존재하는 모든 인간 존재의 구별의 원리를 분명하게 한다. 우리의 몸 또는 나아가 우리의 유전 코드는 우리를 고유하게 만든다. 이성은, 비록 인간 존재가 그것을 행사하지 못하는 경우가 있을지라도, 인간 존재의 본질에 속하는 특징이다.

전통적 의미의 인격주의에서는 인격 개념을 위와 같이 존재론적으로 적극

---

47) 육화의 신비(mysterium incarnationis)는 그리스도 안에는 두 본성, 즉 신성(natura divina)과 인간 본성(natura humana)이 있으며 persona는 신적 위격(persona divina) 하나뿐이라는 그리스도교의 신학설이다. 이와 같이 한 persona에 의해 두 본성이 결합되는 것을 위계적 결합(unio hypostatica)이라 한다. 이런 설로 그리스도의 육화설을 설명하며 그리스도를 '신-인'(神-人)이라고 한다. 정의채, 『형이상학』, p.222.

48) 삼위일체의 신비(mysterium Trinitatis)는 신 안에는 하나의 본성(natura)이 있으며 그 안에 세 persona, 즉 성부, 성자, 성령의 persona가 있다는 그리스도교의 신학설이다. 본성이 하나이기 때문에 신은 하나이며 persona가 셋 있으니 삼위이다. 따라서 그리스도교의 신을 삼위일체라고 한다. 이러한 설을 설명하기 위해 본성과 격(格, persona)의 명확한 개념 형성이 요청되었다. 또한 인간은 신의 모상으로 창조된 이성적 개별 존재이기 때문에 persona라는 신학설이 있다. 정의채, 『형이상학』, p.222.

49) "Omne individuum rationalis naturae dicitur persona." *Summa Theologica*, Ⅰ, q. 29, a. 3, ad 2.

50) 정의채, 『형이상학』, pp.221~222 참조.

적으로 정의하고 있다. 반면 현대의 인격주의에서는 인격에 대한 존재론적 정의를 수용하면서도, 인격 개념에 대해서 '인식론적'으로는 적극적으로 정의하지 않는다. 막스 셸러(1874~1928)는 인격은 인식론적으로 개념 정의를 할 수 없고[51], 소극적인 표현을 통해서 간접적으로 그 의미를 추측하고 이해할 수밖에 없다고 이야기한다. 인격은 어떤 능력을 가진 사물이나 대상이 아니며,[52] 오로지 인격 활동의 공수행을 통해서만 나에게 주어질 수 있다[53]고 이야기한다. 구아르디니(1885~1968)도 인격은 파악할 수 없는 것이라고 이야기한다. 인격은 내용 진술에서 벗어나며, '무엇이 너의 인격이냐'는 질문에 대해 나는 "나의 육체, 나의 영혼, 나의 오성, 나의 의지, 나의 자유, 나의 정신이라고 대답할 수 없다. 왜냐하면 이 모든 것은 아직 인격이 아니며 말하자면 인격의 재료일 뿐이다"[54]라고 구아르디니는 말한다.

그러면 왜 현대의 인격주의는 인격을 인식론적으로 적극적으로 정의하지 않는가 하는 물음을 제기할 수 있다. 이에 대해 다음과 같이 대답할 수 있을 것이다. 인격을 '인식론적'으로 적극적으로 정의하다 보면, 인격 개념을 어떤 제한된 속성이나 특징으로 환원하는 오류를 범할 수 있기 때문이다. 로크의 전통을 따르는 비인격주의자들이 이런 오류를 범했다고 할 수 있다. 그들은 인격을 인식론적으로 적극적으로 정의하였고, 그 결과 인격 개념은 어떤 제한된 속성이나 특징으로 환원하는 오류를 범했다. 그들은 결국 인간 존재와 인격 존재의 일치성을 부정하고 말았다.

그러나 '인격'이란 단어는 우리가 무엇인가를 어떤 것으로 표현하고 확인할 수 있는 그런 종류를 나타내는 표현이 결코 아니다. '이것은 무엇인가?'라는 물음에 우리는 '그것은 인격이다'라고 대답하지 않고, '그것은 사람이다' 또는 '그것은 강아지이다' 또는 '그것은 램프이다'라고 대답한다. 그것이

---

51) Max Scheler, *Der Formalismus in der Ethik und die materiale Wertethik*, S.391, S.512.
52) Max Scheler, *Wesen und Formen der Sympathie*, S.180
53) Max Scheler, *Der Formalismus in der Ethik und die materiale Wertethik*, S.51.
54) Romano Guardini, *Welt und Person*, S.109.

인격인지 아닌지에 관해서 알기 위해서, 우리는 먼저 그것이 인간인지, 강아지인지, 아니면 램프인지에 관해 알아야만 한다.

인격 개념은 어떤 것을 어떤 것으로 확인하는 데 기여하는 것이 아니라, 이미 어떤 것으로서 규정된 것에 관해 진술하는 것이다. 이미 자신의 방식으로 특성화된 것에 어떤 특정한 부가적인 속성을 결부하는 그런 빈사(賓辭; Prädikat)가 문제되는 것이 아니다. '인격 존재'라고 칭해질 속성은 존재하지 않는다. 오히려 우리가 이미 확인한 특정한 속성에 근거하여 본질에 관해 '그것은 인격이다'라고 말하는 것이다.55) 따라서 인격 개념은 인간 존재의 본질을 표시하는 것이다.

인격주의에서 설명하고 있는 인격 개념의 기본 특징을 다음과 같이 정리해 볼 수 있다.56) ① 인격은 이성을 부여받은(venunftbegabten) 존재의 속성이다. 이 존재에게는 모든 자유의 전제로서 자기 관련과 자기 결정이 당연히 귀속된다. ② 인격은 인간의 본질에 관하여 다음과 같은 사실을 말해준다. 인간은 자신의 모든 수준, 층, 관점에서 단일한(einheitlich) 존재이다. 인간은 자신의 통합성(Integrität) 안에서, 다층적이지만 항상 단일체(Einheit)를 이루는 존재로 파악된다. ③ 인격은 인간의 전체로-될-가능성(Ganz-sein-Können)을 의미한다. 이 가능성 속에서 우리 인간들은 우리 자신을 실제의 전체성으로 이끌고 가며, 자신의 '상태, 성질, 행위'의 전체성에 의지한다. 이 전체로-될-가능성으로 인해 삶이 정체성과 방향성을 가질 수 있다. ④ 인격은 개별 인간의 구체적인 개별성과 관련된다. 그러므로 개별 인간은 대치 불가능하며, 유일회적이다. 그러나 이 개별성이 인격적 실존으로서의 인간의 타자와의 진정한 대화를 같은 이유로 항상 열어 놓는다는 사실을 배제하는 것은 아니다. 폐쇄된 개별성이 아니라, 타자를 향해 열려진 개별성이라 할 수 있다. ⑤ 인격은 가치이며, 이 가치는 인정되어야 하는 가치이다. 이런 의미

---

55) Robert Spaemann, *Personen: Versuche über den Unterschied zwischen ‚etwas' und ‚jemand'* (Stuttgart; Klett-Cotta, 1998, Zweite Auflage), S.14 참조.
56) H. Schmidinger, *Der Mensch ist Person* (Innsbruck, 1994), SS.13~15 참조.

에서 개별 인간의 자유와 존엄의 보전을 항상 요구할 수 있다. 이러한 인격 가치는 항상 어느 정도의 긴장 속에서 실현된다. 인격 가치는 현실인 동시에 당위이다. ⑥ 인격은 결국 신학적으로 정초된다. 즉 인간의 신의 모상성 속에서 정초된다. 따라서 인격은 항상 종교적 특성을 가지며 신과의 관계를 전제한다.

인격주의에 의하면, 어떤 특정한 방식으로 행위 하는 능력과 무관하게 즉 지각, 이성, 의지의 실제 행사 능력과 무관하게 오로지 인간 존재라는 사실만으로 그 인간 존재는 인격이다. 인간 존재는 자기 자신의 행위를 초월한다. 비록 어떤 인간 존재가 인격으로서 실제로 행위 하지 못할지라도, 인격은 인격이다. 인격은 어떤 인간 존재의 행위들 또는 지각, 사유, 소망 등 수행된 행위들의 총합을 초월한다. 인격은 이 모든 것을 초월한다. 인간 존재는 신체적-심리적-영혼적 전체이다. 따라서 인격주의는 인간 존재와 인격의 동일시를 정당화한다. 모든 인간 존재는 인격이다.

인격주의는 인간의 인격 지위를 그 인간 개체의 실존 순간부터 부여하고 존중한다. 따라서 인격주의에 기초한 생명윤리는 인간 생명을 수정 순간부터 전면 뇌사 순간까지 생명의 모든 단계에서 존중한다. 수정란, 배아, 신생아, 아동은 모두 인격이다. 그들은 모두 인간 존재로 성장할 모든 요소들을 '배(胚) 안에'(in nuce) 가지고 있다. 마찬가지로 노인, 장애인, 정신병자, 말기 환자들도, 비록 그들이 어떤 특정한 행동을 하지 못한다 할지라도, 인격이다. 인간 생명의 생물학적 사이클은 인격적인 인간 생명의 표현이다. 인간 생명의 모든 개별 표현은 존중되고 보호되어야만 한다. 그러므로 인격주의에 기초한 생명윤리는 인간 존재의 모든 측면에서 인간 존재에 대한 존중을 가능하게 한다.[57]

인격주의는 모든 인간 존재를 인격으로 간주하며, 인격의 보전을 생명윤리의 핵심으로 생각한다. 인격은 도덕적으로 존중되고 법률적으로 보호되어

---

57) Elio Sgreccia, *Manuale di bioetica* (Milano: Vita e Pensiero, 1991); Laura Palazzani, "Personalism and Bioethics", p.8에서 재인용.

만 한다. 인격은 인간 생명에 대한 개입의 문제에서 무엇이 허용되고 무엇이 허용되지 않아야 하는가를 규정하는 '필터'가 된다. 환언하면 인격에 해가 되지 않는 것은 허용되고 인격을 죽이거나 해하는 것은 허용되지 않는다.[58]

5. 인격주의에서 본 인간 배아의 인격 지위

인격주의는 수정 순간부터 생물학적으로 인간 존재는 시작하며, 동시에 이 순간부터 철학적으로 인격의 실존을 인정한다. 따라서 인간은 수정란부터 도덕적으로 존중되어야 하고 법률적으로 권리를 갖는 것으로 여겨진다.

과학적 탐구에 의하면, 수정란 즉 살아 있는 인간 유기체의 제1세포는 '통합 체계'이며, 두 개의 하위 체계 즉 난자와 정자의 양적인 결합으로 환원될 수 없는 실체이다. 더욱이 수정란은 '새로운' 체계이며 '자율' 체계이다. 그 안에 이미 모든 본질적인 정보들이 유전학적으로 새겨져 있으며, 이 정보들로 인해 배아는 점진적이고 계속적인 과정을 거쳐 그것의 최종 형태로서의 완전한 유기체, 즉 인간으로 발달하게 된다.[59] 최근의 발생학 연구에 따르면, 포유류는 수정 순간부터 신체 발생에 대한 계획을 시작한다. 어디에서 머리가 나오고, 어디에서 다리가 나오는지, 그리고 어느 쪽이 등이고 어느 쪽인 배인지는 정자와 난자가 결합한 지 수분(數分)이나 수 시간 내에 결정된다는 것이다.[60]

---

58) Laura Palazzani, "Personalism and Bioethics", pp.8~9 참조.

59) Centro di Bioetica (Università Cattolica S. Cuore), "Identity and status of the human embryo", *Medicina e Morale*, 1989, 4 (suppl.), Laura Palazzani, "The Nature of the Human Embryo: Philosophical Perspectives", *Ethics & Medicine*, 1996 12. 1, p.14에서 재인용. Otfried Höffe, "Wessen Menschenwürde?", *Die Zeit*, 2001. 06. (인용 일자: 2002-08-02), 이용 가능 정보원 <URL:http//www.zeit.de/2001/06/Kultur/200106_embryo.iii.html> 참조.

60) Helen Pearson, "Developmental biology: Your destiny, from day one", *Nature*, Vol.418, 2002. 7. 4, pp.14~15.

이러한 과학적 탐구를 고려한다면, 인간의 수정란과 배아는 결코 인간과 무관한 세포 덩어리일 수 없다. 오히려 인간의 수정란과 배아는 지속적인 발생 과정을 통해 인간 유기체로 발달하는 것이다. 생명과학자들은 인간의 발생 과정을 그 시기에 따라 수정란, 배아, 태아 등으로 구별해서 부르고, 각 시기마다 구별되는 특징을 강조한다. 인간의 발생 과정을 이렇게 몇 개의 단계로 구분해 부르다 보면, 인간은 마치 몇 개의 질적으로 구분되는 발생 과정을 거친다는 오해를 부를 수 있다. 그러나 이러한 호칭은 연속적인 인간 발생의 각 시기를 칭하는 '호칭'일 뿐[61], 인간 존재와 세포 덩어리를 구분하는 단절점일 수 없다. 인간은 수정 순간부터 인간 존재로 발생하는 것이다. 수정 이후 발생하는 인간 생명의 발달은 연속적인 과정이며, 질적 변화를 가져오는 의미 있는 단절점을 결코 찾을 수 없다. 그러므로 인간 배아는 생물학적으로 인간 지위를 갖는다.

인격주의의 전통에 따라 인간 배아의 인격 지위를 살펴보자. 인격주의는 인격을, 보에티우스와 토마스 아퀴나스의 고전적인 해석에 따라, "이성적 본성의 개별적 실체"(individua substantia rationalis naturae)[62]로 정의한다. 이 정의는 인격의 본질 속성을 확인하는 정의이다. '실체'란 그 자체 안에 그 자체에 의해 존재함을 의미한다. '개별성'은 단일체, 비반복성을 의미한다. '이성'은 지성, 의식, 자아의식 등을 위한 자연 능력뿐만 아니라 자유의 의미로도 이해된다.

일단 인간 배아는 '개체'로 간주될 수 있고 개체이다. 수정 후 14일까지 가능한 일란성 쌍생아 현상이 분할 가능성을 지지하는 논증을 구성할 수는 없다. 매우 드문 일란성 쌍생아 현상이 인간 배아의 개별성을 부인하지는

---

61) 진교훈 교수는 '일부 생명공학자들이 '초기 배아', '태아' 또는 '배아', '태아' 등으로 인간의 발생 과정을 구분해서 부르는 이유는 배아 훼손 또는 파괴를 정당화하기 위하여 임의로 조작해 낸 구분일 따름'이라고 주장한다. 진교훈, "인간 배아 복제에 대한 윤리적 고찰", 『사목』, 2003년, 2월호, 37~38쪽 참조.

62) S. Boethius, *De persona et duabus naturis, Contra Euthychen et Nestorium*, III, 4~5. Tomas Aquinas, *Summa Teologiae*, I, q.29. a.3.

않는다. 왜냐하면 이 현상은 한 개체가 두 개체로 나누어지는 것이 아니라, 유전자 코드에 의해 하나의 예정된 생명 체계가, 단세포 유기체의 무성 생식의 기능처럼, 역시 예정된 다른 생명 체계를 존재케 하는 것이기 때문이다. 그러므로 이것은 분할이 아니라 증식이다. 새로운 개체가 이미 존재하는 개체에 더해지는 것이다. 하나의 인간 존재가 두 개의 반쪽 인간으로 나누어지는 것이 아니라, 하나의 인간 존재에서 또 하나의 개별적인 인간 존재가 나타나는 것이다.

둘째로 인간 배아는 비록 육체적으로는 모체에 의존하고 외부 환경과의 관계를 요구하지만, '실체'이다. 즉 자립하는 실체이며 '자기 실존'하며 자율성이 부여되며 자기 건설의 능력을 가지며 자기 충족적으로 자신의 발달을 이끌 위치에 있다. 모체와의 관계, 외부 환경과의 관계는 필요조건이지 충분조건은 아니다. 왜냐하면 성인들도 생명을 유지하기에 적합한 외부 환경(공기, 온도 등)을 항상 필요로 하기 때문이다. 인간의 생명은 항상 생존에 적합한 외부 환경을 필요로 한다.

끝으로 인간 배아는 '본성적으로 이성적'이다. 달리 말하면 이성은 그것을 행사하는 실제 능력과 완전히 무관한 생물학적 인간 존재의 구조적이고 특수한 특징이다. 따라서 호모 사피엔스 종에 속한다는 의미에서 사실상 인간인 인간 배아는 또한 적어도 잠재적인 의미에서 인격이다. 아리스토텔레스의 고전적 의미에서 잠재성은 목적으로 향하는 실재적이고 활동적인 가능성을 의미한다.[63] 비록 인간 배아가 어떤 특정한 능력을 행사하지 못한다 할지라도 그 안에는 이미 그것을 최종적인 완전한 형태에 이르게 하는 유전 정보가 들어 있다.

인격으로 존재함은 근본적인 존재론적 조건이다. 인간 존재는 어떤 특정한 능력을 점차로 획득함으로써 인격이 '되는' 것이 아니다. 인간 존재는 인격'이다'. 나이에 따라, 어떤 능력의 행사에 따라 인격의 발달 정도가 있다 하더라도, 개인의 점진적인 신체적·심리적 성숙에 상응하는 인격의 정도가

---

63) Aristotle, *Metaphysica*, Ⅸ 7, 1048b 37~1049a 14. Laura Palazzani, "The Nature of the Human Embryo: Philosophical Perspectives", S.15에서 재인용.

있다 하더라도, 인격으로 존재함은 존재론적 정체성을 갖는다. 인격적 인간 생명의 시작은 점진적인 물리적·심리적 발달 과정에 의존하지 않는다. 생물학적 인간 생명과 인격적 인간 생명은 시간과 공간에서 동일한 외연을 가진다(co-extensive).[64]

인간 존재가 있는 곳에 인격이 있는 것이다. 단세포 단계의 초기 인간 생명인 수정란은 이미 인격이다. 임신은 '질적인 도약'이며, 즉각적이며 명확한 존재론적으로 근본적인 계기이다. 그 이후의 발달 단계는 복합적이기는 하나, 양적인 것이다. 인격은 신체와 정신의 통합된 전체이다. 살아있는 인간 유기체는 '통합하고 조직하는 원칙'(전통적으로 '영혼' 또는 '실체적 형식'이라 불리는)에 의해 생기를 얻는다. 이 원칙은 부분들의 다양성을 통합하고 변화를 통해 현재를 유지한다. 인격적 인간 존재의 '통합성'과 '지속성'을 보증하는 것은 바로 이러한 존재론적 기초이다. 존재론적 관점에서 볼 때 인격적 인간 존재는 그/그녀의 부분들과 행위들의 총화 이상이다. 인격은 그/그녀의 능력을 통해 드러나며, 행위 속에서 그/그녀 자신을 표현한다. 그러나 그 안에서 완전하게 이해되지 않으며 그것들로 환원되지도 않는다.

그러므로 행위의 어떤 특성의 결여(출생 이전의 초기 생명처럼)가 인격의 결여를 의미하지는 않는다. 인간은 인격'이지', 인격'처럼' 행위 하는 것은 아니다. 인격은 인간의 '전체로-될-가능성'(Ganz-sein-Können)[65]을 의미한다. 이 가능성 속에서 우리들은 우리 자신을 실제의 전체성을 이끌며, 자신의 상태, 성질, 행위의 전체성에 의지한다. 따라서 인간 배아도 그것의 인격 실현 정도가 지금 현재 불완전할지라도, 전체로 될 가능성을 지닌다. 가능성으로서의 인격의 관점에서 볼 때 인간 배아는 인격 지위를 가질 수밖에 없다.

인간 배아의 존재론적 지위는 규범적 지위로 연결된다. 도덕적 의무와 권

---

64) W. Bueche, "Destroying human embryos, destorying human lives: a moral issue", *Studia Moralia* 1991, ⅩⅩⅨ (1), pp.85~115. Laura Palazzani, "The Nature of the Human Embryo: Philosophical Perspectives", p.15에서 재인용.

65) H. Schmidinger, *op. cit.*, S.14.

리는 존재에 근거한다. 윤리학적 법률적 속성은 존재론적 정체성으로부터 연역된다. '무엇이 인간 배아인가'의 물음에 대한 대답은 '인간 배아는 어떻게 대우받아야 하는가'의 물음에 대한 대답을 조건 지운다. '본성'에서 '규범'으로의 경로는 최종 목적의 관점에서 정당화된다. 본성은 단순한 사실로 기계론적으로 환원될 수 없으며, 오히려 '목적의 질서'와 일치한다.

본성은 사실의 단순한 물질적 인과적 전체가 아니라, 또한 인과 법칙에 의해 결정 가능한 것도 아니며, 우주이며 의미 부여된 통합체이며 따라서 인류가 이해할 수 있는 것이다. 모든 실재는 자신의 본질을 구성하는 존재 목적과 이유를 가지고 있으며, 인간은 이것들을 알 수 있다. 본성 자체가 본질적으로 규범적이며 본성은 인간에게 행위 지시와 지침을 제공할 수 있다는 점에서 '해야 한다'(당위 물음)는 '존재한다(존재 물음)로부터 연역될 수 있다. 따라서 한 인격의 생명의 실현이 수정란에 새겨진 목적이라면, 인간 배아는 비록 단세포 단계일지라도 도덕적으로 존중되어야만 하고 법률적으로 보호되어야만 한다.[66]

6. 결 론

지금까지 살펴 본 바와 같이, 인간 배아의 지위에 관한 논쟁의 핵심에는 인격에 관한 이해의 차이가 있다. 인격을 환원적으로 정의하는 비인격주의는 인간 존재와 인격 존재의 일치성을 부정한다. 그 결과 인격 개념에 대한 제한과 확장이 동시에 일어난다. 비인격주의의 견해에 따르면, 모든 인간 존재가 인격은 아니다. 예를 들어 배아는 감각 능력의 관점에서 보면 인간 존재이기는 하지만 인격은 아니다. 이로써 인간 배아의 인격 지위는 조건부로

---

66) Laura Palazzani, "The Nature of the Human Embryo: Philosophical Perspectives", pp.14~15.

인정되며, 그 결과 인간 생명에 대한 강한 차별을 낳는다. 즉 인간 생명의 존엄성을 생명의 모든 과정에서 보장해주지 못한다.

이러한 역설을 극복하는 길은 인간으로 되돌아가는 데서 찾을 수 있을 것이다. 이것은 공통의 이해 즉 인간 존재와 인격을 동일시하는 이해, 즉 인격주의로 돌아감을 의미한다. 인격주의는 존재론적으로 인격을 이해한다. 따라서 생물학적으로 인간인 배아는 동시에 인격이다.

생명과학의 발달이 가져오는 인간 생명 존엄성의 위기를 극복하기 위해 우리는 보편적으로 인정되는 인권을 인간 생명의 초기 '범위'까지 확장해야 한다. 생명과학 분야에서 오늘날 우리가 직면하고 있는 차별은 노예·인종·성에 따른 차별이 아니라, 인간 생명의 연속적인 단계에 주어지는 상이한 중요성의 차별이다. 배아가 비록 양적으로 매우 작고 지각할 수 없을지라도 질적으로는 인간이며, 그렇다면 인격으로서 존중받고 보호받을 가치가 있다.

Ⅲ. 인간배아줄기세포연구에 대한 윤리적 고찰[*]

1. 서 론

　황우석 박사의 인간체세포복제배아연구와 관련된 논문 조작 사건을 겪으면서 인간배아줄기세포연구의 기술적 가능성과 경제적 전망에 대한 반성적 논의가 이루어지고 있다[1]. 이런 상황에서 이 연구가 가지는 생명윤리학적 문제점에 대해 다시 한 번 논의하는 것 역시 필요하다고 생각한다. 이 연구의 기술적 가능성과 경제적 전망만을 볼 것이 아니라, 과연 이 연구를 해도 되는가에 대한 생명윤리학적 숙고가 진지하게 요청된다.

　우리는 지난 두해동안 인간배아줄기세포연구 특히 인간체세포복제배아연구

---

* 본 논문은 다음 두 논문을 수정 보완한 것이다. "인간배아줄기세포연구에 대한 윤리적 고찰", 『국민윤리연구』제 60 호(2005년 12월); "인간배아줄기세포연구와 생명윤리", *Bio Wave* Vol.8, No.9, 2006. 5. 1.

1) 일례로 2006 3월 15일 열린우리당 문병호 의원은 "줄기세포 연구의 미래 전략 및 정책 토론회"를 국회에서 개최하였다. 이 토론회의 지정 발제 주제는 '줄기세포연구의 미래전략'(한국생명공학연구원 한용만 박사), '줄기세포 임상적용 전망 및 극복과제'(가톨릭대학교 오일환 박사), '체세포핵이식배아연구의 의의'(한양대학교 김계성 교수), '줄기세포연구의 윤리문제'(이화여자대학교 권복규 교수)였다.

와 관련하여 매우 극적인 경험을 하였다. 2004년에는 세계 최초로 인간체세포복제배아로부터 줄기세포를 획득하는 데 성공했다는 발표[2])가, 2005년에는 역시 세계 최초로 소위 '인간체세포복제배아로부터 환자맞춤형 줄기세포'를 획득하는 데 성공했다는 발표[3])가 연속해서 있었다. 그러나 2005년 말 이 두 연구 결과에 대한 의혹이 제기되어 검증한 결과, 이 두 논문은 조작되었으며, 인간체세포복제배아줄기세포는 없다는 사실이 밝혀졌다.[4]) 결국 이 두 논문은 2006년 1월 12일 『사이언지』(Science)로부터 논문 취소 결정을 받았다.

인간배아줄기세포연구와 관련해서는, 그것이 잔여배아를 이용하든 체세포복제배아를 이용하든 관계없이, 연구윤리를 넘어서는 생명윤리적 반대 의견이 상존하고 있다. 따라서 본고에서는 이 연구와 관련하여 제기되고 있는 생명윤리적 문제점을 소개하고자 한다. 연구윤리는 연구를 할 때 지켜야 할 사항에 대해 주로 이야기하지만, 생명윤리는 이 연구를 과연 해야 하는가 또는 해도 되는가와 같은 좀더 근본적인 문제를 다룬다. 인간배아줄기세포 연구에 대한 열광이 다소 가라앉은 지금, 우리는 이 연구가 제기하는 생명윤리적 문제점을 다시 한 번 검토하면서 이 연구를 할 것인지 말 것인지에 대한 진지한 숙고를 할 필요가 있다고 생각한다.

이를 위해서 우선 인간배아줄기세포가 무엇이며, 인간배아줄기세포연구를 하려는 목적, 인간배아줄기세포 획득방법 등을 간략히 살펴 본 후, 이 연구가 갖고 있는 윤리적 문제점과 인간배아줄기세포 연구를 허용하는 법을 갖고 있는 영국과 독일의 허용 조건 등에 대해서 살펴보겠다.

---

2) Woo Suk Hwang, et al., "Evidence of a Pluripotent Human Embryonic Stem Cell Line Derived from a Cloned Blastocyst," *Science* 12 March 2004 303: 1669-1674; published online 12 February 2004.

3) Woo Suk Hwang, et al., "Patient-Specific Embryonic Stem Cells Derived from Human SCNT Blastocyst," *Science* 17 June 2005 308: 1777-1783; published online 19 May 2005.

4) 서울대학교 조사위원회, "황우석 교수 연구의혹 관련 조사결과 보고서," 2006. 1. 10.

2. 배아줄기세포란 무엇인가?

배아줄기세포란 배아로부터 획득한 줄기세포를 의미한다. 그렇다면 배아
(embryo)란 무엇인가? 발생학에서는 일반적으로 난자와 정자의 수정 이후부
터 보통 8주까지를 배아라고 부른다. 이 시기에 일어나는 일은 단세포의 수
정란이 세포분열을 통해 세포수를 늘려, 결국 8주 정도에는 인체를 구성하
는 모든 기관이 형성된다. 그리하여 2005년 1월 1일부터 시행되고 있는『생
명윤리 및 안전에 관한 법률』에서는 배아를 "수정란 및 수정된 때부터 발생
학적으로 모든 기관이 형성되는 시기까지의 분열된 세포군"으로 정의하고
있다. 독일의『인간배아줄기세포의 수입 및 사용과 관련하여 배아보호확보를
위한 법률』(이하『줄기세포법』으로 표기)5)에서는 배아를 "필요한 전제 조건
이 충족되면 스스로 분화할 수 있고 하나의 인간 개체로 발전할 수 있는 인
간의 모든 만능 세포(die totipotente Zelle)"로 정의하고 있다. 이와 같은 발
생학적 사실과 법률적 정의 등을 보면, 배아란 결국 인간의 초기 생명임을
알 수 있다.

그러면 줄기세포란 무엇인가? 줄기 세포(stem cell)란 아직 분화되지 않은
미성숙 상태의 세포로 체외 배양에서도 미분화 상태를 유지하면서 무한정으
로 스스로 분열·복제할 수 있으며, 개체의 발달 시기와 위치하는 장소 등
에 따라 생물체를 이루는 많은 종류의 서로 다른 세포로 분화되어 나갈 수
있는 세포들을 총칭한다.6) 인간의 몸은 약 200여 종의 다양한 세포로 이루

---

5) 이 법률의 독일어 표기는 'Gesetz zur Sicherstellung des Embryonenschutzes im
Zusammenhang mit Einfuhr und Verwendung menschlicher embryonaler Stammzellen'
이다. 그리고 이를 축약해서 'Stammzellgesetz' 또는 'StZG'로 표기한다. 따라서
본 고에서는 독일의 관례에 따라 이 법을『줄기세포법』으로 축약해서 표기하겠
다. 이 법에 대한 소개와 검토는 졸고, "독일의 배아 및 배아줄기세포 관련 정
책", 박은정 외,『세계 각국의 줄기세포 연구정책과 규제』(서울: 세창출판사,
2005), pp.37~53 참조 바람.

6) 김철근, "배아줄기세포연구의 과학적, 의학적 가능성과 한계", 한국생명윤리학회
2002년 봄철학술대회,『줄기세포연구와 생명윤리』, 2002. 6. 15. pp.23~24 참조.

어져 있는데, 줄기 세포는 이러한 다양한 세포로 분화되기 이전의 세포로, 그 줄기 세포를 사람의 몸 중 어느 한 부분에 이식하면 그 부분을 이루는 세포로 분화되어 나갈 수 있다. 즉 간에 이식하면 간세포로, 근육에 이식하면 근육세포로 분화되어 나갈 수 있다. 이러한 특징 때문에 배아줄기세포를 전능 세포(pluripotent cell)라 부르기도 한다. 배아줄기세포는, 8세포기까지의 만능 세포와 달리, 새로운 생명체를 형성하지는 못하지만 다양한 다른 조직 세포로 분화할 수 있다. 연구자들은 바로 이런 줄기세포의 특징에 관심을 갖는다. 그리하여 손상된 장기나 조직을 치료하기 위해 해당 장기나 조직 전체를 이식하는 대신에 해당 장기나 조직으로 분화할 세포를 이식하는 방법에 관심을 갖고 있다. 세포를 이식하여 치료를 시도하는 치료법을 세포치료라고 부른다.

배아줄기세포는 1981년 생쥐에서 처음으로 시험관내에서 정상적인 이배체 핵형을 지닌 미분화 상태로 배양되었으며, 면역 결핍 생쥐에 주입하여 전능성도 확인되었다. 한편 1998년 11월 미국의 두 연구팀이 각각 사람의 배아 줄기세포와 배아 생식 세포가 미분화 상태로 배양 가능하며 전능성을 나타 낸다고 최초로 보고하였다. 이를 계기로 사람의 줄기 세포가 의학 및 생명 과학의 핵심 연구 주제로 주목받게 되었다.

3. 배아줄기세포의 획득 방법

전술한 바와 같이 배아줄기세포는 배아로부터 획득한 줄기세포이다. 수정 후 4-5일이 지나면 배아는 배반포(blastocyst)라 불리는 시기가 되는데, 이때 배아를 파괴하고 배반포 안의 속세포덩이(inner cell mass)로부터 세포를 획득한다. 바로 이 세포가 배아줄기세포이다.

그러므로 배아줄기세포를 획득하기 위해서는 배아가 필요하다. 그렇다면

이 연구에 필요한 배아를 어디서 구할 수 있을까? 일반적으로 배아줄기세포 획득에 사용되는 배아는 크게 두 경로를 통해 얻을 수 있다. 하나는 불임치료과정에서 사용하고 남은 '잔여 배아'이고, 다른 하나는 체세포핵이식행위를 통해 복제된 '체세포 복제배아'이다. 이들 배아가 어떻게 만들어지는지 살펴보자.

먼저 불임치료에서 잔여배아가 발생하는 과정을 살펴보자. 불임치료를 위해 체외 수정을 시행할 경우, 여성의 난자를 체외로 꺼내야 하는데 이 과정은 간단하지 않으며, 여성 환자에게 스트레스를 준다. 또한 체외 수정의 착상 성공률은 30 % 내외이므로 한 번에 다수의 난자를 채취한다. 일반적으로 호르몬을 주입하여 환자의 난소를 자극해서 과배란을 유도한 후, 시술을 통해 약 10여개의 난자를 채취한다. 이렇게 채취된 난자는 성숙과정을 거친 후, 체외에서 정자와 수정된다. 수정된 난자, 즉 수정란은 여성의 자궁과 같은 조건에서 3~5일간 배양한 후, 다태 임신을 방지하기 위해 2~3개의 배아만 선택해 환자의 자궁에 이식하고, 나머지 배아는 임신에 실패할 경우나 다음 아기를 위해 -196℃의 액체 질소 안에 보관한다. 이렇게 남겨진 배아를 '잔여 배아'라 한다. 이 잔여 배아는 일정 기관 보관 후 폐기되거나 불임 부부 또는 정자와 난자 제공자의 동의 아래 실험용으로 사용되기도 한다. 이 배아를 이용하여 1998년 미국 위스콘신대학의 톰슨 박사는 세계 최초로 인간의 배아줄기세포를 배양하는 데 성공하였다. 2001년 당시 미국 국립 보건원이 공식 확인한 인간 배아줄기세포주는 미국, 스웨덴, 인도, 이스라엘, 호주에 소재한 10개 연구 기관에 총 74개인 것으로 알려지고 있다. 한편 2005년 5월 24일 미 하원은 연구에 사용할 수 있는 잔여배아의 수를 늘리는 내용의 법안을 통과시켰다. 미 상원은 이 법안을 2006년 7월에 통과시켰으며, 부시 대통령은 2006년 7월 19일 이 법안에 대해 거부권을 행사하였다.[7] 우리나라에서는 박세필 박사가 이 잔여배아를 이용한 연구를 하고 있

---

7) "House Approves A Stem Cell Bill Opposed By Bush," The New York Times, May 25. 2005.

으며, 최근(2005년 10월) 이 연구와 관련한 특허를 미국에서 받았다.

인공수정배아와 관련하여, 우리나라의『생명윤리 및 안전에 관한 법률』은 "임신 외의 목적으로 배아를 생성하여서는 아니 된다"(제13조)고 규정하여, 임신 외 목적의 배아 생성을 금하고 있다. 또한 배아의 보존기간은 "동의권자가 그 기간을 5년 미만으로 정한 경우"를 제외하고는 "5년으로" 정하고 있다. 한편 인공수정 잔여배아를 이용한 연구와 관련해서는 "배아의 보존기간이 경과된 잔여배아는 발생학적으로 원시선8)이 나타나기 전까지에 한하여 체외에서", "불임치료법 및 피임기술의 개발을 위한 연구, 근이영양증 그 밖에 대통령령이 정하는 희귀·난치병의 치료를 위한 연구, 그밖에 국가생명윤리심의위원회의 심의를 거쳐 대통령령이 정하는 연구"(17조) 목적에 한하여 허용하고 있다. 그리고『생명윤리 및 안전에 관한 법률』시행령에서는 잔여배아를 이용한 연구가 허용되는 희귀·난치병을 다음과 같이 규정하고 있다(제11조). '희귀병으로는 다발경화증, 헌팅톤병(Huntington's disease), 유전성운동실조, 근위축성측삭경화증, 뇌성마비, 척수손상, 선천성면역결핍증, 무형성빈혈, 백혈병, 골연골형성이상을; 난치병으로는 심근경색증, 간경화, 파킨슨병(Parkinson's disease), 뇌졸중, 알츠하이머병(Alzheimer's disease), 시신경손상, 당뇨병'을 규정하고 있다. 결국 우리나라에서는 잔여배아에 대한 연구가 제한적으로 허용되고 있음을 알 수 있다.

이제 체세포 복제배아를 만드는 과정을 살펴보자. 이 방법은 1997년 복제양 돌리를 생산한 방법과 똑같은 방법이다. 체세포 제공자에게서 체세포를 획득한 후 여기에서 핵만을 분리해내고, 이 핵을 핵이 제거된 난자에 직접 주입하거나 융합 방법을 통해 새로운 배아를 만들어 낸다. 이 이후의 과정은 잔여배아의 경우와 동일하다. 즉 체세포 복제 배아를 배반포 시기까지 배양 한 후 배아를 파괴하여 속세포덩이로부터 줄기세포를 추출한다. 생명과학 연구자들이 체세포복제배아에 관심을 갖는 이유는 이렇게 얻어진 줄기세포는 환

---

8) 'primitive line'의 번역어로, 수정 및 체세포핵이식 이후 14일 경에 나타나며, 척추를 구성하는 선이다.

자의 체세포를 이식한 것이므로, 면역거부를 피할 수 있기 때문이다.

체세포복제배아와 관련하여, 우리나라의 『생명윤리 및 안전에 관한 법률』은 "희귀·난치병의 치료를 위한 연구목적 외에는 체세포핵이식을 하여서는 아니 된다"(제2 조 제1항)고 규정하고 있다. 그리고 "체세포핵이식행위를 할 수 있는 연구의 종류·대상 및 범위는 국가생명윤리심의위원회의 심의를 거쳐 대통령령으로 정한다"(제22조 제2항)고 되어 있다. 국가생명윤리심위원회는 2005년 4월에 구성되었고, 그 산하에 배아연구전문위원회는 같은 해 10월에 구성되었으며, 11월 초에야 이 문제에 대한 논의를 시작하였다. 그러나 체세포핵이식행위와 관련된 대통령령은 아직까지 수립되지 않았다.

이상에서 살펴본 바와 같이 배아줄기세포는 수정 또는 체세포 핵이식 후 4~5일 경에 나타나는 배반포 시기에 배아를 파괴하여 획득함을 알 수 있다. 그렇다면 왜 생명과학자들은 배아줄기세포연구에 관심을 가질까? 이에 대해서는 다음 절에서 살펴보도록 하자.

4. 배아줄기세포연구의 목적

배아줄기세포의 유용성에 관해서는 대개 세포치료방법을 통한 희귀·난치병 치료법 개발, 인간의 초기 발생과정 이해, 필요한 장기의 대량 생산 등을 이야기 하고 있다. 배아줄기세포는 전능성을 지닌 세포이기 때문에 인체를 구성하는 모든 세포로 분화 가능하다. 따라서 배아줄기세포의 분화를 조절할 수 있는 방법만 규명된다면, 희귀·난치병 환자의 치료에 필요한 세포를 무한정 생산할 수 있을 것이다. 또한 줄기세포를 이용한 세포 치료 기술은 조직 공학과 연계되어 다양하게 응용될 수 있으며, 나아가 필요한 장기도 대량 생산할 수 있을 것으로 예상되고 있다.9)

---

9) 줄기세포 연구의 또 다른 한 방향은 이종장기개발이며, 이 분야 역시 국내에서 활발히 진행되고 있다. 따라서 이종장기연구에 대한 윤리적 고찰도 시급한 상황이다. 바

세포 치료가 가능한 구체적인 예는 다음과 같다. ① 제1형의 당뇨병은 랑게르한스섬이라 불리는 췌장 세포에서 인슐린을 생산하지 못해 혈당량 조절이 안 되는 질환이다. 이런 환자에게 배아줄기세포로부터 랑게르한스섬 세포를 유도한다면 더 이상 인슐린을 주사하지 않고도 당뇨병을 치료할 수 있다.

② 신경 세포의 소실에 의한 많은 신경계 질환 치료에 활용될 수 있다. 파킨슨병, 치매, 근위축 측삭 경화증, 척추 손상이나 뇌 손상에 따른 신경 세포 소실 등의 경우, 줄기 세포로부터 새로운 신경 세포를 분화시켜 이식해 줄 수 있다.

③ 선천성 면역 결핍증의 치료에도 이용될 수 있다. 현재 약 70여종의 선천적이고 유전적인 면역계 결함들이 밝혀졌다.

④ 뼈나 연골에 결함이 있는 경우 줄기 세포로부터 분화된 세포를 손상된 부위로 이식하여 손상 받은 연골을 회복시켜 관절염을 치료할 수 있다.

⑤ 만성 심장병을 앓는 환자는 심장 박동이 비정상이다. 이 경우 줄기 세포로부터 심장 근육 세포를 유도 이식하면 증세를 호전시킬 수 있다.

⑥ 암치료 방법 중 하나인 화학요법은 암세포뿐 아니라 면역세포까지 죽이는 부작용이 있다. 이 경우 면역 기능을 되살리기 위해 골수줄기세포가 사용되기도 하나, 이 방법은 불완전하여 면역 기능을 완벽하게 되살릴 수 없다. 이런 경우에 덜 분화된 줄기세포를 이용하여 면역 기능을 완벽하게 되살릴 수 있다면, 독성이 좀더 강하지만 효과가 훨씬 좋은 화학 요법을 도입하여 치료를 수행할 수 있다.

⑦ 피부 화상의 경우, 현재는 다른 부위에서 조직을 이식하여 치료한다. 이 경우 다른 부위에도 흉터가 남고 충분한 조직을 구할 수 없어 문제가 되는데, 줄기 세포를 이용하여 피부 세포로 분화시킨 후 화상 부위에 이식하

이오이종장기개발사업단의 홈페이지 주소는 다음과 같다. www.xenokorea.org. 이 연구의 생명윤리문제에 대한 연구로는, 졸고, "이종장기이식과 관련된 생명의료윤리문제에 관한 연구자들의 인식 조사," 『한국의료윤리교육학회지』 제7권 제1호, 2004. 6 및 "생명윤리와 인간학" 『한국의료윤리교육학회지』 제7권 제2호, 2004. 12를 참조 바람.

면 이런 문제를 쉽게 해결할 수 있다. 대머리의 경우도 줄기 세포로부터 모낭 세포를 분화시켜 대머리 환자에 이식시켜 주면 된다. 유방 절제술을 받은 여성 환자도 유방 줄기 세포를 분화 유도한 후 이를 이식하면 문제를 해결 할 수 있다.

⑧ 배아줄기세포는 암세포 조직 등의 인체 조직의 특정 부위에 유전자를 전달하는 매개체로도 이용될 수 있다.

배아줄기세포는 이러한 세포 치료의 유용성 외에도 다른 많은 이용 가능성을 갖고 있다. 예를 들어, ① 인간의 배아줄기세포는 인간의 초기 발생 과정을 연구하는 데 이용될 수 있다. 아직 설명되지 않는 발생 초기의 문제로 인하여 자연 유산을 일으키는 선천적인 결함과 태반 이상이 나타날 수 있는데, 배아줄기세포를 연구함으로써 이러한 문제를 야기하는 유전적, 분자적, 세포적 원인을 밝힐 수 있고 이를 방지하는 방법도 알아낼 수 있다.

② 또한 줄기 세포는 초기 발생 시기의 염색체 이상이 태아에 미치는 영향을 관찰하는 데 이용될 수 있으며, 배아 기원의 유아암 발생 과정도 이해할 수 있다. 그리고 배아줄기세포가 분화되는 과정을 연구함으로서 개체의 발생에서 어떻게 세포가 분화되어 가는지에 대한 이해를 도울 수도 있다.

③ 배아줄기세포는 신약 개발에도 도움을 준다. 현재까지는 새로운 약이 개발되었을 때 이를 테스트하기 위해서 동물 모델들을 이용하였다. 쥐의 세포를 이용하여 체외 실험을 행하거나 약물을 동물 체내에 직접 주입하여 그 안전성을 조사하였다. 만약 인간 배아줄기세포가 특정 세포 타입으로 분화된다면 이는 약물에 대해 체내 세포와 비슷한 반응을 보일 것이므로 인체에 미치는 약물의 영향을 조사하는 데 있어 보다 중요한 모델이 될 수 있을 것이다.

④ 배아줄기세포는 독성 조사에도 사용될 수 있다. 이는 줄기 세포가 약물 조사에 이용되는 것과 같은 이유 때문이다. 독성 물질은 서로 다른 동물 종에서 상이한 효과를 보일 수 있으므로 이것이 인체에 미치는 영향을 조사하는 데 있어 줄기 세포가 가장 좋은 체외 실험 모델이 될 수 있다.[10)

5. 배아줄기세포연구의 윤리적 문제점

앞서 살펴본 바와 같이 배아줄기세포는 수정 또는 체세포 핵이식 후 4-5 일 된 배아로부터 획득된다. 문제는 이 과정에서 해당 배아는 인간의 발생 과정을 더 이상 이어가지 못한다는 점이다. 배아줄기세포 획득은 결국 배아, 나아가 한 인간의 실존을 종결짓는다. 배아는 파괴되며, 배아에서 유도된 줄기 세포들은 더 이상 배아가 아니다. 줄기 세포들은 인체를 이루는 다양한 조직의 세포로 분화될 수는 있으나, 인간으로 발생할 수는 없다. 그러므로 이 연구와 관련해서는 다음과 같은 윤리적 문제점들이 제기되고 있다.

첫째, 이 연구가 가지는 가장 결정적인 윤리적 문제점은 배아 상태의 인간 생명을 파괴한다는 것이다. 인간은 수정 또는 체세포 핵이식과 동시에 새로운 인간 생명으로서의 삶을 시작한다. 이 순간 이후부터 인간은 수정란, 배아, 태아 등으로 불리는 연속적인 발생 과정을 거쳐 신생아로 태어난다. 그리고 이 신생아는 점점 더 자라면서 어린이, 청소년, 청장년으로 삶을 이어간다. 그러므로 배아는 인간의 초기생명이다. 만약 이 초기생명이 위태로워진다면 그 이후의 생명은 존재할 수 없다. 배아줄기세포연구는 줄기세포를 획득하는 과정에서 정상적인 발생과정을 밟고 있는 인간의 초기생명인 배아를 파괴할 수밖에 없다. 이는 곧 배아상태의 인간생명을 죽이는 것이다. 난치병 치료를 위한 연구도 중요하지만, 그 연구과정에서 초기의 인간생명을 해친다는 것은 결코 허용될 수 없다.

일부에서는 핵이 제거된 난자에 체세포핵이 이식되어 생겨난 체세포복제 배아는 생식세포가 수정한 것이 아니므로 생명이 아니라는 주장을 하기도 한다. 일례로 황우석 교수는 자신들은 "유전 물질이 없는 빈 난자만을 사용"

---

10) 김철근, "배아줄기세포 연구의 과학적, 의학적 가능성과 한계", pp.24~26 참조; International Bioethics Committee, UNESCO, "The Use of Embryonic Stem Cells In Therapeutic Research-Report of the IBC on the ethical aspects of human embryonic stem cell research", 6 April 2001, pp.2~3 참조.

하며, 따라서 "수정이 이루어지지 않고", 그러므로 "결코 배아가 형성되지 않으며", 따라서 "연구 과정에서 어떠한 생명도 결코 파괴하지 않는다"고 강변한다.11) 황우석 교수 연구에 참여하고 있는 한국계 미국인 윤리학자도 같은 논증을 편다. 그는 "생식세포의 수정이 이루어 지지 않았고", "침팬지 실험에서 한번도 개체복제가 성공하지 않았기 때문에" 체세포 복제배아는 생명이 아니라고 주장한다. 나아가 그는 이를 배아라고 부르는 것은 정확한 표현이 아니라고 하면서, '체세포 복제배아'라는 명칭 대신에 "체세포 핵이식 구성물"(nuclear transfer constructs)이라는 낯선 용어를 사용한다.12)

과연 체세포 복제배아는 생명이 아닐까? 바로 이 방법, 즉 체세포핵이식을 통해 복제된 생명체가 바로 복제양 '돌리', 복제 젖소 '영롱이', 복제 한우 '진이', 복제 개 '스너피'이다. 따라서 이 주장은 설득력이 없다. 또한 핵이 제거된 난자는 "유전 물질이 없는 빈 난자"라는 주장은 과학적 사실이 아니다. 왜냐하면 생물학에 따르면 유전 물질은 핵에만 존재하는 것이 아니라, 세포질 속의 미토콘드리아에도 존재하기 때문이다. 따라서 '핵이 제거된 난자'라 할지라도 남아 있는 세포질 속에는 미토콘드리아가 있고, 이 미토콘드리아에는 유전 물질이 들어 있으므로, 핵이 제거된 난자는 "유전 물질이 없는 빈 난자"가 결코 아니다.

따라서 잔여배아든 체세포복제배아든 모두 인간으로서의 발생과정을 밟고 있는 것이며, 따라서 이들을 대상으로 하는 배아줄기세포연구는 해당 배아의 생명을 해치는 것이다. 생명윤리 원칙 중 '악행금지의 원칙'13)이 있다. 즉 '의학 및 생명과학은 그 대상이 되는 생명에게 해를 끼쳐서는 안 된다'

---

11) James Brooke, "Without Apology, Leaping ahead in Cloning," The New York Times, 2005. 5. 31
12) In Soo Hyun, "The Ethical and Social Implications of Pluripotent Stem Cell Research," 줄기세포은행개소기념학술대회, 2005. 10. 19
13) Tom L. Beauchamp, James F. Childress, Principles of Biomedical Ethics (New York: Oxford University Press, 2001, Fifth Edition); 구영모 외, 『생명의료윤리』(서울: 동녘, 2004, 개정증보판), pp.37~40.

는 원칙이다. 생리학의 기초를 닦은 베르나르(Claude Bernard)도 일찍이 "과학의 발전이나 다른 사람의 복지에 아무리 유용하더라도 누군가에게 해를 입힌다면 그 실험을 해서는 안 된다."천명한 바 있다. 또한 생명윤리 원칙 중 '전체성의 원칙(또는 치료의 원칙)'[14]이 있다. 즉 '어떤 한 생명에 대한 의학 및 생명과학의 개입은 그 개입당하는 생명에게 이로울 때만 정당화될 수 있다'는 것이다. 그런데 배아줄기세포연구는 이 두 원칙에 모두 위배된다. 왜냐하면 줄기세포를 획득하는 과정에서 배아 상태의 인간 생명을 해치기 때문이다.

어떤 사람들은 배아가 아직 인간 생명이 아니라고 주장하기도 한다. 그들은 배아가 인간이 되는 시점으로 원시선의 발생 이후, 착상 이후, 심장 활동이 시작한 이후, 뇌 활동이 시작한 이후 등 저마다 다른 기준을 제시한다.[15] 그러나 이것은 전혀 과학적 주장이라 할 수 없다. 왜냐하면 배아 안에 이미 그 인간의 모든 생물학적 정보[16]가 들어있으며, 그 생물학적 정보에 의해 배아는 인간의 발생과정을 연속적으로 진행하는 것이기 때문이다. 따라서 인간의 초기 생명인 배아를 위태롭게 하는 배아줄기세포연구는 금지되어야 한다.[17]

둘째, 이 연구가 갖는 또 하나의 문제점은 이 연구가 인류 모두가 우려하고 있는 인간복제로 이어질 가능성이 크다[18]는 점이다. 물론 연구진은 체세

---

14) Elio Sgreccia, *Manuale di bioetica Ⅰ. Fondamenti ed etica biomedica* (Milano: Vita e Pensiero, 1991); Laura Palazzani, "Personalism and Bioethics", *Ethics & Medicine*, 1994, p.10; 소병욱, 『생명윤리』(왜관: 분도출판사, 1996), pp.128~130.

15) 이러한 주장들에 대한 비판은, 졸고, "인간배아의 인격지위에 관한 연구," 『생명윤리』, 제3권 제2호, pp.176~186 참조.

16) Helen Pearson, "Developmental biology: Your destiny, from day one", *Nature*, Vol. 418, 2002. 7. 4, pp.14~15.

17) 구인회, "우리는 왜 초기 인간생명을 보호해야 하는가?," 포항공대 생물학연구정보센터, *Bio Wave*, Vol.7. No.5. http://bric.postech.ac.kr/webzine, 최경석, 『인간 생명의 시작은 어디인가: 배아줄기세포 연구와 생명윤리』(서울: 프로네시스, 2006) 등 참조

18) 인간복제의 위험성 및 윤리적 검토에 대해서는, 진교훈, 『의학적 인간학』(서울: 서울대학교출판부, 2002), pp.67~68; 박찬구, "첨단생명공학시대의 인간과 윤리:

포 복제배아의 자궁착상 성공률이 매우 낮으며, 우리나라의 『생명윤리 및 안전에 관한 법률』에서 체세포 복제배아의 자궁착상을 금지(제11 조)하고 있기 때문에 배아복제가 인간복제로 이어질 가능성이 없다고 말한다. 그러나 과연 그럴까? 과학기술은 반복을 통해 성공률이 높아지는 측면이 있다. 관련 연구의 반복은 복제배아의 발생률을 향상시킬 것이며, 이는 결국 누군가에 의한 인간복제로 이어질 개연성이 커지는 것이다. '할 수 있으면 무엇이든 해보려는' 잘못된 과학적 호기심에서 또는 불임치료의 일환[19])이라는 명목으로 체세포 복제배아의 자궁 착상을 시도하려는 과학자 또는 의학자가 전혀 없을 것이라고 장담하기 어렵다. 체세포 배아복제의 허용은 '미끄러운 경사길'을 타고 인간복제로 이어질 개연성이 매우 크다. 그리하여 유엔에서는 2005년 3월 8일 "인간 존엄성 및 인간생명보호와 양립할 수 없는 모든 형태의 인간 복제를 금지한다"는 내용의 선언을 채택하였다. 이 선언은 물론 국제법적인 효력을 갖지는 못하지만, 국제사회의 목소리에 귀 기울여야 할 것이다.

셋째, 배아줄기세포연구의 또 하나의 문제점은 연구과정에서 발생하는 여성의 몸에 대한 수단화이다. 체세포 복제를 위해서는 많은 수의 난자가 필요하다. 이 난자를 획득하는 과정에서 여성의 몸은 난자를 제공하는 장소로 여겨질 수 있으며, 난자 채취 과정은 여성의 건강에 위해를 줄 수 있다. 황우석 박사는 2004년에 발표된 연구에서는 16명의 여성으로부터 242개의 난자를, 2005년에 발표된 연구에서는 18명의 여성으로부터 185개의 난자를 기증받아 연구에 사용하였다.[20]) 물론 이 난자기증절차가 충분한 정보를 제공

'인간복제' 문제에 대한 윤리적 검토," 도성달 외, 『과학기술시대의 삶의 양식과 윤리』(서울: 울력, 2002), pp.81~117 참조.

19) 일례로 이태리의 의사 안티모리는 인간복제를 불임치료법의 일환이라고 주장하고 있다. 또한 라엘리안이라는 종교단체도 체세포 복제를 이용한 인간복제를 시도하겠다고 공언하고 있다.

20) 서울대학교 조사위원회는 2006년 1월 6일 황우석 교수 연구팀이 2004년 9월 17일부터 2005년 11월 8일까지 총 950개의 난자를 기증받아 711개를 핵이식에 사용했다고 발표하였다.

한 상태에서 자발적 동의를 거쳐 금전적 보상 없이 이루어졌다고 하지만, 과연 난자 획득 과정이 해당 여성에게 아무런 피해도 주지 않는가에 대해서는 면밀한 검토가 요구된다. 황우석 교수 팀의 연구 성과를 실은 사이언스 인터넷판에 같은 날 이 연구의 난자 기증 절차의 문제점을 지적한 논문이 함께 실렸다는 사실은 많은 점을 시사한다.[21] 이 논문은 황우석 교수의 연구 과정에서 난자기증자들에게 난자 채취에 따른 위험에 대한 정보가 충분히 제공되지 않았다고 지적하였다.[22]

난자채취과정에서 여성은 세 가지 정도의 호르몬제를 10일 이상 매일 투여 받는다.[23] 매일 주사를 맞는 것도 불편한 일이지만, 이들 호르몬제는 몇 가지 부작용을 초래하기도 한다. 단순히 난소가 커지는 것 외에 복강이나 흉강에 물이 차기도 하고, 호흡곤란, 심지어 간부전, 난소암까지도 초래할 수 있다. 또한 난포의 성숙도를 확인하기 위해 여러 차례 질식 초음파를 하게 되는데, 이는 질속에 이물질을 삽입하는 것으로 여성에게 불편감을 주기도 한다. 또한 난자를 채취할 때 질에서 난소로 침을 통과시키는 과정에서 감염이 발생하여 골반염으로 퍼질 경우 불임이 될 수도 있다고 한다. 이와 같이 난자채취과정은 여성에게 여러 가지 불편함을 주며, 그 발생빈도는 매우 낮지만 난소과자극증후증과 같은 합병증으로 인해 심각한 상태에 이르게 할 수도 있다고 한다.[24] 과연 이러한 위험이 있는 난자제공을 여성에게 요

---

21) David Magnus, Mildred K. Cho, "Issues in Oocyte Donation for Stem Cell Research," *Sciencexpress*, 2005. 5. 19.
22) 황우석 연구 과정에 사용된 난자의 취득 과정에 윤리적 문제점이 있음은 최근에 공개되었다. 이에 대해서는 이번 연구에 공동 참여한 노성일이 2005년 11월 21일 대국민사과문 참조 바람. http://www.chosun.com/national/news/200511/200511210186.html; 구영모, "인간배아복제와 연구절차: 2004·2005년 『사이언스』논문에서 논란이 된 절차상의 문제", 『생명윤리』 제6권 제2호, 2005년 12월 참조. 황우석 전 서울대 교수는 난자제공 대가로 불임시술비 등 3,800만 원을 제공하여 『생명윤리 및 안전에 관한 법률』을 위반하여 2006년 5월 12일 불구속 기소되었다.
23) 김석현, "배란유도의 최신 방법," www.iwantbaby.co.kr/info/menu4/1.html, 인용일: 2005. 6. 23
24) 엄영란, "난자를 생명공학연구에 사용함에 대한 윤리적 고찰," 한국생명윤리학회 2004년 11월 월례발표회 발표 논문.

청할 수 있을까? 더욱이 2005년 논문에서는 30세 이상 여성이 기증한 난자에 비해 30세 미만 여성이 기증한 난자에서 더 많은 줄기세포가 배양되었다고 밝히고 있다. 그렇다면 이 연구를 위해서는 젊은 여성의 난자가 많이 필요한 것인데, 이에 따른 윤리문제가 제기된다.[25]

이상에서 살펴 본 바와 같이 배아줄기세포연구는 그것이 잔여배아를 대상으로 하든 체세포복제배아를 대상으로 하든 인간의 초기 생명인 배아의 생명을 해치며, 특히 체세포복제배아연구는 인간복제로 이어질 개연성이 매우 크고, 또 연구 과정에서 여성의 생식 세포 나아가 여성을 생명과학 연구의 수단으로 삼는 위험성이 있다. 따라서 많은 나라에서 이 연구를 금지하고 있으며, 허용하는 영국의 경우에도 매우 많은 제한과 심사 절차를 두고 있다.

6. 배아줄기세포연구의 대안: 성체줄기세포연구

그렇다면 세포치료의 유용성을 취하면서 배아줄기세포의 윤리적 문제점을 피할 방법은 없을까? 이 물음에 대해 많은 사람들이 대답하는 것은 성체줄기세포연구이다. 성체줄기세포는 성체로부터 얻은 줄기세포를 말한다. 배아줄기세포는 그것을 얻는 과정에서 인간의 초기 생명인 배아를 파괴한다. 이에 비해 성체줄기세포는 태반과 탯줄의 혈액인 제대혈 및 골수(조혈모세포), 역분화된 성인 세포 등에서 얻을 수 있고, 이 과정에서는 인간 생명을 해치는 일은 발생하지 않는다. 따라서 배아줄기세포연구에서 제기되는 가장 큰 윤리 문제가 여기서는 제기되지 않는다.

또한 성체줄기세포의 연구와 임상 적용의 역사는 배아줄기세포연구에 비

---

25) 2005년 8월 25일 열린 생명공학감시연대 토론회(주제: '인간배아연구, 이대로 좋은가?)에서도 이 문제가 관련된 발표가 있었다. 발표자와 발표 논문의 제목은 다음과 같다. 조주현, "여성과 배아줄기세포 연구"; 김명희, "인간복제배아, 난자 그리고 여성".

해 상대적으로 매우 오래 됐다. 배아줄기세포의 전능성을 확인한 것이 1998년인데 비해, 성체줄기세포의 재생 능력을 알게 된 것은 1958년이다. 당시 유고슬라비아에서 발생한 원자력 발전소 사고의 환자를 치료하는 과정에서 골수에서 획득한 조혈모세포가 재생 능력을 발휘한다는 것이 발견되었다. 그 후 자신 또는 다른 사람의 골수를 이식해 혈액암을 치료하는 방법이 40년 이상 시행되어 왔다.

　최근 성체줄기세포를 이용한 임상 치료 결과들이 속속 발표되고 있다. 예를 들어 2004년 국내의 한 의과대학에서는 중증 뇌경색 환자 다섯 명에게 자신의 골수에서 획득한 성체줄기세포를 이식하여 그 중 세 명에게서 언어장애와 마비 등의 증상이 호전되는 결과를 얻었다. 또 다른 연구진은 30대 척수마비 환자에게 제대혈에서 획득한 성체줄기세포를 주입하여 일부 신경이 되살아나는 효과를 얻었고, 2005년 초에는 당뇨병 환자에게 자신의 성체줄기세포를 췌장에 이식해 혈당을 정상적으로 유지하는 임상 결과가 발표되기도 하였다. 물론 이러한 임상 연구가 소수의 환자를 대상으로 실시되었고, 성체줄기세포가 치료에 직접적으로 작용했는지가 검증되지 않았다는 한계를 갖고 있다. 따라서 보다 더 큰 규모의 임상 연구가 필요한 상황이다. 우리나라의 『생명윤리 및 안전에 관한 법률』에서도 "국가 또는 지방자치단체는 성체줄기세포의 연구를 육성하기 위하여 재정지원을 할 수 있다"(제45조)고 규정하고 있다. 그러므로 우리의 관심과 지원을 인간의 초기 생명을 해치는 것과 같은 윤리 문제가 없는 성체줄기세포에 두는 것이 더욱 현명한 길이 아닌가 생각한다.

7. 영국과 독일의
인간배아줄기세포연구 관련 법률 내용

우리나라의 『생명윤리 및 안전에 관한 법률』은 잔여배아 및 체세포복제배아 연구를 제한적으로 허용하고 있다. 여기서는 다른 나라에서는 어떠한 연구 허용 조건을 갖고 있는지 살펴보겠다. 인간배아줄기세포연구를 허용하는 법을 갖고 있는 나라는 영국과 독일이다. 그런데 이 두 나라의 세부 규정은 다소 차이가 있다. 영국은 인간 배아를 대상으로 하는 연구를 허용하고 있는 반면, 독일은 독일에서 인간배아줄기세포를 수립하는 것을 금지하면서 다른 나라로부터 줄기세포를 수입해서 사용하는 것은 허용하고 있다. 두 나라의 관련 규정을 간략히 살펴보도록 하자.

영국은 1990년 시행된 「인간 수정 및 발생에 관한 법률」(The Human Fertilisation and Embryology Act)에서 잔여 배아와 연구 목적으로 만든 배아를 반드시 인간 배아가 필요하다고 생각되는 연구에 한하여 사용하는 것을 허용하고 있다. 연구 허용 시기는 원시선이 나타나기 이전 또는 수정 후 14일 이전 중 빠른 쪽을 기준으로 하고 있다. 연구에 반드시 인간 배아가 필요하다고 생각되는 연구로는 1) 불임 치료 기술 발전을 위한 연구, 2) 선천성 질병의 원인에 관한 지식을 증진시키는 연구, 3) 유산의 원인에 관한 지식을 증진시키는 연구, 4) 효과적인 피임법 개발에 관한 연구, 5) 착상 전 배아의 유전자 이상 여부를 탐지하는 방법의 개발에 관한 연구 등을 규정하고 있다. 한편 체세포복제배아를 이용한 연구는 2001년 1월에 제한적으로 허용되었다. 그러나 인간복제와 관련해서는 2001년 12월 「인간생식복제법」(Human Reproductive Cloning Act)을 제정하여, "수정 이외의 방법으로 만들어진 인간 배아를 여성의 자궁에 이식하는 자는 처벌한다"고 명시적으로 금지하고 있다. 2004년 6월 뉴캐슬대학 연구팀의 복제배아 줄기세포 실험이 승인되었고, 2005년 1월 로슬린 연구소의 윌멋 박사가 체세포핵치환을 통한 인간배아줄기세포 확립연구를 허가받았다.[26)

이와 같이 영국은 잔여 배아 및 체세포 복제 배아를 대상으로 하는 연구를 법률로써 제한적으로 허용하고 있으며, 연구자들은 미리 연구 승인을 받은 후에 해당 연구를 할 수 있는 상황이다.

독일은 2002년 1월 『인간배아줄기세포의 수입 및 사용과 관련하여 배아보호확보를 위한 법률』을 제정하여, 독일에서의 인간배아줄기세포 확립은 금지하고, 다른 나라로부터 인간배아줄기세포를 수입해서 사용할 수 있다는 정책을 펴고 있다. 관련 조항을 살펴보면, 배아줄기세포의 수입과 사용은 원칙적으로 금지하되, 몇 가지 전제 조건하에서 연구 목적으로 배아줄기세포를 수입하고 사용하는 것은 허용하고 있다. 수입 및 사용의 전제 조건은 첫째 다음 사항을 허가 기관이 확인해야 한다. ① 배아줄기세포가 2002년 1월 1일 이전에 원산지의 법 상황에 적합하게 획득되고 배양되거나 그럴 목적으로 냉동 보관하고 있을 것, ② 해당 배아가 의학적으로 임신 목적으로 체외 수정 되었으며, 최종적으로 더 이상 임신 목적으로 공여될 수 없고, 그것이 배아 자체의 문제는 아닐 것, ③ 배아의 수입과 사용에 대한 금전적 대가 또는 특별한 경제적 가치를 지불하거나 지불하기로 약속하지 않았을 것. 둘째 배아의 수입 및 사용이 특별법의 규정 특히 배아보호법의 규정과 상충하지 않을 것이다. 한편 인간배아줄기세포연구의 허용 조건으로는 1. 이 연구가 기초 과학 연구의 영역에서 과학적 지식을 얻기 위하거나 인간에게 유익하도록 진단과 예방, 치료 기술의 의학적 이해를 증가시키기 위한 연구 목적을 가지며, 2. 과학과 기술에서 인정된 기준에 따라서 a) 연구 계획에서 예견되는 문제를 가능한 범위에서 동물 세포로 실험을 거쳤거나 또는 동물 실험을 검토를 완료하고 b) 연구 계획에서 의도하는 과학 지식의 획득이 배아줄기세포 실험으로만 획득 가능한 경우로 한정하고 있다.[27] 이를 자

---

26) 김옥주, "영국의 줄기세포연구에 관한 윤리와 법 정책: 역사적 배경과 현황", 박은정 외, 『세계 각국의 줄기세포 연구정책과 규제』(서울: 세창출판사, 2005) 참조

27) 졸고, "독일의 배아 및 배아 줄기세포 관련 정책", 박은정 외, 『세계 각국의 줄기세포 연구정책과 규제』(서울: 세창출판사, 2005) 참조.

세히 보면 잔여배아로부터 획득한 줄기세포는 수입 및 사용이 허용되지만, 체세포복제배아로부터 획득한 줄기세포는 금지됨을 알 수 있다.

8. 결 론

이상에서 살펴본 바와 같이 인간배아줄기세포연구는 그 예상 효과가 크지만(물론 이 예상 효과에 대해서도 의문을 제기하는 학자들도 있다), 그 연구 과정에서 간과하기 어려운 윤리 문제를 안고 있다. 이 연구는 인간의 초기 생명을 해치며, 인간복제로 이어질 개연성이 매우 크고, 여성의 몸을 수단화하는 문제점을 안고 있다.

과학기술의 발전이라는 이상과 연구의 자유라는 기본권에 근거하여, 일부 생명과학자들은 이 분야에서도 연구의 자유가 보장되어야 한다고 주장하기도 한다. 그러나 연구의 자유는 인간의 전체 복지와 인간 존엄성에 기여할 때 인정받을 수 있다. 의학 및 생명과학의 목적은 생명을 살리는 것, 즉 인간 생명의 존엄성을 실현하는 것이다. 그래서 우리는 그 분야에 종사하는 분들을 존경한다. 그런데 이 목적은 연구 및 치료 과정에서도 준수되어야 한다.

인간배아줄기세포연구는 희귀·난치병 치료를 위한 연구 과정에서 배아 상태의 인간 생명을 해친다. 희귀·난치병을 치료법을 찾기 위해 인간의 초기 생명을 해친다는 것은 분명히 앞뒤가 맞지 않는 이야기이다. 희귀·난치병 치료법도 찾아야 하지만, 동시에 인간의 초기 생명도 보호해야 한다. 선한 목적의 실현은 선한 방법과 과정을 통해 실현되어야 한다. 기술적으로 가능하지만, 윤리적으로 해야 할 일인지, 아니면 해도 되는 일인지 진지하게 검토할 필요가 있다. 연구에 대한 기대가 크지만 그럼에도 불구하고 이 연구가 지니고 있는 생명윤리 문제를 지적하지 않을 수 없다. 이러한 문제에

대해 진지한 검토를 하고 연구의 수행 여부를 결정할 때 의학 및 생명과학
이 더욱 인간을 위한 학문이 되리라 생각한다.

<table><tr><td>Ⅳ.</td><td>'생명윤리 및 안전에 관한 법률'에
대한 비판적 검토*</td></tr></table>

1. 서 론

1997년 포유류의 복제 성공(복제양 '돌리'의 탄생)은 인간 복제에 대한 우려를 불러 일으켰다. 급속히 발전하고 있는 생명과학 및 생명공학 연구가 인간 생명의 존엄성을 위협할 수 있다는 우려가 크게 증가하였다.[1] 이에 생명윤리 관련 법률의 입법 필요성이 제기되었고, 일부 국회의원들은 '생명공학 육성법'(법률 제4938호)에 인간 복제 금지 규정을 추가하자는 개정 발의를 하기도 하였다. 그러나 이 개정 발의는 15대 국회의 회기 만료로 폐기되었다.

이에 정부는 2000년 1월 생명윤리 관련 법률 제정을 추진하기로 하였고, 과학기술부와 보건복지부가 각각 입법 준비를 하였다. 2002년 7월 입법 주관 부처가 보건복지부로 일원화되었고, 그 해 9월 '생명윤리 및 안전에 관한

---

* 본 논문은 『생명윤리』제5권 제1호(2004년 6월)에 게재했던 것을 수정 보완한 것이다.
 1) 인간 복제의 문제점에 관해서는, 졸고. "인격주의에 기초한 생명윤리연구". 서울대학교대학원 박사학위논문. 2003, pp.49~51 참조.

법률(안)’이 입법 예고되었다. 이 법률안을 중심으로 1년 이상 논의가 이루어 진 후, 2003년 12월 29일 ‘생명윤리 및 안전에 관한 법률(안)’이 국회 본회의를 통과하였고(재적 172인 중 찬성 133인, 반대 35인, 기권 4인), 2004년 1월 29일 법률 제7150호로 공포되었다.

이 법률은 4년여에 걸친 토론 끝에 마련된 우리나라 최초의 생명윤리 관련 법률이다. 처음으로 인간 생명의 존엄성을 천명하고 생명과학 발달의 부작용이 가져오는 생명윤리 문제 전반을 다룬 법률이라는 점에서 의미가 있다. 그러나 법률은 ‘생명윤리 및 안전’이라는 이름에 걸맞지 않게 오히려 생명의 존엄성을 훼손하는 행위를 허용하는 조항들을 포함하고 있다. 이에 본 연구에서는 생명윤리의 관점에서 이 법률에 대해 비판적으로 살펴보고자 한다.

그런데 생명윤리의 관점이 다양한 측면이 있다. 즉 연구자가 전제하고 있는 윤리 이론에 따라 생명윤리에 대한 관점이 상이하게 나타나고 있다. 일반적으로 생명윤리의 다양한 흐름을 크게 의무론에 기초한 생명윤리와 결과주의에 기초한 생명윤리로 구분하기도 한다. 여기에 결의론적 접근, 덕윤리적 접근 등이 추가적으로 논의된다.2) 본 논문에서 필자는 인간학에 기반한 인격주의에 기초하여 ‘생명윤리 및 안전에 관한 법률’을 분석하고자 한다. 인간 생명과 관련된 생명윤리는 인간이란 무엇인가를 탐구하는 인간학에 기반을 둘 수밖에 없다. 물론 인간에 대한 이해도 다양한 면이 있지만, 필자는 존재론적 인간 이해에 기반을 둔 인간학(인격주의)을 생명윤리의 기초로 삼는다. 여기에서 인격주의에 대해 상세히 설명하는 것은 본 논문의 주제와 다소 어긋나는 점이 있다.3) 따라서 본 논문을 이해하는 데 도움이 되는 정도로 간단히 설명해 보겠다. 인격주의는 모든 인간 존재를 인격으로 보며, 인간의 불가해성(不可解性)을 인정한다. 인격주의는 인간을 부분 생명 현상

---

2) 이에 대한 보다 상세한 논의는, 박찬구. “생명윤리의 이론적 근거모색에 관한 연구 (Ⅰ)”. 한국외국어대학교 인문과학연구소 『인문학연구』. 제7집. 2002를 참조 바람.
3) 인격주의에 대한 보다 상세한 논의는, 졸고. “인격주의에 기초한 생명윤리연구”. 2003; “인격주의에 기초한 생명윤리 모색”. 한국국민윤리학회. 『국민윤리연구』. 제55호. 2004 등을 참조 바람.

이나 의식 현상만으로 관찰 분석하는 환원적 인간 이해에 반대하며, 인간을 육체 - 영혼(정신)이 실체적으로 결합된 전체로 이해한다. 최종적으로 인격주의는 인간을 대상화, 수단화하는 것에 반대하며, 인간의 존엄성 실현을 최고 목적으로 삼는다.

2. '생명윤리 및 안전에 관한
법률'의 의미와 주요 내용

1) '생명윤리 및 안전에 관한 법률'의 입법이 갖는 의미

이 법률은 다음과 같은 중요한 의미를 갖는다. 첫째, 이 법률은 생명과학의 발달이 야기하는 다양한 생명윤리 및 안전에 관한 문제들을 총체적으로 규정한 첫 번째 국내 법률이다. 우리나라의 생명과학 수준은 세계적이며, 정부는 생명과학을 미래 산업, BT(Bio Technology)로 간주하고 적극 육성 지원하고 있다. 생명윤리 관련법은 마련되지 않고, 오히려 '생명공학 육성법'[4]은 있는 상황에서 적지 않은 연구와 실험들이 적절한 규제없이 시행된 측면이 있다. 이에 대해 시민 단체와 종교계에서는 생명윤리 관련 법률의 조속한 제정을 끊임없이 주장하였고, 그에 따라 정부는 2001년 1월 관련법 제정을 공표하였다. 이 법률의 입법 과정에서 격렬한 논쟁이 4년여 동안 이어져 왔다.[5] 그동안 관리 감독이 전혀 이루어지지 않았던 생명과학 연구와 실험

---

[4] 생명공학연구의 기반을 조성하여 생명공학을 보다 효율적으로 육성·발전시키고 그 개발기술의 산업화를 촉진하여 국민 경제의 건전한 발전에 기여하고자 만든 법률. 1983년 12월 31일 제정된 <유전공학육성법>을 개정하여, 95년 1월 5일 법률 제4938호에 따라 지금의 이름으로 고쳤다. 97년 8월 28일 5차 개정되었으며, 전문 20조와 부칙으로 이루어져 있다.
[5] 법률 입법 과정에 대한 상세한 고찰은, 박은정. "생명윤리 및 안전 관련 입법정책". 한국생명윤리학회. 『생명윤리』. 제4권 제1호. 2003, pp.21~44 참조 바람.

에 대한 규제가 이루어질 수 있게 된 점은 이 법률이 갖는 큰 의미라 할 수 있다.

둘째, 인간 복제를 금지하고, 그동안 전혀 관리가 이루어지지 않았던 인간 배아의 생성에 대한 관리 규정을 둔 것도 이 법률이 갖는 의미라 할 수 있다. 불임 치료 과정에서 생성되고 있는 인간 배아에 대한 적절한 관리가 그동안 이루어지지 않았으며, 그 일례로 현재 국내에 냉동 보관 중인 배아에 대한 통계조차도 없는 상태이다.6)

셋째, '국가생명윤리심의위원회'와 '기관생명윤리심의위원회'를 의무적으로 설치 운영하도록 한 것은 큰 의미를 갖는다. 연구 시작 전에 해당 윤리심의위원회의 검토를 거치게 하여, 생명과학 및 공학 연구의 윤리적 측면을 검토하게 한 것은 매우 적절한 조치이다.

넷째, 유전자 정보를 이용한 차별 금지 및 무분별한 유전자 검사 규제도 의미가 있다. 유전자 검사 기술의 보급으로 무분별한 유전자 검사와 유전자 정보를 이용한 각종 차별의 가능성이 증가하고 있다. 이런 위험을 법률로 예방함으로써 개인의 유전자 정보를 보호하는 데 기여할 수 있으리라 생각한다.

2) '생명윤리 및 안전에 관한 법률'의 주요 내용

법률은 모두 9개장 55개조의 본문과 부칙으로 구성되어 있다. 법률의 주요 내용은 다음과 같다.

- 대통령 소속하에 국가생명윤리심의위원회를 설치하고, 배아연구기관, 유전자은행, 유전자 치료 기관 등에 기관생명윤리심의위원회를 둔다(제6조, 10조)

- 인간 복제를 위해 체세포복제배아를 자궁에 착상, 유지 또는 출산하는

---

6) 2006년 5월 보건복지부는 2005년 말 현재 국내 병원에 냉동 보관중인 배아의 수는 총 9만 3921개라고 발표하였다. 미국은 2004년 현재 약 40만 개의 인간 배아가 냉동 보관 중이라고 한다.

행위를 금지한다.(제11조)

 - 임신 외 목적으로 배아를 생성하거나, 특정의 성을 선택할 목적으로 정자와 난자를 선별 수정시키거나, 사망자 또는 미성년자의 정자와 난자로 수정시키는 행위 및 매매 목적으로 정자, 난자를 제공하는 행위를 금지한다.(제13조)

 - 잔여배아를 불임치료법 및 피임기술 개발을 위한 연구 또는 희귀, 난치병의 치료를 위한 연구목적으로 이용할 수 있도록 한다.(제17조)

 - 질병치료를 위한 연구목적 외에는 체세포핵이식행위를 금지하며, 체세포핵이식 행위를 이용할 수 있는 연구의 종류, 대상 및 범위는 국가생명윤리심의위원회의 심의를 거쳐 대통령령으로 정한다.(제22조)

 - 유전정보를 통한 차별과 무분별한 유전자 검사를 규제한다.

3. ‘생명윤리 및 안전에 관한 법률’의 문제점

법률이 가지고 있는 문제점을 법률의 목적, 적용 범위, 국가생명윤리심의위원회, 인간 배아 관련 조항, 유전자 검사, 부칙, 성체줄기세포 연구 지원 등으로 나누어 살펴보도록 하겠다.

1) 법률의 목적과 관련된 문제점

제1장(총칙) 제1조에서 밝히고 있는 법률의 목적은 다음과 같다:

> 이 법은 생명과학기술에 있어서의 생명윤리 및 안전을 확보하여 인간의 존엄과 가치를 침해하거나 인체에 위해를 주는 것을 방지하고, 생명과학기술이 인간의 질병 예방 및 치료 등을 위하여 개발·이용될 수 있는 여건을 조성함으로써 국민의 건강과 삶의 질 향상에 이바지함을 목적으로 한다.

이 조항을 보면, 법률의 최종 목적은 '국민의 건강과 삶의 질 향상'이며, 이 목적을 달성하기 위해 두 방면으로 노력을 한다. 한편으로는 '생명과학기술에 있어서의 생명윤리 및 안전을 확보하여 인간의 존엄과 가치를 침해하거나 인체에 위해를 주는 것을 방지하고', 다른 한편으로는 하나는 '인간의 질병 예방 및 치료 등을 위해 생명과학기술을 개발·이용할 수 있는 여건 조성'이다.

그러나 생명윤리 및 안전의 확보와 생명과학기술을 개발·이용할 수 있는 여건 조성을 동시에 추구함으로써, 법률이 생명윤리를 확보하기 위한 법률인지, 아니면 생명과학기술 연구를 위한 법률인지가 불분명하다. 생명과학기술을 개발·이용할 수 있는 여건 조성과 관련되어서는 이미 '생명공학 육성법'이 있으므로 이 법률은 생명윤리 및 안전의 확보에 기본 목적을 두어야 한다고 생각한다. '생명윤리 및 안전에 관한 법률'은 그 입법 취지와 이름에 걸맞게 인간 생명의 존엄성을 수호하고 생명과학분야에서 일어날 수 있는 무분별한 연구와 실험을 규제하기 위한 법률이어야 한다. 즉 이 법률은 기본적으로 '생명윤리 및 안전 확보'를 목적으로 하는 법률이어야 한다.[7]

2) 법률의 적용 범위와 관련된 문제점

법률의 적용 범위(제3조)에 관한 조항을 보면, '생명과학기술에 있어서 생명윤리 및 안전에 관하여는 다른 법률에 특별한 규정이 있는 경우를 제외하고는 이 법에 의한다.'고 되어 있다. 이를 주의 깊게 해석하면, 결국 '다른 법률에 특별한 규정이 있는 경우'는 그 다른 법률이 우선한다. 이는 결국 '생명윤리 및 안전에 관한 법률'을 다른 법률의 하위 법률로 만들어, 결국

---

7) 참고로 과학기술부 생명윤리자문위원회가 2001년 5월 22일 제시한 '생명윤리기본법(가칭)'의 '목적' 조항은 다음과 같다: 생명윤리기본법은 인간을 비롯하여 모든 생명체의 존엄성을 확보하고 신장시키는 것을 근본 목적으로 삼는다. 생명윤리기본법은 생명과학기술이 생명의 존엄성을 확보하고 신장시키면서 건전한 발전을 하도록 돕는 것을 근본 목적으로 삼는다.

이 법률의 실효성을 크게 감소시킬 것이다. 그러므로 이 법률이 다른 법률보다 우선하도록 적용 범위를 개정해야 한다.

　법률의 적용 범위와 관련하여 김장한은 이 법이 일반법의 지위를 가지며, 따라서 규율 대상에 따른 개별 입법이 필요하다고 지적하고 있다. 그 이유로 규율 대상이 다양하고, 생명과학기술이 급속히 발달함에 따라 법개정이 빈번할 것이라는 점을 제시하고 있다. 그리하여 그는 단일법으로 규율하기보다는 기본법과 개별법으로 정비할 필요가 있다고 지적한다.[8]

3) 국가생명윤리심의위원회와 관련된 문제점

　국가생명윤리심의위원회(제6, 7, 8조) 관련 조항에서도 몇 가지 문제점이 발견된다. 우선 법률은 생명윤리의 핵심 쟁점들에 대한 판단을 미루고 대부분을 국가생명윤리심의위원회 심의 사항으로 미루고 있다. 법률 6조 1항에 명시된 국가생명윤리심의위원회의 심의 사항은 다음과 같다.

1. 국가의 생명윤리 및 안전에 관한 정책의 수립에 관한 사항
2. 잔여배아를 이용할 수 있는 연구의 종류·대상 및 범위에 관한 사항
3. 체세포핵이식행위를 할 수 있는 연구의 종류·대상 및 범위에 관한 사항
4. 금지되는 유전자검사의 종류에 관한 사항
5. 유전자치료를 할 수 있는 질병의 종류
6. 기타 윤리적·사회적으로 심각한 영향을 미칠 수 있는 생명과학기술의 연구·개발 또는 이용에 관하여 심의위원장이 부의하는 사항

　이는 핵심 쟁점들에 대한 판단을 미루고 법률의 입법화를 우선시 한 결과이다. 따라서 향후 국가생명윤리심의위원회가 어떻게 구성되느냐에 따라 핵심 쟁점들에 대한 심의 결과도 영향을 받을 것이다.

---

8) 김장한. "'생명윤리 및 안전에 관한 법률'의 분석".『생명윤리』제5권 제1호. 2004, p.2.

그런데 국가생명윤리심의위원회의 구성(제7조)이 잘못 되어 있다. 관련 조항을 보면,

제 7 조(심의위원회의 구성)
　① 심의위원회는 …… 16인 이상 21인 이하의 위원으로 구성한다.
　② 〈생략〉
　③ 위원은 다음 각호의 자가 된다.
　　1. 교육인적자원부장관 · 법무부장관 · 과학기술부장관 · 산업자원부장관 · 보건복지부장관 · 여성부장관 · 법제처장
　　2. 생명과학 또는 의과학 분야에 전문지식과 연구경험이 풍부한 학계 · 연구계 또는 산업계를 대표하는 자중에서 대통령이 위촉하는 7인 이내의 자
　　3. 종교계 · 철학계 · 윤리학계 · 사회과학계 · 법조계 · 시민단체(비영리민간단체지원법 제2조의 규정에 의한 시민단체를 말한다) 또는 여성계를 대표하는 자중에서 대통령이 위촉하는 7인 이내의 자

이 조항을 살펴보면, 전체 구성원의 1 / 3이상이 정부 부처의 장관 또는 처장으로 구성된다. 이는 심의위원회를 정부 의도대로 운영하겠다는 뜻으로 해석될 수밖에 없다. 만약 정부가 생명과학 육성[9]을 정책 목표로 삼을 경우, 생명과학 육성을 주장할 것으로 예견되는 측이 2 / 3이상을 차지하게 되어, 심의위원회의 의결 및 결정은 항상 생명과학 육성 쪽으로 기울 개연성이 크

---

9) 생명과학 육성이 반드시 생명윤리 침해로 이어지는 필연성은 없다. 그러나 이미 생명과학 육성과 관련해서는 '생명공학육성법'과 같은 관련 법률이 있으므로, '국가생명윤리심의위원회'는 생명윤리 및 안전 확보에 목적을 두고 운영해야 한다고 생각한다. 이를 위해서 동위원회는 생명윤리 및 안전에 관심을 갖는 사람들이 주축을 이루어야 하며, 정부 또는 생명과학계와 산업계는 정식 위원자격보다는 자문 자격으로 참여함이 적합다고 생각한다. 과학기술부가 설치 운영했던 생명윤리자문위원회가 2001년 5월 22일 제시한 '생명윤리기본법(가칭)'의 관련 조항을 참고하면, 국가생명윤리위원회는 15인 이내로 구성하되, 철학윤리학신학, 사회과학, 법학, 의학·보건학, 생명과학 분야의 전문가 1인 이상씩을 포함하여(위원 중 적어도 3인은 인권·시민사회단체 대표(이 가운데 적어도 1인은 여성계의 의견을 대변할 수 있는 인사)) 구성하도록 하였다.

다. 법률의 목적이 생명윤리 및 안전을 확보하는 것이라면, 정부 관료와 생명과학계 및 특히 산업계 위원의 수는 최소한으로 하거나 배제하는 것이 바람직하다고 생각한다.

4) 인간 배아 등의 생성·연구에 관한 조항의 문제점

인간 배아 등의 생성·연구[10]에 관한 내용을 다루는 제3장의 내용들은 대부분 삭제되거나 또는 대폭 수정되어야 한다. 왜냐하면 인격주의의 관점에서 볼 때, 인간 배아는 이미 완전한 인간이며, 따라서 인간을 해치는 인간 배아 대상 연구에는 동의할 수 없기 때문이다.[11] 3장의 내용은 이 법률에서 가장 문제가 되며, 생명윤리의 관점에서는 결코 수용할 수 없다. 이에 대해 좀 더 상세히 살펴보도록 하겠다.

---

10) 인간 배아의 생성 및 연구에 대해서는 지금 현재 국제적으로도 격론이 벌어지고 있으며, 나라마다 상이한 법률 또는 가이드라인을 가지고 있다. 예를 들어 영국은 1990년 '인간수정및배아법'(Human Fertilization and embryology Act)을 제정하여 14일이전의 인간 배아를 대상으로 한 연구를 제한적으로 허용했으며, 2001년에는 체세포 복제 배아 생성 및 연구도 제한적으로 허용하였다. 그러나 영국은 모든 연구 계획을 사전에 국가기관(HFEA: Human Fertilization and embryology Authority)에서 검토 의뢰하여 승인을 얻은 후에야 연구를 시행할 수 있다. 미국은 '인간전분화능줄기세포(Human Pluripotent Stem Cell)를 이용한 연구에 대한 국립보건원 연구지침'(2000)에서 1) 인간 태아조직 또는 2) 시험관 수정의 결과이며, 임상적 필요를 초과했으며, 중배엽이 형성되는 단계에 이르지 않은 인간 배아로부터 추출된 인간전분화능줄기세포에만 기금 지원을 허용하였다. 독일은 1990년 공포된 '배아보호법'(Embryoschutzgesetzes, 1990. 12. 13 공포)을 통해 자국 내에서 배아줄기세포를 생성하는 것을 금지하였으나, 2002년 '인간배아줄기세포의 수입 및 사용에 관한 배아보호확보를 위한 법률'에서는 독일 내에서 배아줄기포를 직접 생성하는 것은 금지하지만, 외국에서 생성된 인간배아줄기세포를 수입하는 것은 엄격한 조건하에서 허용하였다. 이에 대한 상세한 논의는, 박은정 외.『줄기세포연구의 윤리와 법정책』(서울: 이화여자대학교출판부, 2004)와 박은정 외.『세계 각국의 줄기세포 연구정책과 규제』(서울: 세창출판사, 2005)를 참조 바람.

11) 인간 배아의 지위와 인간 배아 대상 연구의 윤리적 문제점에 대해서는, 졸고. "인간배아의 인격지위에 관한 고찰". 생명윤리』제3권 제2호. 2002; 진교훈. "인간배아복제에 대한 윤리적 고찰". 같은 사람.『현대사회윤리연구』(서울: 울력, 2003), pp.507~523 등을 참조 바람.

첫째, 인간복제(11조) 및 이종간 착상 등(12조)은 금지되었으나, 이종간 교잡은 허용되어 있다. 법률 제2조 4항에서 "체세포핵이식행위"를 '핵이 제거된 인간 또는 동물의 난자에 인간의 체세포 핵을 이식하는 것'으로 정의하고 있다. 따라서 체세포 복제 연구 과정에서 인간의 난자를 획득하기 어려워 질 경우 또는 연구 성과를 위해, 인간의 난자 대신 동물의 난자를 사용할 수 있는 길이 열려 있다. 그러나 이종간 착상은 물론 교잡도 금지되어야 한다. 왜냐하면 인위적인 이종간 교잡은 새로운 종의 인위적 창출을 가져와 생태계를 교란할 우려가 있으며, 인간 종의 정체성을 위협하기 때문이다.

둘째, 잔여배아에 대한 연구를 허용한 조항들은 삭제되어야 한다. 법률은 보존기간이 경과된 잔여배아를 원시선이 나타나기 전까지에 한하여, 불임치료법 및 피임기술의 개발을 위한 연구, 근이영양증 그밖에 대통령령이 정하는 희귀·난치병의 치료를 위한 연구, 그 밖에 국가생명윤리심의위원회의 심의를 거쳐 대통령령이 정하는 연구 등에 이용할 수 있게 하고 있다(제17조). 그러나 이 조항은 삭제되어야 한다. 왜냐하면 인간배아는 수정과 동시에 하나의 완전한 인간 생명이며, 따라서 인간 생명을 위태롭게 하는 배아 대상 연구는 허용되어서는 안 된다. 원시선의 출현이 배아가 인간인지 아닌지를 구분하는 경계선일 수 없으며, 인간 생명은 원시선 출현 이전에 이미 존재한다. 수정 이후 진행되는 인간 생명의 발생 과정은 연속적인 과정이며, 수정 이후에는 결코 질적인 변화를 가져오는 명확한 단절점이 존재하지 않는다.

셋째, 잔여배아 대상 연구와 관련하여 보존기간에 대한 규정도 악용될 소지가 충분히 있다. 제16조(배아의 보존기간 및 폐기) 1항을 보면, '배아의 보존기간은 5년으로 한다. 다만, 동의권자가 보존기간을 5년 미만으로 정한 경우에는 이를 보존기간으로 한다.'고 되어 있다. 따라서 배아의 보존기간은 동의권자가 원하기만 하면 언제든지 5년 미만으로 정해질 수 있다. 배아 대상 연구에 긍정적 입장을 가진 동의권자가 연구를 위해 배아의 보존기간을 매우 짧게 정한 후, 이 배아를 연구에 사용할 개연성이 열려 있다.

넷째, 체세포 복제 배아 연구를 허용한 제3절(체세포복제배아) 역시 삭제되어야 한다. 법률에서는 연구 목적의 체세포 이식 행위를 허용(22 조 1 항)하고, 허용되는 연구의 종류·대상 및 범위는 국가생명윤리심의위원회의 심의를 거쳐 대통령령으로 정하도록(22조 2항) 하고 있다. 이는 결국 체세포 복제 배아 연구의 길을 열어 준 것이다.

그러나 체세포 복제를 통해 창출된 배아도 엄연히 인간 배아이며, 영양과 환경만 갖추어지면 인간으로 발생할 수 있다. 그러므로 체세포 복제 배아도 수정에 의해 발생한 배아와 동등한 대접을 받아야 한다. 법률도 인간 복제를 금지(11조)하고 있으며, 체세포 복제 방법과 인간 복제 방법은 그 기술이 동일하다. 그러므로 체세포 복제의 허용은 결국 인간 복제의 길을 열어 주는 것이다. 즉 체세포 복제는 결국 인간 복제이다. 연구 목적으로 창출된 체세포 복제 배아가 인간 복제에 악용될 개연성은 매우 크다. 또한 체세포 복제를 위해 필요한 생식 세포를 획득하는 과정에서 생식 세포 매매와 이로 말미암은 여성의 수단화 등 적지 않은 비윤리적 현상이 발생할 개연성도 높다. 그러므로 체세포 복제 배아 연구는 허용되어서는 안 되며, 이를 허용하고 있는 제3절은 삭제되어야 한다.

다섯째, 제20조 1항을 보면, 배아생성의료기관이 배아연구계획서를 승인 받은 배아연구기관에게 연구에 필요한 잔여배아를 제공하는 경우에는 무상으로 하여야 한다고 하면서도, '잔여배아의 보관 및 제공에 필요한 경비를 보건복지부령이 정하는 바에 따라 배아연구기관에 요구할 수 있다.'고 규정하고 있다. '무상 제공'과 '경비 요구'가 상충하고 있다. 보건복지부령에서 잔여배아의 보관 및 제공에 필요한 경비를 정할 때, 최소한의 경비를 산출해야 하며, 아예 필요 경비 요구 조항을 삭제하는 것이 무상 제공의 취지에 더 적합하다고 생각한다.

여섯째, 줄기세포연구와 관련하여, 법률에는 유산 또는 임신중절수술로 사망한 태아의 줄기세포를 이용하는 것에 관한 내용이 빠져 있다. 법률에 관련 내용을 규제하는 내용이 없음으로 인해 자칫 '치료용 낙태'를 조장할 개연성이 있다. 유산 또는 중절수술로 사망한 태아는 줄기세포를 많이 갖고 있어 파킨슨씨병 치료 등 난치병 치료에 큰 도움을 줄 것으로 기대되어 최근 이를 이용한 연구가 활성화되고 있다. 이미 미국, 영국, 캐나다, 중국 등에서 가족의 질병을 치료할 목적으로 '계획 임신'을 한 뒤 중절수술을 한 후 줄기세포를 확보하려는 사례가 보고 되고 있다. 국내에서도 유산된 태아를 이용한 연구 및 실험이 이루어지고 있으며, 일부 병원에는 치료용 계획 임신에 대한 문의가 들어오기도 한다고 한다. 일본의 경우 2002년 후생노동성 전문위원회가 사망한 태아의 줄기세포를 임상실험에 이용할 수 있도록 잠정 허용하여 윤리적 논란을 불러일으키기도 했다. 법안 마련 과정에서 사망 태아를 줄기세포연구에 이용하는 것과 관련한 가이드라인을 법률에 포함시켜야 한다는 의견이 대두되었으나, 보건복지부는 이 의견을 반영하지 않았다. 사망한 태아를 이용한 줄기세포연구의 가능성이 증대하고 있는 상황에서 이에 관한 적절한 가이드라인이 법률에 포함되어야 할 것이다.

5) 유전자 검사와 관련된 문제점

첫째, 제4장 유전자 검사와 관련된 내용도 우려되는 바가 크다. 24조(유전자 검사기관 등)에서는 유전자 검사기관의 설립을 보건복지부장관에게 신고하는 것만으로 허용하고 있다. 이는 개인 또는 사설 기관의 유전자 검사 기관 설립을 허용하는 것으로 유전자 검사 기관의 난립에 의한 상업화의 위험이 매우 크다. 따라서 유전자 검사 기관 설립 기준을 명확히 제시할 필요가 있다.

둘째, 24조 1항에서 '국가기관이 유전자 검사 또는 유전자에 관한 연구를 하는 경우'는 보건복지부장관에게 신고도 할 필요가 없다. 이는 국가 기관에 의한 개인의 인권 침해가능성이 있다. 국가 기관이 공익의 관점에서 유전가 검사 또는 유전자에 관한 연구를 하는 경우에도 적절한 관리 체계가 마련되어야 할 것이다.

셋째, 25조 2항을 보면, '근이영양증 그 밖에 대통령령이 정하는 유전질환을 진단하기 위한 목적'으로 '배아 또는 태아를 대상으로 유전자 검사를' 할 수 있게 되어 있다. 그러나 배아나 태아를 대상으로 하는 유전자 검사는 배아나 태아의 온전성 또는 전체성 보호를 전제로 한 건강 증진 및 치료 목적의 검사여야 한다. 전체성의 원칙에 따르면, 의료 행위 및 인간 생명과 관련된 모든 행위는 해당 생명을 그의 전체성 안에서 고려해야 한다. 인간의 몸은 유기적으로 결합된 통일된 전체이며, 따라서 부분에 대한 개입은 항상 전체를 고려하면서 이루어져야 한다.[12] 따라서 배아 또는 태아의 생명을 위태롭게 하는 의료적 개입은 금지되어야 한다.

넷째, 제26조 4항을 보면, '다른 법률에 특별한 규정이 있는 경우'(2조) '서면동의 없이 유전자검사를 할 수 있다.' 이는 앞서 이 법률의 적용 범위의 문제점을 지적한 부분에서 밝힌 바와 같이, 이 법률의 관련 조항을 무력화시키는 것이며, 이 법률을 다른 법률의 하위 법률로 만드는 것이다.

다섯째, 제34조 2항에서는 '유전자은행의 장이 유전정보를 타인에게 제공하는 경우 무상으로 하여야 한다.'고 하면서, '다만 유전정보 등의 보관 및 제공에 필요한 경비를 보건복지부령이 정하는 바에 따라 요구할 수 있다.'고 하고 있다. 이는 결국 유전정보를 제공할 때 관련 비용을 요구하는 것을 허용하는 것으로 진정한 의미의 무상 제공이라 할 수 없다. '유전자 정보 등의 보관 및 제공에 필요한 경비'의 항목이 무엇인지가 보건복지부령에 명확하고 상세하게 규정될 필요가 있다.

6) 부칙의 문제점

부칙에도 문제 있는 조항들이 있다. 첫째, 법률 시행 시기와 관련해서 의문을 제기할 수 있다. 인간복제의 금지(11조), 이종간의 착상 등의 금지(12조), 체세포복제배아를 자궁에 착상시키거나 착상된 상태를 유지 또는 출산한 자 및 미수범에 대한 처벌(49조), 이종간 착상 등의 금지 위반에 대한 처벌(50조), 체세포복제배아를 자궁에 착상시키거나 또는 착상된 상태를 유지

---

12) 졸고. "인격주의에 기초한 생명윤리연구". 2003: 113-118 참조.

또는 출산하는 행위를 알선한 자에 대한 처벌(51조 1항 1호) 및 이종간 착상 등의 금지에 대한 위반에 대한 처벌(51조 1항 2호) 등은 공포와 동시 시행하나, 전체 법률은 2005년 1월 1일부터 시행된다. 왜 이 법률은 공포 후 1년 후에나 시행되는지에 관한 의문이 제기되고 있다. 이는 아마도 지금까지 정부가 생명과학 연구 및 실험에 대규모 재정지원을 하고 있기 때문이 아닌가 하는 의혹이 든다. 현재 대규모 재정 지원을 받아 진행되고 있는 일부 인간 배아 관련 연구 및 실험 등을 법 시행을 늦춰 2004년에는 묵시적으로 허용해주는 것이 아닌가 하는 의혹이 든다.

둘째, 부칙에서 더욱 문제되는 조항은 잔여배아 연구 및 체세포복제배아 연구에 관한 경과 조치이다. 관련 조항을 살펴보면,

② (잔여배아의 연구에 관한 경과조치) 다음 각호의 요건에 해당하는 잔여배아는 발생학적으로 원시선이 나타나기 전까지에 한하여 제17조 각호의 1의 목적으로 이용할 수 있다.
1. 이 법 시행 전에 생성되었을 것
2. 생성 후 5년이 지났을 것
3. 동의권자의 동의를 받을 것. 다만, 소재불명 등으로 동의권자의 동의를 받을 수 없는 경우를 제외한다.

③ (체세포복제배아의 연구에 관한 경과조치) 이 법 시행 당시 제17조 제2호의 규정에 의한 연구목적으로 체세포복제배아의 연구를 하고 있는 자는 다음 각호의 요건에 해당하는 경우에는 보건복지부장관의 승인을 얻어 당해 연구를 계속할 수 있다.
1. 3년 이상 체세포복제배아에 관한 연구를 계속하였을 것
2. 관련 학술지에 1회 이상 체세포복제배아에 관한 연구논문을 게재한 실적이 있을 것

이 경과조치에 따르면 법률 시행 전에 시작해서 진행 중인 관련 연구는 법률 시행과 무관하게 계속할 수 있는 길이 열려 있다. 이미 연구를 진행했

고, 관련 내용을 학술지에 연구 논문으로 게재한 연구진에게 이 법률은 큰 구속력을 갖지 못하는 무의미한 법률이 될 수 있다.

7) 성체줄기세포연구 육성 지원과 관련하여

줄기세포에 대한 생명과학자들의 관심이 매우 높은 것을 인정한다. 그러나 줄기세포를 배아에서만 획득할 수 있는 것은 아니다. 성체로부터도 줄기세포를 획득할 수 있다. 인간의 성체줄기세포와 관련된 연구는 이미 1950년대부터 시작되었으며, 성체줄기세포를 획득하는 과정에서는 생명을 죽이는 것과 같은 심각한 윤리 문제가 발생하지 않는다. 또한 성체줄기세포의 만능성(multipotency)과 안정성에 대한 연구 결과들이 계속 발표되고 있다.[13] 그러므로 배아 상태의 인간 생명 해치는 심각한 윤리 문제를 야기하는 배아줄기세포 연구를 금지하고, 성체줄기세포 연구를 장려해야 한다. 법률도 제8장(보칙) 제45조(성체줄기세포연구의 지원)에서 '국가 또는 지방자치단체는 성체줄기세포의 연구를 육성하기 위하여 재정지원을 할 수 있다'고 규정하고 있다. 그러나 '재정 지원을 할 수 있다'를 '성체줄기세포 연구를 우선적으로 육성 지원한다'고 개정해야 실효성을 높일 수 있다.

4. 결 론

앞서 살펴본 바와 같이 '생명윤리 및 안전에 관한 법률'은 '생명과학기술

---

13) 오일환. "성체줄기세포와 미래 의학". 한국생명윤리학회 2002년 봄철학술대회.『줄기세포연구와 생명윤리』. 2002, pp.3~20; 강경선. "생명윤리 논쟁 극복을 위한 대안: 성인줄기세포의 다양한 분화 능력과 그 한계". 같은 책, pp.36~40; 이영호. "줄기세포의 유연성". 동아대학교 석당전통연구원.『인간배아연구와 한국의 생명윤리』. 2004, pp.229~223 등 참조.

에 있어서 생명윤리 및 안전을 확보하여 인간의 존엄과 가치를 침해하거나 인체에 위해를 주는 것을 방지'한다는 법률의 목적에 어긋나는 조항들을 담고 있다. 특히 인간 배아에 대한 연구, 체세포복제배아연구, 이종간 교잡 등을 허용함으로써 오히려 인간 생명의 존엄성 훼손을 법률로써 허용·인정해 주는 악법으로 작용할 개연성이 매우 크다. 왜냐하면 이 법률이 시행되면 배아 상태 인간의 무고한 생명이 희생될 수밖에 없기 때문이다.

과학과 기술의 목적은 언제나 인간을 위해 존재하고 봉사하는 것이다. 생명과학 역시 인간을 위한 봉사 즉 인간 생명 존엄성 실현을 목적으로 한다. 그리고 인간 생명 존엄성 실현은 연구 목적뿐만 아니라 연구 과정에서도 실현되어야 한다. 생명윤리 및 안전에 관한 법률은 생명과학이 인간을 위해 존재하고 인간을 위해 봉사하며, 인간 생명 존엄성을 실현하도록 인도해야 한다.

이런 관점에서 볼 때, '생명윤리 및 안전에 관한 법률'(제7150호)은 위에서 지적한 바와 같은 문제 조항들을 포함하고 있다. 이 법률은 앞으로 생명윤리 및 안전에 관한 사안들을 결정하고 시행하는 데 토대가 되는 기본 법률로서, 그 의미와 중요성은 매우 크다. 바로 이런 점에서 이 법률이 지니고 있는 심각한 문제점을 지적하지 않을 수 없으며, 특히 배아 상태의 인간 생명을 해하는 독소 조항들은 법률이 전면 시행되기 이전에 삭제 또는 개정되어야 한다.[14]

---

14) 이 법률은 2005년 1월 1일부터 전면 시행되었다. 2005년 3월 31일 이 법률에 대한 헌법소원이 청구되었다. 헌법소원의 취지는 이 법률이 헌법에 보장된 기본권, 즉 인간의 존엄과 가치, 생명권, 양심의 자유 등을 침해한다는 것이다. 헌법 재판소는 현재(2006년 9월)까지 이에 대한 판결을 내리지 않고 있다.

V. 말기 환자에 대한 연명치료유보와
임종자의 존엄성[*]

1. 서 론

2003년 10월 경추탈골증후군이라는 희귀병으로 6년여 간 식물 상태를 유지하던 딸의 인공호흡기 전원을 꺼 딸을 숨지게 한 아버지가 경찰에 살인 혐의로 구속 기소되었다. 딸의 아버지는 '딸을 죽인 아버지가 무슨 할 말이 있느냐?'며 '죗값을 치르게 해달라'고 하면서, '끝없는 치료비 때문에 쌓인 빚이 감당할 수 있는 수준을 벗어났으며, 다른 가족들이 너무 불행해져서 더 이상 버틸 수 없었다'고 하였다. 이 사건을 재판한 서울지방법원 서부지원 형사1부는 딸의 아버지에게 징역 2년 6월에 집행유예 3년을 선고했다. 살인 행위에 대해 징역형을 선고하면서도 집행유예를 선고한 것이다. 재판부는 '치료비 마련을 위해 집을 처분하고 가족 수입으로 더 이상 거액의 치료비를 감당하지 못할 상황일 뿐 아니라 피해자(딸) 간병을 위해 다른 식구들의 정상적인 가정생활도 어려운 상황이어서 가정불화가 잦아지자 범행한

* 본 논문은 『과학사상』 제48호(2004년 6월)에 게재했던 것을 일부 수정 보완한 것이다.

것으로 보인다'며, '아버지 역시 딸의 죽음을 가슴에 안고 살아가야 할 형편
이고 범행 후 정황, 가족 관계 등을 참작해 이같이 판결한다'고 하였다.[1]

　이 사례는 연명치료유보보다는 안락사에 해당된다. 그러나 이와 같은 사
건이 발생할 때마다 장기적인 식물 상태 환자 또는 말기 환자 등에 대한 치
료의 한계는 어디까지인가에 대한 논의가 제기된다. 이러한 논의는 연명치
료유보와 관련된다. 그런데 적지 않은 사람들이 안락사에 관한 논의와 연명
치료유보와 관련된 논의를 구분하지 않거나, 때로는 연명치료유보를 안락사
에 포함시켜 논의하는 경우가 있다. 이러한 범주의 오류로 인해 연명치료유
보가 안락사로 오해되어, 연명치료유보에 대한 논의를 어렵게 하기도 한다.
연명치료유보와 안락사는 다른 범주이며 따라서 서로 구분해서 논의되어야
할 것이다.

　이 글에서는 연명치료유보와 관련된 생명윤리의 논의를 다루어보도록 하
겠다. 연명치료유보란 무엇이며, 연명치료유보가 생명윤리 문제가 된 배경,
연명치료유보와 안락사의 구분, 연명치료유보에 대한 가톨릭의 가르침, 대한
의사협회『의사윤리지침』중 연명치료유보와 관련된 내용에 대한 검토, 연
명치료유보와 임종자의 존엄성 등에 대해 살펴보도록 하겠다.

2. 연명치료유보란?

　연명치료유보란 의학적으로 회복 가능성이 없는 말기 환자에게 제공될 수
있는 각종 생명 연장 치료를 유보(withholding)하는 것을 의미한다. 즉 의학
적으로 회복 불가능한 말기 환자에 대한 의미 없는 치료의 보류를 의미한다.

　말기 환자에 대한 의미 없는 연명 치료와 관련된 논의에서 숙고해 볼 문
제 중 하나는 치료의 유보(withholding)라는 표현과 치료의 중단(withdra-

---

1) 조선일보, 2004년 1월 17일자, 관련 기사 참조.

wing)이라는 표현 중 어느 것이 더 적절한가의 문제이다. 현재의 많은 논의에서는 이 양자가 명확히 구분되지 않고 혼용되어 사용되고 있으며, 유보보다는 중단이라는 표현이 더 많이 사용되고 있다. 일례로 대한의사협회가 2001년 제정 공포한 『의사윤리지침』을 보면, '생명유지치료를 비롯한 진료의 중단'(28조 3항), '회복 불능 환자의 진료 중단'(30조), '의학적으로 의미 없는 치료의 보류 및 철회 허용'(60조) 등과 같이 두 용어가 혼용되어 있고, 중단이라는 표현이 더 자주 사용되고 있다.

말기 환자에 대한 의미 없는 연명 치료의 유보와 중단 간에는 윤리적 차이가 없기[2]는 하지만, 두 용어는 구별 가능하다. 우선 국어사전[3]을 찾아보면, 유보는 '뒷날로 미루어 둠, 멈추어 두고 보존함'으로, 중단은 '중도에서 끊어짐, 또 중도에서 끊음'으로 설명되어 있다. 또한 영영 사전[4]을 살펴보면, 'withhold'는 'to hold back; to refrain from giving or granting'으로, 'withdraw'는 'to draw back, away, or aside; take back; remove'으로 설명되어 있다. 이와 같은 사전적 의미를 고려해 보면, 유보는 미룸과 멈춤의 의미를 모두 가지고 있는 반면, 중단은 멈춤, 철회의 의미만을 가지고 있다. 따라서 유보는 단순한 미룸뿐만 아니라 멈춤, 중단도 포함한다. 이를 의료 현장과 관련해서 생각해 보면, 치료 유보는 새로운 특정 치료 방법을 시작하지 않는 것과 이미 시행 중인 특정 치료 방법을 멈추는 것을 모두 포괄할 수 있다. 반면에 치료 중단이라는 용어는 자주 소극적 안락사와 혼동되어 연명 치료와 관련된 차분한 논의를 방해하기도 한다. 그러므로 연명 치료와 관련된 논의를 안락사와 관련된 논의와 구분하고, 연명 치료 논의를 좀더 차분하게 논의하기 위해서는 연명치료중단이라는 표현 보다는 연명치료유보

---

2) 고윤석, "임종환자의 연명치료중단에 관한 대한의학회 의료윤리지침 제1보", 대한의학회, 『임종환자의 연명치료중단에 관한 대한의학회 의료윤리지침 제1보』, 2002, p.105; 이윤성, "임종환자의 연명치료중단에 관한 의료 지침", *Ibid.*, p.114.
3) 이희승, 『국어대사전』(서울: 민중서림, 1988, 수정증보판 제4쇄).
4) *The Random House Dictionary of the English Language*, Second Edition, Unabridged, Si-sa-yong-o-sa, Inc., 1987.

라는 표현이 더 적절하다고 생각한다.

3. 연명치료유보가 생명윤리의 문제가 된 배경

우리나라에서는 1997년 '보라매 병원 사건'[5]이후 말기 환자에 대한 연명치료유보에 대한 논의가 활발히 진행되었다. 환자 보호자의 의사에 따라 환자를 퇴원시켰던 의사들이 실형을 선고 받자 의료계는 큰 충격을 받았다. 이에 대한의사협회는 1998년부터 『의사윤리지침』 연구용역사업을 시작하여, 2001년 『의사윤리지침』을 최종 확정 공포하였다.

이와 같이 '보라매 병원 사건'이 연명치료유보에 관한 관심과 논의를 직접적으로 불러일으켰지만, 연명치료유보가 생명윤리 문제로 등장하게 된 배경으로는 연명 치료 기술의 발전, 임종 장소의 변화, 죽음의 질 문제에 대한 관심, 의료 자원 사용의 효율성 문제 등을 지적할 수 있다.

연명 치료 기술의 발전에 따라, 요즈음 의료 현장에서는 인공호흡기, 심박동장치, 심폐소생술, 신투석 등을 사용하고, 인공적인 영양 공급을 지속하여, 말기 환자의 생명을 유지하는 경우가 증가하고 있다. 과거 같으면 사망했을 말기 환자들이 연명 치료 기술의 발전으로 질병을 치료하지 못하면서도 생명을 유지하고 있는 경우가 크게 증가하고 있다.

또한 임종 장소가 가정에서 병원으로 이동하고 있다. 전통적으로 우리나라는 임종을 가정에서 맞도록 하였다. 그래서 과거에는 병원에 입원 중인 환자가 임종에 가까워지면 대부분 환자를 집으로 모셨다. 그러나 최근에는 가족 형태 및 주거 환경의 변화 등으로 병원에서 임종을 맞는 경우가 꾸준히 증가하고 있다. 한 연구[6]에 의하면 전체 사망자 중 병원에서 사망한 비율이 1989

---

5) '보라매 병원 사건'에 대한 소개와 윤리적 평가에 관해서는 다음을 참조하시오; 김중호, 홍석영, "말기 환자에 대한 연명치료유보의 윤리", 한국생명윤리학회, 『생명윤리』, 제4권 제1호, 2003년 6월, pp.6~8.

년 12.8 %에서 2000년 35.9 %로 크게 증가하였다. 이렇듯 임종 장소가 병원으로 옮겨짐에 따라 삶의 마지막 순간에 들어선 환자에게, 집에서 임종을 맞이했다면 사용되지 않았을 최신 의료 기술들이 많이 사용되고 있다. 이로 인해 자연스러운 죽음의 현상이 치료의 실패로 인식되기도 하고, 의미 없는 치료를 언제 유보할 것인가에 대한 물음들이 제기되고 있다.

다른 한편 증가된 말기 환자들에 대한 연명 치료는 환자와 환자 가족들에게 죽음의 질과 관련된 새로운 문제를 안겨주고 있다. 연명 치료를 이용해 말기 환자의 생명을 유지하는 것이 환자에게 어떤 의미가 있는가의 문제가 제기되고 있다. 오히려 연명 치료는 환자의 고통을 연장시킬 뿐이며, 중환자실과 같이 고립된 공간에서 기계에 의지해 죽음을 맞이하는 것이 오히려 더 비인간적이라는 지적이 제기되고 있다.7) 말기 환자에 대한 의미 없는 연명 치료는 환자 가족들에게도 큰 고통과 부담을 주기도 한다. 고통 받는 환자의 모습, 고가의 치료비용 등은 환자 가족들에게 정신적, 경제적 고통과 부담을 주기도 한다. 그리하여 환자 가족들은 의미 없는 연명 치료의 유보를 요청하기도 한다.

또한 의료 현장에서는 의미 없는 연명 치료를 받는 말기 환자의 증가로 인해, 제한된 중환자실의 의료 자원을 보다 소생 가능성이 있는 환자들에게 적절히 사용하지 못하는 사례도 증가하고 있다. 제한된 의료 자원을 보다 효율적으로 사용하기 위해서는 말기 환자에 대한 연명 치료를 적절한 시기에 유보할 수 있어야 한다는 의견이 의료 현장에서 많이 제기되고 있다.

---

6) 윤영호, "임종환자의 연명치료 중단에 관한 대한의학회 의료윤리지침 작성의 배경", 대한의학회, *op.cit.*, p.10.
7) S. B. 뉴랜드, 명희진 역, 『사람은 어떻게 죽음을 맞이하는가』(서울: 세종서적, 2003) 참조.

4. 연명치료유보와 안락사의 구분

말기 환자에 대한 연명치료유보에 대한 논의에서 가장 먼저 분명히 해야 할 점 중 하나는 연명치료유보는 안락사가 아니라는 점이다. 대한의사협회 가 『의사윤리지침』에서 '회복 불능 환자에 대한 진료 중단을 수용할 수 있다'는 입장을 밝히자, 일반 여론은 '대한의사협회가 안락사를 허용하였다'로 오해하기도 하였다. 물론 『의사윤리지침』의 일부 내용이 불분명하여 이런 오해를 받을 소지는 있기는 하지만, 연명치료유보와 안락사는 구분 가능하며, 양자를 구분하는 것이 연명치료유보와 관련된 논의를 좀 더 차분하게 하는 데 도움이 된다고 생각한다.

안락사(euthanasia)의 어원상의 뜻은, '고통과 통증이 없는 편안한 죽음'을 뜻한다. 그러나 오늘날에는 질병으로 인한 극도의 고통을 종식시키려는 의학적 개입을 가리킨다. 난치병이나 불치병으로 큰 고통을 겪고 있는 환자의 비참한 생명을 중단시키려는 안락 살해(mercy killing)를 흔히 안락사라 부른다. 안락사는 학자들에 따라 다양하게 분류되고 있으나, 크게 적극적 안락사 와 소극적 안락사로 분류할 수 있다. 적극적 안락사는 물리적 또는 화학적 방법으로 환자의 죽음을 직접 초래케 하는 것이고, 소극적 안락사는 일상적인 의료 행위를 중단해 환자를 죽게 하는 것이다.[8]

말기 환자에 대한 연명치료유보는 흔히 소극적 안락사로 인식되는 경우가 많다. 단순히 의료 행위만을 고려한다면 양자가 혼동될 수 있으나, 근본 목적을 고려한다면 양자는 구분된다. 안락사는 환자의 죽음이 목적이지만, 연명치료유보는 말기 환자의 남은 삶의 질 향상과 인간다운 죽음이 목적이다. 좀 더 설명하면, 연명치료유보는 말기 환자의 죽음을 재촉하는 데 목적이 있는 것이 아니라 환자에게 고통을 가중시킬 수 있는 무의미한 치료를 유보하여 환자에게 인간다운 죽음을 맞도록 하는 데 그 목적이 있다.[9]

---

8) 김중호, 『의학윤리란 무엇인가?』(서울: 바오로딸, 2003), p.116.
9) 허대석, "임종 환자의 삶의 질 향상을 위한 대책", 대한의학회, *op.cit.*, p.96 참조.

가톨릭에서는 안락사를 '모든 고통을 제거하려는 목적으로, 그 자체로 그리고 의도적으로 죽음을 야기하는 작위 또는 부작위라고 이해'[10]하며, '과도한 의학적 치료를 그만두는 것과는 반드시 구별해야 한다'고 이야기 한다. 여기서 말하는 과도한 의학적 치료란 '예상되는 어떠한 결과에도 부적절하거나 또는 환자나 가족에게 지나친 부담을 주는 것들이기 때문에 더 이상 환자가 처한 실제적인 상황에 맞지 않는 의학적 치료 과정'을 말한다. 가톨릭에서는 '이러한 상황에서 분명히 죽음이 임박하고 피할 수 없을 때, 사람의 양심 안에서, 비슷한 경우의 환자에게 반드시 필요한 정상적인 간호를 중단하지 않는 한도 내에서, 결과가 불확실하고 큰 부담이 되는 생명의 연장밖에 보장하지 못하는 종류의 치료를 거부할 수 있다'고 한다. 이와 같이 가톨릭은 안락사와 연명치료유보를 분명히 구분하고 있다.

대한의사협회도 『의사윤리지침』에서, 안락사를 '환자가 감내할 수 없고 치료와 조절이 불가능한 고통을 없애기 위한 목적으로 환자 본인 이외의 사람이 환자에게 죽음을 초래할 물질을 투여하는 등의 인위적, 적극적인 방법으로 자연적인 사망 시기보다 앞당겨서 환자를 사망에 이르게 하는 행위'(제58조)로 규정하면서, 안락사와 연명치료유보를 구분하고 있다.

5. 연명치료유보에 대한 가톨릭의 가르침

가톨릭교회는 말기 환자가 '인간적인 존엄성을 지니고 평화롭게 죽을 수 있는 권리'[11]의 관점에서 연명 치료 문제를 다룬다. 가톨릭교회는 죽음을 인간적으로 체험하는 것, 그리고 '어떠한 대가를 치르더라도' 벗어날 수 없는 것으로 해석한다. 따라서 남용될 수 있고 위험성을 갖는 의료 기술의 과

---

10) 요한 바오로 2세, 『생명의 복음』, 1995. 65항 참조.
11) 교황청 신앙교리성성, "안락사에 관한 선언문", 1980; 한국가톨릭의사협회, 『의학윤리, 개정증보』(서울: 수문사, 1997), p.468.

도한 사용, 즉 의료 집착적 행위에 반대한다. 의료 집착적 행위는 임종자의 존엄성을 해치며, 죽음을 받아들여 궁극에는 자연스러운 과정을 맞이하는 도덕적 의무에도 반하는 것으로 본다. 가톨릭교회는 죽음은 인간 생명의 엄연한 일부이며, 그러므로 이로부터 달아나기 위해 무가치하게 생명을 연장하려고 해서는 안 된다고 이야기한다.[12] 이와 같이 가톨릭교회는 임종자의 존엄성의 관점에서 말기 환자에 대한 과도한 의료 집착적 행위에 반대한다.

그러면 보다 구체적으로 가톨릭교회가 반대하는 의료 집착적 행위는 무엇인가에 대해 살펴보자. 가톨릭교회는 말기 환자에 대한 단순한 연명 장치로서의 인공호흡기와 같은 예외적 수단(extraordinary means)의 사용은 정당하기는 하되 의무는 아니고 도덕적으로 선택적(optional)이며, 반면에 정상적인 간호 행위와 영양 공급 등 통상적 수단(ordinary means)의 사용은 도덕적 의무라고 가르치고 있다.[13] 그러나 통상적 수단과 예외적 수단의 구분은 용어 자체가 지니고 있는 모호성과 의학 기술의 급격한 발전으로 인해 오늘날 불분명한 것으로 되고 있다. 예를 들어 같은 인공호흡기를 사용하더라고 치료가 가능성이 높은 환자에게는 통상적 수단이 되고, 회복이 불가능하며 죽음이 임박한 환자에게는 예외적 수단이 된다.

그리하여 균형적 수단, 불균형적 수단이라는 구분이 제시되고 있다. 즉 치료 수단을 사용할 때, 환자의 상태를 고려하여, 사용된 수단과 의도한 목적 사이에 적절한 균형이 존재하면 균형적 수단이고, 균형이 존재하지 않으면 불균형적 수단이라는 것이다. 1980년 교황청 신앙교리성성이 발표한 『안락사에 관한 선언』에서는 '사용되는 수단에도 불구하고 회피할 수 없는 죽음이 임박할 때, 불확실하고 고통스러운 생명의 연장을 보호해 줄 뿐인 치료법을 거부할 수 있는 결정은 양심 안에서 허용된다고 밝히고 있다. 교황청

---

12) 교황청 보건사목평의회, 가톨릭중앙의료원 원목실 옮김, 『의료인 헌장』(서울: 가톨릭대학교 출판부, 1998), pp.100~101.

13) M. Panicola, "Catholic Teaching on Prolonging Life", *Hastings Center Report*, Vol.31, No.6, Nov. / Dec. 2001, pp.18~19.

보건사목평의회는 1995년 발간한 『의료인 헌장』에서 이를 '합리적 치료 원칙'이라고 하였다.

그러나 가톨릭교회는 인간 생명 유지의 기본인 영양과 수분 공급은 말기 환자에게도 항상 이루어져야 한다고 가르친다. 영양 및 수분 공급은 다른 의료 조치들과 명백히 구분된다. 의료 조치들은 치료적이며 따라서 질병의 치료를 목적으로 한다. 반면 영양 및 수분 공급은 환자의 생명 유지 및 존엄성 증진에 직접 관련된다. 영양 및 수분 공급의 중단은 환자를 기아, 탈수에 이은 죽음에 이르게 하는 것이다. 그러므로 가톨릭교회는 영양 및 수분 공급을 중단하는 것은 도덕적으로 항상 그른 것으로 판단한다.

또 하나 유의할 점은 연명치료유보가 도덕적으로 선택 가능하다는 것이지, 항상 선택해야 한다는 것은 아니다. 즉 연명치료유보는 허용 사항일 뿐 의무 사항은 아니다. 따라서 연명치료유보가 선택 가능하다는 가톨릭교회의 가르침을 적극적으로 해석해서 연명 치료를 항상 유보해야 한다고 판단해서는 안 되겠다. 『안락사에 관한 선언』에서도 연명치료유보가 '양심 안에서 허용된다'고 밝혔을 뿐이지, 연명 치료를 유보해야 한다고 하지는 않고 있다. 미국의사협회도 연명치료유보와 관련된 지침[14]에서 '연명치료유보에 관한 합의가 이루어 지지 않고, 다른 의료 기관으로의 전원도 여의치 않을 경우, 적극적인 개입은 불가능하다'고 밝히고 있다.

---

14) 이 지침은 모두 6단계로 이루어져 있다. 1단계: 심각한 의학적 문제가 발생할 경우에 대비하여, 어느 수준까지 치료할 것인가에 대해 환자의 의지를 문서화(사전의료지시) 해 두는 것이 가장 바람직하다. 2단계: '사전의료지시'를 미리 작성하지 못한 경우, 환자가 입원했을 때 보호자, 의료진과 함께 상의하여 치료의 목표 설정에 대해서 환자가 결정하도록 한다. 3단계: 환자나 보호자가 결정하기 어려울 때는 환자의 후견인, 환자가 자문을 구한 사람 등이 의사 결정에 참여하도록 한다. 4단계: 상기 절차로 합의에 이르지 못한 경우, 같은 의료기관내의 윤리위원회와 같은 조직에 의뢰한다. 5단계: 윤리위원회의 결정에 대해 의료진이 받아들이지 않을 경우, 동일 의료기관내의 다른 의사에게 의뢰하여 의견을 구할 수 있다. 한편, 환자나 보호자 쪽이 반대할 경우, 다른 의료기관으로의 전원이 고려될 수 있다. 6단계: 합의가 이루어 지지 않고, 다른 의료기관으로의 전원도 여의치 않을 경우, 적극적인 개입은 불가능하다. 허대석, "의미 없는 치료의 중단", 서울대교구 가톨릭 의사회 의료윤리 심포지엄, 『회복 불가능한 환자의 연명 치료』, 2003, p.10.

이상의 내용을 살펴보면, 가톨릭교회는 임종자의 존엄성과 인간적인 죽음의 관점에서 연명 치료에 접근하고 있으며, 연명치료유보에 대한 결정을 양심 안에서 허용하고 있으나, 환자에 대한 영양 및 수분 공급은 계속 이루어져야 한다고 가르치고 있다.

6. 대한의사협회 『의사윤리지침』의
연명치료유보 관련 내용의 문제점

'보라매 병원 사건' 이후 대한의사협회는 말기 환자를 치료하고 있는 의사들의 어려움을 인식하고, 1998년부터 『의사윤리지침』 연구용역사업을 시작하여, 2001년 『의사윤리지침』을 최종 확정 공포하였다. 그 중 연명치료유보와 관련된 조항은 제28조(진료 중단과 퇴원 요구 시 유의 사항), 제30조(회복 불능 환자의 진료 중단), 제60조(의학적으로 의미 없는 치료) 등이다. 여기서는 이 조항들을 소개하고, 그 내용의 문제점들에 대해 살펴보겠다.

제28 조(진료 중단과 퇴원 요구 시 유의 사항)
① 의사는 생명이 위급한 환자, 또는 가족 등 그러한 환자의 대리인이 의사의 의학적 판단과 충고에 반하여 생명유지치료를 비롯한 진료의 중단이나 퇴원을 요구하는 경우 신중하고 적절하게 대처하여야 한다.
② 의사의 충분한 설명과 설득 이후에도 생명이 위급한 환자가 자신의 자율적 결정에 의하여 생명유지치료를 비롯한 진료의 중단이나 퇴원을 문서에 의하여 요구하는 경우 의사가 불가피하게 그러한 요구를 받아들이는 것은 허용된다. 의사는 그러한 경우에도 환자가 심리적으로 안정된 상태에서 그와 같은 결정을 하였는지 면밀히 확인하여야 한다.
③ 의사는 환자가 의식 불명에 빠지는 등 자율적 결정을 내릴 수 없

는 상황에서 생명이 위급한 환자를 대신하여 가족 등 환자 대리
인이 의사의 충분한 설명과 설득 이후에도 생명유지치료를 비롯
한 진료의 중단이나 퇴원을 문서에 의하여 요구하는 경우 그러한
요구가 환자의 이익과 의사에 부합하는지 신중히 고려하여야 한
다. 환자 대리인의 요구가 환자의 이익과 의사를 충실히 반영한다
고 판단되는 경우 의사가 불가피하게 그러한 요구를 받아들이는
것은 허용된다.

제 30 조(회복 불능 환자의 진료 중단)
　① 의사는 의학적으로 회생의 가능성이 없는 환자의 경우라도 생명
　　유지치료를 비롯한 진료의 중단이나 퇴원을 결정하는 데 신중하
　　여야 한다.
　② 의학적으로 회생의 가능성이 없는 환자의 자율적 결정이나 그것
　　에 준하는 가족 등 환자 대리인의 판단에 의하여 환자나 그 대리
　　인이 생명유지치료를 비롯한 진료의 중단이나 퇴원을 문서로 요
　　구하는 경우, 의사가 그러한 요구를 받아들이는 것은 허용된다.
　③ 의사의 충분한 설명과 설득 이후에도 환자, 또는 가족 등 환자
　　대리인이 회생의 가능성이 없는 환자에 대하여 의학적으로 무익
　　하거나 무용한 진료를 요구하는 경우, 의사는 그것을 받아들이지
　　않을 수 있다.

제 60 조(의학적으로 의미 없는 치료)
　　의사가 회생 불가능한 환자에게 의학적으로 무익하고 무용한 치료
　를 보류하거나 철회하는 것은 허용된다.

『의사윤리지침』의 이러한 내용이 발표되자, 일반 언론 및 여론에서는 대
한의사협회가 소극적 안락사를 허용했다고 해석하였다. 이에 대해 대한의사
협회는 소극적 안락사를 허용한 것은 아니며, 이는 『의사윤리지침』의 내용
을 잘못 이해한 것이라는 입장을 밝혔다. 물론 『의사윤리지침』에서 안락사
금지(제58조)와 의사조력자살 금지(제59조)를 밝히고 있지만, 위의 내용 중

일부는 소극적 안락사로 해석될 개연성이 있다. 소극적 안락사 개념과 연명 치료유보 개념이 혼돈되어 있으며,[15] 특히 30조 3항과 60조의 내용은 진료 거부에 의한 안락 살인으로 해석될 수 있다. 또한 앞에서 밝힌 바와 같이 '진료 중단', '치료 철회'라는 용어와 '환자 및 환자 보호자의 의사에 반한 진료 거부 허용'(30조 3항)은 소극적 안락사로 이해되기도 한다. 말기 환자 에 대한 의미 없는 치료의 유보가 소극적 안락사 허용으로 이해되지 않기 위해서는 '중단', '철회'라는 용어보다는 '유보'라는 용어로 바꾸어 쓰는 것 이 적절하다고 생각한다.

또 하나 생각해 볼 문제는 어떤 치료가 유보 가능한가와 관련된 문제이 다. 28조와 30조 모두 환자 자신 또는 환자의 대리인이 문서로 '생명유지치 료를 비롯한 진료의 중단이나 퇴원'을 요구할 경우 이를 수용할 수 있다고 만 밝히고만 있지, 중단될 수 있는 생명유지치료와 진료가 무엇인지에 관해 서는 구체적인 언급이 없다. 참고로 미국의사협회의 경우는 '연명치료수단에 는 기계를 이용한 호흡, 신장 투석, 화학 요법, 항생제 투여, 영양 및 수액의 인위적 공급 등이 포함되며, 그러나 그 범위는 제한되어 있지 않다'[16]고 밝 히고 있다. 가톨릭교회도 합리적 치료 원칙에 따라 예외적, 불균형적 수단은 유보 가능하나, 영양 및 수분 공급은 계속되어야 한다고 밝히고 있다. 한편 우리나라의 경우 말기 환자에 대해 유보 가능한 치료 수단에 대한 보호자와 의료진 사이에 의견의 차이가 있다. 마약성 진통제 사용(93.7 %), 항생제 사 용(84.2 %), 정맥 내 영양 공급(75.8 %), 튜브를 통한 영양 공급(74.7 %) 등에 대해서는 양자간의 의견의 일치율이 높은 반면, 혈액 투석(51.6 %), 심폐소생 술(47.4 %), 인공호흡기(39.4 %) 등에 대해서는 의견의 일치율이 낮았다.[17] 이러한 상황들을 고려한다면, 인공호흡기, 심폐소생술, 투석 등 유보 가능한

---

15) *Ibid.*, p.9.

16) American Medical Association, *Code of Medical Ethics*, E-2.20 Withholding or Withdrawing Life-Sustaining Medical Treatment,http://www.ama-assn.org/ama/pub/category/8457.html

17) 허대석, "말기 암환자에서 의미 없는 치료의 중단", 『대한내과학회지』 제6권 제5 호, 2001, p.467.

생명유지치료와 진료의 항목을 세분화하여 구체적으로 명시할 필요가 있다고 생각한다.

또 하나 이야기할 것은 연명치료유보와 관련한 내용들이 말기 환자의 존엄성에 초점이 맞추어져 있기보다는 관련 의사의 보호에 초점이 맞추어진 듯한 인상을 준다는 점이다. 28조 1항과 30조 1항에서 '신중한 접근'을 이야기하고, 제57조(말기 환자에 대한 역할)에서 '환자가 품위 있는 죽음을 맞을 수 있도록 필요한 도움을 줄 수 있다'고 밝히고는 있지만, 전체적인 내용이 주는 느낌은 관련 의사의 보호에 좀 더 초점이 맞추어져 있는 듯하다. 연명치료유보 관련 논의가 '보라매 병원 사건'이후 이루어져, 관련 의사들의 보호에 초점이 맞추어진 듯하지만 이보다는 임종을 앞둔 말기 환자의 존엄성 실현에 좀더 초점이 맞추어졌으면 하는 아쉬움이 남는다.

『의사윤리지침』의 내용이 일부 불명확하고 아쉬움 점이 있기는 하지만, 연명치료에 관해 진지하게 논의하고 검토한 결과라는 점에서는 그 의미가 크다고 생각한다. 그러나 여기서 멈추지 말고 임종자의 존엄성의 관점에서 연명치료유보에 관해 좀더 차분하고 세밀한 검토와 논의를 지속할 필요가 있다고 생각한다.

7. 연명치료유보와 임종자의 존엄성

죽음의 진단과 관련된 문제는 의학의 문제이지만, 죽음의 의미에 관한 문제는 의학만의 문제가 아니다. 철학, 인간학, 종교학, 문학 등 다양한 분야에서 인간의 죽음에 의미를 살펴볼 수 있다. 여기서는 철학적 인간학의 관점에서 죽음의 의미에 관해 한번 살펴보겠다. 생로병사는 인간의 삶의 모습이요 근본 조건이다. 인간은 이 세상에 태어나 자라고 늙고 병들면서 살다가 어느 때가 되면 세상을 떠난다. 늙고 병들고 죽는 것은 인간의 자연스러운 생명 과정이다. 그러나 인간은 다른 한편으로 이러한 자연스러운 생명 과정을 피하려고 하기도 한다. 일찍이 진시황이 불로장생을 꿈꾸며 불로초를 찾으려 했지만 이는 실현되지 못했다. 인간의 자연 수명은 120세 정도라고 이야기하고 있는 현대 의학도 인간에게서 죽음을 없애지는 못한다. 이렇듯 인간은 죽음을 결코 피할 수 없다. 죽음은 이미 우리 삶 속에 들어와 있다. 그리하여 릴케(R. M. Rilke, 1875~1926) 다음과 같은 시를 썼다.

> 보라! 죽음이 삶 속에 있다.
> 둘이 서로 얽혀서 달린다.
> 마치 천 속의 실올들이 감겨져 있듯이,
> 어떤 사람이 숨 거두는 것, 그것만이 죽음은 아니지,
> 사람이 숨쉬고 있어도 죽음은 있는 것.
> 많은 것이 죽음이다.
> 우리는 이것을 숨길 수 없다.
> 우리 속에는 언제나 죽음과 탄생이 있다.

릴케는 이 시에서 죽음이란 현재의 나의 삶을 구성하고 있는 본질이라고 노래한다.[18] 따라서 우리는 죽음을 어둡고 괴롭고 피하고 싶은 것으로만 생각하지 말고 죽음의 의미를 적극적으로 숙고할 필요가 있다. 죽음의 의미를 숙고한다는 것은 삶의 의미를 숙고하는 것이라 할 수 있다.

가톨릭을 비롯한 많은 종교들은 인간의 죽음의 의미에 관하여 오랫동안 숙고해왔다. 그리고 이들 숙고의 공통점은 죽음을 인간 존재의 완전한 끝으로만 보지 않는다는 점이다.[19] 죽음 후에 또 다른 삶의 형태가 있으리라 생각하며, 산 자와 죽은 자가 정신적으로 서로 연결되어 있다고 생각한다. 신라의 향가 『제망매가』를 한번 들어보자.

> 삶과 죽음이

---

18) 진교훈, 『철학적 인간학 연구 Ⅱ』(서울: 경문사, 1994), p.100 참조.
19) 한국종교학회 편, 『죽음이란 무엇인가』(서울: 도서출판 창, 1992) 참조.

여기에 있음에 두려워

나는 간다는 말도

못 다 이르고 갔는가

어느 이른 가을바람에

여기 저기 떨어지는 잎처럼

한 가지에 나고서도

가는 곳 모르는구나

아아 극락세계에서 만나볼 나

도 닦으며 기다리겠다.

이러한 죽음에 대한 생각은 아프리카의 전통 신앙에서도 발견된다.[20) 따라서 우리는 죽음을 두려워해서 피할 것만 아니라 죽음의 의미에 대해 성찰하고 의미 있는 죽음을 맞기 위한 노력을 할 필요가 있다.

한편 죽음에 대한 두려움은 발전된 현대 의학과 결합하면서 말기 환자의 죽음을 자연스러운 생명 과정으로 이해하지 않고, 질병 치료의 실패로 이해한다. 이로 인해 어떻게든 생명을 유지, 연장시키려는 의료 집착 행위가 많이 일어나고 있다. 그러나 의료 집착 행위를 통해 자연스러운 죽음의 과정을 막는 것은 임종자의 존엄성을 해치는 것이라 할 수 있다.

그러나 경제적 어려움 때문에 연명치료유보를 결정하는 것은 임종자의 존엄성을 해치는 것이다. 글의 서두에서 소개한 사례와 '보라매 병원 사건' 모두 경제적 어려움이 치료 중단의 가장 큰 원인이 되었다. 따라서 두 사건의 피의자는 모두 살인죄를 선고받았다. 이는 임종자의 생명의 존엄성이 경제적 가치보다 상위의 가치이기 때문이다. 이와 관련해서는 고가의 연명 치료에 대한 의료 재정적 지원이 요청된다고 하겠다.

또한 앞서 이야기 한 바와 같이 말기 환자에 대한 연명치료유보는 적극적으로 결정되어서는 안 된다. 제한된 의료 자원의 공정한 분배와 관련되는

---

20) E. Kaboré, "The dignity of the dying person", Pontificia Academia Pro Vita, *The Dignity of the Dying Person*, Libreria Editrice Vaticana, 2000, pp.392~393 참조.

문제가 있기는 하지만, 임종자의 수명을 비록 몇 시간 또는 며칠 연장하는 것이 환자 또는 환자 가족들에게 정신적으로 큰 위로와 위안을 줄 수도 있다. 특히 우리는 전통적으로 부모 및 가족의 임종을 지키려고 한다. 그러므로 말기 환자에 대한 연명치료유보 결정을 신속하고 적극적으로 내리기보다는 양심 안에서 신중하게 결정해야 한다.

끝으로 연명치료유보 결정 과정에서 의사의 역할에 대해서 생각해 보겠다. 왜냐하면 의사는 질병 및 죽음의 진단과 직접적으로 관련되어 있기 때문이다. 환자의 상태 및 예후와 관련하여 의사는 정확한 판단을 해야 한다. 이 사실 분석과 판단은 전적으로 의사의 몫이다. 이와 관련하여 황상익은 "의사의 역할은 법적으로 충분히 뒷받침"되어야 하며, "설령 의사의 판단에 대해 법적 책임을 묻는 경우라도 담당 의사의 소신은 무엇보다도 존중되어야 한다"고 주장한다.[21]

이와 관련하여 인문학적 소양을 갖춘 의사가 요청된다. 인간의 생명을 다루는 의사는 근대 의학의 자연과학적 접근에만 머물지 말고, 철학·윤리학·종교학·문학 등 다양한 인문학적 소양을 갖추어야 한다. 왜냐하면 질병과 죽음은 생물학적 사태인 동시에 정신적, 인격적 사태이기 때문이다.[22] 일찍이 야스퍼스는 "어떤 의사의 치료도 우리를 죽음에 대한 불안으로부터 해방시켜 줄 수 없으며 단지 철학하는 것만이 죽음의 불안으로부터 우리를 해방시켜 줄 수 있다"고 말한바 있다.[23] 철학·윤리학 및 인문학적 소양을 갖춘 의사는 임종자의 죽음을 단순히 치료의 실패로만 보지 않을 것이며, 인간의 자연스러운 죽음의 과정을 본인은 물론 환자 또는 환자 가족에게 수용하도록 안내할 수 있을 것이다. 이와 관련하여 최근 여러 의과대학에서 의대생들에게 생명윤리 및 인문학 교육을 강화하는 것은 매우 고무적인 일이라 하겠다.

---

21) 황상익, "가망없는 환자의 진료중단과 의료윤리", 『대한의사협회지』 제4권 제7호, 1998, 7, p.698.
22) 이와 관련하여 진교훈은 '인격주의적 의학'을 제창하고 있다. 진교훈, 『의학적 인간학』(서울: 서울대학교 출판부, 2002), pp.69~90 참조.
23) *Ibid.*, p.30 참조.

8. 결   론

이상에서 말기 환자에 대한 연명치료유보와 관련된 생명윤리의 일반적인 논의들을 개괄적으로 살펴보았다. 연명치료유보란 의학적으로 회복 가능성이 없는 말기 환자에게 제공될 수 있는 의미 없는 생명 연장 치료를 미루거나 멈추는 것을 의미한다. 말기 환자에 대한 연명치료유보가 생명윤리 문제가 된 배경으로는 연명 치료 기술의 발전, 병원에서의 임종 증가, 인간다운 죽음에 대한 관심, 의료 자원의 효율적 분배 등을 지적할 수 있다. 어떤 사람들은 연명치료유보를 안락사에 포함시켜 논의하기도 하지만, 행위의 목적을 고려한다면 연명치료유보는 안락사와 구분된다.

가톨릭교회는 말기 환자의 인간다운 죽음의 관점에서 연명치료유보에 오래전부터 관심을 가졌으며 구체적인 지침도 제시하고 있다. 즉 예외적, 불균형적 치료의 유보는 양심 안에서 결정할 수 있으나 영양 및 수분 공급은 계속되어야 한다고 가르친다. 2001년 제정 공포된 대한의사협회『의사윤리지침』의 연명 치료 관련 부분은 임종자의 존엄성의 관점에서 검토될 필요가 있다고 생각한다.

연명치료유보는 말기 환자에 대한 의료 집착적 행위에서 벗어나고 임종자의 존엄성을 실현하는 것을 목적으로 한다. 의료 기술의 꾸준하고 빠른 발전과 노령 인구의 증가 등으로 말기 환자의 연명치료유보와 관련된 생명윤리 문제는 계속 제기될 것이다. 따라서 연명치료유보에 대한 논의를 좀 더 차분하게 논의할 필요가 있다. 그리고 이 논의는 항상 인간의 자연스러운 죽음과 임종자의 존엄성 실현이라는 관점에서 이루어져야겠다.

〈참고자료〉

1. 보라매병원 사건

1997년 12월 4일, 보라매 병원 응급실로 58세 남자 김 모 씨가 119 구급차에 실려 내원하였다. 신경외과 전공의는 뇌내 병변이 의심되어 뇌 CT를 촬영하여 우측 측두부 및 두정부의 경막외 혈종이란 진단을 내렸다. 수술 동의서를 받기 위해 환자 가족을 찾았으나 찾지 못하였고 더 이상 지체할 수 없어 환자를 데리고 온 집주인에게 설명하고 동의서에 서명을 요청하였으나 거부당하였다. 상황이 위급하여 응급 수술을 시행하였다. 수술 중 환자 부인이 도착하자 담당 전공의는 응급 수술을 하게 된 경위와 수술 진행 상태 및 수술 후 상태를 설명했고 부인은 대체로 이를 수긍하였다. 수술 후 저혈압과 대량 수혈로 인한 파행성 혈관내 응고증, 간부전증, 급성신부전증 등 여러 가지 합병증이 발생하고 환자의 의식도 회복되지 않아 회복의 가능성이 매우 낮은 것으로 판단되었다.

12월 5일 오후 환자의 부인이 경제적인 이유로 더 이상 치료를 할 수 없다고 퇴원을 요구하였다. 담당 전공의는 환자의 상황을 들어 퇴원을 만류하였다. 담당 전문의 역시 퇴원을 만류하였으나, 부인은 동의도 없이 수술해 놓고 퇴원도 마음대로 못하게 한다면서 막무가내로 퇴원을 요구하였다. 더 이상 상호 합의하에 치료가 가능하지 않다고 판단한 담당 전문의는 담당 전공의에게 현재의 환자의 상황(퇴원 시 사망 가능성 있음)을 환자 보호자에게 다시 한 번 주지시킨 다음 귀가서약서(환자 또는 환자 가족이 의료진의 의사에 반하여 퇴원할 경우 이후의 사태에 대해서는 환자 또는 가족이 책임지겠다는 내용의 각서)에 서명을 받도록 지시하였다. 이 지시에 따라 전공의는 12월 6일 환자 보호자로부터 서명을 받은 후, 당일 오후 2시 병원 구급차로 환자를 퇴원시켰다. 당시 환자는 간이형 인공호흡기의 도움으로 자가 호흡을 하고 있었으나 환자 가족의 요청에 의하여 이를 제거한 후 얼마 되지 않아 사망하였다.

환자 사망 후 환자의 부인은 장례비 보조를 받기 위해 관할 파출소에 사망 신고를 하였다. 그러나 사망 진단서가 없는 상태에서의 경찰 신고는 병사가 아닌 변사 사건으로 처리되어 경찰의 조사를 받게 되었다. 조사 과정에서 남부경찰서 형사들이 담당의사 세 명에게 참고인 조서를 받고, 환자의 부인을 살인 혐의로 구속하고 담당의사 세 명을 살인죄의 공범으로 기소했다.

법원은 이 사건에 대하여 "퇴원 요구를 받은 의사는 환자의 생명을 보호하기 위한 의료행위를 계속해야 할 의무와 환자의 요구에 따라 환자를 퇴원시킬 의무 사이에 충돌이 일어나게 되는 경우에 환자의 생명을 보호할 의무가 우선한다. 따라서 이 사건은 부작위에 의한 살인죄에 해당한다"하며 담당 전문의에게 유죄를 선고했다(1심: 징역 2년 6개월, 집행유예 3년, 2심: 징역 1년 6개월, 집행유예 2년). 한편 환자의 부인에게는 살인죄가 적용되었다(징역 3년, 집행유예 4년).

2. 카렌 퀸란(Karen Quinlan) 사례

1975년 4월 11일, 21세인 카렌 퀸란은 몇 알의 약을 먹은 뒤 친구의 생일 파티에 참석하여 술을 마시고 혼수상태에 빠졌다. 뉴저지에 있는 성 글라라 병원에서 6개월 간 정맥 주사와 인공호흡기로 연명하는 식물 상태가 되었다. 그의 부모는 소생이 불가능하다는 의사의 판단과, 가톨릭교회법에서는 희망이 없는 환자에게 인공호흡기를 사용하는 예외적인 치료 방법을 쓰면서 연명해야 할 윤리적 의무가 없다는 트라패소 본당 신부의 신학적 해석에 고무되어 품위와 존엄 속에 죽을 수 있도록 인공호흡기의 제거를 요청했다.

그러나 담당의사가 인공호흡기 제거를 거절하였다. 그리하여 이 문제는 법정으로 옮겨졌고 지방 법원은 인공호흡기 제거는 명백한 살인 행위라고 판결하였다. 1975년 당시 미국의사협회(American Medical Association)는 죽도록 내버려두기 위해 산소 호흡기를 제거하는 것을 안락사와 동일시했고, 안락사를 살인과 동일한 것으로 보았다.

그 후 1976년 3월 31일, 뉴저지주 대법원은 의사와 병원 당국이 찬성한다면 가족들의 뜻에 따라 인공호흡기를 제거해도 좋다는 판결을 내렸다. 법원은 헌법에 보장된 사생활 보호권은 죽어 가는 무능력한 환자의 가족이 환자에게서 생명 유지 수단을 제거함으로써 환자가 죽게 하는 것을 허용할 정도로 넓다고 판시하였다. 이에 따라 1976년 5월 23일 인공호흡기를 제거했다. 그러나 카렌 퀸란은 인공호흡기의 도움 없이 10여 년을 살아 있다가 1986년 6월 13일에 사망하였다.

3. 낸시 크루잔(Nancy Cruzan) 사례

미국 미주리 주에 사는 33세의 낸시 크루잔은 1983년 교통사고로 뇌를 심하게 다쳐 회복 불능의 혼수상태에 빠져 8년간이나 병원에서 지내고 있었다. 그의 부모는 낸시가 평소에 "만일 사고로 의식 불명 상태가 되면 자기를 더 이상 치료하지 말고 죽게 해달라"고 했다며, 실제로 유서나 유언은 없었지만 그와의 평소 대화를 근거로 '죽을 권리'를 주장하며 법정 투쟁을 3년 간 해왔다. 처음 연방 대법원에서는 낸시가 스스로 죽기를 원한다는 '분명하고 설득력 있는' 증거가 없는 한 음식과 물은 계속 공급해야 한다고 판결하였다. 그러나 그 후 그의 친구들의 추가 증언에 따라 낸시의 치료 거부 의사를 확인한 뒤 1990년 6월 25일, 모든 치료와 급식을 중단해도 좋다는 판결을 내렸다. 이에 따라 12월 14일 급식 튜브가 합법적으로 제거되었고, 그녀는 26일 숨졌다.

4. 테리 시아보(Terry Schiavo) 사례

테리 시아보라는 41살의 여성은 15년 전 일시적인 호흡 정지로 뇌가 손상되어 식물 상태에 빠졌다. 의사는 그녀가 감정, 기억, 사고 능력 등이 불가능하다고 진단하였다. 그러나 그녀는 인공호흡기의 도움 없이 호흡을 하고, 소화 능력도 있어 급식 튜브를 통해 영양을 공급받고 있었다. 이 상황에서 그녀의 남편은 아내에게 '만약 이런 일이 생기면 인공적인 방법으로 생명을 연장하지 않겠다.'는 약속을 했다면서, 급식 튜브를 제거해 달라는 소송을 제기하였다. 그러나 그녀의 부모는 그녀가 아직 의식이 있는 것으로 여겨진다며 급식 튜브의 제거를 반대해 왔다. 7년간이나 진행된 이 소송에서 최근 플로리다 주법원은 급식 튜브의 제거를 허용하는 판결을 내렸다. 2005년 3월 18일 급식 튜브가 제거되었고, 의료진은 1-2주 내에 그녀가 사망할 것이라고 예상하였다. 그러자 미국 연방 의회는 이 결정에 반대하면서, 이 문제는 연방 대법원에서 다시 결정해야 한다는 특별법을 통과시켰다. 그리하여 시아보 부모는 그녀에게 음식 공급을 재개해달라고 연방 대법원에 청원하였다. 그러나 연방 대법원은 시아보 부모의 소송을 3월 30일 기각하였고, 그녀는 3월 31일 사망하였다.

저 자 약 력

홍 석 영 (洪 錫 榮)

학 력 :
서울대학교 사범대학 국민윤리교육과 졸업
서울대학교 대학원 국민윤리교육과 석사
서울대학교 대학원 국민윤리교육과 박사

경 력
전 가톨릭대학교 인간학교육원 초빙교수
현 가톨릭대학교 가톨릭생명윤리연구소 연구위원
현 경상대학교 사범대학 윤리교육과 조교수

주요 논저
「현상학적 가치윤리학의 인격론에 관한 연구」
「인격주의에 기초한 생명윤리연구」
『니코마코스 윤리학』(편역)
『서양근현대윤리학』(공저)
『생명윤리학 I』(공역)
『세계 각국의 줄기세포 연구정책과 규제』(공저)
『웰 다잉』(공역)
외 다수

인격주의 생명윤리학

• 초판 인쇄	2006년 11월 30일
• 초판 발행	2006년 11월 30일
• 지 은 이	홍석영
• 펴 낸 이	채종준
• 펴 낸 곳	한국학술정보㈜
	경기도 파주시 교하읍 문발리 526-2
	파주출판문화정보산업단지
	전화 031) 908-3181(대표) · 팩스 031) 908-3189
	홈페이지 http://www.kstudy.com
	e-mail(출판사업팀사업부) publish@kstudy.com
• 등 록	제일산-115호(2000. 6. 19)
• 가 격	20,000원

ISBN   89-534-5926-5 93150 (Paper Book)
            89-534-5927-3 98150 (e-Book)